Die staatliche Aufgaben- und Einnahmenverteilung in der Bundesrepublik Deutschland

Europäische Hochschulschriften
Publications Universitaires Européennes
European University Studies

**Reihe V**
**Volks- und Betriebswirtschaft**

Série V Series V
Sciences économiques, gestion d'entreprise
Economics and Management

**Bd./Vol. 3058**

PETER LANG
Frankfurt am Main · Berlin · Bern · Bruxelles · New York · Oxford · Wien

André W. Heinemann

# Die staatliche Aufgaben- und Einnahmenverteilung in der Bundesrepublik Deutschland

## Geltendes System und grundlegende Reformmöglichkeiten zur Neuordnung

PETER LANG
Europäischer Verlag der Wissenschaften

**Bibliografische Information Der Deutschen Bibliothek**
Die Deutsche Bibliothek verzeichnet diese Publikation in der Deutschen Nationalbibliografie; detaillierte bibliografische Daten sind im Internet über <http://dnb.ddb.de> abrufbar.

Zugl.: Bremen, Univ., Diss., 2003

D 46
ISSN 0531-7339
ISBN 3-631-52161-8



www.peterlang.de

# Geleitwort

Das in der Verfassung festgeschriebene System des föderalen Bundesstaats, zu dem maßgeblich der Finanzausgleich gehört, ist innerhalb der Politik, des Verfassungsrechts und vor allem auch in der Finanzwissenschaft heftig umstritten. Beleg dafür sind die drei zentralen Urteile des Bundesverfassungsgerichts zum föderalen Finanzausgleich in den Jahren 1986, 1992 und 1999. Darüber hinaus zeigt die im November 2003 durch den Bundestag und Bundesrat eingesetzte Kommission zur Modernisierung der bundesstaatlichen Ordnung (Bundesstaatskommission) den politisch erkannten, dringlichen Reformbedarf zur rationalen Gestaltung des föderalen Bundesstaats gegenüber den derzeitigen Inkonsistenzen und Mängeln.

Die hier vorgelegte Dissertation verfolgt das Ziel, theoretisch fundiert und empirisch abgesichert Anhaltspunkte für die Reform der Ausgaben- und Einnahmengestaltung zwischen den Gebietskörperschaften im Rahmen des Grundgesetzes zu entwickeln. Diese zielorientierte Evaluation des komplizierten Systems des Finanzausgleichs im engeren Sinne wird in eine umfassende, realitätsbezogene Theorie der föderalen Finanzverfassung eingebettet. Die Basis bildet einerseits die Ableitung öffentlicher Auf- und Ausgaben sowie deren rationale Zuteilung auf die und zwischen den Gebietskörperschaften. Anderseits werden auf- bzw. ausgabenadäquat die Einnahmenkompetenzen innerhalb der Systems der Gebietskörperschaften abgeleitet. Eine besondere Innovation stellt die Tatsache dar, dass erstmals die Möglichkeit der öffentlichen Kreditaufnahme im Rahmen von Trenn- und Verbundsystemen analysiert wird. Hieraus lassen sich neue Erkenntnisse zur Entzerrung der Einnahmenkompetenzen zwischen den Gebietskörperschaften gewinnen.

Analytisch und empirisch ausgerichtet werden die Verwerfungen, ja Missstände der derzeit real existierenden bundesstaatlichen Finanzordnung offen gelegt und fundierte Reformvorschläge abgeleitet. Der Autor begründet äußerst innovativ die Notwendigkeit der Reföderalisierung, die sich zunächst verstärkt an allokativen Zielsetzungen auszurichten hat. Insgesamt gelingt es dem Autor, sowohl staatsrechtlich als auch ökonomisch die Zukunftsfähigkeit des kooperativen Föderalismus fundiert zu begründen. Dazu gehören auch Vorschläge zur Reform des praktizierten Föderalismus.

Die abgeleiteten Vorschläge zur Reform dieses kooperativen Föderalismus konzentrieren sich auf die Stärkung der Aufgaben- und Einnahmenkompetenzen der Gebietskörperschaften durchaus bei mehr Wettbewerb zwischen den Gliedstaaten. Dabei werden zur Vermeidung einer den Zusammenhalt des föderalen Bundesstaats gefährdenden disparitären Entwicklung durchaus verteilungspolitische Anforderungen berücksichtigt. Zu diesem Konzept des Wettbewerbs im föderalen Bundesstaat gehört jedoch auch, überhaupt erst einmal die Voraussetzungen für einigermaßen gleich starke „Konkurrenten“ zu schaffen. Die bundesdeutsche Realität zeigt, dass wegen der immer noch deutlich ungleichen Voraussetzungen Maßnahmen der Angleichung zum kooperativen Wettbewerb erforderlich sind. Beispielhaft seien hier nur erwähnt: die teilungsbedingten Infrastrukturnachholbedarfe, die unterdurchschnittliche Wirtschaftsleistung und das strukturell schwache Steueraufkommen in den neuen Ländern sowie die weit überdurchschnittlichen Zins- und Sozialhilfebelastungen in den Stadtstaaten. Diese strukturellen Defizite machen deutlich, inwieweit zur Intensivierung des „Wettbewerbs“ im föderalen Bundesstaat erst ein Mal einigermaßen gleiche Startbedingungen herzustellen sind.

Diese als Dissertation an der Universität Bremen (Fachbereich Wirtschaftswissenschaft) vorgelegte Untersuchung verdient wegen der nachvollziehbar entwickelten neuen Erkenntnisse im Bereich der Gestaltung des fiskalischen Föderalismus große Anerkennung. Sicherlich werden diese Forschungsergebnisse nicht nur in der Theorie der Finanzwissenschaft, sondern auch innerhalb der Reformpraxis produktiv genutzt werden. Schließlich werden mit dem hier präsentierten Grundkonzept eines kooperativen Föderalismus, der immer auch auf die Herstellung von Chancengleichheit für den Wettbewerb setzt, noch zu bearbeitende Felder für die Anschlussforschung definiert.

Bremen im Februar 2004

*Prof. Dr. Rudolf Hickel*
Direktor „Institut Arbeit und Wirtschaft (IAW)“

*Prof. Dr. Günter Dannemann*
Forschungsstelle Finanzpolitik
Senatsbeauftragter für überregionale Finanzbeziehungen

# Vorwort

Die vorliegende Arbeit wurde im Sommersemester 2003 vom Fachbereich Wirtschaftswissenschaft der Universität Bremen angenommen. Sie entstand während meiner Zeit als wissenschaftlicher Mitarbeiter im Institut für Europäische Wirtschaft, Wirtschafts- und Gesellschaftspolitik (EWIG). Insbesondere das Mitwirken an Lehrveranstaltungen in zwei Lehrprojekten im Hauptstudium mit dem jeweiligen Themenschwerpunkt „Föderaler Finanzausgleich" hat in dieser Zeit dazu beigetragen, wesentliche und neue Erkenntnisse bezüglich der bundesstaatlichen Aufgaben- und Einnahmenverteilung zu gewinnen und somit die Arbeit „mit Leben zu füllen".

Mein ganz besonderer Dank gilt meinem sehr geschätzten Doktorvater Professor Dr. Rudolf Hickel. Seine fachlichen Anregungen sowie zahlreiche kritische Diskussion haben neben dem in dieser Zeit entstandenen besonderen Vertrauensverhältnis zum Gelingen der Arbeit beigetragen. Ebenfalls möchte ich Herrn Professor Dr. Heinz Schaefer meinen Dank für die Übernahme und überaus schnelle Erstellung des Zweitgutachtens aussprechen.

Zahlreichen Kolleginnen und Kollegen gilt mein Dank für die äußerst angenehme Zeit im Institut und am Fachbereich, welche die Fertigstellung der Arbeit zweifelsfrei gefördert hat. Besonders hervorheben möchte ich dabei die immer wieder konstruktiven Bemerkungen und Hilfestellungen durch Diplom-Volkswirt Andreas Arndt. Schließlich richtet sich mein Dank an meine Familie und an meine Lebensgefährtin Katja Kleppek. Sie musste mich auch in den schwierigen Phasen, die eine derartige Arbeit offensichtlich zwangsläufig mit sich bringt, ertragen und hat mich, wie schon zu der Zeit meiner Diplomprüfung, trotzdem immer wieder motiviert und unterstützt.

Bremen im Februar 2004 *André W. Heinemann*

# Inhaltsverzeichnis

**Teil VI: Zielführung von Reformoptionen und Praktikabilität**

# Abbildungsverzeichnis

# Tabellenverzeichnis

# Abkürzungsverzeichnis

## Abkürzungen für Bundesländer

| | |
|---|---|
| BB | Brandenburg |
| BE | Berlin |
| BW | Baden-Württemberg |
| BY | Bayern |
| HB | Bremen |
| HE | Hessen |
| HH | Hamburg |
| MV | Mecklenburg-Vorpommern |
| NI | Niedersachsen |
| NW | Nordrhein-Westfalen |
| RP | Rheinland-Pfalz |
| SH | Schleswig-Holstein |
| SL | Saarland |
| SN | Sachsen |
| ST | Sachsen-Anhalt |
| TH | Thüringen |

## Abkürzungen für bestimmte Steuerarten

| | |
|---|---|
| ESt | Einkommensteuer |
| GewSt | Gewerbesteuer |
| GrESt | Grunderwerbsteuer |
| GrSt | Grundsteuer |
| KSt | Körperschaftsteuer |
| KfzSt | Kraftfahrzeugsteuer |
| LSt | Lohnsteuer |
| USt | Umsatzsteuer |
| VSt | Vermögensteuer |

**Sonstige Abkürzungen**

| | |
|---|---|
| Abb. | Abbildung |
| Abs. | Absatz |
| BAW | BAW Institut für Wirtschaftsforschung, Bremen |
| BEZ | Bundesergänzungszuweisungen |
| BfF | Bundesamt für Finanzen |
| BGBl. | Bundesgesetzblatt |
| BVerfG | Bundesverfassungsgericht |
| BVerfGE | Entscheidung des Bundesverfassungsgerichts |
| EUR | Euro |
| DIW | Deutsches Institut für Wirtschaftsforschung, Berlin |
| EStG | Einkommensteuergesetz |
| FA | Finanzausgleich |
| FAG | Finanzausgleichsgesetz |
| F-BEZ | Fehlbetrags-Bundesergänzungszuweisungen |
| FSV | Fakultativer Steuerverbund |
| GG | Grundgesetz |
| HS | Halbsatz |
| ifo | Institut für Wirtschaftsforschung, München |
| IW | Institut der deutschen Wirtschaft, Köln |
| LFA i.e.S. | Länderfinanzausgleich im engeren Sinne |
| LFA i.w.S. | Länderfinanzausgleich im weiten Sinne |
| m. E. | meines Erachtens |
| Mio. | Million |
| Mrd. | Milliarde |
| OSV | Obligatorischer Steuerverbund |
| PFA | Primärer Finanzausgleich |
| RWI | Rheinisch-Westfälisches Institut für Wirtschaftsforschung, Essen |
| S. | Seite |
| S-BEZ | Sonderbedarfs-Bundesergänzungszuweisungen |
| SFG | Solidarpaktfortführungsgesetz |
| Tab. | Tabelle |
| vgl. | vergleiche |
| Z. | Zeile |

# 1. Einleitung

## 1.1. Problemstellung

Die öffentliche Diskussion über föderale Strukturen sowie deren Konsequenzen für politische Gestaltung und letztlich für die Bürger ist mittlerweile seit Jahren ein fast tagespolitischer Dauerbrenner. Viele Länder, sowohl in den sogenannten „industrialisierten Gebieten" als auch in noch zu entwickelnden Regionen, bemächtigen sich des föderalen Ansatzes zum Umbau ihres staatlichen Sektors. Dabei sind beispielsweise föderal ausgerichtete Länder wie die Vereinigten Staaten von Amerika dabei, die föderale Ausgestaltung ihres Staatssystems zu intensivieren und andere eher zentral ausgerichtete Länder wie Großbritannien und Italien auf dem Weg, föderale Grundstrukturen einzuführen. Es ist somit zutreffend, wenn Oates schreibt: „Fiscal Decentralization is in vogue".[1]

Die Bundesrepublik Deutschland ist seit über 50 Jahren ein in mehrere Ebenen und Einheiten gegliedertes Staatssystem. Dieses föderative Prinzip zur Organisation eines Staatsgebildes ist im Grundgesetz durch Art. 20 Abs. 1 GG festgelegt, nachdem die Bundesrepublik Deutschland ein demokratischer und sozialer Bundesstaat ist. In einer derartigen föderalen Struktur werden die von Seiten der öffentlichen Hand zu erfüllenden Aufgaben nicht nur von einer Ebene bzw. einer zentralen Einheit wahrgenommen. Vielmehr sind sämtliche staatliche Ebenen und Institutionen an der Wahrnehmung öffentlicher Aufgaben beteiligt, wenn auch in unterschiedlichem Umfang und Intensität.

Ein Problem stellt dabei sicherlich die Anforderung an ein föderales System dar, allen an der Aufgabenwahrnehmung beteiligten Ebenen und Einheiten eine optimale Bereitstellung staatlicher Leistungen, bestehend aus öffentlichen und privaten Gütern, zur Befriedigung der Präferenzen der Staatsbürger zu ermöglichen. Die Funktionsfähigkeit eines föderal aufgebauten Staates ist in diesem Zusammenhang somit abhängig von den festgelegten Zuständigkeiten aller Ebenen und Einheiten des Staatsaufbaus. Hierbei sind die Kompetenzen der einzelnen

1 OATES *[1999]*, S. 1120. Dass föderale Strukturen in Mode sind, zeigt auch nicht zuletzt die intensive Diskussion über die Einführung von föderalen Elementen, insbesondere die Verlagerung bestimmter Kompetenzen auf nachgeordnete Ebenen, in Frankreich, dem Musterland für zentralistische Staatsorganisation.

Aufgabenträger zur Wahrnehmung öffentlicher Aufgaben klar zu definieren, voneinander abzugrenzen sowie aufeinander abzustimmen.

Die Funktionsfähigkeit eines föderal aufgebauten Staates ist jedoch nicht nur allein von der Zuordnung der Aufgabenkompetenzen abhängig. Mit der Wahrnehmung von öffentlichen Aufgaben sind in der Regel Ausgaben verbunden, welche die einzelnen Aufgabenträger belasten. Daher ist es notwendig, die Aufgabenträger entsprechend ihrer Aufgaben und den damit verbundenen Ausgaben mit ausreichenden Finanzmitteln zu versehen. Im Rahmen einer föderalen Struktur bedarf es somit einer eindeutigen Zuordnung staatlicher Einnahmen, welche an den Entscheidungs- und Durchführungskompetenzen der Aufgabenträger anknüpfen sollte.

Dabei sollten politische und ökonomische Prinzipien wie das Autonomieprinzip, das Konnexitätsprinzip, das Subsidiaritätsprinzip und auch das Prinzip der fiskalischen Äquivalenz Berücksichtigung finden, welche zusammenfassend bestimmte Anforderungen an die räumliche, also lokale, regionale sowie überregionale, Übereinstimmung von Entscheidungsträgern, Nutznießern und Kostenträgern in einem föderalen System stellen.[2]

Eine föderale Grundidee bei der Gründung der Bundesrepublik Deutschland war die, im Grundgesetz von 1949 verankerte, weitgehende Autonomie der Bundesländer. So wurde festgeschrieben, dass die Ausübung der staatlichen Befugnisse und die Erfüllung der staatlichen Aufgaben Sache der Länder sei, sofern keine andere grundgesetzliche Regelung diese Autonomie beschränkt.[3]

Von diesem Grundsatz wurde in den letzten 50 Jahren immer wieder fundamental abgewichen. Entscheidungskompetenzen bezüglich der staatlichen Aufgaben sind zunehmend vom Bund übernommen worden.

Den Bundesländern sind bis auf wenige Ausnahmen lediglich Durchführungskompetenzen geblieben. Dies hat letztlich dazu geführt, dass die politisch Verantwortlichen auf Länderebene kaum noch bzw. nur noch in begrenztem Umfang das Angebot an öffentlichen Leistungen der regionalspezifischen Nachfrage anpassen können.[4]

Ebenso haben sich die Entscheidungskompetenzen im Bereich der öffentlichen Einnahmen hin zum Bund verlagert. Sah in der Anfangsphase der Bundesrepublik Deutschland das Grundgesetz noch ein weitgehendes Trennsystem mit separaten Kompetenzen der Gebietskörperschaften vor, so hat sich im Laufe der

---

2 Vgl. LENK *[1993]*, S. 27.

3 Es sei darauf hingewiesen, dass dieser Grundsatz der Länderzuständigkeit bezüglich der Aufgabenwahrnehmung und Aufgabendurchführung durch Art. 30 GG nach wie vor Bestand hat. Wie allerdings auch im Rahmen dieser Arbeit zu zeigen ist, findet dieser Grundsatz nur noch in sehr beschränktem Umfang Anwendung.

4 Vgl. BLANKART *[1999]*, S. 335.

Zeit die Einnahmenverteilung zu einem komplexen und teilweise verworrenen Mischsystem mit Komponenten unterschiedlicher Einnahmenverteilungssysteme mit kollektiver Verantwortung von Bund und Ländern etabliert.[5]

Die langfristige Tendenz der Abgabe der Länderkompetenzen „nach oben" ist zunächst insofern nachvollziehbar, da dem Grundsatz der *Einheitlichkeit der Lebensverhältnisse*[6] im Bundesgebiet immer wieder oberste Priorität eingeräumt wurde und auch noch wird. Dies hat allerdings auch zur Folge, dass unter dem Deckmantel der Einheitlichkeit auch die meisten länderspezifischen Aufgabenbereiche bundeseinheitlich geregelt werden, so dass länderspezifische Kompetenzen eigentlich nicht mehr notwendig sind. Hinzu kommt, dass im föderalen System der Bundesrepublik Deutschland die staatlichen Aufgaben eher nach Funktionen als nach Politikfeldern auf die einzelnen Ebenen verteilt sind, wobei die funktionale Verteilung der Aufgaben grundsätzlich die Frage beantwortet, welcher staatlichen Ebene die gesetzgeberische Verantwortung zukommt und welche staatliche Ebene die vorab und allgemein definierten staatlichen Aufgaben durchführen soll.[7]

## 1.2. Zielsetzung der Arbeit

Eine Überprüfung der föderalen Ordnung hinsichtlich der staatlichen Aufgaben- und Einnahmenverteilung in der Bundesrepublik Deutschland ist gegenwärtig dringend geboten und wird auch kaum in der Politik und in der Wissenschaft bestritten.

Die darüber hinaus in der öffentlichen Diskussion betonte Erfordernis einer Neuorientierung bzw. einer Modernisierung kommt auch letztlich durch die regelmäßigen Auseinandersetzungen zwischen Geber- und Nehmerländern im Länderfinanzausgleich zum Ausdruck, welche mit dem 3. Bundesverfassungsgerichtsurteil zum Länderfinanzausgleich vom 11. November 1999 ihren bislang letzten Höhepunkt erreichten.[8]

Der Länderfinanzausgleich stellt allerdings lediglich ein Korrektiv der ursprünglichen Einnahmenverteilung auf Bund und Ländern dar. Dieses horizon-

---

5 Vgl. BLANKART *[1999]*, S. 335.

6 Siehe Art. 106 Abs. 3 Satz 4 Nr. 2 GG. In Art. 72 Abs. 2 GG ist die Rede von „gleichwertigen Lebensverhältnissen".

7 Vgl. hierzu die Thesen zur Kompetenzzuordnung von RENZSCH *[2000]*, S. 42.

8 Siehe hierzu die bislang letzte Entscheidung des Bundesverfassungsgerichtes zum Streit über den Länderfinanzausgleich vom 11. November 1999 (BVerfGE 101, 158), welche höchstrichterlich auf die in der öffentlichen Kritik stehenden Regelungen des aktuellen Länderfinanzausgleichs Bezug genommen hat.

tale Ausgleichselement bildet, ähnlich wie der kommunale Finanzausgleich, grundsätzlich das letzte Glied einer aus Verteilungs- und Umverteilungsregelungen bestehenden Kette zur Aufteilung des Steueraufkommens auf die föderalen Ebenen Bund und Länder und ist der Abschluss einer Reihe von Maßnahmen zur Verteilung und Umverteilung staatlicher Einnahmen.

Wenn aber die Korrektur der ursprünglichen Einnahmenverteilung höchst umstritten ist, so ist zu vermuten, dass bereits die ursprüngliche Verteilung der staatlichen Einnahmen auf den Bund, Länder und Gemeinden erhebliche Mängel aufweist. Dieser These wird mittlerweile übereinstimmend zugestimmt und daraus eine grundsätzliche Reform der bundesstaatlichen Finanzbeziehungen gefordert.[9]

Ist diese These jedoch zutreffend, so sollte zwar das korrigierende Instrument nicht vernachlässigt und eine Reform des Länderfinanzausgleichs sowie des kommunalen Finanzausgleichs angegangen werden. Hierzu sind auch bereits zahlreiche Vorschläge und Reformmodelle unterbreitet worden, welche allerdings letztlich nur auf eine Symptomtherapie abzielen.[10]

Die in diesem Zusammenhang immer wieder gestellte Forderung nach einer Neugliederung des Bundesgebietes soll dabei im Gang dieser Arbeit nicht untersucht werden, zumal die verfassungsrechtliche Hürde des Art. 29 des Grundgesetzes der Bundesrepublik Deutschland 1976 unter dem Eindruck des 1973 vorgestellten Ernst-Gutachtens wesentlich erhöht wurde und eine Neugliederung gegenwärtig politisch und gesellschaftlich kaum akzeptiert wird, wie auch am Beispiel der gescheiterten Länderfusion der Länder Berlin und Brandenburg im Jahr 1996 gezeigt werden kann.[11]

Wird die Primärverteilung der Einnahmen nicht akzeptiert sowie eine Neugliederung der Bundesländer ausgeschlossen, so stellt sich die Aufgabe, alle Glieder der Einnahmenverteilungskette zwischen Bund, Ländern und Gemeinden einer Überprüfung und gegebenenfalls einer Korrektur zu unterziehen. Hier-

---

9 Zur kritischen Diskussion von Seiten der Politik siehe bspw. HUBER *[1998]*, PERSCHAU *[1998]*, zur Kritik von Seiten der Wissenschaft können exemplarisch SCHULTZE *[2000]*, KIRCHGÄSSNER *[2002]* und BERTHOLD / DREWS / THODE *[2001]* genannt werden.

10 Hierzu soll nur exemplarisch die Arbeit von THÖNE / JACOBS *[2001]* zur Analyse des Länderfinanzausgleich einschließlich umsetzungsorientierter Reformmodelle genannt werden.

11 Siehe hierzu BUNDESMINISTERIUM DES INNEREN (HRSG.) *[1973]*. Aufgrund des Ernst-Gutachtens wurde 1976 aus der „Muss-Bestimmung" des Art. 29 Abs. 1 GG als strikter Verfassungsauftrag eine „Kann-Bestimmung". Siehe dazu auch 33. Gesetz zur Änderung des Grundgesetzes vom 23. August 1976 (BGBl. I S. 2381). Exemplarisch für die andauernde Diskussion um Neugliederung seien die Arbeiten von RUTZ *[1995]* und OTTNAD / LINNARTZ *[1997]* genannt.

bei sind von der originären Steuerverteilung bis zur letzten Umverteilungsstufe alle Zwischenschritte der staatlichen Finanzverteilung auf ihre Zweckmäßigkeit sowie ihre Wirkungen zu überprüfen. Da die Einnahmenverteilung eng mit der Ausgabenverteilung, welche letztlich auf der Aufgabenverteilung basiert, verknüpft sein sollte, folgt bei einer Änderung der Einnahmenverteilung nahezu zwangsläufig auch die Notwendigkeit, die Ausgaben- bzw. Aufgabenverteilung zwischen den Ebenen Bund, Ländern und Gemeinden zu überprüfen und eventuell veränderten Rahmenbedingungen anzupassen. Diese Erfordernis ergibt sich aus der Überlegung, dass eine bloße Umstrukturierung der staatlichen Einnahmenverteilung mit dem Ziel, die Aufgabenträger der einzelnen föderalen Ebenen „in angemessener Weise" mit finanziellen Mitteln auszustatten, nicht zu mehr föderativer Vielfalt führen dürfte, wenn trotz angemessener Finanzspielräume die dem Bund nachgeordneten föderalen Ebenen weiterhin nicht in der Lage sind, die dadurch entstehenden Möglichkeiten im Sinne einer gebietskörperschaftspezifischen Ausgabenpolitik zu nutzen.[12]

Eine entsprechende Kompetenzverteilung ist daher nicht nur im Bereich der Finanzverfassung, sondern weit darüber hinaus für das gesamte Spektrum der politischen Verfassung notwendig. Aufgabenwahrnehmung macht Ausgaben notwendig. Dazu sind Einnahmen erforderlich. Wenn gegebene politische Gestaltungsspielräume aufgrund mangelnder Finanzierungsmöglichkeiten einerseits sowie Finanzspielräume aufgrund mangelnder politischer Gestaltungsmöglichkeiten andererseits nicht genutzt werden können, ergeben sich Anzeichen, dass bei einer Diskussion um eine Finanzverfassung nicht nur die Einnahmenverteilung, sondern auch Aufgabenkompetenzen in den Vordergrund gerückt werden müssen.

Nicht nur die horizontale Einnahmenverteilung und die anschließende Einnahmenumverteilung stellt für ein föderal aufgebautes Staatswesen immer wieder eine besondere Herausforderung dar. Veränderte Rahmenbedingungen, wie beispielsweise die Zunahme des Wettbewerbs zwischen Regionen innerhalb der Europäischen Union, Wohlstandsgefälle auf Länder- und Gemeindeebene oder aber veränderte Präferenzmuster bei Entscheidungsträgern und Bürgern hinsichtlich einem Mehr oder Weniger an Beteiligung an, überwiegend lokalen und regionalen, Entscheidungen bezüglich staatlicher Aufgabenwahrnehmung und staatlicher Finanzierung, stellen ein föderales Gebilde insgesamt vor eine permanente Belastungsprobe.[13]

Somit liegt die Herausforderung für die vorliegende Arbeit darin, zunächst die gegenwärtige Kritik an der staatlichen Aufgaben- und Einnahmenverteilung

12 Vgl. dazu STURM *[2001]*, S. 111.
13 Vgl. LENK *[1993]*, S. 28.

aufzuarbeiten und auf ihre Richtigkeit zu überprüfen. Mögliche Tendenzen in der Vergangenheit, welche letztlich den Status-Quo herbeigeführt haben, sollen aufgezeigt werden, um auf den daraus gewonnenen Erkenntnissen mögliche Wege aufzeigen zu können, wie ein einmal in Gang gebrachter Zentralisierungsprozess unter Berücksichtigung normativer Anforderungen an ein föderales Staatssystem, verfassungsrechtlicher Hürden sowie der Kalküle der Beteiligten umgekehrt werden kann. Dabei gilt das Ziel einer Reföderalisierung der staatlichen Aufgaben- und Einnahmenverteilung.

### 1.3. Struktur der Arbeit

In Kapitel 2 der Arbeit wird der normativen Fragestellung nachgegangen, welche Aspekte im Rahmen der Ausgestaltung eines bundesstaatlichen Finanzausgleichs berücksichtigt werden sollen. Es werden zunächst weithin akzeptierte Begründungen eines föderal aufgebauten Staatssystems bewertet. Hierbei erfolgt eine Zusammenstellung von Vor-, aber auch Nachteilen, welche sich aus der Theorie des Föderalismus heraus für föderale Staatsordnungen ergeben. Des weiteren ist die Klärung des Begriffs „Finanzausgleich" notwendig, da gelegentlich der Finanzausgleich mit Föderalismus gleichgesetzt wird. Dies trifft, wie noch gezeigt wird, nicht zu.

Im dritten Kapitel erfolgt zu Beginn die Beschreibung einer theoretischen Vorstellung darüber, in welcher Weise in einem föderalen Staatswesen innerstaatliche Kompetenzen verteilt werden sollten. Hierbei wird auf das *Subsidiaritätsprinzip* näher eingegangen, welches aus normativer Sicht bei Erfüllung desselben eine auf sämtlichen staatlichen Ebenen an den jeweiligen Präferenzen orientierte optimale Aufgabenwahrnehmung und entsprechend optimale Ressourcenallokation gewährleistet. Staatliche Aufgabenwahrnehmung bedingt letztlich, mit einigen Ausnahmen, eine staatliche Bereitstellung von Gütern und Dienstleistungen. Daher werden vor der Darstellung der gegenwärtigen Verteilung der Aufgabenkompetenzen einschließlich Ausgabenkompetenzen in der Bundesrepublik Deutschland Erkenntnisse aus der Theorie öffentlicher Güter vorangestellt, um so eine Vorstellung zu gewinnen 1) welche Güter überhaupt in den Bereich staatlicher Aufgabenwahrnehmung fallen sollten und 2) welche güterspezifischen Finanzierungsmöglichkeiten existieren.

Ähnlich wie das Grundgesetz der Bundesrepublik Deutschland erst die Kompetenzverteilung bezüglich der Aufgaben und im Anschluss daran die Einnahmenverteilung vornimmt, soll auch hier erst in Kapitel 4 nach der Darstellung der Aufgabenverteilung die Einnahmenseite betrachtet werden. Hier bietet es sich an, vorab zu klären, welche Einnahmearten der öffentlichen Hand zur Verfügung stehen, welche mit Hilfe unterschiedliche Verteilungssysteme auf die staatlichen Ebenen verteilt werden können. Zwar liegt der Schwerpunkt der Betrachtung bezüglich der Einnahmenverteilung, wie auch in der gesamten finanzwissenschaftlichen Literatur, bei den Steuern. Allerdings soll nicht vernachlässigt werden, dass die Möglichkeit der Gebietskörperschaften, Ausgaben durch Kreditaufnahme zu finanzieren, in föderalen Systemen erhebliche Probleme aufwirft. Wenn sich Bund und Länder unabhängig voneinander und unter Anwendung ihrer haushaltspolitischen Souveränität verschulden können, so treten Fragen nach den Vor- und Nachteilen von Trennsystemen, wie sie ähnlich im Zusammenhang mit der Steuerverteilung gestellt werden, sowie nach innerstaatlichen Kooperationsmöglichkeiten und Kooperationsnotwendigkeiten bei bundesstaatlichen Verpflichtungen gegenüber anderen Nationalstaaten in den Vordergrund.[14]

Argumente für horizontale Umverteilungsmaßnahmen sowie die aktuellen Regelungen bis zum Jahr 2004 sind in Kapitel 5 enthalten. Ergänzend sind hier die vertikalen Finanzströme von der Bundesebene auf die Länderebene in Form von Bundesergänzungszuweisungen aufgenommen, welche aufgrund ihrer Nivellierungswirkung horizontale Effekte mit sich bringen. Dabei wird aufgezeigt, dass im Rahmen einer Diskussion über Stärkung der Eigenverantwortlichkeit der einzelnen Gebietskörperschaften innerhalb der staatlichen Ebenen nicht nur allokative, sondern daneben auch distributive Erwägungen von Bedeutung sind und im Rahmen einer Reföderalisierungsdebatte nicht zu vernachlässigen sind, was wiederum einer unverhältnismäßigen Entflechtung zu wider laufen kann.

Es folgt die Konkretisierung von Anforderungen, welche Bedingungen für einen funktionsfähigen und auf die optimale Bereitstellung staatlicher Leistungen sowie deren Finanzierung ausgerichteten Finanzausgleich darstellen, in Kapitel 6. Dabei werden Mechanismen und Kalküle aufgezeigt, welche im Rahmen einer Anreizthese zu beachten sind. Wird unterstellt, dass politische Entscheidungsträger letztlich auch Eigennutzmaximierer sind, so können vorgegebene Kompetenzzuteilungen, sowohl auf der Aufgabenseite als auch auf der Einnahmenseite, aus Sicht der politischen Ökonomie zu ökonomischen Verwerfungen führen. Es ist deshalb angezeigt, notwendige Anreizstrukturen zu formulieren.

Das Kapitel 7 beginnt mit der Vorstellung von nennenswerten Optionen für eine Reform der bundesstaatlichen Finanzbeziehungen und damit einer Reform der föderalen Strukturen der Bundesrepublik Deutschland insgesamt. Dabei wird

14 Damit ist das Problem der Einhaltung der fiskalischen Konvergenzkriterien, insbesondere des Kriteriums des Budgetdefizits, nach Art. 121 Abs. 1 des Vertrages zur Gründung der Europäischen Gemeinschaft (EG-Vertrag) für ein föderales Staatswesen wie die Bundesrepublik Deutschland angesprochen.

mit einer Reformmöglichkeit eingeführt, die letztlich nur die Korrektur der bundesstaatlichen Finanzbeziehungen zum Schwerpunkt hat und daher eher als „Symptomtherapie" bezeichnet werden kann. Gemeint sind hiermit Reformmöglichkeiten des Länderfinanzausgleichs, welche allerdings die Ursachen von Mängeln der föderalen Ordnung nicht oder nur marginal berühren. Dazu werden die bereits in Teilen in Kraft getretenen Reformregelungen bezüglich des Länderfinanzausgleichs ab dem Jahr 2005 thematisiert, wobei schon jetzt der Hinweis auf eine Fehlinterpretation des Begriffs „Reform" erlaubt sei, wie aber auch noch näher gezeigt wird.[15]

Die Darstellung der problematischen Verflechtungen zwischen Bund, Ländern und Gemeinden werden anhand der konkreten Anforderungen an die föderale Struktur der Bundesrepublik Deutschland in den Kapiteln 8 und 9 vertieft. Wie noch zu zeigen sein wird, waren es die Möglichkeiten des Grundgesetzes sowie ökonomische und polit-ökonomische Überlegungen politischer Entscheidungsträger in der Vergangenheit, welche den Status-Quo der föderalen Finanzbeziehungen und damit eine übermäßige Zentralisierung gefördert haben. Anreizmechanismen sind insbesondere auf der Einnahmenseite verloren gegangen, was wiederum zu Fehlentwicklungen geführt hat. Es wird ebenfalls gezeigt, wie sehr sich durch die engen finanziellen Verflechtungen Einnahmenkompromisse zwischen Bund und Ländern auf die kommunalen Haushalte durchschlagen. Selbst bei Steueraufkommen, an denen die Gemeindeebene primär nicht partizipieren. Auf der Grundlage dieser Erkenntnisse können sodann Schlussfolgerungen bezüglich möglicher Schritte in Richtung Reföderalisierung getroffen werden und dabei entsprechend den Anforderungen an ein föderales Staatswesen praktikable Reformmöglichkeiten sowie allerdings auch diesen Reformmöglichkeiten eventuell zuwiderlaufende Aspekte vorgestellt werden.

15 Zu den Neuregelungen des Länderfinanzausgleichs ab 2005 wurde und wird in der finanzwissenschaftlichen Literatur insbesondere darauf hingewiesen, dass viele Vorschläge zur Lösung problematischer Bereiche ausgeklammert wurden und darüber hinaus einzelne Teilregelungen eher eine Verkomplizierung des Systems bedeuten. Siehe hierzu PEFFEKOVEN *[2001]*, S. 427 ff.

# 2. Föderalismus und Finanzausgleich

Zur Beschreibung und Erklärung der Funktionsweisen und Institutionen eines bundesstaatlichen Systems und insbesondere eines bundesstaatlichen Finanzausgleichs ist es notwendig, zunächst den Begriff „Föderalismus" näher zu definieren. Dies ist deshalb zum einen sinnvoll, da ein bundesstaatlicher Finanzausgleich nur in einem föderalen Staatssystem überhaupt von Bedeutung ist und in einem durch Zentralisierung geprägtem Staatssystem zu vernachlässigen ist und zum anderen grundsätzlich die Begriffe Föderalismus und Finanzausgleich in einem voneinander zu trennenden Zusammenhang zu verwenden sind.

Zunächst sei zu beachten, dass der Begriff Föderalismus nicht einheitlich verwendet wird, obwohl gerade eine gewisse Vielfalt jede Erscheinungsform von Föderalismus begleitet und damit auch jeden Definitionsversuch prägt. Eine allgemein gültige Definition für den Föderalismus existiert allerdings nicht.[16] Es sollen daher im folgenden Kapitel zunächst die wesentlichen Merkmale des Föderalismus herausgearbeitet werden, um somit föderal organisierte Staatssysteme von anderen, zentralistisch ausgerichteten, Staatssystemen abgrenzen zu können. Auch ist es sinnvoll, den Begriff Föderalismus von artverwandten Begriffen wie Regionalismus oder Dezentralismus abzugrenzen um sodann den Unterschied zum Finanzausgleich zu verdeutlichen.

## 2.1. Begriff und Merkmale des Föderalismus

Wie bereits angedeutet existiert keine eindeutige und in der Literatur übereinstimmend verwendete Definition des Föderalismus. Eine erste Eingrenzung des Begriffs erfolgt, wenn Föderalismus als eine Erscheinungsform einer politischen Föderation beschrieben wird. Mit Föderation ist dabei der Zusammenschluss mehrerer eigenständiger Staaten gemeint, ohne dass die gleichberechtigten Mitgliedsstaaten an Souveränität und Handlungsfähigkeit einbüßen. Hierfür kann auch der Begriff „Staatenbund" verwendet werden. Aber erst wenn sich Mitgliedsstaaten zu einem einheitlichen Staatssystem zusammenfinden, Souveränitätsrechte und Handlungsmöglichkeiten abgeben und die Regeln, welche für das Funktionieren eines derartigen politischen Systems notwendig sind, verfassungs-

16 Vgl. KILPER / LHOTTA *[1996]*, S. 23

rechtlich verankern, kann von einem föderalen Staatssystem bzw. einem „Bundesstaat“ gesprochen werden. Gegenüber dem Staatenbund verfügen hier gesamtstaatliche Organe über Möglichkeiten, hoheitliche Gewalt auf die Staatsbürger eines föderalen Staatssystems auszuüben.[17]

Der Bundesstaat, genauso wie der Staatenbund, stellt ein besonderes Gliederungsprinzip eines politischen Systems dar. Bestimmte Gemeinsamkeiten föderaler Staatssysteme sind es, welche den föderalen Grundgedanken erkennen lassen.[18] Es lassen sich daher zur näheren Eingrenzung des Föderalismus mehrere Voraussetzungen benennen, deren Erfüllung letztlich den Föderalismus als Organisationsprinzip beschreiben.

### *2.1.1. Unterteilung des Staatsgebietes in territoriale Subeinheiten*

In einem Staatssystem, welches durch den Föderalismus geprägt ist, besteht der öffentliche Sektor aus mehreren, mindestens aber zwei, staatlichen Ebenen und Einheiten. Somit tritt der Föderalismus zunächst nach außen aufgrund der Unterteilung einer gesamtstaatlichen Einheit in mehrere Gliedstaaten in Erscheinung. So besteht die Bundesrepublik Deutschland seit 1990 aus 16 Bundesländern, welche ihrerseits jeweils eine durch ein souveränes Staatsvolk gegebene Verfassung und in Folge dessen Staatsqualität besitzen.[19]

In gleicher Weise ist dieses Merkmal beispielsweise für die Vereinigten Staaten von Amerika, welche durch 50 Bundesstaaten gebildet werden, oder für die aus 26 Kantonen bestehenden Schweiz zu beobachten. Dieses Merkmal allein reicht allerdings noch nicht aus, um bereits von föderalen Strukturen reden zu können. Auch ein Einheitsstaat kann beispielsweise in territoriale Einheiten (Verwaltungseinheiten, Provinzen, Bezirke) aufgeteilt sein.

In diesem Fall handelt es sich lediglich um einen dezentralisierten Einheitsstaat. Dies bedeutet, dass die Entscheidungen über öffentliche Aufgaben und öffentliche Einnahmen von einem zentralen Entscheidungsorgan getroffen werden und nur deren Umsetzung in den dezentralen Subeinheiten erfolgt. Einen Entscheidungsspielraum haben dabei die staatlichen Subeinheiten, anders als in einem föderalistischen System, nicht oder nur in sehr begrenztem Umfang.[20]

---

17 Vgl. STURM *[2001]*, S. 7.

18 Vgl. KILPER / LHOTTA *[1996]*, S. 23 f.

19 Vgl. STURM *[2001]*, S. 8.

20 Auch LAUFER / MÜNCH gehen davon aus, dass auch in einem dezentralisierten Einheitsstaat die regionalen Verwaltungseinheiten über einen begrenzten autonomen Entscheidungsbereich verfügen können, deren rechtlicher Status allerdings sehr gering ist. Siehe dazu LAUFER / MÜNCH *[1997]*, S. 17.

### *2.1.2. Beteiligung der Subeinheiten an Entscheidungen der obersten Ebene*

Kennzeichnend für ein föderatives Staatssystem ist die Beteiligung der, der obersten Ebene nachgeordneten, Gliedstaaten bzw. Gebietskörperschaften an der Willensbildung der obersten Ebene. Föderalismus ist also somit ein Prinzip zur Schaffung und Erhaltung und letztendlich der Organisation der politischen Willensbildung auf mehreren staatlichen Ebenen. In der Bundesrepublik Deutschland kommt dieses föderale Grundelement beispielsweise dadurch zum Ausdruck, dass neben dem Bundesgesetzgeber im Bundestag die einzelnen Bundesländer durch die Stimmabgabe von Landesvertretern über den Bundesrat an der gesamtstaatlichen Willensbildung beteiligt sind. Es muss in einem föderalen System zwangsläufig die Eigenstaatlichkeit der Länder gesichert werden. Dies kommt dann darin zum Ausdruck, dass diesen untergeordneten Staatseinheiten gewichtige Gesetzgebungs- und Verwaltungskompetenzen zuerkannt werden. Dies bedeutet gleichzeitig, dass der Rahmen der Kompetenzverteilung insgesamt durch die föderalen Staatsziele „Politische Einheit" sowie „Politische Vielfalt" bestimmt wird.[21]

### *2.1.3. Horizontale und vertikale Gewaltenteilung*

Als weiteres Kernmerkmal eines föderalistisch geprägten Staatsgebildes ist die vertikale Trennung der Legislative, Exekutive und Judikative zu nennen. Da die Trennung der staatlichen Gewalt in demokratischen Staaten generell ein wesentlicher Bestandteil zur Kontrolle der politischen Macht ist, kann dementsprechend auch in demokratischen Zentralstaaten bzw. Einheitsstaaten eine Gewaltenteilung, allerdings nur horizontal, beobachtet werden. Daher muss dieses Merkmal zur Charakterisierung eines föderalistischen geprägten Staatsgebildes um die Existenz einer vertikalen Gewaltenteilung ergänzt werden. Erst dadurch ist diesbezüglich eine Unterscheidung zwischen zentraler und föderaler Organisation möglich und liefert darüber hinaus einen harmonischen Ausgleich zwischen lokalen und übergeordneten Interessen.[22]

---

21 Vgl. auch WÜRTENBERGER *[1993]*, S. 625.
22 Vgl. WÜRTENBERGER *[1993]*, S. 625.

### *2.1.4. Unabhängige Gerichtsbarkeit bei Verfassungsstreitigkeiten*

Die den Föderalismus prägende Aufteilung der staatlichen Machtausübung zwischen den einzelnen Ebenen der Staatsgliederung erfordert zusätzlich bestimmte Regelungen, falls Konflikte zwischen den Ebenen entstehen. Da es sich im Föderalismus bei Gliedstaaten um Staaten mit Staatsqualität handelt, wird bei Streitigkeiten zwischen der Ebene der Gliedstaaten und der Bundesebene eine Verfassungsgerichtsbarkeit notwendig. Die Existenz einer unabhängigen Gerichtsbarkeit bei Konflikten und Verfassungsfragen zwischen den einzelnen Ebenen ist daher als Merkmal föderalistischer Systeme zu nennen. Gleichzeitig ist festzustellen, dass in einem föderalistisch geprägtem System sowohl die Gliedstaaten als föderale Ebene als auch der Bund eine, in der Regel verfassungsrechtliche, Garantie für die Unabhängigkeit und somit für eigene Herrschaftsbereiche („Dualismus von Entscheidungszentren") erhalten.[23] Hinzu kommt die verfassungsrechtliche Garantie eines Bestandsschutzes.

So wird beispielsweise die Unabhängigkeit der Länder und des Bundes in der Bundesrepublik Deutschland in der Haushaltswirtschaft durch Art. 109 Abs. 1 GG gewährleistet.

Ein anderes Beispiel für eine verfassungsgemäße Garantie der vertikalen Unabhängigkeit und Souveränität der einzelnen Gliedstaaten von der Bundesebene in der Bundesrepublik Deutschland ist die Regelung des Art. 79 Abs. 3 GG, welche der Länderebene eine Art Bestandsschutz durch die sogenannte „*Ewigkeitsklausel*" erteilt. Danach wird eine dauerhafte und zeitlich unbegrenzte Aufteilung des bundesstaatlichen Territoriums in Länder garantiert und dadurch eine „ewig" währende Trennung von Bundesebene und Länderebene bestimmt, wobei allerdings der Zuschnitt der Länder selbst innerhalb der Länderebene nicht als dauerhaft gegeben angesehen wird.

### *2.1.5. Regelungen zum Schutz von Minoritäten*

Die Existenz von besonderen Regelungen zum Schutz von Minoritäten innerhalb eines Staatsgebildes ist als ein weiteres charakterisierendes Merkmal des Föderalismus zu bezeichnen. So kann den in abgrenzbaren Territorien lebenden ethnischen und sozialen Gruppen ein bestimmtes Maß an Autonomie sowie gesellschaftlicher Selbstbestimmung eingeräumt werden. Diese Möglichkeit ist besonders dann von Bedeutung, wenn bestimmte kleine Gruppen in einem Staatssystem nicht über erforderliche Mehrheiten verfügen. Zu berücksichtigen sind

---

23 Vgl. LAUFER / MÜNCH *[1997]*, S. 15.

auch Traditionen oder gesellschaftliche Werte, welche von der Mehrheit der Staatsangehörigen entweder abgelehnt oder nicht beachtet werden.[24]

Insofern beinhaltet der Föderalismus daher auch immer den Pluralismus als Beteiligung beliebiger Gruppen an der politischen Willensbildung. Föderalismus und Pluralismus unterscheiden sich dadurch, dass die an der Willensbildung beteiligten Gruppen im Föderalismus geographisch einzuordnen sind. Während mit dem Begriff Pluralismus die Beteiligung beliebiger Gruppen an der Willensbildung beschrieben wird, ist im Föderalismus die geographische bzw. territoriale Zuordnung ein wesentliches Merkmal. Hier werden bestimmte Gruppen einzelnen Regionen oder Landesteilen zugeordnet.

Dies sind sogenannte „territorial interest groups", welche „an der im Föderalismus institutionalisierten Vielzahl der an der politischen Willensbildung beteiligten Akteure teilhaben".[25] Handelt es sich bei der Beschreibung von Regionen um territoriale Gebiete mit bestimmten Gemeinsamkeiten der dort lebenden Staatsbürger, so ist dann in diesem Zusammenhang eher der Begriff Regionalismus zu verwenden.[26]

### *2.1.6. Zusammenfassung grundlegender Gemeinsamkeiten föderaler Staatssysteme*

Auch wenn die oben genannten Merkmale in föderalen Staatssystemen in unterschiedlichen Formen zu beobachten sind, so ist der Grundgedanke doch zweifelsfrei stets identisch. Im Föderalismus schließen sich Individuen bzw. gesellschaftliche Gruppen freiwillig zusammen, um ein oder mehrere gemeinsame Ziele dauerhaft zu verfolgen. Dabei bleibt allerdings die eigene Identität bewahrt. Die föderativen Prinzipien sind auf die Grundidee zurückzuführen, dass sich freie Bürger aufgrund unabhängiger Willensbildung zu einem zeitlich unbegrenzten und sachlich differenzierten Gemeinwesen zusammenschließen und dadurch gemeinsam ein angestrebtes Ziel letztendlich erreichen.

Im Föderalismus (lat. foedus = Bund, Vertrag) verbinden sich also Staaten zu einem übergeordneten Ganzen. Zusammenfassung, Integration und Vereinheitlichung sind dabei dominierende Elemente. In diesem Zusammenhang ist das *„bündische Prinzip"* für die Beschreibung des Föderalismus elementar. Ein Bund eröffnet die Möglichkeit, in bestimmten Bereichen gegenüber Nicht-Bündnismitgliedern in gewisser Weise „Stärke" zu demonstrieren und auch ge-

---

24 Vgl. STURM *[2001]*, S. 16.
25 KILPER / LHOTTA *[1996]*, S. 31.
26 Vgl. KILPER / LHOTTA *[1996]*, S. 32.

gebenenfalls zum eigenen Vorteil zu verwenden.[27] Dieses Bündnis verpflichtet aber auch die Bundesebene sowie deren untergeordnete Einheiten (z. B. Länder), ein *bundesfreundliches* Verhalten stets zu berücksichtigen. Damit ist gemeint, dass sich Länder *bundesfreundlich* und der Bund *länderfreundlich* verhalten und somit insgesamt alle staatlichen Ebenen die notwendigerweise gemeinsam zu treffenden Entscheidungen sachgerecht und im Sinne der Belange aller Bündnisglieder herbeiführen sollen.[28]

Das föderalistische Merkmal des Miteinanders bei garantierter Eigenständigkeit lässt zunächst eine Schlussfolgerung zu: Ist die Organisation eines Staatssystems nach den Merkmalen des Föderalismus ausgerichtet, so ist eine *übermäßige* Konkurrenz zwischen den Föderaten[29] zu verneinen. Gegeneinander stark konkurrierende Gliedstaaten stehen somit eigentlich im Widerspruch zum vertraglich festgehaltenen Versprechen, miteinander und füreinander Politik zu gestalten. Denn letztendlich wird im Allgemeinen auch ein Bund eingegangen, um in bestimmten Bereichen ein gewisses Maß an Gemeinsamkeiten zu erreichen.[30]

Die unterschiedliche Zusammenarbeit zwischen Bund und Gliedstaaten sowie zwischen den Gliedstaaten mit gemeinsamen Zielen beruht daher auf Kooperation, womit der Begriff des *„kooperativen Föderalismus"* angesprochen ist.

Fraglich ist jedoch, wie intensiv eine Kooperation mit dem Ziel einer Vereinheitlichung durch die Gliedstaaten verfolgt werden soll. Das Ausmaß der Vereinheitlichung wird in der Literatur mit *„Unitarisierung"* beschrieben. Dies bedeutet, dass der Anstoß zur Vereinheitlichung bzw. zur Verstärkung der Gemeinsamkeiten von den Gliedstaaten erfolgt. Unitarismus ist also das Bestreben der Gesamtheit der Gliedstaaten, das Maß an Gemeinsamkeiten zu erhöhen. Bisweilen ist bei einem sehr stark vereinheitlichten föderalistisch geprägtem System vom *„unitarischen Bundesstaat"* die Rede.

Der Föderalismus soll aber auch im Unterschied zu zentralistischen Systemen Freiraum für Eigenheiten und Differenzierungen zulassen. Neben der erwünschten Kooperation und Einheitlichkeit soll für die Föderaten ausreichend Gestaltungsspielraum verbleiben.[31] Daher ist auch die Rede von der *„Vielfalt in der*

---

27 Mit „Stärke" können hier militärische Stärke, wie sie durch militärische Bündnisse erreicht wird, aber auch die wirtschaftliche Stellung gegenüber Nicht-Bündnispartner sowie Möglichkeiten, auf internationale politische Entscheidungen Einfluss nehmen zu können, verstanden werden.

28 Vgl. LAUFER *[1991]*, S. 86.

29 Mit „Föderaten" sollen hier die Mitglieder eines föderalistisch geprägten Staatswesens bezeichnet werden.

30 Vgl. KILPER / LHOTTA *[1996]*, S. 28.

31 Vgl. KILPER / LHOTTA *[1996]*, S. 30.

*Einheit*".[32] Die angesprochene Vielfalt kann in diesem Zusammenhang derart charakterisiert werden, dass sich Gliedstaaten in einem innovationsfördernden politischen Wettbewerb befinden, sowohl gegenüber anderen Gliedstaaten derselben staatlichen Ebene als auch gegenüber der obersten Ebene. Mit den Begriffen „*Konkurrenzföderalismus*" oder auch „*kompetitiver Föderalismus*" wird in der Literatur diese Funktion eines föderalen Staatsgebildes beschrieben.[33] Die Grundidee dieses interjurisdiktionellen Wettbewerbs ist dabei, dass sich Gebietskörperschaften wie Unternehmen verhalten und bestimmte Leistungen anbieten, welchen von den Nachfragen (Bürgern) nachgefragt werden. Wettbewerb zwischen Gebietskörperschaften wird dann, unter der Annahme eines eher hypothesenartigem als denn vollständigem Wissens über die optimale Gestaltung von Steuer-Leistungs-Bündeln, „zu einem parallelen Experimentierungsprozess, in dem die Wettbewerber verschiedene Politiken ausprobieren und erst über Erfahrungen rückgekoppelt bekommen, welche der Steuer-Leistungs-Pakete zu überlegenen Standortbedingungen geführt haben".[34] Vielfalt ist insofern mit den Möglichkeiten für die Gebietskörperschaften verbunden, in einem *Entdeckungsverfahren* zu unterschiedlichen Ergebnissen zu kommen oder aber in einem *Innovations-Imitations-Verfahren* von Politikinnovation anderer zu profitieren, indem neues Wissen über effiziente und präferenzgerechte Bereitstellung staatlicher Leitungen auch angewendet wird.[35]

Zusammenfassend kann der Begriff des Föderalismus als gesellschaftliche und staatliche Organisation mit subsidiärem[36] Charakter beschrieben werden. Es besteht demnach ein Zusammenspiel unterschiedlich strukturierter Ebenen und Einheiten, wobei jede einzelne Ebene und Einheit die ihr zugetragenen Aufgaben selbständig und eigenverantwortlich erfüllt sowie gemeinsam die festgelegten Ziele auf der Grundlage in einzelnen Bereichen gemeinsamer und einheitlicher Politikgestaltung erreicht werden sollen. Föderale Staatsgebilde haben somit insgesamt gemein, dass sie einerseits auf dem Wege der Kooperation versuchen, gemeinsame Zielvorstellungen ihrer Föderaten zu verwirklichen und andererseits die Föderaten nicht dermaßen in ihren Handlungsspielräumen einengen, so dass wettbewerbsorientierte Elemente nicht zur Geltung kommen und dadurch die Wahrung der Vielfalt gefährdet wird. Mithin können die föderalen Ausgestaltungsformen „kooperativ-unitarischer Föderalismus" und „Konkurrenzföderalismus" als extreme Formen des Föderalismus angesehen werden. Die Gemeinsamkeit föderaler Systeme liegt also auch darin, aus den genannten Anforderun-

32 Vgl. LAUFER / MÜNCH *[1997]*, S. 14.
33 Vgl. dazu ARNDT *[1998]*, S. 31 f.
34 KERBER *[2003]*, S. 48.
35 Vgl. auch KERBER *[2003]*, S. 48 f.
36 Auf den Begriff „Subsidiarität" wird in Kap. 3.1. noch näher eingegangen.

gen Einheitlichkeit und Vielfalt bestimmte Elemente aus den Extrempositionen in die föderale Ordnung zu integrieren.

## 2.2. Vorteile eines föderalen Staatssystems aus staatspolitischer Sicht

Im vorangegangenen Abschnitt ist der Begriff des Föderalismus von anderen wesentlichen und teilweise als Synonym verwendeten Begriffen in der Föderalismusdiskussion abgegrenzt und dabei näher beschrieben worden.

Nachdem nun die wesentlichen Merkmale des Föderalismus aufgezeigt und damit das Erscheinungsbild eines föderalistischen Staatssystems näher betrachtet wurde, erscheint es sinnvoll der Frage nachzugehen: Welche Vorteile bietet ein föderaler Staatsaufbau gegenüber alternativen Ordnungssystemen? Die Beantwortung dieser Frage erfolgt zunächst aus einer staatspolitischen Sichtweise. Daran anschließend werden die Vorteile einer föderalen Staatsstruktur mit Hilfe von ökonomische Argumenten dargestellt. Dabei wird bereits jetzt darauf verwiesen, dass föderalistisch organisierte Staatssysteme grundsätzlich nicht nur Vorteile bieten, sondern u. U. auch mit Nachteilen verbunden sein können, wie noch zu zeigen ist.

### *2.2.1. Vertikale Machtkontrolle durch föderale Staatsstruktur*

Die im Rahmen von allgemeinen, unmittelbaren, freien, gleichen und geheimen Wahlen bestimmten Entscheidungsträger sind in demokratischen Ordnungen darauf angewiesen, von den Bürgern akzeptiert und unterstützt zu werden. Die darauf aufbauende Stabilität und Funktionsfähigkeit eines demokratischen Staates ist dabei umso größer, je umfangreicher die institutionellen und verfahrensmäßigen Möglichkeiten zur Entscheidungsfindung und Konsensbildung sowie zum gesellschaftlichen Engagement und gesellschaftlicher Identifikation sind.[37]

Vor diesem Hintergrund ist in demokratischen Staaten die Gewaltenhemmung ein wesentliches Element. Zur Stärkung der Funktionsfähigkeit und Stabilität eines demokratisch organisierten Staatssystems steht die Trennung der Verfassungsbefugnisse und somit die Verteilung der politischen bzw. staatlichen Gewalt auf einer politischen Ebene im demokratietheoretischen Blickpunkt. Diese „horizontale Gewaltenteilung" in gesetzgebende, ausführende und richterliche Gewalt (Legislative, Exekutive und Judikative) soll dazu dienen, die politischen Gewalten gegenseitig zu kontrollieren und die Möglichkeiten eines Missbrauchs

37 Vgl. LAUFER / MÜNCH *[1997]*, S. 24.

staatlicher Kompetenzen zu reduzieren. Letztlich soll verhindert werden, „dass eine dieser Säulen jeglicher staatlichen Ordnungen, beispielsweise die Regierung als Inhaber der ausführenden Gewalt, übermächtig wird“.[38]

Im föderativen Staatsaufbau erscheint die Möglichkeit der Begrenzung staatlicher Macht größer als in einem Zentralstaat. Während in einem zentralistischen Staatssystem, in dem nur die oberste staatliche Ebene mit Entscheidungskompetenzen ausgestattet ist, die Gewaltenteilung nur horizontal erfolgen kann und diese in demokratisch organisierten Staaten auch erfolgt, kommt in einem föderalen Staatssystem noch eine vertikale Dimension hinzu. Im Föderalismus wird die horizontale Gewaltenteilung ergänzt um eine Trennung der Gewalten zwischen den Ebenen. Gemeint ist damit die vertikale Aufteilung der Wahrnehmung von staatlichen Gewalten. Der Föderalismus wird damit zu einem Instrument zur Verwirklichung des demokratischen Prinzips der „vertikalen Gewaltenteilung“. Dieses Prinzip beinhaltet die Forderung nach Vermeidung einer Bündelung der politischen Gewalt auf eine bestimmte Staatsebene.[39] So ist im föderalistisch geprägtem System der Bundesrepublik Deutschland die Ausübung von Staatsgewalt auf alle Ebenen verteilt. Die föderativ gestuften Volksvertretungen, und zwar die Kommunalparlamente, die Länderparlamente und der Bundestag, haben für ihren Bereich grundsätzlich Rechtsetzungskompetenzen, wobei sich allerdings die Befugnisse des Bundes und der Länder von denen der Kommunen verfassungsrechtlich unterscheiden.[40]

Die oberste (Bundes-) Ebene und die untergeordneten Ebenen können sich gegenseitig beeinflussen und kontrollieren, es herrscht ein „system of check and balances“. Daraus folgt aber auch, dass eine auf Kooperation ausgerichtete Politik zwischen den Ebenen unvermeidbar wird, da aufgrund der eingeschränkten Handlungsspielräume sowie den zahlreichen Verhinderungs- und Hemmungsmöglichkeiten die staatlichen Ebenen auf eine Beteiligung der über- und untergeordneten Ebenen angewiesen sind.[41]

Insgesamt kann durch die Aufteilung von Machtbefugnissen die Funktionsfähigkeit der demokratischen Ordnung gewährleistet werden, so dass letztlich in

---

38 STURM *[2000]*, S. 14.

39 Die vertikale Gewaltenteilung gilt als das Hauptargument für ein föderales Staatssystem innerhalb der staatsrechtlichen und politologischen Diskussion. Siehe dazu auch ergänzend bei LAMPRECHT *[1975]*, S. 164 ff.

40 Eine nähere Beschreibung der Gesetzgebungskompetenzen und deren vertikale Aufteilung erfolgt im Rahmen der Darstellung der Praxis der Aufgabenverteilung in der Bundesrepublik Deutschland in Kap. 3.

41 Vgl. LAUFER / MÜNCH *[1997]*, S. 25 f. Die Erkenntnis, dass in föderalen Staaten die Kooperation ein Bestandteil der Politikgestaltung ist, bezieht sich jedoch zunächst auf den Föderalismus als Organisationsprinzip und damit auf die grundsätzliche vertikale Gewaltenteilung.

einer föderativ gegliederten Demokratie die Möglichkeit zur Ausübung der dem Volk zustehenden Souveränität gegeben ist.[42]

Es darf jedoch nicht übersehen werden, dass vertikale Gewaltenteilung auch Nachteile mit sich bringen können. Verfügen staatliche Ebenen über die Möglichkeit zur Gewaltenhemmung, in der Bundesrepublik Deutschland der Bund und die Länder, so kann diese auch als „föderale Bremse“ bezeichnete Funktion des Föderalismus negativ auf die Funktionsfähigkeit des gesamten Systems einwirken. Eben dann, wenn die Entscheidungsträger der einzelnen Ebenen die Möglichkeit zur Hemmung staatlicher Gewalt auf anderen Ebenen benutzen, um weniger aus freiheitssichernder oder sachorientierter Überlegung sondern vielmehr aus wahltaktischen und parteipolitischen Erwägungen Entscheidungen zu blockieren und damit letztlich die Funktionsfähigkeit zu lähmen.[43]

Voraussetzung für eine funktionierende vertikale Gewaltenteilung muss daher sein, dass der Bund und seine nachgeordneten Einheiten weitgehend eigenverantwortlich und unabhängig voneinander agieren. Föderalismus kann trotzdem insofern als positiv bewertet werden, „als über die faktische Dezentralisierung politischer Macht und eine dezentrale Aufgabenerfüllung auch Bedingungen für eine angemessenere und damit bessere Berücksichtigung der Bürgerinteressen geschaffen werden können“.[44]

### *2.2.2. Gewährleistung eines Minoritätenschutzes*

Als einen weiteren Vorteil von dezentral gegliederten Staaten gegenüber zentralistischen Staaten kann der umfangreichere Schutz von Minderheiten (Minoritäten) angesehen werden. Es ist vorstellbar, dass eine Gesamtbevölkerung eines Staates aus unterschiedlichen Gruppen, welche jede für sich geschlossen in einem geographisch begrenztem Gebiet ansässig sind, besteht. Besonders dann sind zur Unterstützung des Zusammenhalts der Gemeinschaft und zum Schutz von sprachlichen, religiösen und ethnischen Gruppen besondere Regelungen erforderlich, „wenn sich die Bevölkerung eines Staates aus unterschiedlichen ethnischen Gruppen mit unterschiedlichen Kulturen zusammensetzt“.[45]

Gegenüber einer auf Mehrheiten ausgerichteten Politik eines Zentralstaates bieten föderalistisch aufgebaute Staatssysteme Regeln und Strukturen, mit deren

42 Vgl. dazu auch WÜRTENBERGER *[1997]*, S. 362 f.

43 Zu den Nachteilen der sogenannten „föderalen Bremse“ einschließlich aufgeführter kurzer Beispiele für die „hemmende“ Wirkung der vertikalen Gewaltenteilung in der Bundesrepublik Deutschland vgl. ARNDT *[1998]*, S. 31.

44 SCHUBERT *[1994]*, S. 38.

45 SAUERLAND *[1997]*, S. 18.

Hilfe nachgeordneten Gebietskörperschaften eine starke Stellung gegenüber der Bundesebene eingeräumt wird und dadurch auch Minderheiten an der Politikgestaltung mitwirken können.

### *2.2.3. Geographische und historische Argumente*

Ein föderatives Staatssystem kann schon aufgrund einer unterschiedlich strukturierten Geographie eines Landes begründet sein. Allein die technische Seite der Informationsbeschaffung und Wissensverarbeitung stellt große Flächenstaaten wie die Vereinigten Staaten von Amerika oder die Volksrepublik China vor enormen Herausforderungen. Dabei erscheint der Föderalismus als eine verwaltungstechnisch naheliegende Lösung. Sind kleinere Staatsgebilde, sehr kleine Flächenländer bzw. Stadtstaaten, aufgrund geringer territorialer Ausdehnung eher in der Lage, bei geringem finanziellen und zeitlichem Aufwand Anpassungen an veränderte Gegebenheiten durchzuführen, so wird bei großräumigen Staatsgebilden sehr schnell aus Kosten- und Zeitgründen die Notwendigkeit einer dezentralen Verwaltung ersichtlich. Insbesondere dann, wenn es sich um Angelegenheiten handelt, welche nur in sehr kleinen Teilregionen von Relevanz sind und daher möglicherweise gar nicht von einem zentralen Entscheidungsgremium als dringlich wahrgenommen werden.

An den beiden Beispielen USA und China kann jedoch der entscheidende Unterschied zwischen Föderalismus und Dezentralisierung gezeigt werden. Anders als in den Vereinigten Staaten von Amerika werden die Provinzverwaltungen in der Volksrepublik China einer strengen zentralistischen Kontrolle unterworfen. Hierdurch wird, anders als bei den amerikanischen Bundesstaaten, die Souveränität der staatlichen Untereinheiten stark beschränkt. Somit wird deutlich, dass aus der geographischen Notwendigkeit, mindestens eine untergeordnete Ebene einzurichten, nicht zwangsläufig ein föderales Staatssystem hervorgeht. Erst durch das Vorhandensein mehrerer Merkmale wie Dezentralismus, Entscheidungskompetenzen der Subeinheiten und vertikale Machtkontrolle lässt sich der Föderalismus erkennen.[46]

Aus der Geschichte heraus lässt sich ebenfalls eine Unterteilung eines Staatssystems in mehrere Untereinheiten begründen. Föderalismus kann als Ergebnis eines Entwicklungsprozesse verstanden werden, wenn mehrere ursprünglich souveräne Staaten sich zu einem Bundesstaat zusammenfinden und dabei ein mehr oder weniger starkes Ausmaß an Souveränität und Eigenverantwortlichkeit bei den eingegliederten staatlichen Subeinheiten verbleibt oder aber neue Terri-

---

46 Vgl. auch STURM *[2000]*, S. 12.

torien in das bereits vorhandene föderale Staatsgebiet integriert werden. Föderale Integration vollzieht sich in längeren Zeiträumen, bietet aber den Vorteil, dass durch geeignete Strukturen neu hinzukommende Staatseinheiten ihre Souveränität und Identität verlieren. Als historische Beispiele können dafür Kanada oder die Vereinigten Staaten von Amerika aufgeführt werden, dessen Prozesse zur Staatswerdung im 17. Jahrhundert begannen und erst im 20. Jahrhundert abgeschlossen waren. Ein neueres Beispiel für die Integrationsfähigkeit eines föderalen Staatsystems bildet die deutsche Wiedervereinigung im Jahr 1990. Unabhängig vom historischen Zusammenwachsen selbständig gewachsener Gebilde und damit von den grundlegenden Elementen föderaler Strukturen ist jedoch die konkrete innerstaatliche Ausgestaltung eines föderalen Staatswesens, wodurch historisch gewachsene Föderalstaaten in ihrem inneren Aufbau erheblich voneinander abweichen können.[47]

## 2.3. Ökonomische Aspekte des Föderalismus

In der Theorie der öffentlichen Finanzwirtschaft werden die ökonomischen Staatsfunktionen Allokation, Distribution und Stabilität seit MUSGRAVE[48] herausgestellt. In einem dezentralen politischen System ist grundlegend die Frage zu beantworten, welcher Ebene im Staatsaufbau die Staatsfunktionen zugeordnet werden sollen. Dafür sind Überlegungen anzustellen, mit welchen Grad an Zentralisierung bzw. Dezentralisierung Probleme bezüglich der Allokation, Distribution und Stabilisierung am besten gelöst werden können.[49]

Die theoretischen Überlegungen bezüglich der Zuordnung von Staatsaufgaben entspringen der finanzwissenschaftlichen Forschung über den *„fiskalischen Föderalismus*“,[50] wobei OATES diesen zusammenfassend wie folgt beschreibt: „“Fiscal Federalism“ refers to a public sector with two or more levels of decision-makers“.[51]

---

47 Vgl. STURM *[2000]*, S. 13. Zum beschriebenen historischen Argument für eine föderale Staatsstruktur zählt sicherlich in gewisser Weise auch die historisch gewachsene landsmannschaftliche Verbundenheit, welche im Grundgesetz in Art. 29 Abs. 1 ausdrücklich erwähnt wird.

48 Zur Unterteilung der Staatsfunktionen in drei Teilaufgaben und deren Beschreibung siehe MUSGRAVE *[1959]*.

49 Zu dieser Fragestellung siehe auch bei OATES *[1972]*, S. 3.

50 Einen kurzen Überblick zur Theorie des fiskalischen Föderalismus (Fiskalföderalismus) hinsichtlich der drei genannten Staatsaufgaben Allokation, Distribution und Verteilung bieten FELD / KIRCHGÄSSNER *[1998]*.

51 OATES *[1991]*, S. 2.

Im Rahmen der Allokation hat der Staat die Aufgabe, die knappen Ressourcen bzw. Produktionsfaktoren ihrer effizientesten Verwendung zuzuführen.

Dabei soll eine möglichst optimale und damit der Nachfrage angepasste Versorgung der Bevölkerung sowohl mit öffentlichen als auch mit privaten Gütern erreicht werden. Im Folgenden wird dazu zunächst der Frage nachgegangen, wann eine Zentralisierung oder aber eher eine Dezentralisierung ratsam erscheint, wenn auf allokationseffizientes Verhalten der Akteure im föderalen System abgestellt wird.

### *2.3.1. Informationsbeschaffung und Produktionskosten*

Soll die Bereitstellung staatlicher Leistungen[52] entsprechend den bei den Bürgern existierenden Präferenzen erfolgen, so erfordert dies zunächst grundsätzlich die Kenntnis der vorhandenen Bürgerpräferenzen. Die öffentliche Hand benötigt somit bestimmte Informationen über Art und Umfang der von den Bürgern erwünschten Staatsleistungen, um das Angebot an staatlichen Leistungen der Nachfrage nach staatlichen Leistungen anzupassen.[53]

Dabei ist zu beachten, dass einerseits bestimmte staatliche Leistungen von einer großen Gruppe und damit einer großen Gebietskörperschaft gewünscht werden können und andererseits staatliche Leistungen nur für sehr kleine Gruppen bzw. sehr kleine Gebietskörperschaften von Interesse sind. Neben der Informationsbeschaffung sollten auch die Kosten der Produktion und/oder Bereitstellung Beachtung finden. Ziel sollte es sein, bei gegebenen Informationen eine effiziente Bereitstellung staatlicher Leistungen im Sinne einer optimalen Allokation zu gewährleisten.[54]

#### *2.3.1.1. Dezentrale vs. zentrale Informationsbeschaffung*

Es kann vermutet werden, dass besonders bei der Bereitstellung einer staatlichen Leistung für sehr kleine Gebietskörperschaften die notwendige Informationsbeschaffung für eine Zentralregierung mit höheren Kosten verbunden ist als eine

---

52 Im weiteren Verlauf dieser Arbeit soll mit dem Begriff „staatliche Leistung" das gesamte durch die öffentliche Hand bereitgestellte Spektrum an öffentlichen und privaten Gütern bezeichnet werden. Zur Charakterisierung und Abgrenzung von öffentlichen Güter gegenüber privaten Gütern siehe MUSGRAVE / MUSGRAVE / KULLMER *[1994]*, S. 67 ff. Eine nähere Betrachtung der Eigenschaften öffentlicher und privater Güter findet noch in Kap. 3.2. statt.

53 Vgl. PEFFEKOVEN *[1980]*, S. 611.

54 Vgl. PEFFEKOVEN *[1980]*, S. 613.

Informationsbeschaffung „vor Ort", da eine Zentralregierung sowie deren Verwaltung wahrscheinlich die Bedingungen und Gegebenheiten im örtlichen Bereich der Leistungserbringung zunächst nur recht unvollständig erfassen kann. Kosten der Informationsbeschaffung können dabei sowohl als direkte monetäre Kosten, welche durch Gutachter oder Nutzen-Kosten-Analysen hervorgerufen werden, als auch die zeitliche Diskrepanz von Präferenzbekundung und Entscheidung interpretiert werden.

Beispielsweise kann hierfür die Errichtung einer Straßenlaterne genannt werden. In diesem Fall sollte schon darauf geachtet werden, an welcher Stelle die Laterne aufzustellen ist, ob die Laterne einen Bereich ausreichend ausleuchtet und dabei nicht störend auf Anwohner der Umgebung wirkt. Die Informationen zur Entscheidung über den optimalen Aufstellort werden wahrscheinlich von ortskundigen Entscheidungsträgern detaillierter und kostengünstiger beschafft werden können als von ortsfremden Entscheidungsträgern.

Auch in einem Zentralstaat ist es letztlich für den zentralen Entscheider möglich, mit einem gewissen Kosten- und Zeitaufwand die Kenntnisse über Bürgerpräferenzen vor Ort zu erhalten.[55] Hinzu kommt, dass im Zeitalter der modernen Informationsübertragungstechniken wie Fax oder E-Mail die Kosten der Informationsverarbeitung und die zeitlichen Verzögerungen zwischen Informationsbeschaffung und Entscheidung geringer werden dürften. Vorausgesetzt, es besteht eine direkte Verbindung zwischen der örtlichen Informationsbeschaffung und dem zentralen Entscheider.

Da aber auch ein Zentralstaat in der Regel über mehrere Verwaltungseinheiten oder aber über eine sehr große zentrale Verwaltung verfügt besteht die Gefahr, dass entweder auf dem Weg zum zentralen Entscheidungsträger oder aber innerhalb der zentralen Verwaltung wichtige Informationen verloren gehen oder aber innerhalb der Administration „verschleppt" werden.[56]

Gerade sehr große Verwaltungen bergen das Risiko in sich, dass aufgrund unterschiedlicher Zuständigkeiten ein Sachverhalt schwerer zu koordinieren ist, der Informationsfluss gehemmt wird und insbesondere „*diseconomies of scale*" auftreten können.[57]

---

55 Hierbei soll auf den in Kap. 2.1. eingegangenen Begriff des „Dezentralismus" und dem damit verbundenen Unterschied zum Begriff des Föderalismus verwiesen werden.

56 Vgl. SEIDEL *[1992]*, S. 31.

57 Vgl. dazu auch HIRSCH *[1970]*, S. 183.

*Abb. 1: Informations- und/oder Zeitverluste durch fehlende Bürgernähe von Entscheidungsträgern*

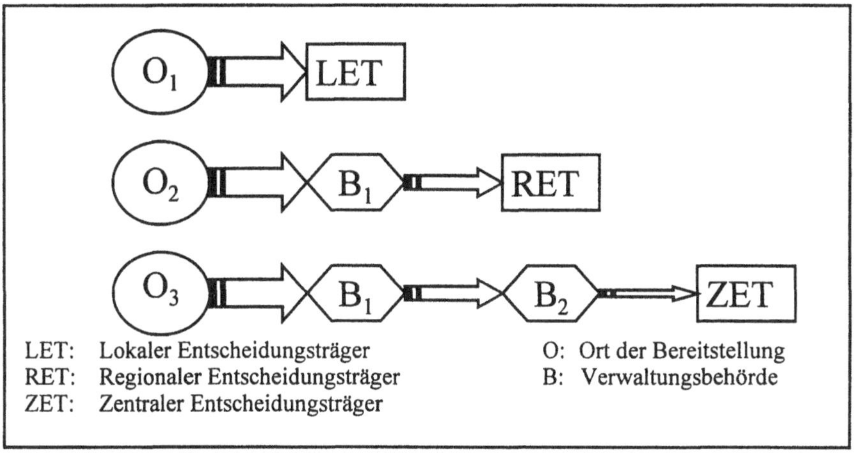


*Quelle: Eigene Darstellung.*

In Abbildung 1 wird der Informationsfluss vom Ort der Bereitstellung einer staatlichen Leistung zum Entscheidungsträger in Form von Pfeilen dargestellt. Dabei wird unterstellt, dass sowohl die zeitliche Nähe von Präferenzbekundung und Entscheidung als auch die benötigten Informationen innerhalb und zwischen Verwaltungsbehörden (B) abnehmen. Und zwar um so stärker, je mehr Verwaltungsbehörden in den Informationsbeschaffungsprozess eingeschaltet sind und je zahlreicher die Verwaltungsbehörden mit Personal eingerichtet sind.

Gleichzeitig kann auch unterstellt werden, dass durch mehrere Verwaltungseinheiten die Kosten der entscheidungsrelevanten Informationen für den zentralen Entscheider durch erhöhte Verwaltungskosten steigen. Es liegt also die Vermutung nahe, dass dezentrale Entscheidungsträger qualitativ und quantitativ besser über die Präferenzen „vor Ort" informiert sind, die Kosten der Informationsbeschaffung und Informationsverarbeitung und darüber hinaus die möglichen Informations- und/oder Zeitverluste minimiert werden können, wenn der Entscheidungsträger eine größtmögliche Nähe zu dem Ort aufweist, an dem die Bereitstellung einer staatlichen Leistung erfolgen soll.[58]

58 Vgl. Seidel *[1992]*, S. 31.

### *2.3.1.2. Berücksichtigung von Produktionskosten bei der Entscheidung über dezentralisierte Bereitstellung*

Eine Vielzahl von staatlichen Leistungen ist durch Unteilbarkeiten in der Produktion gekennzeichnet. Dies bedeutet, dass der notwendige Faktoreinsatz und auch die potentielle Leistungsabgabe nicht beliebig angepasst werden kann. Eine Produktion und Bereitstellung dieser Leistungen ist dann nur sinnvoll, wenn die Gruppe der Leistungsnutzer eine Mindestgröße überschreitet. Andernfalls besteht die Gefahr einer aus ökonomischer Sicht nicht zu vertretenden Unterauslastung der eingesetzten Produktionsfaktoren. Sehr kleine Gebietskörperschaften verfügen jedoch oftmals nicht über die notwendige Mindestgröße, um eine effiziente Produktion trotz bestehender Nachfrage zu gewährleisten, so dass sinkende Durchschnittskosten aufgrund von *Fixkostendegression* nicht genutzt werden können.[59]

Eine Ursache hierfür sind territoriale Grenzen, welche eine Leistungsabgabe an weitere Nutzergruppen erschweren können. Andernfalls könnten durch das Hinzukommen weiterer Nutzer, welche in der Regel auch Steuerzahler sind, die durchschnittlichen Kosten der öffentlichen Leistungserstellung und somit auch die durchschnittliche Steuerbelastung je Bürger reduziert werden.[60]

Die Produktion staatlicher Leistungen kann auch mit „*economies of scale*" verbunden sein. D. h. bei einer Betriebsgrößenerweiterung steigen die Produktionskosten langsamer als die Ausbringungsmenge. In kleinräumigen Gebietskörperschaften können oftmals Größenvorteile nicht genutzt werden. Es können sich dabei auch „*X-Ineffizienzen*" ergeben, welche technische Ineffizienzen bei der Produktion beschreiben.[61] Dadurch ergibt sich ein Argument für die Verlagerung einer entsprechenden staatlichen Leistung auf eine übergeordnete Ebene. Ein weiteres Argument gegen eine dezentrale Aufgabenwahrnehmung ergibt sich aus einem möglichen Verlust aus Verbundvorteilen bei dezentraler Leistungserstellung mehrerer miteinander produktionstechnisch verbundener Leistungen (Kuppelprodukte). Liegen „*economies of scope*" in Verbindung mit sinkenden Durchschnittskosten bei staatlichen Leistungen vor, so sollten diese gemeinsam und nicht getrennt voneinander erstellt werden.

---

59 Vgl. PEFFEKOVEN *[1980]*, S. 613.

60 Vgl. BRÜMMERHOFF *[2001]*, S. 628. Zum Zusammenhang von Kostensenkung bei steigender Siedlungsdichte siehe auch bei ELTGES U. A. *[2001]*, S. 15.

61 Nach LEIBENSTEIN *[1978]* kann X-Ineffizienz als die Differenz von maximal möglicher Effizienz bei der Nutzung der Inputfaktoren in der Leistungserstellung und der tatsächlichen Nutzung der Inputfaktoren im Rahmen der Leistungserstellung beschrieben werden. Zu X-Ineffizienzen siehe auch den grundlegenden Aufsatz von LEIBENSTEIN *[1966]*.

Ist dies in einer kleinräumigen Gebietskörperschaft nicht möglich, so ist eine Zentralisierung aus Kosteneinsparungsgründen ein Mittel zur Gewährleistung einer effizienten Produktion.[62]

Insgesamt kann davon ausgegangen werden, dass bei Vorliegen subadditiver Kostenfunktionen aus Effizienzgesichtspunkten eine zentrale Aufgabenwahrnehmung ratsam ist, während superadditive Kostenfunktionen eine dezentrale Aufgabenwahrnehmung sinnvoll erscheinen lassen.[63]

### *2.3.2. Anpassung des staatlichen Leistungsangebots an regionale Präferenzen*

Die Ermittlung und Berücksichtigung von Bürgerpräferenzen sollen bei der Bereitstellung staatlicher Leistungen im Vordergrund stehen. Dabei ist davon auszugehen, dass in unterschiedlichen Regionen die Bürgerpräferenzen divergieren. Das Vorliegen regional divergierender Präferenzen kann mehrere Gründe haben. So können sich Präferenzunterschiede aufgrund von ethnisch-kulturellen oder geschichtlichen Erfahrungen bilden, wobei sprachliche Unterschiede noch eine verstärkende Wirkung auf die Tendenz zur Heterogenität der Präferenzen besitzen. Es können aber auch regional unterschiedliche sozio-ökonomische Bedingungen eine heterogene Präferenzstruktur innerhalb eines föderalen Staatssystems erzeugen. Durch regional unterschiedliche Pro-Kopf-Einkommen, unterschiedliche Steueraufkommen oder geographisch bedingte unterschiedliche Auf-

---

62 „Economies of scale“ und „economies of scope“ können allerdings dann in der Diskussion um Zentralisierung oder Dezentralisierung in den Hintergrund treten, wenn eine staatliche Leistung nicht von der öffentlichen Hand produziert, sondern von Privatunternehmen „eingekauft“ wird. Vgl. PEFFEKOVEN *[1980]*, S. 613. Allerdings muss entgegengehalten werden, dass auch die Größe des „Einkäufers“ Einfluss auf den Einkaufspreis und damit auf die Steuerbelastung des Bürgers haben dürfte, so dass wiederum ein Kriterium für Zentralisierung gegeben wäre.

63 Subadditivität ist gegeben, wenn die Gesamtmenge X einer Leistung günstiger hergestellt werden kann als die Summe mehrerer Teilmengen $x^n$, so dass gilt:

$$K(X) < \sum_{i=1}^{n} K^n (x^n).$$

Für Superadditivität gilt entsprechend:

$$K(X) > \sum_{i=1}^{n} K^n (x^n),$$

also eine kostenintensivere Gesamtproduktion gegenüber der aus Teilmengen bestehenden Gesamtmenge. Zu den unterschiedlichen Kostenverläufen bei der öffentlichen Leistungsbereitstellung siehe auch SEITZ *[2000]*, S. 9, ELTGES U. A. *[2001]*, S. 15 f. sowie ELTGES / ZARTH / JAKUBOWSKI *[2001]*, S. 326.

gaben- und Ausgabensituationen lassen sich regional unterschiedliche Präferenzen erklären.[64]

Ebenso können es verschiedene politische Institutionen in den betreffenden Regionen eines Gesamtstaates sein, welche bei gesamtstaatlichen Fragen, die für jeden Bürger innerhalb des föderalen Systems in irgendeiner Weise relevant sind, zu unterschiedlichen Meinungen führen können.[65]

Für eine zentrale Gebietskörperschaft ergibt sich das Problem, dass sie u. U. eine staatliche Leistung bereitstellen muss, ohne genauere Kenntnisse über die vorhandenen Präferenzen zu besitzen. Es ist daher anzunehmen, dass aufgrund eines gewissen „Schleiers der Unwissenheit" und auch aus Kosten- und Zeitgründen in einem Zentralstaat weitgehend einheitliche staatliche Leistungen bereitgestellt werden. Dies kann zwar zu Kosteneinsparungen durch Ausnutzen von Größenvorteilen führen,[66] trägt allerdings kaum den, wenn vorhanden, unterschiedlichen Bürgerpräferenzen Rechnung.

In Abbildung 2 lassen sich die Überlegungen bezüglich eines regional angepassten Angebots an staatlichen Leistungen verdeutlichen.[67] Zunächst wird unterstellt, dass sowohl in Region A als auch in Region B gleich viele Bürger wohnen, welche in gleicher Weise die staatliche Leistung X bevorzugen. Somit kann die Nachfrage der Bevölkerung für zwei repräsentative Bürger dargestellt werden. Das von der öffentlichen Hand bereitzustellende Gut X kann in beiden Regionen separat bereitgestellt werden. Weiterhin wird angenommen, dass die „wahren" marginalen Zahlungsbereitschaften jedes Bürgers in A und B bekannt sind ($MZB^A$ bzw. $MZB^B$ in Abb. 2).[68]

Wenn für jeden Bürger, sowohl in Region A als auch in Region B, ein identischer Steuerpreis $t_A = t_B$ unterstellt wird, so wird in Agglomeration A die Menge $X^A$ und in Agglomeration B die Menge $X^B$ nachgefragt werden.[69]

64 Beispiele für besondere geographische Bedingungen, welche im Vergleich zu „normalen" geographischen Bedingungen zu unterschiedlichen Präferenzen führen können, sind Küstenstreifen (Präferenz für Küstenschutz) oder Gebirge (Präferenz für Gebirgstunnel). Unter Umständen entstehen, wie etwa der Küstenschutz, dabei bestimmte Präferenzen nicht freiwillig sondern aufgrund einer existenziellen Notwendigkeit.

65 Vgl. SEIDEL *[1992]*, S. 28 f.

66 Siehe hierzu die Überlegungen in Kap. 2.3.1.2.

67 Das folgende Beispiel ist entnommen aus BLANKART *[1998]*, S. 526 f.

68 Hiermit wird das grundlegende Problem angesprochen, dass besonders bei öffentlichen Güter aufgrund fehlender Ausschließbarkeit eine unentgeltliche Nutzung möglich ist (Trittbrettfahrer). Dies beinhaltet jedoch die Schwierigkeit, von jedem Bürger die tatsächliche Bereitschaft zur Mitfinanzierung zu erfahren.

69 Zur Vereinfachung wird hier eine Kopfsteuer (lump-sum tax) verwendet, welche von jedem Bürger gleich getragen wird.

*Abb. 2: Anpassung des Angebots staatlicher Leistungen bei regional divergierender Nachfrage*

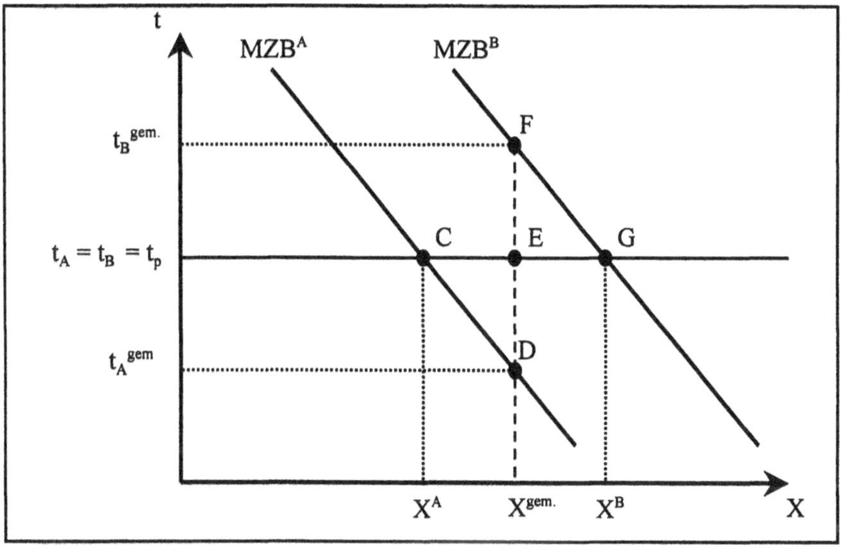


*Quelle: In Anlehnung an* BLANKART *[1998], S. 527.*

Sind die Regionengrenzen für die Bereitstellung dieser staatlichen Leistung nicht von Bedeutung sind und soll die Bereitstellung durch eine zentrale Regierung erfolgen, könnten sich die Bürger in einem politischen Kompromiss auf die gemeinschaftlich nachgefragte Menge $X^{gem.}$ einigen. Bei identischem Steuerpreis $t_A = t_B$ liegt dann allerdings weder für die Bürger in Region A noch für die Bürger in Region B eine gleichgewichtige Situation vor.

Bei einer bereitgestellten Menge $X^{gem.}$ bewerten die Bürger in Region A die letzte bereitgestellte Einheit mit einem Preis $t_A^{gem.}$ und die Bürger in Region B mit einem Preis $t_B^{gem.}$. In diesen Fall ist in Region A bei jedem Bürger der Steuerpreis $t_p$ um die Strecke ED höher als der die Wertschätzung ausdrückende Preis $t_A^{gem.}$ und in Region B um FE niedriger als $t_B^{gem.}$.

Dies hat letztendlich einen Wohlfahrtsverlust in Region A in Höhe des Dreiecks CED zur Folge, da durch die über $X^A$ hinausgehende zusätzliche Produktion des Gutes X zusätzliche Kosten in Höhe von $X^ACEX^{gem.}$ entstehen, welche durch die Erhöhung des Nutzens um $X^ACDX^{gem}$. nicht vollständig ausgeglichen werden. Auch Region B hat einen Wohlfahrtsverlust zu verzeichnen. Hierbei kennzeichnet das Dreieck EFG die Reduzierung der Konsumentenrente durch die in Region B existierende Unterversorgung mit dem Gut X bei einer gegebenen marginalen Wertschätzung von $t^{gem.}$.

Eine Veränderung der durch die Zentralebene bereitgestellten Menge des öffentlichen Gutes X hat dabei keine Auswirkungen auf die gesamtstaatlichen Wohlfahrtsverluste. Wird nur die Menge $X^B$ bereitgestellt, so liegt zwar in Region A eine gleichgewichtige Situation vor. Den gesamtstaatlichen Wohlfahrtsverlust trägt dann jedoch nur die Region B. Ebenso verhält es sich bei einer bereitgestellten Menge von $X^B$, nur dass dann Region A den gesamtstaatlichen Wohlfahrtsverlust allein trägt.[70]

Eine entscheidende Einflussgröße auf die Höhe der Wohlfahrtsverluste ist die Intensität der Divergenz der regionalen Präferenzen.

Je größer die interregionalen Unterschiede bezüglich der Nachfrage nach öffentlichen Leistungen, desto stärker fallen die Wohlfahrtsverluste bei zentraler Bereitstellung aus.[71] Die Preiselastizität der Nachfrage ist bei der Beobachtung von Wohlfahrtsverlusten aufgrund zentraler Bereitstellung zu berücksichtigen. Je unelastischer die Nachfrage auf Preisveränderungen[72] reagiert, desto stärker werden die Wohlfahrtsverluste ausfallen (Abbildung 3).

Veränderungen der marginalen Zahlungsbereitschaften werden durch Drehungen der Kurven in den Punkten C und G auf $MZB_1^A$ bzw. $MZB_1^B$ deutlich. Die Wohlfahrtsverluste entsprechen bei einer einheitlichen und durch eine Zentrale bereitgestellten Menge $X^{gem.}$ in Region A dem Dreieck CEK und in Region B dem Dreieck EHG.[73]

Die Erhöhung der Wohlfahrtsverluste bei den marginalen Zahlungsbereitschaften $MZB_1^A$ und $MZB_1^B$ ist auf die stärkere Empfindlichkeit der Nachfrage auf Preisänderungen gegenüber den marginalen Zahlungsbereitschaften $MZB^A$ und $MZB^B$ zurückzuführen.

Es lässt sich also zeigen, dass bei Vorliegen regional divergierender Bürgerpräferenzen bezüglich einer staatlichen Leistung eine dezentrale Versorgung, welche die finanzpolitische Verantwortung von Ausgaben und Einnahmen beinhaltet, gegenüber einer zentralen Bereitstellung vorteilhaft ist. Sind die Bürgerpräferenzen in den Regionen A und B gemäß $MZB^A$ und $MZB^B$ (oder auch

70 Vgl. BLANKART *[1998]*, S. 527.

71 Vgl. BRÜMMERHOFF *[2001]*, S. 626.

72 Mit Preisveränderungen sind hier die Veränderungen der Steuerpreise gemeint.

73 Wird unterstellt, dass durch eine zentral wahrgenommene Bereitstellung einer staatlichen Leistung dem einzelnen Bürger nur noch unzureichend Informationen bezüglich des „tatsächlichen“ Steuerpreises vorliegen, so ist mit einer tendenziellen Abnahme der Preiselastizität zu rechnen. Vgl. dazu auch LAASER / STEHN *[1996]*, S. 62.

*Abb. 3: Einfluss der Preiselastizität der Nachfrage auf Wohlfahrtsverluste bei zentraler Bereitstellung*

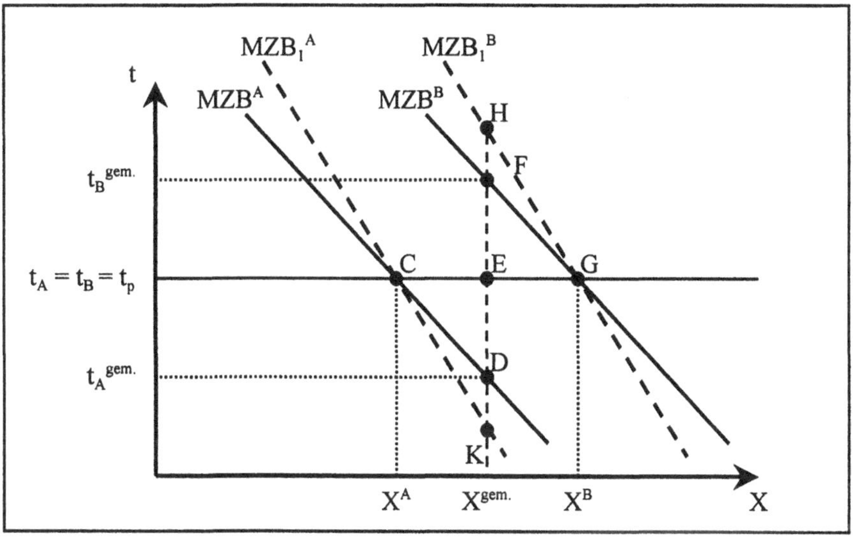


*Quelle: In Anlehnung an* BRÜMMERHOFF *[2001], S. 626 sowie* LAASER / STEHN *[1996], S. 61.*

$MZB_1^A$ und $MZB_1^B$) verteilt, so ist es sinnvoll, die Bereitstellung dieser Leistung in zwei politisch unabhängigen Einheiten durchführen zu lassen.[74]

Bei der Betrachtung der Auswirkungen einer zentralen gegenüber einer dezentralen Bereitstellungen sind exogen vorgegebene Präferenzverteilungen unterstellt worden. Es ist jedoch auch möglich, dass sich Präferenzen in einer Region endogen ergeben. Durch interregionaler Wanderungen können sich Agglomerationen bilden, in denen anschließend nur noch Bürger mit einer Präferenz für die angebotene Menge $X^A$ oder $X^B$ wohnen. Diese Wanderungsbewegungen können durch unbefriedigte Präferenzen ausgelöst werden. Es kann also eine „Abstimmung mit den Füßen" („voting by feet") erfolgen, wenn einzelne Bürger mit dem Angebot an öffentlichen Leistungen nicht zufrieden sind.[75]

74 Vgl. BLANKART *[1998]*, S. 527.

75 Vgl. LENK *[1993]*, S. 46 f. Die Abstimmung mit den Füßen (voting-by-feet) bezieht sich auf die Möglichkeit der Abwanderung aus einer Region als Sanktionsmechanismus. Siehe dazu grundlegend TIEBOUT *[1956]*.

Die Schlussfolgerung aus den angestellten Überlegungen ist, dass bei der Bereitstellung einer staatlichen Leistung, welches nur räumlich beschränkt genutzt werden kann, eine dezentrale Lösung sinnvoll ist und den individuellen Präferenzen umso mehr entsprochen werden kann, „je homogener die intralokalen und je inhomogener die interlokalen Präferenzen der Bürger sind".[76]

### *2.3.3. Allokationsoptimale Gliederung föderaler Systeme*

Staatliche Aufgaben und die damit verbundenen staatlichen Leistungen können je nach Aufgabenart unterschiedlich weit wirken. Bei einer Vielzahl von staatlichen Leistungen kann also die Nutzenausdehnung aus räumlicher bzw. geographischer Sicht unterschiedlich sein. Ebenso sind die bei Bürgern vorhandenen Präferenzen für bestimmte staatliche Leistungen in ihrer räumlichen Ausdehnung unterschiedlich. Darauf wurde im vorigen Abschnitt bezüglich möglicher Präferenzunterschiede hingewiesen. Staatliche Leistungen können bezogen auf ihre Nutzenausdehnung in einer Grobgliederung wie folgt voneinander abgegrenzt werden:[77]

- Lokale staatliche Leistungen (z. B. Straßenreinigung, Kindertagesstätten)
- Regionale staatliche Leistungen (z. B. weiterbildende Schulen, ÖPNV)
- Nationale staatliche Leistungen (Verteidigung, Rechtswesen)
- Internationale staatliche Leistungen (Umweltschutzstandards)

Wenn die Bereitstellung staatlicher Leistungen im Sinne einer optimalen Allokation gemäß den Bürgerpräferenzen unter Berücksichtigung der räumlichen Ausdehnung der Nutzungsmöglichkeiten erfolgen soll, so sollte konsequenterweise die geographische Nutzungsgrenze mit dem möglichen Nutzergruppe übereinstimmen. So müsste für jede Aufgabe und der daraus erwachsenen staatlichen Leistung ein separater Bereitstellungsraum mit der entsprechenden ausführenden Institution eingerichtet werden.[78]

Genau diese Idee entspringt der Theorie des Fiskalföderalismus. Jede einzelne Aufgabe soll optimal einer staatlichen Ebene zugeordnet werden. Theoretisch lässt sich dann für jede Aufgabe ein optimaler Zentralisierungs- bzw. Dezentrali-

76 LENK *[1993]*, S. 47.
77 Dazu auch BRÜMMERHOFF *[2001]*, S. 626.
78 BRÜMMERHOFF nennt diese Körperschaften auch „Einzweckinstitutionen". Vgl. BRÜMMERHOFF *[2001]*, S. 626.

sierungsgrad $n^{opt.}$ herleiten, wobei die Anzahl der vertikal unterteilten Ebenen n zur Variablen wird (Abbildung 4).

*Abb. 4: Allokationsoptimale aufgabengerechte Staatsgliederung*

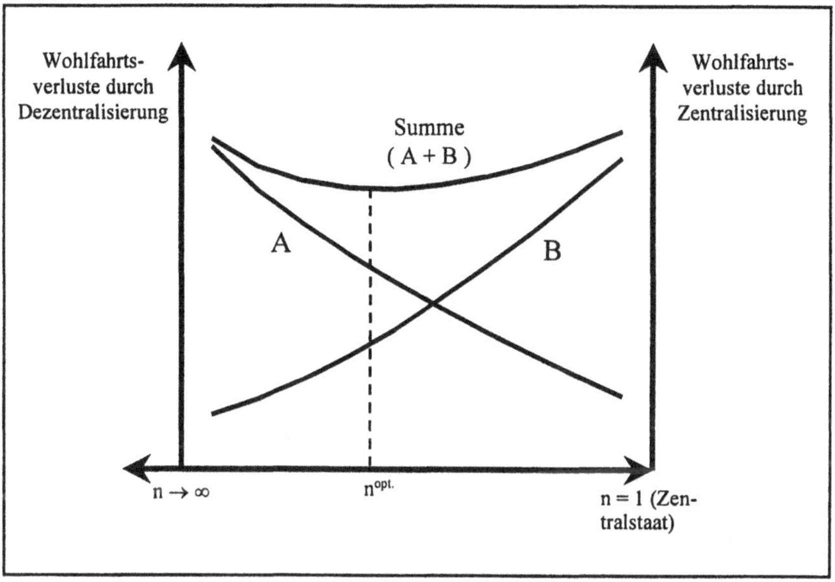


*Quelle: In Anlehnung an PEFFEKOVEN [1980], S. 614 sowie DICKERTMANN / GELBHAAR [1996], S. 394.*

Voraussetzung hierfür ist allerdings, dass

- die Funktion, welche die Wohlfahrtsverluste durch Dezentralisierung aufgrund von Spillovers oder mangelnder Ausnutzung von „economies of scale" anzeigt, bekannt ist (Kurve A),
- die Funktion, welche die Wohlfahrtsverluste durch Zentralisierung aufgrund höherer Informationskosten oder der mangelnden Berücksichtigung von Bürgerpräferenzen ebenfalls bekannt ist (Kurve B), sowie
- die Addition beider Kurven und damit die Ermittlung eines Kostenminimums möglich ist (Kurve A+B).

In der Realität dürften alle drei Voraussetzung nicht zu erfüllen sein, da der Nutzen einer staatlichen Leistung kaum kardinal zu messen ist und die Ermittlung einer konkreten Wohlfahrtsfunktion kaum gelingen kann.[79] Bei einer überschaubaren Anzahl von staatlichen Aufgaben und den notwendigen staatlichen Leistungen stellt die Einrichtung von aufgabenspezifischen Bereitstellungsräumen vielleicht noch nicht so sehr ein Problem dar. Problematisch wird allerdings die separate Einrichtung einer Institution für jede staatliche Leistung, wenn der Staat durch den Bürger einen umfangreichen Aufgabenkatalog erhält.[80]

Die Unterteilung des föderalen Staatssystems in Organisations- und Verwaltungseinheiten wird dann zu groß und es kann zu Überschneidungen von Bereitstellungsräumen und den zuständigen Institutionen führen. Die vertikale aufgabenspezifische Einrichtung von Bereitstellungsräumen würde zwar auf dem ersten Blick vorteilhaft in dem Sinne sein, dass jede aufgabenspezifische Ausführungsinstitution, welcher auch die Verantwortung für Durchführung sowie Art und Umfang der staatlichen Leistung zukommt, mit den exakt zurechenbaren Ergebnissen ihres Handels politisch konfrontiert und gegebenenfalls politisch sanktioniert werden könnte, wirft jedoch folgende Problembereich auf:

- Der einzelne Bürger verliert bei n zuständigen Organisations- und Verwaltungseinheiten für seinen eigenen Aktionsradius leicht den Überblick und eine Verwirrung des Bürgers ist die Folge.
- Bei n zuständigen Organisations- und Verwaltungseinheiten entstehen hohe Informations- und Mobilitätskosten.
- Die durch den erhöhten Informationsaufwand entstehenden Kosten lassen das Interesse an einer Bürgerbeteiligung bei Entscheidungen über Aufgaben sinken mit der Folge einer Reduzierung der demokratischen Kontrolle.[81]

---

79 Vgl. PEFFEKOVEN *[1980]*, S. 614. SAUERLAND verweist zudem in Bezug auf den optimalen Zentralisierungs- bzw. Dezentralisierungsgrad auf den „trade off" zwischen Freiheitsziel (Berücksichtigung von Bürgerpräferenzen) und Effizienzziel. Siehe SAUERLAND *[1997]*, S. 174.

80 Der staatliche Aufgabenkatalog hängt dabei im Wesentlichen von Bürgerpräferenzen ab, welche die Bereitstellung eines Gutes, ganz gleich ob öffentliches oder privates Gut, durch die öffentliche Hand erforderlich machen. So kann beispielsweise gesellschaftlicher Konsens sein, dass bestimmte und eigentlich von privater Seite organisierbare Güter dennoch vom Staat produziert und bereitgestellt werden. Insofern ist die Übertragung der Verantwortung auf den Staat und damit die Ausweitung des staatlichen Aufgabenkataloges dann zumindest ökonomisch nachvollziehbar, wenn die Summe der individuellen Risiken bei privatwirtschaftlicher Organisation größer ist als die Summe der individuellen Risiken bei staatlicher Organisation und dies gesellschaftlich nicht akzeptiert wird.

81 Vgl. PEFFEKOVEN *[1980]*, S. 614.

Die aufgeführten Punkte zeigen das Spannungsverhältnis zwischen nutzergerechter Aufgabenzuteilung und -wahrnehmung sowie ökonomisch und demokratietheoretisch sinnvoller Aufgabendurchführung.

Bei Abwägung der Vor- und Nachteile nutzergerechter bzw. präferenzorientierter staatlicher Leistungsbereitstellung ergibt sich die Notwendigkeit, Kompromisse einzugehen und staatliche Aufgaben eventuell nach Funktionen, Politikfeldern oder bestimmten Gruppen zusammenzufassen und auf eine politisch festgelegte Anzahl von staatlichen Ebenen zu verteilen, da eine zu große Anzahl von Gebietskörperschaften ökonomisch nicht vertretbar und politisch aus Sicht des Bürgers nicht wünschenswert ist.[82]

### *2.3.4. Distribution und Stabilisierung in einem föderalen Staatssystem*

#### *2.3.4.1. Zur Frage nach der Zuordnung der Distributionsaufgabe in föderalen Systemen*

In einer durch die Prinzipien der Marktwirtschaft gekennzeichneten Gesellschaft ist die Primärverteilung des Einkommens das Ergebnis einer nach dem Leistungsprinzip ausgerichteten Marktordnung. Aus bestimmten Gründen können Teile der Gesellschaft nicht oder nur eingeschränkt am Prozess der Leistungserbringung teilnehmen und daher kein oder nur ein geringes Einkommen erzielen. Sofern eine Gesellschaft dieses Ergebnis nicht akzeptiert, hat der Staat die Aufgabe, das Primäreinkommen anhand sozialer Zielsetzungen zu korrigieren and damit distributiv tätig zu werden. In der Literatur wird dazu kontrovers diskutiert, welche staatliche Ebene distributionspolitische Aufgaben wahrnehmen und somit auch redistributiv tätig werden sollte.

Bezüglich der personellen Einkommensumverteilung werden hierzu hauptsächlich zwei Argumente zur Zuordnung der Distributionsfunktion auf die höchste staatliche Ebene angeführt: Das distributionspolitische Verhalten der politischen Akteure innerhalb einer untergeordneten staatlichen Ebene sowie die Mobilität der Bürger. Ein hoher Grad an Mobilität der Bürger kann dazu führen, dass durch dezentrale verteilungspolitische Entscheidungen unerwünschte Externalitäten auftreten.

---

82 Vgl. PEFFEKOVEN *[1980]*, S. 617. Durch die politische Festlegung wird die Anzahl der Ebenen zum „Datum“. Dann kommt es darauf an, den Aufgabenkatalog unter Berücksichtigung aller ökonomischen Argumente für und wider Dezentralisierung optimal zu verteilen.

Im Umkehrschluss bedeutet dies, dass je geringer der Grad der Mobilität ist, desto größer der Umverteilungsspielraum für dezentrale Entscheidungsträger ist.[83] Es ist somit erkennbar, dass einer Dezentralisierung im Bereich der Distribution Grenzen gesetzt sind.

#### *2.3.4.2. Föderalismus und Stabilisierungspolitik*

Staatliche Aktivitäten sollen neben allokativen und distributiven Zielsetzungen darauf abzielen, konjunkturelle Schwankungen auszugleichen. Die Stabilisierungsfunktion wird dabei in einem dezentral gesteuerten Wirtschaftssystem in einer Marktwirtschaft als unvermeidlich angesehen.[84]

Ausgehend von der Überlegung, dass es sich bei den Gebietskörperschaften innerhalb eines föderalen Bündnisses eher um „offene" Systeme handelt, welche innerhalb des Bündnisgebiets durch enge wirtschaftliche Beziehungen miteinander verbunden sind, erscheint eine auf Stabilisierung der konjunkturellen Entwicklung ausgerichtet dezentrale Politik einer einzelnen Gebietskörperschaft eher dazu geeignet, angrenzende Gebietskörperschaften wirtschaftlich zu fördern. Erfolgt keine oder eine nur unzureichend Kompensation dieses Handelns, so wird jegliche Aktivität ausbleiben um ein damit einhergehendes Trittbrettfahrer-Verhalten zu unterbinden.

Dezentrale Stabilisierungspolitik wird somit kaum durchzuführen sein, insbesondere auch dadurch nicht, da kleinere Gebietskörperschaften u. U. auch finanziell gar nicht in der Lage sein dürften, durch mit konjunkturpolitischen Zielsetzungen versehene Ausgabenprogramme ausreichende Impulse herbeiführen zu können. Somit lässt sich zumindest für den Bereich der Stabilisierung grundsätzlich eine zentrale Wahrnehmung ableiten.[85]

### 2.4. Begriffsabgrenzung: Föderalismus und Finanzausgleich

Föderal organisierte Staatssysteme weisen typische Merkmale auf. Die wesentlichen Merkmale sind in den vorangegangenen Abschnitten angesprochen worden. Zusammenfassend gibt der Föderalismus eine gesellschaftliche Organisationsform vor, welche stark geprägt ist durch die gleichzeitige, und damit auch in der Umsetzung problematische, Betonung von Vielfalt und Eigenständigkeit. Sie bewirkt eine auf Dauer angelegte institutionelle Verbindung von eigenständigen

---

83 Vgl. SEIDEL *[1992]*, S. 46.
84 Vgl. SAUERLAND *[1997]*, S. 41 f.
85 Vgl. dazu auch LENK *[1993]*, S. 53 f.

sowie eigenverantwortlichen Gruppierungen zu einem durch gemeinsame Ziele gekennzeichneten übergeordneten Ganzen.[86] Wie eingangs erwähnt existiert jedoch in der Literatur keine einheitliche terminologische Definition des Begriffs Föderalismus. Vielmehr dominiert eine Vielfalt von Föderalismusdefinitionen.[87]

Grundlegend können bisweilen drei Kategorien voneinander abgegrenzt werden, welche sich gerade in der angelsächsischen Literatur etabliert haben. So kann bei Hervorhebung einer abstrakten normativen Organisationsform der Begriff „federalism" verwendet werden. Werden politische Systeme mit föderalen Elementen unterhalb der Ebene von Bundesstaatlichkeit gekennzeichnet, so ist die Rede von „federate systems" bzw. „federal systems". Wobei hingegen vollständig entwickelte Bundesstaaten unter den Begriff „federation" fallen.[88]

Wenn sich auch das Begriffsverständnis zum Föderalismus sehr differenziert gestaltet, so kann doch die Bezeichnung föderales bzw. föderatives System als Sammelbezeichnung für bundesstaatliche bzw. quasi-bundesstaatliche Ordnungen verwendet werden, da die gemeinsamen Kernelemente unübersehbar sind. Der Bundesstaat selbst ist dann die staatsrechtliche Verwirklichung des Föderalismus, er konkretisiert den Föderalismus bzw. das föderale System.[89]

Im Rahmen dieser Konkretisierung wird es erforderlich, die staatlichen Aufgaben den einzelnen Ebenen zuzuweisen, um die Funktionsfähigkeit eines solchen Systems zu gewährleisten. Gleichermaßen ergibt sich die Notwendigkeit, die mit Aufgaben verbundenen Ausgaben sowie die staatlichen Einnahmen ebenfalls nach bestimmten Kriterien den einzelnen Ebenen zuzuordnen.[90] Diese Konkretisierung der föderalen „Spielregeln" bezüglich der Aufgaben-, Ausgaben- und Einnahmenverteilung werden mit dem Begriff „Finanzausgleich" zusammengefasst. Dabei können die Spielregeln so interpretiert werden, dass mit dem Finanzausgleich ein finanzverfassungsrechtliches Ordnungs- und Verteilungssystem geschaffen wird, „das die zwischen den Einzelgliedern eines Staatsverbandes bestehenden Finanzbeziehungen regelt, ihre Verpflichtungen, Befugnisse und Finanzquellen gegeneinander abgrenzt und die Grundlagen ihrer Finanzausstattung bestimmt".[91]

---

86 Vgl. WEBER *[1980]*, S. 26.
87 Vgl. HELMS *[2002]*, S. 126.
88 Vgl. HELMS *[2002]*, S. 127. Die hier aufgeführten Unterscheidungen gehen zurück auf BURGESS *[1986]*, S. 15 ff.
89 Vgl. WEBER *[1980]*, S. 28.
90 Vgl. JUNKERNHEINRICH *[1991]*, S. 28.
91 FISCHER-MENSHAUSEN *[1980]*, S. 637.

Der Finanzausgleich also legt die „intergovernmental (fiscal) relations" bzw. die „partage des compétences" fest, wobei hier der Begriff Finanzausgleich in seiner umfangreichsten Bedeutung erfasst wird (Finanzausgleich i.w.S.).[92]

Nachdem somit der Begriff des Finanzausgleichs ausreichend eingegrenzt wurde, erfolgt nun in den folgenden Abschnitten eine Beschreibung, in welcher konkreten Ausgestaltung der Finanzausgleich in der Bundesrepublik Deutschland als verbindliches Regelwerk und als praktische Umsetzung der föderalen Leitideen die unterschiedlichen Beziehungen in den Aufgaben- und Einnahmenbereichen regelt. Dabei wird nicht darauf verzichtet, besondere theoretische Vorgaben, welche einzelnen Detailregelungen zu Grunde liegen und eventuell sogar erst begründen, vorzustellen und auch, wenn erforderlich, Diskrepanzen zwischen Theorie und Wirklichkeit hervorzuheben.

92 Ebenso bei JUNKERNHEINRICH *[1991]*, S. 28. Der Begriff des Finanzausgleichs i.w.S. ist leider in der deutschsprachigen Literatur irreführend, da vermeintlich nur die finanziellen Beziehungen angesprochen sind, der Begriff sehr wohl aber die grundsätzliche Aufgabenverteilung beinhaltet. Es ist daher immer wieder wichtig zu vermitteln, dass der Finanzausgleich das bundesstaatliche Regelwerk zur Kompetenzverteilung darstellt, was wiederum durch den französischsprachigen Begriff „partage des compétences" eher deutlich wird. Darauf weist auch PEFFEKOVEN *[1980]*, S. 608 hin.

# 3. Theoretische Grundlagen und Praxis der Aufgabenverteilung

Im vorangegangenen Kapitel sind in Grundzügen die theoretischen Überlegen bezüglich der Vorteile und Nachteile föderaler Staatssysteme dargestellt worden. Es lässt sich theoretisch zeigen, dass die Bereitstellung staatlicher Leistungen unter bestimmten Voraussetzungen sowohl dezentral auf unterschiedlichen Staatsebenen als auch zentral auf einer Staatsebene erfolgen kann. Dabei ist die Entscheidung über die Zuordnung eines bestimmten staatlichen Leistungsangebotes bzw. einer staatlichen Aufgabe auf die Bundesebene oder auf eine untergeordnete Eben abhängig von der Art und vom Umfang der jeweiligen staatlichen Leistung.[93] Wichtig ist in diesem Zusammenhang zu erwähnen, dass sich die theoretische Abwägung von Vor- und Nachteilen zentraler bzw. dezentraler Staatsorganisationen bislang ausschließlich auf der Bereich der staatlichen Aufgaben bezog. Betrachtungsgegenstand war also bisher nur die Produktion und/oder die Bereitstellung staatlicher Leistungen zur Erfüllung und Wahrnehmung staatlicher Aufgaben. Die Finanzierung dieser Produktion und/oder Bereitstellung staatlicher Leistungen und damit der Bereich der staatlichen Einnahmemöglichkeiten wurde vor dem Hintergrund einer theoretischen Betrachtung der Vor- und Nachteile zentraler bzw. dezentraler Staatsorganisationen im vorangegangenen Kapitel (noch) nicht berücksichtigt. Bevor nun die Praxis der Aufgabenverteilung in der Bundesrepublik Deutschland beschrieben wird, erfolgen vorab einige weitere theoretische Überlegungen im Rahmen der Diskussion um Dezentralität und Zentralität sowie eine theoretische Betrachtung von öffentlichen und privaten Gütern, welche insbesondere für die Güterbereitstellung der öffentlichen Hand von besonderer Bedeutung ist.

## 3.1. Das Subsidiaritätsprinzip

Für die Verteilung der staatlichen Aufgaben in einem föderalen Staatssystem ist das Subsidiaritätsprinzip eines der föderalen Grundprinzipien.

Das Subsidiaritätsprinzip kann aus zwei unterschiedlichen, sich jedoch nicht ausschließenden, Blickwinkeln betrachten werden. Einerseits haben Individuen oder kleinere Gruppen sowohl das Recht als auch die Pflicht, ihre Angelegen-

93 Vgl. dazu auch BENZ *[2000]*, S. 22.

heiten selbstständig und eigenverantwortlich zu erledigen und somit die Befriedigung ihrer Bedürfnisse, welche in ihren Präferenzverteilungen Ausdruck finden, selbst herbeizuführen. Erst wenn die Leistungsfähigkeit eines Individuums oder einer kleineren Gruppe hierzu nicht mehr ausreichend ist und damit die Bedürfnisbefriedigung vor Ort bei gegebenen Präferenzen nicht mehr erreicht werden kann, sollen größerer und leistungsfähigere Gesellschaftsteile eine Hilfestellung leisten und entsprechende Aufgaben teilweise oder sogar ganz übernehmen.[94]

Dies bedeutet jedoch andererseits, dass nach dem Subsidiaritätsprinzip die Hilfestellung eines übergeordneten Gesellschaftsteils auch tatsächlich nur als Hilfe bzw. Unterstützung zu verstehen ist. Es kann daher nicht als Argument einer völligen Übernahme bestimmter Aufgaben durch übergeordneter Einheiten verstanden werden. Der Begriff „Subsidiarität" (lat. subsidium = Hilfsmannschaft, Beistand, Entsatz) zielt eher auf eine gesellschaftliche Unterstützung der untergeordneten Gesellschaftsteilen ab und beinhaltet in gewissem Umfang eine Beistandspflicht gegenüber kleineren und schwächeren Gesellschaftsmitgliedern. Bedeutsam ist in diesem Zusammenhang, dass mit dem Begriff der Subsidiarität in erster Linie ein sozialstaatliches Prinzip zusammengefasst wird, welches auf eine sinnvolle Ergänzung der Eigenverantwortung abzielt.

Übertragen auf ein föderalistisches Staatssystem bedeutet dies zunächst, dass jede einzelne Staatsebene ihre zuvor zugeordneten Aufgaben eigenverantwortlich erfüllen soll. Im Subsidiaritätsprinzip ist die grundsätzliche Vermutung einer Aufgabenwahrnehmung durch die jeweils unterste staatliche Ebene enthalten. „Nur wenn diese nicht imstande ist, eine Aufgabe zu übernehmen, oder die höhere Ebene diese Aufgabe besser wahrnehmen kann, ist die Verlagerung nach oben geboten".[95] Fraglich bleibt dabei zunächst, wie eine „bessere Wahrnehmung" durch eine höhere Ebene nachgewiesen werden kann. Hierzu sollten ökonomische Kriterien zum Nachweis einer sinnvollen Übernahme der Wahrnehmung auf übergeordnete Ebenen und Einheiten herangezogen werden. Im Falle einer Leistungsschwäche der wahrnehmenden Ebene kann eine übergeordnete Ebene eine Aufgabe teilweise oder sogar ganz übernehmen und damit der leistungsschwachen Ebene helfen. Eine grundsätzliche Verpflichtung zur Übertragung auf eine nächsthöhere Ebene ist dadurch allerdings ausgeschlossen. Hierdurch würden Aspekte vernachlässigt, welche eine dauerhafte Übernahme von Aufgaben durch übergeordnete Ebenen nicht begründen können. So kann die Leistungsschwäche nur zeitlich aufgrund konjunktureller Ereignisse existieren und allein deshalb schon nicht gänzlich eine Verlagerung der Aufgaben-

94 Vgl. dazu SEIDEL *[1992]*, S. 27 f.
95 PEFFEKOVEN *[1980]*, S. 610.

wahrnehmung begründen. Auch kann ein unzureichendes Finanzverteilungssystem in einem föderalen System ursächlich für eine Leistungsschwäche sein. Daher ist das Kriterium „Leistungsschwäche“ zu konkretisieren.

Das Subsidiaritätsprinzip ist mit einer an Finanzstärke bzw. Leistungsstärke gekoppelte vertikale Aufgabenverteilung kaum zu vereinbaren. Im Vordergrund stehen die staatlichen Aufgaben und die damit verbundene staatliche Produktion und/oder Bereitstellung von Gütern und Dienstleistungen. D. h., dass die Einnahmenverteilung der Aufgabenverteilung folgen soll, und nicht umgekehrt. Sind erst Aufgaben innerhalb des föderalen Kompetenzgefüges zugeordnet, so gilt es, den einzelnen Ebenen aufgabengerechte Einnahmen zu verschaffen. Dies bedeutet, dass zumindest langfristig eine Leistungsschwäche nicht eintreten kann. PEFFEKOVEN weist darauf hin, dass zwar die politischen Entscheidungsträger bei Auftreten von Finanzierungsdefiziten häufig Aufgaben auf nächsthöhere staatliche Ebenen „abtreten“, es für diese Art von Aufgabenzuteilung allerdings keine Zwangläufigkeit existiert, da in den meisten Fällen die Möglichkeit einer Revision der Einnahmenverteilung und damit einer Herbeiführung aufgabengerechter Einnahmen gegeben ist.[96]

Das von POPITZ entworfene „Gesetz von der Anziehungskraft des zentralen Etats“ unterstellt eben diese Zwangsläufigkeit zur Verschiebung des Finanzbedarfs zu übergeordneten Ebenen bis hin zur Zentralebene. Dabei wird unterschieden zwischen originären Staatsaufgaben, welche den einzelnen Ebenen zufallen, und weiteren öffentlichen Aufgaben, welche nach nicht zweckrationalen Gesichtspunkten zwischen den staatlichen Ebenen verteilt werden. Nicht Zweckmäßigkeit, sondern vielmehr rein politische und finanzpsychologische Argumente sind von großer Bedeutung, wobei stets die Sicherung des einheitlichen Lebens- und Wirtschaftsraums eine tragende Rolle spielt.[97]

Im Sinne des Subsidiaritätsprinzips ist eine nicht zweckmäßige und bloß auf Ausgabenbelastung abgestellte Aufgabenverteilung abzulehnen. Das dabei eine Zentralisierungstendenz „naturgemäß“ in einem föderalen Staatssystem mit mehreren staatlichen Ebenen gegeben ist, ist zwar durch Popitz im Rahmen seiner Naturgesetzhypothese unterstellt worden. Diese Naturgesetzmäßigkeit kann allerdings dann verworfen werden, wenn Zentralisierung der Staatstätigkeit ein

96 Vgl. PEFFEKOVEN *[1980]*, S. 611.

97 Vgl. RECKTENWALD *[1977]*, S. 748. Die ursprüngliche Formulierung eines „Gesetzes“ über eine zwangsläufige Verschiebung von Aufgaben und den damit verbundenen Ausgabenbelastungen auf übergeordnete staatliche Ebenen geht auf POPITZ zurück. Siehe dazu POPITZ *[1927]*, S. 348 f.

nicht allgemein gültiges Prinzip ist sondern auch unterschiedliche Entwicklungen festzustellen sind.[98]

Gleichwohl ist eine, sowohl „naturgesetzmäßig" als auch aus anderen politisch und finanzpsychologisch bedingte, Zentralisierung von Aufgaben, Ausgaben und Einnahmen nicht mit dem Subsidiaritätsprinzip in Einklang zu bringen.

Da staatliche Aufgaben und die damit verbundenen Ausgaben letztlich für die Bürger in Form von bestimmten und durch die öffentliche Hand produziert und/oder bereitgestellten Gütern und Dienstleistungen gestalt annehmen liegt es nun daran, das Wesen und die Merkmale bzw. Charakteristika von unterschiedlichen Gütern darzustellen. Dies ist deshalb notwendig, um bei Vorliegen unterschiedlicher Gütereigenschaften bestimmte Güter genauer zu spezifizieren und aus den Erkenntnissen Schlussfolgerungen für die öffentliche Güterbereitstellung zu erhalten. Hierdurch ist es möglich, im weiteren Verlauf dieser Arbeit eventuell die bislang geltende Unterteilung von marktmäßiger und öffentlicher Güterbereitstellung zu revidieren und dabei Vorschläge zur möglichen Neuordnung der staatlichen Aufgabenverteilung sowie der Finanzierung der aufgabenbedingten Güter und Dienstleistungen über staatliche Einnahmen zu unterbreiten.

### 3.2. Abgrenzung öffentlicher Güter von privaten Gütern

Im Rahmen der staatlichen Allokationsaufgabe obliegt es den staatlichen Stellen, eine angemessene Versorgung mit öffentlichen Gütern sicherzustellen. Zwar sind es auch private Güter, welche mit der staatlichen Allokationsaufgabe verbunden sind. Jedoch reicht es hierbei grundsätzlich aus, einen ordnungspolitischen Handlungsrahmen bereitzustellen. In diesem wird es privaten Wirtschaftssubjekten durch die staatliche Gewährung von Handlungsfreiheit und Rechtssicherheit ermöglicht, bei gegebener Nachfrage Güter zu produzieren und anzubieten. Aufgrund des Zusammenspiels von Angebot und Nachfrage erfolgt über

98 So kommt BLANKART zu dem Ergebnis, dass in der Bundesrepublik Deutschland von 1949 bis 1999 die Zentralisierung der Steuern und Staatsausgaben *dramatisch* zugenommen haben. Dabei wird Zentralisierung als ein Prozess der Verlagerung von Entscheidungszentren von der Länderebene auf die Bundesebene verstanden. Eine Berücksichtigung der Gemeindeebene ist in der Studie nicht erfolgt. Da im gleichen Zeitraum die föderalistisch geprägte Schweiz im Bereich der Besteuerung zentralistische Tendenzen nicht verwirklicht haben, wird darauf hingewiesen, dass weder die Popitzsche Naturgesetzhypothese Allgemeingültigkeit besitzt noch die normative Theorie des Föderalismus diese Entwicklung befriedigend erklären können. Siehe dazu die Fallstudie zur schleichenden Zentralisierung der Staatstätigkeit von BLANKART *[1999]*.

den Preis als Diskriminierungsinstrument eine angemessene Güterbereitstellung.[99]

Es existieren allerdings Güter und Dienstleistungen, welche mangels Nachfrage nicht von privaten Anbietern produziert bzw. bereitgestellt werden. Nachfrage ist dabei nicht mit Bedürfnis gleichzusetzen. Unter bestimmten Voraussetzungen kann ein Bedürfnis nach einem Gut existieren, ohne dass eine konkrete Nachfragebereitschaft geäußert wird.[100] In diesem Fall erhalten aber private Produzenten von Individuen, welche sich eventuell eine bestimmtes Gut wünschen, keine oder nur unzureichende Signale bzw. Informationen bezüglich der gewünschten Art, Qualität und Menge eines Gutes. So kann es vorkommen, dass trotz existierender Bedürfnisse kein Marktangebot zustande kommt. Der Marktmechanismus versagt und die an Bedürfnissen und Wertschätzungen orientierte privatwirtschaftliche Ressourcenallokation erweist sich als untauglich.[101]

Einen Ausweg bietet die Bereitstellung von Gütern durch die öffentliche Hand. Wann aber genau sollte die öffentliche Hand die Bereitstellung eines Gutes sicherstellen? Oder anders gefragt: Gibt es überhaupt Güter, dessen Bereitstellung durch die öffentliche Hand aus ökonomischer und insbesondere allokativer Sicht sichergestellt werden muss?[102]

*Abb. 5: „Klassische“ Klassifizierung von Gütern*

| | | **Möglichkeit zur Exklusion** | |
|---|---|---|---|
| | | **ja** | **nein** |
| **Rivalität im Konsum** | **ja** | reine private Güter | Allmendegüter |
| | **nein** | Mautgüter | reine öffentliche Güter |

*Quelle: In Anlehnung an MUSGRAVE / MUSGRAVE / KULLMER [1994], S. 71.*

99 Dabei stellt die staatliche Gewährung von Handlungsfreiheit und Rechtssicherheit und damit die staatliche Bereitstellung öffentlicher Güter die Basis für private Aktivitäten dar. Zum Gut „Rechtspflege“ als öffentliches Gut und die daraus abgeleitete Notwendigkeit staatlicher Bereitstellung siehe auch LUCKENBACH *[2000]*, S. 169.

100 Nach allgemeiner Definition muss ein Bedürfnis bestehen, damit überhaupt von einem Gut gesprochen werden kann.

101 Zu Ursachen von Allokationsmängeln und zur teilweisen Untauglichkeit des Marktes als Koordinierungsinstrument siehe LUCKENBACH *[2000]*, S. 168 f.

102 Die verteilungspolitischen Aspekte einer Bereitstellung von Gütern durch die öffentliche Hand sollen hier nicht berücksichtigt werden.

Zur Beantwortung dieser Fragestellung lassen sich Güter grundsätzlich anhand zweier ökonomischer Kriterien charakterisieren: Die Rivalität im Konsum und die (technische) Möglichkeit zur Exklusion.[103]

In Abbildung 5 lassen sich zunächst reine öffentliche Güter von reinen privaten Gütern anhand der zuvor genannten Kriterien abgrenzen. Bei reinen öffentlichen Gütern vermindert ein zusätzlicher Nutzer nicht die Nutzungsqualität anderer Nutzer und es liegt somit keine Rivalität im Konsum vor. Daneben ist eine Exklusion von Nutzern zumindest technisch durch Anwendung physischer Maßnahmen nicht möglich. Für reine private Güter gilt entsprechend, dass durch zusätzliche Nutzer die Nutzungsqualität reduziert wird und daher eine Rivalität im Konsum sowie die Möglichkeit existiert, Nachfrager von der Nutzung technisch auszuschließen. Die Annahme einer dualen Aufteilung von Gütern in rein private und rein öffentliche Güter anhand der gleichzeitigen Gültigkeit beider Kriterien entspricht allerdings nicht den Beobachtungen in der Realität. Es existieren Güter, bei denen nur eines der beiden Musgraveschen Kriterien zur Güterklassifizierung ganz oder sogar nur zum Teil gültig sind.

### *3.2.1. Nicht-Rivalität im Konsum und Exklusionsmöglichkeit*

Ist die Durchsetzbarkeit eines Ausschlusses bei gleichzeitiger fehlender Rivalität im Konsum gegeben, so handelt es sich um ein sogenanntes Mautgut. So verursacht zum Beispiel ein verspäteter Theaterbesucher keine qualitative und quantitative Einschränkung bei den anderen Theaterbesuchern, solange die Kapazitätsgrenze des Theaters nicht erreicht ist bzw. die Theaterveranstaltung nicht ausverkauft ist. Allerdings unter der Einschränkung, dass auch bei Unterauslastung der Spielstätte keine unangenehmen Nebeneffekte von hinzukommenden Nutzern auftreten und daher eine Rivalität im Konsum bis zur Kapazitätsgrenze zu keiner Zeit gegeben ist.[104]

Es ist jedoch zu beobachten, dass auch vor Erreichen der Kapazitätsgrenze bestimmter Güter eine gewisse und zunehmend steigende Rivalität im Konsum aufgrund von steigender Beeinträchtigung der Qualität durch zusätzliche Nutzer auftritt. Für den einzelnen Theaterbesucher kann dies z. B. durch die Erhöhung

---

103 Zur Darstellung der Theorie öffentlicher Güter und insbesondere zur Beschreibung der Abgrenzungskriterien zwischen öffentlichen und privaten Gütern siehe auch bei MUSGRAVE / MUSGRAVE / KULLMER *[1994]*, S. 67 ff.

104 Die mit der Beeinträchtigung der Nutzungsqualität verbundenen Kosten bzw. Nutzungseinschränkungen werden auch Überfüllungskosten genannt, auch wenn die Kapazitätsgrenze noch nicht vollständig erreicht ist, wie man bei diesem Begriff vermuten könnte. Vgl. dazu auch GROSSEKETTLER *[1985]*, S. 214 ff.

des Geräuschpegels oder die Verschlechterung der Atemluft durch zusätzliche Theaterbesucher geschehen. Die Theaterbesucher werden daher also auch schon vor Erreichen der Kapazitätsgrenze um den Kunstgenuss rivalisieren. Hinzu kommt, dass jeder Theaterbesucher vom Kunstgenuss mit relativ einfachen und wirtschaftlich vertretbaren Mitteln ausgeschlossen werden kann. Ähnliches gilt übrigens für vergleichbare Güter wie Fußballstadien, Konzerthallen, Museen, Universitätshörsäle etc. Während also die Möglichkeit zur Exklusion bei Mautgütern jederzeit gegeben ist, kann die Rivalität im Konsum unterschiedlich sein.[105]

Bedeutsam ist in diesem Zusammenhang das Ausmaß der Rivalität. Dieses lässt sich als der Zusammenhang von Kosten, welche durch zusätzliche Nutzer in Form von Nutzungseinbussen entstehen und den Nutzengewinnen, welche durch zusätzliche Nutzer in Form von zusätzlicher Finanzierungsbeteiligung entstehen, beschreiben. Dies bedeutet, dass ein Nutzerkreis nur so lange an der Zulassung zusätzlicher Nutzer interessiert ist, solange die individuell zu tragenden Nutzeneinschränkungen kleiner sind als die Reduzierung der individuell zu tragenden Kostenbeteiligung. Dies wiederum führt zur Schlussfolgerung, dass die optimale Größe der Nutzergruppe dann erreicht ist, wenn sich die Grenznutzen und die Grenzkosten eines zusätzlichen Nutzers zu Null saldieren. In Abbildung 6 ist

*Abb. 6: Optimale Nutzergruppengröße*

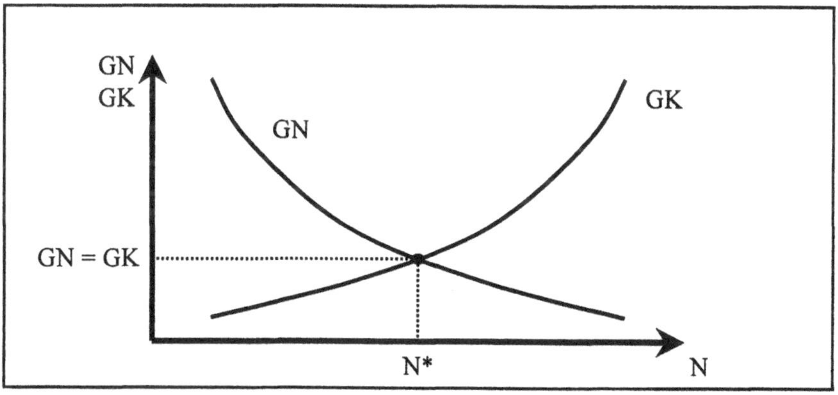


*Quelle: Brümmerhoff [2001], S. 629*

105 Für Blankart können bei den genannten Gütern bis zur Kapazitätsgrenze zusätzliche Nutzer bedient werden, ohne dass dies mit abnehmender Qualität oder steigenden Kosten verbunden ist. Vgl. auch Blankart *[1998]*, S. 58. Diese Annahme kann jedoch durchaus angezweifelt werden.

die optimale Nutzergruppengröße mit N* gekennzeichnet, bei der sich der Grenznutzen GN sowie die Grenzkosten GK bei Zulassung eines weiteren Nutzers vom Betrag her entsprechen.[106]

Der Grad der Rivalität lässt sich definieren als eine relative Veränderung der Bereitstellungskosten BK aufgrund einer relativen Veränderung der Anzahl der Nutzer N. Die Bereitstellungskosten stellen dabei die Herstellungs- bzw. Produktionskosten sowie im Falle eines Fremdbezuges die Beschaffungskosten einschließlich Transaktionskosten dar. Als *Nutzerelastizität der Bereitstellungskosten* $E_{BK,N}$ kann dieser Zusammenhang wie folgt dargestellt werden:

$$(1)\ E_{BK,N} = \frac{\frac{\partial BK}{BK}}{\frac{\partial N}{N}} = \frac{\partial BK}{\partial N} * \frac{N}{BK} = \rho\,.$$

Der als Elastizität definierte Rivalitätsgrad $\rho$ kann bei Berücksichtigung von unterschiedlichen Bereitstellungsmengen Q aufgrund von zwei Teilelastizitäten hergeleitet werden.[107]

Die *Nutzerelastizität der Bereitstellungsmenge* $E_{Q,N}$ gibt dabei an, welche relative Veränderung der Bereitstellungsmenge Q bei einer relativen Veränderung der Zahl der Nutzer N zu erwarten ist. Mathematisch lässt sich dieser unterstellte Zusammenhang beschreiben als:

$$(1a)\ E_{Q,N} = \frac{\frac{\partial Q}{Q}}{\frac{\partial N}{N}} = \frac{\partial Q}{\partial N} * \frac{N}{Q} = \gamma\,.$$

Für $E_{Q,N} < 1$ folgt, dass bei Veränderung der Zahl der Nutzer um eine Einheit ($\partial N$) die zusätzlich bereitzustellende Menge ($\partial Q$) unterproportional steigt, also $\partial N > \partial Q$ ist. Dies bedeutet, dass bei $E_{Q,N} < 1$ Gruppenvorteile beim Konsum des bereitzustellenden Gutes vorliegen.

Eine zweite Teilelastizität ist die *Mengenelastizität der Bereitstellungskosten* $E_{BK,Q}$. Diese stellt den Zusammenhang einer relativen Veränderung der Bereitstellungskosten BK bei einer relativen Veränderung der bereitzustellenden Menge Q dar:

106 Vgl. SAUERLAND *[1997]*, S. 46. Als eine grundlegende Arbeit zur Beschreibung von sogenannten „Klubkollektivgütern" siehe BUCHANAN *[1965]*.

107 Vgl. SAUERLAND *[1997]*, S. 47.

$$(1b)\ E_{BK,Q} = \frac{\frac{\partial BK}{BK}}{\frac{\partial Q}{Q}} = \frac{\partial BK}{\partial Q} * \frac{Q}{BK} = \pi .$$

Ergibt sich für $E_{BK,Q}$ ein Wert < 1, so liegen Skalenvorteile bei der Produktion bzw. Beschaffung des bereitzustellenden Gutes vor, da bei einer Erhöhung der bereitzustellenden Menge um eine Einheit ($\partial Q$) die hierzu erforderlichen Bereitstellungskosten ($\partial BK$) unterproportional ansteigen.

Wird die *Nutzerelastizität der Bereitstellungsmenge* mit der *Mengenelastizität der Bereitstellungskosten* multipliziert, so ergibt sich wegen

$$(1c)\ E_{Q,N} * E_{BK,Q} = \frac{\frac{\partial Q}{Q}}{\frac{\partial N}{N}} * \frac{\frac{\partial BK}{BK}}{\frac{\partial Q}{Q}} = \frac{\frac{\partial BK}{BK}}{\frac{\partial N}{N}},$$

das Ergebnis:

$$(1D)\ \gamma * \pi = \rho .$$

Es kann nun der Fall eintreten, dass sowohl die beiden Teilelastizitäten $\gamma$ und $\pi$ einen Wert zwischen 0 und 1 aufweisen, was aufgrund der multiplikativen Verknüpfung der beiden Elastizitäten zu einem Rivalitätsgrad $\rho$ von ebenfalls zwischen 0 und 1 führt.

*Abb. 7: Güterklassifikation anhand des Rivalitätsgrades*

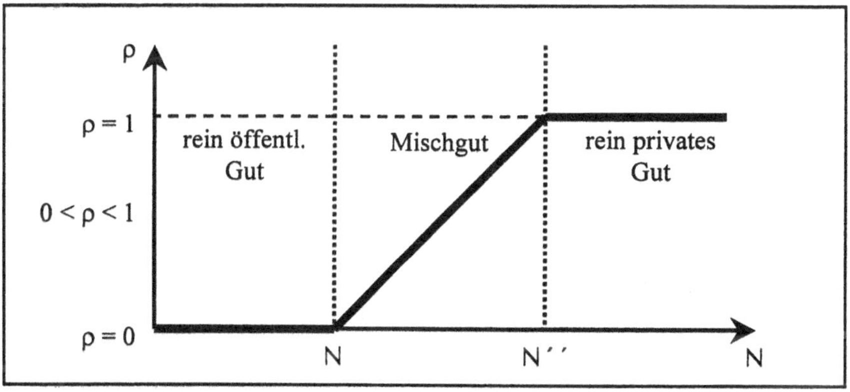


*Quelle: Eigene Darstellung*

In Abbildung 7 ist der Bereich der Mischgüter durch die Extremwerte 0 und 1 auf der Ordinate eingegrenzt. Bei einem Rivalitätsgrad von 0 ist bis zur Nutzermenge N′ keine Rivalität im Konsum gegeben, da zu keiner Zeit hinzukommende Nutzer die Nutzung des bereitgestellten Gutes weder qualitativ noch quantitativ durch „alte" Nutzer beeinträchtigen.

Daher ist auch keine zusätzliche Menge an Gütern notwendig, so dass $\gamma$ einen Wert von 0 annimmt und dadurch letztlich $\rho$ gleich 0 ist.[108]

Ab der Nutzermenge N′′ in Abbildung 7 ergibt sich ein Rivalitätsgrad von 1 und ein entsprechendes bereitzustellendes Gut hat die Eigenschaft eines reinen privaten Gutes angenommen. In diesem Fall ($\rho = 1$) muss entweder a) jeder hinzukommende Nutzer einen „alten" Nutzer verdrängen oder b) für jeden hinzukommenden Nutzer die Menge an bereitzustellenden Gütern im gleichen Ausmaß ($\partial N = \partial Q$) erweitert werden.

Im Fall a) bliebe dann die Gesamtzahl der Nutzer konstant ($\partial N = 0$), womit dann $\gamma$ wegen

$$\frac{\partial Q}{\partial N} * \frac{N}{Q}$$

nicht definiert wäre. Für den Fall b) ergibt sich, dass sowohl $\gamma$ aufgrund der proportionalen Steigerung von Q aufgrund einer Erhöhung der Nutzerzahl um 1 Einheit als auch $\pi$ bei einem proportionalen Kostenanstieg bei der Ausdehnung der Gütermenge um eine Einheit jeweils den Wert 1 annehmen. Hier ist zu erwähnen, dass aufgrund von möglichen Kostendegressionsvorteilen in der Produktion oder Beschaffung auch $\pi < 1$ sein kann, so dass $\rho$ einen Wert kleiner 1 annehmen kann.

Die charakteristischen Eigenschaften eines Gutes können von Zeit zu Zeit variieren. Die Rivalität im Konsum und damit der Rivalitätsgrad $\rho$ kann innerhalb der Aufnahmefähigkeit von Nutzern bzw. innerhalb der Nutzungskapazität oder aber auch innerhalb einer bestimmten Zeitspanne bzw. zu einer bestimmten Tageszeit einen Wert zwischen 0 und 1 einschließlich der Extremwerte annehmen.

---

108 Für den Fall, dass die bereitzustellende Menge aufgrund von Unteilbarkeiten nicht ausgeweitet werden kann, ergibt sich bei der *Mengenelastizität der Bereitstellungskosten* $\pi$ das Problem, dass bei $\partial Q = 0$ die Elastizität wegen

$$\pi = \frac{\partial BK}{\partial Q} * \frac{Q}{BK}$$

nicht definiert ist. Dann ist der Rivalitätsgrad ausschließlich von der *Nutzerelastizität der Bereitstellungsmenge* $\gamma$ abhängig. Siehe auch SAUERLAND *[1997]*, S. 49.

Diese Veränderungen der Guteigenschaften in Abhängigkeit von Nutzungskapazität und Tageszeit sind insbesondere dann gegeben, wenn sich ein Gut nicht in beliebig kleine Nutzungseinheiten aufteilen lässt sondern nur in bestimmten Größen produziert und bereitgestellt werden kann.[109]

### *3.2.2. Rivalität im Konsum bei fehlender Exklusionsmöglichkeit*

Wenn die Nutzer eines Gut rivalisieren, es allerdings keine Möglichkeit gibt, bestimmte Nutzer von der Nutzung dieses Gutes auszuschließen, so ist die Rede von einem sogenannten Allmendegut. Ein Allmendegut ist also durch die Kombination von Rivalität im Konsum und Unmöglichkeit zur Exklusion gekennzeichnet. Als Beispiele hierfür werden in der Literatur in der Regel natürliche Ressourcen und Umweltgüter genannt. Näher betrachtet sind diese Güter allerdings dadurch gekennzeichnet, dass eigentlich Lücken im Rechtsstaat vorhanden sind. Diese Lücken stellen letztlich fehlende exklusive Eigentumsrechte dar.[110]

In vielen Fällen ist heute die Zuordnung exklusiver Eigentumsrechte bei Anwendung moderner Überwachungs- und Kontrolltechnologien möglich. Selbst beim klassischen Allmendegut „Hochseefischerei“ können durch moderne Satellitentechnik grundsätzlich exklusive Eigentumsrechte zugeordnet und durchgesetzt werden. Fraglich bleibt sicherlich dabei, welche Institution bzw. welcher Rechteinhaber insbesondere bei der Hochseefischerei Eigentumsrechte überhaupt zuordnen oder vergeben darf und wie die Überwachung und Kontrolle organisatorisch durchgeführt werden soll. Zusätzlich sind die Fragen zu klären, inwieweit möglicherweise die Durchsetzungskosten zu hoch sind und mögliche Verletzungen von Eigentumsrechten zu sanktionieren sind. Bei allen offen Fragen bezüglich der Zuordnung von Eigentumsrechten bei sogenannten Allmendegütern ergibt sich dennoch die Schlussfolgerung, dass in den meisten Fällen ein Ausschluss von der Nutzung technisch durchaus vollziehbar ist und daher entsprechende Güter eigentlich eher als reine private Güter zu charakterisieren sind, da die Rivalität im Konsum nahezu durchgängig gegeben ist.

---

109 So besitzt beispielsweise ein innerstädtisches Parkhaus während der Hauptgeschäftszeit die Charakteristik eines rein privaten Gutes und nach Ladenschluss die eines Mautgutes. Auch kann ein Parkhaus nicht beliebig klein hergestellt werden. Erst recht nicht, wenn die Wirtschaftlichkeit berücksichtigt wird. Siehe dazu auch bei NEUMANN *[1991]*, S. 254.

110 Vgl. BLANKART *[1998]*, S. 61.

### *3.2.3. Konsequenzen für die staatliche Bereitstellung von Gütern*

Ist mit einer staatlichen Aufgabenwahrnehmung die Produktion und/oder die Bereitstellung eines bestimmten Gutes verknüpft, so obliegt es den staatlichen Entscheidungsträgern, zunächst die Art sowie die Eigenschaften des Gutes zu analysieren. Wie bereits beschrieben ergeben sich dabei grundsätzlich drei Einteilungen:

- reine öffentliche Güter,
- Mischgüter,
- reine private Güter.

Damit weicht die Einteilung der Güter von der Musgravschen Einteilung dergestalt ab, als dass Mautgüter und Allmendegüter aufgrund der nahezu vollständigen Gültigkeit des Exklusionsprinzips als Mischgüter zusammengefasst werden. Demzufolge stellen Allmendegüter aufgrund ihrer mangelnden praktischen Relevanz im weiteren Verlauf keine eigenständige Güterkategorie mehr dar.[111]

Die fehlende Möglichkeit zur Exklusion spielt bei der Beschreibung öffentlicher Güter eine tragende Rolle. Während bei Mischgütern und in vollem Umfang bei reinen privaten Güter das Exklusionsprinzip gilt, besitzt dieses bei öffentlichen Gütern keine Gültigkeit. Würde ein privates Unternehmen dennoch ein entsprechend charakterisiertes Gut produzieren und anbieten, so wären zur Deckung der Herstellungs- bzw. Produktionskosten für das anbietende Unternehmen Informationen bezüglich des Preises und der abzusetzenden Menge erforderlich. Weiß aber ein potentieller Nachfrager, dass er von einer bereitgestellten Menge des Gutes nicht ausgeschlossen werden kann, so wird er kaum bereit sein, einen seinem Nutzenzuwachs entsprechenden Preis zu zahlen, wenn er das Gut auch individuell kostenlos konsumieren kann. Ausgehend von der Unterstellung, dass dieses Verhaltensmuster bei allen potentiellen Nachfragern existiert, müssen diese trotz Bedürfnis als konkrete Nachfrager ausfallen. In diesem Fall versuchen alle unabhängig von einander als „Trittbrettfahrer" zu agieren, womit letztlich keine Nachfrage geäußert wird und damit keine Signale an

---

111 Bei BLANKART *[1998]*, S. 62 wird für sogenannte Allmendegüter die Möglichkeit beschrieben, von staatlicher Seite Marktzutrittsschranken einzuführen oder Fangquoten zuzuteilen. Wenn allerdings diese Möglichkeiten gegeben sind, kann von fehlender Exklusionsmöglichkeit nicht die Rede sein. Darüber hinaus werden auf S. 63 sogar Hochschulen erwähnt, welche zweifelsfrei durch bspw. einer Zugangsberechtigung (numerus clausus) potentiellen Nachfragern (Studierende) gegenüber versperrt werden können.

den bereitstellenden Unternehmer übermittelt werden. Die so charakterisierten Güter werden nicht von privaten Unternehmen angeboten und ein Versagen des Marktes ist zwangsläufig.[112]

Bei Mischgütern und reinen privaten Gütern steht hingegen die Rivalität im Konsum im Vordergrund. Wie bereits oben erwähnt, ist bei diesen Güter eine Möglichkeit zur Exklusion gegeben. Nur die Intensität der Rivalität differiert zwischen den Gütern. Während bei Mischgütern, und damit eingeschlossen die ursprünglich als Allmendegüter bezeichneten Güter, der Grad der Rivalität mit zunehmender Nutzerzahl steigt, ist die Rivalität bei reinen privaten Gütern vollkommen.

Dadurch ergeben sich für die staatliche Bereitstellung von Gütern mindestens zwei Optionen: Im Rahmen seiner Allokationsfunktion kann und sollte der Staat Güter, welche durch Nichtrivalität und fehlende Exklusionsmöglichkeit charakterisiert sind, aufgrund des gleichzeitigen Vorliegens von Marktversagen und Bedürfnis produzieren und/oder bereitstellen. Allerdings muss dabei berücksichtig werden, dass dann der Staat nur eine effiziente Allokation dieser öffentlichen Güter herbeiführen und das Marktversagen heilen kann, wenn die Bereitstellung den Präferenzen des Bürgers und damit dem Bürgerwillen entspricht.[113]

Bei Gütern, welche durch Exklusionsmöglichkeiten sowie durch unvollständige bzw. vollständige Rivalität im Konsum gekennzeichnet sind (Mischgüter und rein private Güter), kann der Markt aufgrund der herrschenden Rivalität zwischen Nachfragern sowie der Möglichkeit zur Exklusion und der damit verbundenen Existenz von Preisen als Steuerungsmechanismus diese Güter bereitstellen. Wenn Güter zu positiven Preisen angeboten werden können ist ein Staatseingriff nicht notwendig.[114]

Es können trotzdem Argumente für eine staatliche Bereitstellung sprechen. So zum Beispiel, wenn bei einem Mischgut der Anteil der fixen Kosten (Beispiel Stromversorgung, Müllbeseitigung) sehr hoch ist und jeder zusätzliche Nutzer einen minimalen Kostenzuwachs verursacht. In diesem Fall sind die Grenzkosten

---

112 Das beschriebene Trittbrettfahrer-Verhalten der potentiellen Nachfrager stellt eine typische Situation eines Gefangenendilemmas dar. Hierbei stellt sich die individuell empfundene Vorteilhaftigkeit der einzelnen Akteure letztlich als pareto-inferiore Situation für die Gesamtheit der Akteure heraus. Vgl. dazu ERLEI / LESCHKE / SAUERLAND *[1999]*, S. 309 f.

113 Dieser Hinweis zielt darauf ab, dass der Staat nur den Bürgerwillen ausführt (bzw. ausführen soll). Daher braucht er genaue Kenntnisse über die Präferenzen, da sonst dem Marktversagen ein Staatsversagen gegenüber stehen würde. Siehe dazu auch ERLEI / LESCHKE / SAUERLAND *[1999]*, S. 318.

114 Vgl. BLANKART *[1998]*, S. 58.

sehr gering und die Durchschnittskosten pro Nutzer sinken mit jedem hinzukommenden Nutzer (Abbildung 8).

*Abb. 8: Preisbildung bei sinkenden Durchschnittskosten und staatlicher Eingriff*

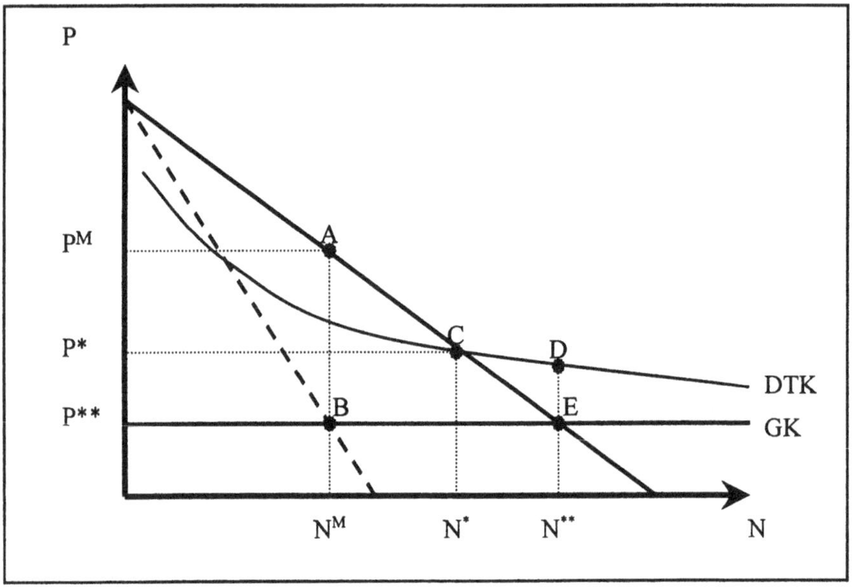


*Quelle:* BRÜMMERHOFF *[2001], S. 70.*

Im Falle eines natürlichen Monopols entspricht die angebotene Menge eines Monopolisten $N^M$ bei einem Monopolpreis von $P^M$. Der langfristige Mindestpreis eines privatwirtschaftlichen Monopolisten läge dann bei P*.[115]

Allerdings kann über die Nachfragemenge N* hinaus weitere Nachfrage durch zusätzliche Nutzer entstehen, welche durch die Zahlungsbereitschaft der Nachfrage in Abb. 8 verdeutlicht wird. Würde ein privatwirtschaftliches Unternehmen diesen zusätzlichen Nutzern das entsprechende Gut anbieten, so käme es über die Menge N* hinaus zu Stückverlusten. Die *allokationseffiziente* Produktionsmenge N** könnte nur mit einem Stückverlust in Höhe der Strecke DE (= DTK – P**) bereitgestellt werden.

115 Vgl. BRÜMMERHOFF *[2001]*, S. 70.

Ein staatlicher Eingriff könnte sein, dass die öffentliche Hand einen Subventionsbetrag in Höhe des Stückverlustes an das privatwirtschaftliche Unternehmen entrichtet, um die allokationseffiziente Bereitstellungsmenge zu erreichen. Subventionen sind allerdings mit Steuereinnahmen der öffentlichen Hand verbunden, so dass die Belastung der Nutzer (= Bürger) insgesamt steigt. Zudem kann eine Subventionierung einer nicht kostendeckenden Produktion dazu führen, dass der weiterhin gewinnmaximierende private Produzent einen Anreiz verliert, eine kostenminimale Faktorkombination zu realisieren.[116] Übernimmt die öffentliche Hand selbst die Produktion und Bereitstellung, so bleibt das Problem der teilweisen Steuerfinanzierung in Höhe der Strecke DE vorhanden.

Vernachlässigt worden ist hier gänzlich, dass die Entscheidung, entweder zur Subventionierung eines entsprechenden Gutes oder zur vollständigen Übernahme der Produktion, zunächst nur innerhalb *einer* Gebietskörperschaft getroffen werden kann, mögliche Nutzer allerdings auch von außerhalb dieser Gebietskörperschaft kommen können. Während für den gesamten Nutzerkreis bei allokationseffizienter Produktionsmenge der Preis bei P** liegen würde, entstünde für die Bürger der bereitstellenden Gebietskörperschaft möglicherweise eine zusätzliche Steuerbelastung, wenn die bereitstellende Gebietskörperschaft über Instrumente zur Variation des Steueraufkommens verfügt. In diesem Zusammenhang soll schon jetzt auf das Problem positiver Spillover und deren Internalisierung sowie mangelnde Steuereinnahmeninstrumente der Gebietskörperschaften in der Bundesrepublik Deutschland angesprochen werden.

## 3.3. Die Aufgabenverteilung in der Bundesrepublik Deutschland zwischen Bund und Ländern

In den vorangegangenen Kapiteln wurde zum einen darauf abgestellt, dass in einem föderalen Staatssystem die vertikale Aufgabeverteilung aus einer Systematik heraus, welche sich aus dem Subsidiaritätsprinzip ableiten lässt, erfolgen sollte. Ferner wurden anhand der Theorie öffentlicher Güter und deren Schlussfolgerungen Argumente angeführt, welche Güter sowohl von Seiten des Staates bereitgestellt werden sollten und welche Güter zumindest aus allokativer Sicht nicht unbedingt als staatliche Leistungen den Bürgern zur Verfügung gestellt werden müssen. Auch ist eine erste Überlegung bezüglich von Steuereinnahmeninstrumenten zur Schaffung allokationseffizienter staatlicher Bereitstellung

116 Dies ist deshalb zu erwarten, da der Marktmechanismus eingeschränkt wird und bestimmte Informationen über den gesamten Wert der Produktion verloren gehen. Vgl. BRÜMMERHOFF *[2001]*, S. 72.

von Gütern ansatzweise erfolgt. Die Darstellung der tatsächlichen Einnahmenverteilung sowie der Möglichkeiten der Gebietskörperschaften, speziell Steueraufkommen zu variieren, erfolgt in Kap. 4. Es folgt nun ein Gesamtüberblick zur tatsächlichen Aufgabenverteilung zwischen Bundesebene, Länderebene und Gemeindeebene, wobei der Schwerpunkt der Betrachtung aufgrund der verfassungsrechtlichen Vorgaben bei der Aufgabenverteilung zwischen Bund und Ländern liegt.

### *3.3.1. Ausschließliche Gesetzgebungskompetenz des Bundes*

Der Länderebene ist in Art. 30 GG die Ausübung der staatlichen Befugnisse und die Durchführung der staatlichen Aufgaben zugeordnet worden. Diesen Grundsatz der Aufgabenwahrnehmung greift Art. 70 Abs. 1 GG auf und unterstreicht die Länderzuständigkeit. Jedoch wird hier das Recht der Länder zur Gesetzgebung eingeschränkt. Und zwar dann, wenn das Grundgesetz dem Bund Gesetzgebungskompetenzen verleiht. Für bestimmte Aufgaben sieht das Grundgesetz eine ausschließliche Gesetzgebungskompetenz zu Gunsten des Bundes vor.[117] Im Bereich dieser Aufgaben sind die Bundesländer von der Gesetzgebung ausgeschlossen.[118]

Nach Art. 71 2. HS GG ist es jedoch auch für die Länder möglich, in diesem Aufgabenbereich gesetzgeberisch tätig zu werden. Und zwar dann, wenn die Länder durch ein Bundesgesetz ausdrücklich dazu ermächtigt werden. Die in den Bereich der ausschließlichen Gesetzgebungskompetenz fallenden staatlichen Aufgaben bzw. Aufgabenbereiche sind in Art. 73 GG katalogisiert. Dazu gehören:

- Die auswärtigen Angelegenheiten sowie die Verteidigung einschließlich des Schutzes der Zivilbevölkerung;
- Die Staatsangehörigkeit im Bunde;
- Die Freizügigkeit, das Passwesen, die Ein- und Auswanderung und die Auslieferung;
- Das Währungs-, Geld- und Münzwesen, Maße und Gewichte sowie die Zeitbestimmung;
- Die Einheit des Zoll- und Handelsgebietes, die Handels- und Schifffahrtsverträge, die Freizügigkeit des Warenverkehrs und der Waren- und Zahlungsverkehr mit dem Auslande einschließlich des Zoll- und Grenzschutzes;

---

117 Siehe Art. 70 Abs. 1 2. HS GG.

118 Siehe Art. 71 GG.

- Der Luftverkehr;
- Der Verkehr von Eisenbahnen, die ganz oder mehrheitlich im Eigentum des Bundes stehen, der Bau, die Unterhaltung und das Betrieben von Schienenwegen der Eisenbahnen des Bundes sowie die Erhebung von Entgelten für die Benutzung dieser Schienenwege;
- Das Postwesen und die Telekommunikation;
- Die Rechtsverhältnisse der im Dienste des Bundes und der bundesunmittelbaren Körperschaften des öffentlichen Rechtes stehenden Personen;
- Der gewerbliche Rechtsschutz, das Urheberrecht und das Verlagsrecht;
- Die Zusammenarbeit des Bundes und der Länder in der Kriminalpolizei, zum Schutze der freiheitlichen demokratischen Grundordnung und des Bestandes und der Sicherheit des Bundes oder eines Landes und zum Schutze gegen Bestrebungen innerhalb des Bundesgebietes, die durch Anwendung von Gewalt oder darauf gerichtete Vorbereitungshandlungen auswärtige Belange der Bundesrepublik Deutschland gefährden;
- Einrichtung eines Bundeskriminalamtes und die internationale Verbrechensbekämpfung;
- Die Statistik für Bundeszwecke.

Hinzu kommen staatliche Aufgaben bzw. Aufgabenbereiche im Rahmen der ausschließlichen Gesetzgebungskompetenz außerhalb des Art. 73 GG. Darunter fallen beispielsweise nähere Erläuterungen und Ergänzungen zu den Regelungen bezüglich der Parteien nach Art. 21 GG oder des Verbotes eines Angriffskrieges nach Art. 26 GG.[119]

### *3.3.2. Konkurrierende Gesetzgebungskompetenzen*

Nach Art. 72 Abs. 1 GG liegt die Kompetenz zur Gesetzgebung für die Aufgaben, welche in den Bereich der konkurrierenden Gesetzgebung fallen, bei den Ländern. Allerdings nur, solange und soweit der Bund von seiner Gesetzgebungszuständigkeit nicht durch Gesetz Gebrauch gemacht hat".[120]

Der Bund kann die Option, von der Gesetzgebungszuständigkeit Gebrauch zu machen, nach Art. 72 Abs. 2 GG dann wahrnehmen, wenn aus der Sicht des

---

119 Bei diesen Beispielen wird die ausschließliche Gesetzgebung des Bundes durch die Formulierung „Das Nähere regelt ein Bundesgesetz" deutlich. So für die genannten Beispiele in Art. 21 Abs. 3 GG bzw. Art. 26 Abs. 2 Satz 2 GG. Siehe dazu auch den Hinweis sowie die Aufzählung weiterer Aufgaben im Bereich der ausschließlichen Gesetzgebung des Bundes bei LENK *[1993]*, S. 149.

120 Art. 72 Abs. 1 2. HS GG.

Bundes für eine öffentliche Aufgabe ein Bedürfnis nach einer materiellen und gesetzgeberischen Vereinheitlichung innerhalb des Bundesgebietes besteht. Voraussetzung hierfür kann zum einen eine finanzielle oder organisatorische Unfähigkeit eines oder mehrerer Länder sein, eine Landesaufgabe durchzuführen. Auch ist denkbar, dass es durch die Durchführung einer Aufgabe zu Interessenskonflikten mit andere Länder oder dem Bund kommt.[121] Letztlich verpflichtet das Grundgesetz den Bundesgesetzgeber zur Übernahme der Gesetzgebungstätigkeit, „wenn und soweit die Herstellung gleichwertiger Lebensverhältnisse im Bundesgebiet oder die Wahrung der rechts- und Wirtschaftseinheit im gesamtstaatlichen Interesse eine bundesgesetzliche Regelung erforderlich macht".[122]

Die in den Bereich der konkurrierenden Gesetzgebung fallenden staatlichen Aufgaben bzw. Aufgabenbereiche sind im Aufgabenkatalog des Art. 74, 74a GG aufgenommen. Hierzu gehören nach Art. 74 GG das Bürgerliche Recht, das Wirtschafts- und Wettbewerbsrecht, das Arbeitsrecht, der Umwelt- und Verbraucherschutz, die Kernenergie, das Gesundheits- und Verkehrswesen sowie die Fürsorge für Kriegsopfer. Hinzu kommt die Gesetzgebungsmöglichkeit des Bundes für die Besoldung und Versorgung der Angehörigen im öffentlichen Dienst nach Art. 74a GG. Insgesamt ist der Aufgabenkatalog im Rahmen der konkurrierenden Gesetzgebung wesentlich umfangreicher als der Aufgabenkatalog im Rahmen der ausschließlichen Gesetzgebung des Bundes.

Aufgrund des sehr umfangreichen und aus den bedeutsamen staatlichen Aufgaben bestehenden Aufgabenkatalog des Art. 74 GG ist es dem Bund somit durch das Grundgesetz generell ermöglicht worden, die Gesetzgebungstätigkeit über die Aufgaben der ausschließlichen Gesetzgebung hinaus auf weitere bedeutsame staatliche Aufgabenbereiche auszuweiten. Dabei wird dem Bund die Übernahme der Gesetzgebungskompetenz noch erleichtert, indem die Entscheidung zur Übernahme vom Bund alleine ohne Zustimmung der Länder erfolgen kann, wenn der Bund die Herstellung gleichwertiger Lebensverhältnisse sowie die Wahrung der Rechts- und Wirtschaftseinheit gefährdet und somit Handlungsbedarf sieht.

Der Bund hat, bei gleichen Voraussetzungen wie für die Aufgaben der konkurrierenden Gesetzgebung nach Art. 74, 74a GG, zusätzlich die Möglichkeit, in bestimmten Bereichen staatlicher Aufgaben einen bundeseinheitlichen Gesetzesrahmen vorzugeben. Diese Möglichkeit des Bundes zur Festsetzung von Rahmenvorschriften für die Gesetzgebung der Länder ist in Art. 75 GG enthalten. Hierzu gehören Rahmenvorgaben in Bereichen der

121 Siehe auch Lenk *[1993]*, S. 149.
122 Art. 72 Abs. 2 2. HS GG.

- Rechtsverhältnisse der im öffentlichen Dienste der Länder, Gemeinden und anderen Körperschaften des öffentlichen Rechtes stehenden Personen,
- allgemeinen Grundsätze des Hochschulwesens,
- allgemeinen Rechtsverhältnisse der Presse,
- des Jagdwesens, des Naturschutzes und der Landschaftspflege,
- der Bodenverteilung, der Raumordnung und des Wasserhaushaltes,
- des Melde- und Ausweiswesens,
- des Schutzes deutschen Kulturgutes gegen Abwanderung ins Ausland.

Der Bund kann somit in den genannten Bereichen den Gesetzesrahmen festsetzen, muss allerdings auch den Ländern ausreichend Spielraum für länderspezifische Ergänzungen der Rahmenvorschriften lassen. Ein Beispiel hierfür ist das immer wieder in der öffentlichen Diskussion stehende Hochschulrahmengesetz, welches sowohl grundsätzliche als auch speziellere Regelungen des Hochschulwesens in der Bundesrepublik Deutschland enthält.[123]

### *3.3.3. Gemeinschaftsaufgaben*

Das Grundgesetz sieht grundsätzlich eine Trennung von Bundesaufgaben und Landesaufgaben vor.[124] Dabei ist zu beachten, dass das Grundgesetz es zwar ermöglicht, originäre Landesaufgaben auf die Bundesebene zu verlagern. Aber auch dann soll grundsätzlich eine getrennte Aufgabenwahrnehmung erfolgen.

Es existieren jedoch bestimmte staatliche Aufgaben, welche gemeinsam von Bund und Ländern wahrgenommen und durchgeführt werden sollen. Diese im Jahr 1969 im Rahmen einer Verfassungsreform eingeführten Gemeinschaftsaufgaben durchbrechen den Grundsatz der klaren Abgrenzung von Bundesaufgaben und Landesaufgaben. Dabei handelt es sich bei den Gemeinschaftsaufgaben ausschließlich um Aufgaben, welche per Grundgesetz eigentlich in den alleinigen Zuständigkeitsbereich der Länder fallen. Hier wird zuweilen vehement gefordert,

123 Als eine speziellere Regelung kann die grundsätzliche Studiengebührenfreiheit eines Studiums bis zum ersten berufsqualifizierenden Abschluss sowie eines Studiums in einem konsekutiven Studiengang, der bis zu einem weiteren berufsqualifizierenden Abschluss führt, angesehen werden. Siehe auch § 27 Abs. 4 HRG.

124 Hinzu kommt das separate Recht der Gemeinden nach Art. 28 Abs. 2 GG, bestimmte Aufgaben getrennt von Landes- und Bundesebene durchzuführen. Darauf wird in Kap. 3.5. noch näher eingegangen.

diese Aufgabenbereiche wieder in den alleinigen Kompetenzbereich der Länder zu verlagern.[125]

Die in Art. 91a GG genannten Gemeinschaftsaufgaben sind originäre Länderaufgaben. Der Bund ist jedoch durch Art. 91a Abs. 1 GG verpflichtet worden, bei der Wahrnehmung und Erfüllung der Aufgaben mitzuwirken. Die in den Bereich der Gemeinschaftsaufgaben fallenden Aufgaben sind:

- Ausbau und Neubau von Hochschulen einschließlich der Hochschulkliniken;
- Verbesserung der regionalen Wirtschaftsstruktur;
- Verbesserung der Agrarstruktur und des Küstenschutzes.

Eine Voraussetzung für das Mitwirken des Bundes ist nach Art. 91a Abs. 1 GG, dass eine Aufgabe bedeutsam für die Gesamtheit ist. Daraus kann abgeleitet werden, dass es sich bei Gemeinschaftsaufgaben nicht um Aufgaben handeln kann, welche nur für eine bestimmte Region oder Teilregion eine Relevanz aufweisen. Auch muss die Mitwirkung des Bundes für die Verbesserung der Lebensverhältnisse erforderlich sein. Daraus folgt, dass bei fehlender Erforderlichkeit letztlich keine Aufgabe vorliegen kann, welche dem Bereich der Gemeinschaftsaufgaben zuzuordnen ist. Dabei bleibt es zunächst unerheblich, ob eine durch Bund und Länder gemeinsam durchgeführte Aufgabe eventuell zweckmäßiger ist. Besteht die Möglichkeit, dass eine Aufgabe durch die Länder erfüllt werden kann, so ist die notwendige Erforderlichkeit, welche Art. 91a Abs. 1 GG vorgibt, nicht gegeben und es kann daher auch keine Gemeinschaftsaufgabe vorliegen.[126] Aus dem zur zweckmäßigen Aufgabendurchführung notwendigem Finanzvolumen, welches durchaus beträchtlich sein kann, kann ebenso wenig allein die Erforderlichkeit einer Mitwirkung des Bundes abgeleitet werden.[127]

Ist hingegen die Bedingung der notwendigen Erforderlichkeit erfüllt, so besteht für den Bund die Verpflichtung, an der Erfüllung bestimmter Länderaufgaben mitzuwirken. Dabei wird zur Erfüllung von Gemeinschaftsaufgaben nach Art. 91a GG ein Rahmenplan aufgestellt,[128] welcher verbindlich die Art und den Umfang der Gemeinschaftsaufgabe beinhaltet sowie das Ziel der Gemeinschaftsaufgabe beschreibt. Die Regelungen der Zusammenarbeit zwischen Bund und Ländern müssen zuvor in einem Bundesgesetz, welches der Zustimmung des

---

125 Siehe dazu beispielsweise den Bericht der ENQUETE-KOMMISSION REFORM DES FÖDERALISMUS – STÄRKUNG DER LANDESPARLAMENTE *[2002]*, insbesondere S. 103 f.

126 Vgl. PETERSEN / ANTON / BORK *[2001]*, S. 25.

127 Vgl. HÄDE *[1996]*, S. 83 f.

128 Siehe Art. 91a Abs. 3 Satz 1 GG.

Bundesrates bedarf, festgeschrieben werden.[129] Für die Gemeinschaftsaufgabe „*Ausbau und Neubau von Hochschulen*“[130] gelten die Regelungen nach dem Hochschulbauförderungsgesetz (HBFG).

Diese Regelungen betreffen alle Hochschulen, welche im Hochschulverzeichnis aufgeführt sind. Finanziert werden von Bund und Ländern jeweils zur Hälfte die investiven Kosten von Hochschulneubauten sowie der Ausbau bzw. Erweiterungsbauten von Hochschulen.[131] Ausgeschlossen sind daher konsumtive Kosten der Hochschulen wie beispielsweise Personalkosten und Betriebskosten sowie Investitionsfolgekosten.[132]

Die Gemeinschaftsaufgabe „*Verbesserung der regionalen Wirtschaftsstruktur*“ muss wie jede Gemeinschaftsaufgabe nach Art. 91a Abs. 1 GG eine überregionale Relevanz besitzen. Näheres ist dazu per Bundesgesetz geregelt. Die förderungswürdigen Maßnahmen im Rahmen der Verbesserung der regionalen Wirtschaftsstruktur sind nach § 1 WiStruktG:

1. Förderung der gewerblichen Wirtschaft bei Errichtung, Ausbau, Umstellung oder grundlegenden Rationalisierung von Gewerbebetrieben,
2. Förderung des Ausbaus der Infrastruktur, soweit es für die Entwicklung der gewerblichen Wirtschaft erforderlich ist, durch
   - Erschließung von Industriegelände im Zusammenhang mit Maßnahmen nach Nummer 1,
   - Ausbau von Verkehrsverbindungen, Energie- und Wasserversorgungsanlagen, Abwasser- und Abfallbeseitigungsanlagen sowie öffentliche Fremdenverkehrseinrichtungen,
   - Errichtung oder Ausbau von Ausbildungs-, Fortbildungs- und Umschulungsstätten, soweit ein unmittelbarer Zusammenhang mit dem Bedarf der regionalen Wirtschaft an geschulten Arbeitskräften besteht.

Die oben aufgelisteten förderungswürdigen Maßnahmen sollen in Gebieten durchgeführt werden, „deren Wirtschaftskraft erheblich unter dem Bundesdurchschnitt liegt oder erheblich darunter abzusinken droht oder in denen Wirtschaftszweige vorherrschen, die vom Strukturwandel in einer Weise betroffen oder bedroht sind, dass negative Rückwirkungen auf das Gebiet in erheblichem Umfang eingetreten oder absehbar sind“.[133]

---

129 Siehe Art. 91a Abs. 2 GG.

130 Im weiteren Verlauf sollen auch immer die Hochschulkliniken mit eingeschlossen sein.

131 Siehe Art. 91a Abs. 4 Satz 1 GG.

132 Siehe auch PETERSEN / ANTON / BORK *[2001]*, S. 26.

133 § 1 Abs. 2 Nr. 1 und 2 WiStruktG.

Darüber hinaus können nach § 1 Abs. 3 WiStruktG einzelne Infrastrukturmaßnahmen auch außerhalb förderungswürdiger Gebiete gefördert werden, soweit diese unmittelbar mit geförderten Projekten in Verbindung stehen. Hierbei beträgt der Bundesanteil wie bei der Gemeinschaftsaufgabe „Ausbau und Neubau von Hochschulen" ebenfalls 50 v.H.

Die dritte Gemeinschaftsaufgabe nach Art. 91a GG ist die „*Verbesserung der Agrarstruktur und des Küstenschutzes*", ebenfalls per Bundesgesetz geregelt. Hierzu gehören nach § 1 Abs. 1 AgrStruktG:

1. Maßnahmen zur Verbesserung der Produktions- und Arbeitsbedingungen in der Land- und Forstwirtschaft durch
   - rationellere Gestaltung land- und forstwirtschaftlicher Betriebe,
   - markt- und standortangepasste Landbewirtschaftung,
   - Ausgleich natürlicher Standortnachteile,
   - sonstige Maßnahmen, die unter besonderer Berücksichtigung der bäuerlichen Familienbetriebe für die gesamte Land- und Forstwirtschaft bedeutsam sind;
2. Maßnahmen zur Neuordnung ländlichen Grundbesitzes und Gestaltung des ländlichen Raumes durch Maßnahmen zur Verbesserung der Agrarstruktur nach dem Flurbereinigungsgesetz einschließlich von Maßnahmen zur Sicherung eines nachhaltig leistungsfähigen Naturhaushaltes;
3. Maßnahmen land- und forstwirtschaftlicher Betriebe zur Umnutzung ihrer Bausubstanz;
4. wasserwirtschaftliche und kulturbautechnische Maßnahmen;
5. Maßnahmen zur Verbesserung der Marktstruktur in der Land-, Fisch- und Forstwirtschaft durch
   - Förderung von Zusammenschlüssen land-, fisch- und forstwirtschaftlicher Erzeuger,
   - Errichtung, Ausbau, Zusammenfassung und Stillegung von Vermarktungseinrichtungen zur Rationalisierung und Verbesserung des Absatzes land-, fisch- und forstwirtschaftlicher Erzeugnisse;
6. Maßnahmen zur Erhöhung der Sicherheit an den Küsten der Nord- und Ostsee sowie an den fließenden oberirdischen Gewässern im Tidegebiet gegen Sturmfluten (Küstenschutz).

Anders als bei den Gemeinschaftsaufgaben nach Art. 91a Abs. 1 Nr. 1 und 2 GG beträgt der Finanzierungsanteil des Bundes mindestens die Hälfte.[134]

134 Siehe Art. 91a Abs. 4 Satz 2 GG.

Im Bereich der Bildungsplanung und der Förderung von wissenschaftlichen Forschungseinrichtungen und -vorhaben mit überregionaler Bedeutung können Bund und Länder nach Art. 91b GG auf Grund von Vereinbarungen zusammenwirken.

### *3.3.4. Aufgabendurchführung*

Ähnlich dem Grundsatz der generellen Gesetzgebungskompetenz der Länder nach Art. 30 GG sieht das Grundgesetz auch bei der Durchführung der Aufgaben bzw. der Aufgabenverwaltung zunächst die Zuständigkeit bei den Ländern, sofern nichts anderes geregelt ist.[135]

Im Bereich der Gesetzgebungskompetenz gilt faktisch eine generelle Bundeszuständigkeit aufgrund der zahlreichen Ausnahmeregelungen der Art. 73 ff. GG, obwohl das Grundgesetz prinzipiell das Recht der Gesetzgebung in die Hände der Länder legt. Völlig gegensätzlich ist die Durchführungskompetenz zugewiesen. Hier liegt das Hauptgewicht auf der Länderebene.[136] Die Durchführungs- oder Verwaltungskompetenz lässt sich dabei in die Teilbereiche *„gesetzesakzessorische Verwaltung"* und *„gesetzesfreie Verwaltung"* unterteilen.

Im Bereich der gesetzesakzessorischen Verwaltung obliegt die staatliche Verwaltungstätigkeit und damit der Vollzug von Gesetzen den Ländern, sowohl von Landesgesetzen als auch von Bundesgesetzen.

Werden Bundesgesetze durch die Länder ausgeführt, so ist noch zu unterscheiden, ob diese Gesetze als *eigene Angelegenheit* nach Art. 83, 84 GG ausgeführt werden, was in der Regel der Fall ist, oder im Rahmen der *Bundesauftragsverwaltung* nach Art. 85 GG durchzuführen sind.[137] Die in Kap. 3.3.3. vorgestellten Gemeinschaftsaufgaben werden von den Ländern durchgeführt. Aufgaben der gesetzesfreien Verwaltung umfassen Maßnahmen der Wirtschafts- und Forschungsförderung sowie Maßnahmen im kulturellen Bereich und werden von den Ländern nach Art. 30 GG dann durchgeführt, wenn das Grundgesetz dem Bund nicht explizit die Durchführungskompetenz übertragen hat.[138]

Es lässt sich somit beim Vergleich von Gesetzgebungs- und Verwaltungs- (Durchführungs-) kompetenz feststellen, dass offensichtlich im föderalen Gefüge der Bundesrepublik Deutschland im Bereich der staatlichen Aufgabenverteilung eine eher funktionale „Arbeitsteilung" vorliegt, wobei der Schwerpunkt der Ent-

---

135 Siehe dazu den Grundsatz der Länderexekutive in Art. 83 GG.
136 Vgl. LENK *[1993]*, S. 152.
137 Vgl. LENK *[1993]*, S. 152.
138 Vgl. BRÜMMERHOFF *[2001]*, S. 646.

scheidung auf der Bundesebene und der Schwerpunkt der Durchführung auf der Länderebene anzusiedeln ist.[139]

Es ist allerdings auch zu berücksichtigen, dass bei der Durchführung von Aufgaben und damit beim Vollzug staatlicher Entscheidungen weniger die Bürgerpräferenzen, wie sie bei Entscheidungen berücksichtigt werden sollten, sondern vielmehr die Kosten der Durchführung und somit produktionstechnische Kriterien in den Vordergrund rücken. Liegen für bestimmte Aufgaben bei der Produktion und/oder Bereitstellung economies of scale vor, so erscheint es dann ökonomisch sinnvoll, von Fall zu Fall die Gesetzgebungskompetenz von der Durchführungs- und Verwaltungskompetenz zu trennen.[140]

## 3.4. Zuordnung der Ausgaben

Das Grundgesetz ordnet den einzelnen staatlichen Ebenen mit mehr oder weniger getrennten Gesetzgebungs- und Durchführungskompetenzen bestimmte Aufgabenbereiche zu. Steht die Aufgabenverteilung zwischen Bund und Ländern fest, so ergibt sich zwangsläufig die Notwendigkeit, die in den meisten Fällen mit staatlichen Aufgaben verbundenen Ausgaben den einzelnen Ebenen zuzuordnen.[141] Nach dem allgemeinen Konnexitätsprinzip soll die Ausgabenverteilung unmittelbar mit der Aufgabenverteilung verbunden sein. Dieser Grundsatz einer generellen Verbindung von Aufgaben und Ausgaben in der Bundesrepublik Deutschland ist in Art. 104a Abs. 1 GG enthalten. Demnach sollen Bund und die Länder die Ausgaben, welche sich aus der Wahrnehmung ihrer Aufgaben ergeben, gesondert tragen. Auch hier lässt allerdings das Grundgesetz Ausnahmen zu, da es auch andere Regelungen treffen kann.

Wesentlich bedeutsamer ist allerdings die Tatsache, dass sich aufgrund der Formulierung des Art. 104a Abs. 1 GG die Ausgabenverantwortung nicht nach der Kompetenz zur Gesetzgebung für eine bestimmte Aufgabe richtet. Vielmehr ist von der „Wahrnehmung" der Aufgaben die Rede, so dass sich die Ausgabenverantwortung aus der Durchführungs- bzw. Verwaltungskompetenz ableitet.

139 Vgl. auch RENZSCH *[2000]*, S. 42.
140 Vgl. JUNKERNHEINRICH *[1991]*, S. 39.
141 Staatliche Aufgaben aus dem Bereich der Ordnungspolitik sind häufig mit nur sehr geringen Ausgaben verbunden, da hier hauptsächlich Regeln zur Beeinflussung des Verhaltens von Entscheidungsträgern in einer Volkswirtschaft erstellt werden, obgleich auch Planungs-, Durchführungs- und Kontrollkosten zu berücksichtigen sind. Siehe dazu auch bei SCHMIDT *[2001]*, S. 121.

### *3.4.1. Ausgaben für Aufgabenerfüllung im Auftrage des Bundes*

Nicht der Durchführungskompetenz folgend stellt die sogenannte Bundesauftragsverwaltung eine Ausnahme dar. Hierbei regelt Art.104a Abs. 2 GG, dass der Bund die Ausgaben für Aufgaben trägt, welche die Länder im Auftrag des Bundes durchführen. Die Übernahme der Ausgaben durch den Bund beschränkt sich jedoch auf die reinen Sachausgaben und nicht auf die zur Erfüllung erforderlichen Verwaltungsausgaben, die von den Ländern getragen werden.

### *3.4.2. Ausgaben für Geldleistungen*

Auch für den Bereich der Geldleistungsgesetze sind Ausnahmeregelungen möglich. So können Bundesgesetze, welche Geldleistungen nach Art. 104a Abs. 3 GG gewähren und von den Ländern ausgeführt werden, bestimmen, dass der Bund ganz oder zum Teil an den Ausgaben beteiligt wird. Beträgt die Beteiligung des Bundes mindestens 50 v.H., so wird die Aufgabe im Auftrage des Bundes von den Länder ausgeführt.[142] Bei einer Beteiligung des Bundes von über 75 v.H. an den Ausgaben für die Gewährung von Geldleistungen ist eine Zustimmung des Bundesrates zum entsprechenden Geldleistungsgesetz nicht notwendig. Die Zustimmung des Bundesrates wird erst ab einer Länderbeteiligung von 25 v.H. an den aufzubringenden Ausgaben erforderlich.[143] Diese Regelung ist äußerst kritisch zu bewerten, da der Bund bei Beteiligungen ab 75 v.H. an den Ausgaben ohne Zustimmung des Bundesrates die Landeshaushalte mit Ausgaben für Geldleistungsgesetze in nicht unerheblichem Umfang belasten kann.

### *3.4.3. Ausgaben für Finanzhilfen*

Für besonders bedeutsame Investitionen der Länder und Gemeinden einschließlich Gemeindeverbände kann der Bund nach Art. 104a Abs. 4 GG Finanzhilfen gewähren. Voraussetzung zur Gewährung von Finanzhilfen ist entweder die Erforderlichkeit

- zur Abwehr einer Störung des gesamtwirtschaftlichen Gleichgewichts, oder
- zum Ausgleich unterschiedlicher Wirtschaftskraft im Bundesgebiet, oder
- zur Förderung des wirtschaftlichen Wachstums.

---

142 Siehe Art. 104a Abs. 3 Satz 2 GG.
143 Siehe Art. 104a Abs. 3 Satz 3 GG.

Der zuerst genannte Förderzweck des Art. 104a Abs. 4 GG betrifft Maßnahmen, welche die Konjunktur fördern sollen, während der zweite und dritte Förderzweck längerfristige Finanzhilfen für besonders bedeutsame Investitionen der Länder und Gemeinden einschließlich Gemeindeverbände ermöglichen soll.[144] Indirekt wird mit Finanzhilfen, solange sie zum Ausgleich unterschiedlicher Wirtschaftskraft durch den Bund gewährt werden, auch das verfassungsrechtliche Ziel der Angleichung der Lebensverhältnisse verfolgt.[145]

Die Finanzhilfen nach Art. 104a Abs. 4 GG werden z. Z. für die Förderschwerpunktbereiche

- Sozialer Wohnungsbau (Bau uns Modernisierung),
- Städtebausanierung (Sanierung und Entwicklung),
- Gemeindeverkehrsfinanzierung (Verbesserung der Verkehrsverhältnisse der Gemeinden),
- Berufliche Schulen (Zukunftsinvestitionsprogramm für berufliche Schulen - ZIBS),
- Investitionsförderung zum Ausgleich unterschiedlicher Finanzkraft und Förderung des wirtschaftlichen Wachstums in den neuen Ländern

gewährt.

Im Bereich des sozialen Wohnungsbau werden Finanzhilfen des Bundes insbesondere durch den Einsatz von Baudarlehen und Zuschüssen gewährt. Dabei liegt der Anteil des Bundes bei der staatlichen Förderung bei einem Drittel oder weniger. Entsprechende Regelungen sowie die Förderungstatbestände sind im Wohnungsbaugesetz enthalten.

Besonders für die Städte und Gemeinden der neuen Länder stellen die Finanzhilfen zur Städtebausanierung eine bedeutsame finanzielle Unterstützung dar. Daher sind diese Mittel seit 1990 erheblich aufgestockt worden. Insgesamt wurde für die Länder im Zeitraum von 1991 bis 2001 ein Verpflichtungsrahmen in Höhe von 4,32 Mrd. Euro durch den Bund bereitgestellt. Allein 3,55 Mrd. Euro wurden für die neuen Länder bereitgestellt. Für das Jahr 2002 ist ein Verpflichtungsrahmen in Höhe von 425 Mio. Euro eingeplant. Dieser setzt sich zusammen aus 256 Mio. Euro Städtebauförderungsmittel (Alte Länder: 41 Mio. Euro; Neue Länder: 215 Mio. Euro) sowie 169 Mio. Euro für das, zur Behebung der Leerstandsprobleme in den neuen Ländern aufgelegte, Zusatzprogramm

144 Vgl. Bundesministerium der Finanzen (Hrsg.) *[2001]*, S. 155.

145 Vgl. Petersen / Anton / Bork *[2001]*, S. 39 f.

„Stadtumbau Ost“ (Entwicklung städtebaulicher Konzepte: 16 Mio. Euro; Umsetzung städtebaulicher Maßnahmen: 153 Mio. Euro).[146]

Die Länder erhalten nach dem Gemeindeverkehrsfinanzierungsgesetz (GVFG) vom Bund Finanzhilfen zur Verbesserung der Verkehrsverhältnisse in den Gemeinden durch Vorhaben des kommunalen Straßenbaus und des öffentlichen Personennahverkehrs. Der Bund stellt hierfür jährlich einen Betrag in Höhe von 1.677 Mio. Euro nach § 10 Abs. 1 GVFG aus Mineralölsteuereinnahmen zur Verfügung.[147] Für die Jahre 1993 bis einschließlich 1996 waren die Jahresbeträge um 1.534 Mio. Euro auf 3.211 Mio. Euro aufgestockt worden. Dieser jährliche Aufstockungsbetrag ist ab 1997 entfallen. Bei Förderungsvorhaben im Rahmen der Gemeindeverkehrsfinanzierung beträgt der Förderanteil des Bundes grundsätzlich maximal 75 v.H.[148]

Allerdings sind ab 1997 nach dem Regionalisierungsgesetz im Rahmen der Bahnreform die Mittel, welche insbesondere für den Schienenpersonennahverkehr eingesetzt werden sollen, von 4.448 Mio. Euro um 1.687 Mio. Euro auf 6.135 Mio. Euro erhöht worden. Ab 1998 ist der Betrag von ca. 6,1 Mrd. Euro an die Entwicklung des Umsatzsteueraufkommens gekoppelt und somit die Steigerung dieses Betrages dynamisiert worden. Im Jahr 2002 wird voraussichtlich eine Betrag in Höhe von ca. 7 Mrd. Euro zur Verfügung stehen.[149]

Aufgrund einer Verwaltungsvereinbarung vom 16. Februar 2001 erhalten die Länder vom Bund für die Jahre 2001 und 2002 insgesamt zweckgebundene Finanzmittel in Höhe von ca. 130 Mio. Euro (2001: 89 Mio. Euro; 2002: 41 Mio. Euro) für Investitionen in berufliche Schulen mit dem Ziel, die Integration von Informations- und Kommunikationsqualifikationen in der beruflichen Ausbildung zu fördern. Die Verwaltungsvereinbarung begrenzt den Förderzeitraum auf die Jahre 2001 und 2002. Eine Verlängerung dieses Zeitraumes ist nicht vorgesehen.

Zur Erhöhung der Wirtschaftskraft gewährte der Bund seit 1995 bis einschließlich 2001 den neuen Bundesländern Finanzhilfen im Rahmen des Investitionsförderungsgesetzes Aufbau Ost (IFG). Diese zweckgebundenen Mittel hatten ein Volumen von 3,37 Mrd. Euro (6,6 Mrd. DM) jährlich und waren ausschließlich zum Abbau der Defizite im Infrastrukturbereich in den neuen Län-

---

146 Siehe dazu im Finanzplan des Bundes für den Zeitraum 2002 bis 2005 (BT-Drs. 14/6801), S. 35.

147 Siehe auch § 10 Abs. 1 Nr. 1 und 2 GVFG.

148 Siehe § 4 Abs. 1 GVFG. Davon Abweichend ist für Förderungsvorhaben in den neuen Ländern (ohne Berlin), welche Maßnahmen der Grunderneuerung enthalten, bis zum 31. Dezember 2003 ein Bundesanteil von 90% der zuwendungsfähigen Kosten zulässig.

149 Vgl. Finanzplan des Bundes 2001 bis 2005 (BT-Drs. 14/6801), S. 34.

dern gewährt worden. Aus den Mitteln des Investitionsförderungsgesetzes Aufbau Ost konnte der Bund sich mit bis zu 90 v.H. an förderungsfähigen Investitionen in den neuen Ländern beteiligen. Zudem gab es für die einzelnen neuen Länder die Möglichkeit, nicht abgerufene und dem jeweiligen Bundesland zustehende IFG-Mittel in das nächste Haushaltsjahr zu übernehmen. Die Verteilung des Jahresbetrages erfolgte nach einem festgelegten Schlüssel, so das sich für die einzelnen Bundesländer folgende und jährlich gleichbleibende Ansprüche ergaben:[150]

- Sachsen: 882 Mio. Euro
- Berlin: 642 Mio. Euro
- Sachsen-Anhalt: 532 Mio. Euro
- Thüringen: 484 Mio. Euro
- Brandenburg: 479 Mio. Euro
- Mecklenburg-Vorpommern: 356 Mio. Euro

Ca. 358 Mio. Euro des gesamten Jahresbetrages waren dabei für Krankenhausinvestitionen vorgesehen und daher zusätzlich zweckgebunden. Werden die Pro-Kopf-Anspruchsbeträge betrachtet, so ergibt sich für das Jahr 2001 eine Bandbreite von 184 Euro (Brandenburg) bis 204 Euro (Sachsen-Anhalt).

Im Rahmen der Neuordnung des bundesstaatlichen Finanzausgleichs sowie der Fortführung des Solidarpaktes wurde im Jahr 2001 zwischen Bund und Ländern vereinbart, die bisherigen zweckgebundenen IFG-Mittel den Sonderbedarfs-Bundesergänzungszuweisungen nach § 11 Abs. 4 FAG zuzurechnen. Ab 2002 werden daher vom Bund bis 2004 Sonderbedarfs-Bundesergänzungszuweisungen zum Abbau teilungsbedingter Sonderlasten sowie zum Ausgleich unterproportionaler kommunaler Finanzkraft an die neuen Länder in Höhe von ca. 10,5 Mrd. Euro jährlich geleistet, welche keiner Zweckbindung unterliegen und sich aus den ursprünglich zweckgebundenen IFG-Mitteln und bisherigen Sonderbedarfs-BEZ zusammensetzen (Tabelle 1).

Der Wegfall der Zweckbindung für ein Finanzvolumen von 3,3 Mrd. Euro erscheint nicht unproblematisch, da diese Mittel nun den Empfängerländern mit nachweislich enormen Nachholbedarf im Infrastrukturbereich zur freien Verfügung stehen. Auch wenn die Empfängerländer dem Finanzplanungsrat jährlich sogenannte „Fortschrittsberichte“, in denen auch die Verwendung der erhaltenen Mittel ausgewiesen werden müssen, so wäre es auch aus der Theorie der Zuweisungen heraus sinnvoller gewesen, die bisherige Zweckbindung beizubehalten

150 Aufgrund der Umrechnung von DM-Beträge in Euro-Beträge sind Rundungsdifferenzen möglich.

*Tab. 1: IFG-Mittel und Sonderbedarfs-BEZ für die neuen Bundesländer*

| | Bis 2001 | | 2002-2004 |
|---|---|---|---|
| | **Sonder-BEZ „Neue Länder"** | **IFG Aufbau Ost** | **Sonder-BEZ „Neue Länder" 2002-2004** |
| **Bundesländer** | **- in Mio. Euro -** | | **- in Mio. Euro -** |
| Sachsen | 1.870,3 | 882,0 | 2.752,3 |
| Berlin | 1.361,1 | 641,7 | 2.002,7 |
| Sachsen-Anhalt | 1.129,0 | 532,2 | 1.661,2 |
| Thüringen | 1.026,7 | 483,7 | 1.510,4 |
| Brandenburg | 1.015,0 | 478,5 | 1.493.5 |
| Mecklenburg-Vorpommern | 756,2 | 356,4 | 1.112,6 |
| ***Summe*** | ***7.158,3*** | ***3.374,5*** | ***10.532,6*** |
| Nachrichtlich in Mio. DM | 14.000 | 6.600 | 20.600 |

*Quelle: Bundesministerium der Finanzen; Eigene Berechnungen.*

und auf die Sonderbedarfs-BEZ „Neue Länder" auszudehnen. Ob durch den Wegfall der Zweckbindung die Mittel einer zielgerichteten und effizienten Verwendung zugeführt werden, darf mindestens angezweifelt werden.[151]

### *3.4.4. Ausgaben für Gemeinschaftsaufgaben*

Im Rahmen der Gemeinschaftsaufgaben nach Art. 91a GG, welche im Jahr 1969 im Rahmen der Verfassungsreform eingeführt worden, tragen der Bund sowie die Länder beim Ausbau und Neubau von Hochschulen einschließlich der Hochschulkliniken sowie bei der Verbesserung der regionalen Wirtschaftsstruktur jeweils 50 v.H. der anfallenden Ausgaben entsprechend Art. 91a Abs. 4 GG. Im dritten Teilbereich der Gemeinschaftsaufgaben, der Verbesserung der Agrarstruktur sowie des Küstenschutzes, muss der Bund mindestens 50 v.H. der anfallenden Ausgaben übernehmen. Gegenwärtig liegt der Finanzierungsanteil des Bundes für die Verbesserung der Agrarstruktur bei 60 v.H. und bei den Ausgaben für den Küstenschutz bei 70 v.H.

---

151 Zur Kritik am Wegfall der Zweckbindung siehe auch PEFFEKOVEN *[2001]*, S. 432.

Die in Art. 91b GG vorgesehenen Bund-Länder-Aufgaben in den Bereichen Bildungsplanung und Forschung von überregionaler Bedeutung werden im Rahmen entsprechender Vereinbarungen durch gemeinsame Kommissionen geplant, obgleich die Beschlüsse zunächst keine rechtliche, wohl aber politische Bindungswirkungen besitzen.[152] Die Finanzierungsquoten werden zwischen Bund und Ländern für jede einzelne Maßnahme separat geregelt, wobei der Anteil der des Bundes zwischen 50 v.H. und 90 v.H. betragen kann. Dies Anteile werden, wenn sie direkt Forschungseinrichtungen zur Verfügung gestellt werden sollen, nicht den Länderhaushalten hinzugerechnet, sondern gesondert ausgewiesen. Zudem werden wie bei den Gemeinschaftsaufgaben nach Art. 91a GG nur die notwendigen Sachausgaben, nicht aber notwendige Verwaltungsausgaben gemeinsam finanziert.[153]

### 3.5. Die Aufgabenwahrnehmung durch die Gemeinden

Unabhängig davon, ob die kommunale Ebene als erste oder dritte Ebene innerhalb der Bundesrepublik Deutschland bezeichnet wird, kommt dieser föderalen Ebene eine bedeutsame Rolle zu. Es ist daher notwendig, auch den kommunalen Aufgabenbereich darzustellen. Den Gemeinden in der Bundesrepublik Deutschland ist durch Art. 28. Abs. 2 GG die Möglichkeit gegeben, „alle Angelegenheiten der örtlichen Gemeinschaft im Rahmen der Gesetze in eigener Verantwortung zu regeln". Dieser Grundsatz der Allzuständigkeit gewährleistet den Gemeinden die Eigenverantwortung für alle Aufgaben, sofern diese räumlich und sachlich in den Zuständigkeitsbereich der Gemeinde fallen. Welche Aufgaben in diese Eigenverantwortlichkeit fallen, ergibt sich weder aus einer gesetzlichen Fixierung noch können sie exakt und detailliert aufgelistet werden.

Vielmehr ist es den Gemeinden selbst überlassen, bei Bedarf neue Aufgaben zu suchen (Aufgabenfindungsrecht) oder aber auch bisher durch die Gemeinde wahrgenommene Aufgaben mangels Bedarf aufzugeben. Aufgrund des Grundsatzes der Allzuständigkeit können kommunale Aufgaben nicht enumerativ festgeschrieben werden.[154]

152 Vgl. Petersen / Anton / Bork *[2001]*, S. 34.

153 Allerdings können bei Forschungseinrichtungen unter Sachausgaben auch Personalkosten fallen. Vgl. Petersen / Anton / Bork *[2001]*, S. 34 f.

154 Vgl. Schumacher / Clapham *[1994]*, S. 2 f. Siehe dazu auch Steinheuer *[1991]*, S. 15.

### *3.5.1. Arten von Gemeindeaufgaben*

Im Bereich der kommunalen Aufgaben können allgemein vier Teilaufgabentypen unterschieden werden. Zunächst sind hier *Selbstverwaltungsaufgaben* zu nennen, welche in *freiwillige Selbstverwaltungsaufgaben* und *pflichtige Selbstverwaltungsaufgaben* unterschieden und zum *eigenen Wirkungskreis* der Gemeinden gezählt werden.[155]

Im Bereich der freiwilligen Selbstverwaltungsaufgaben besteht für die Gemeinden bezüglich der Aufgabenfindung und Art und Weise der Durchführung der größte Entscheidungs- und Handlungsspielraum.[156] Hier obliegt die Entscheidung allein den Gemeinden, ob sie überhaupt bestimmte Aufgaben wahrnehmen wollen und, wenn sich eine Gemeinde zur Wahrnehmung einer bestimmten Aufgabe entschlossen hat, mit welchen Leistungsmerkmalen diese Aufgabe durchgeführt werden soll. Als Beispiele dienen hier üblicherweise der Bau und Betrieb von Schwimmbädern, Theater, Bibliotheken oder Sportplätze. Gekennzeichnet werden diese Aufgaben durch einen sehr hohen Autonomiegrad.

Bei den pflichtigen Selbstverwaltungsaufgaben wird der Entscheidungsspielraum der Gemeinden im Unterschied zu den freiwilligen Selbstverwaltungsaufgaben bereits empfindlich eingeschränkt. Diese Aufgaben werden den Gemeinden von übergeordneten Körperschaften vorgeschrieben. Lediglich über die Art der Durchführung kann die Gemeinde selbst entscheiden. Dieses Entscheidungsrecht wird in der Regel aber zusätzlich durch gesetzliche Vorgaben bezüglich der Leistungscharakteristiken eingeschränkt.[157] In den Bereich der Pflichtaufgaben fallen unter anderem die Aufgabengebiete Sozialhilfe, Jugendwohlfahrt, Straßenreinigung sowie die Abwasserbeseitigung.[158]

Einen zweiten Bereich der Gemeindeaufgaben bilden die Aufgaben des *übertragenen Wirkungskreises*. Darunter fallen zunächst die *Pflichtaufgaben nach Weisung*. Diese weisen ein wesentliches Unterscheidungsmerkmal gegenüber den schon genannten pflichtigen Selbstverwaltungsaufgaben auf: Die übergeordnete Körperschaft sichert ihre Einflussmöglichkeit auf die gemeindliche Wahrnehmung einer bestimmten Gemeinschaftsaufgabe entweder durch die exakte Festschreibung bestimmter Leistungsmerkmale oder durch ein situatives Weisungsrecht. Die Verwaltung einer Gemeinde handelt praktisch als Staatsverwaltung und vollzieht dabei Anordnungen von übergeordneten Körperschaf-

155 Siehe dazu GISEVIUS *[1994]*, S. 28 ff.
156 Vgl. SCHUMACHER / CLAPHAM *[1994]*, S. 3.
157 Vgl. NÖVER *[1992]*, S. 11 ff.
158 Vgl. GISEVIUS *[1994]*, S. 29.

ten in eigenem Namen.[159] Genannt werden können hier die Ordnungsämter, Feuerwehr sowie Rettungsdienst und Katastrophenschutz.[160]

Ebenfalls zum übertragenen Wirkungskreises zählen die *Auftragsangelegenheiten*. Hierbei handelt es sich im Wesentlichen um hoheitliche Aufgaben. Die übergeordneten Körperschaften verfügen im Unterschied zu den Pflichtaufgaben nach Weisung über uneingeschränkte staatliche Kontroll- und Weisungsbefugnisse und die Gemeinden sind bei der Durchführung von Aufgaben wie Zivilschutz oder auch Durchführung von Bundestagswahlen als Beauftragte des Bundes oder des jeweiligen Landes an die Weisungen des Auftraggebers gebunden.[161]

Bei der Darstellung der Möglichkeiten zur Aufgabenwahrnehmung durch die Gemeinden sind ausschließlich *externe* Aufgaben beschrieben worden. Dabei handelt es sich um Aufgaben, welche direkt und unmittelbar durch den Bürger genutzt werden können. Diese werden ausschließlich für den Bürger bereitgestellt. Zur Vollständigkeit sollen aber auch die *internen* Aufgaben kurz erwähnt werden. Gemeint sind damit die sogenannten *Annexaufgaben*, welche das Merkmal besitzen, dass der Bürger nicht direkt in den Genuss einer Leistung aus dem Bereich der Annexaufgaben gelangt.[162] Beispiele hierfür sind die Reinigung von Verwaltungsgebäuden oder auch Reparaturen an im Gemeindebesitz befindlichen Kraftfahrzeugen. Sie stellen Vorleistungen dar und gewährleisten eine ordnungsgemäße Bereitstellung der eigentlichen Gemeindeleistungen. Diese Leistungen werden nicht direkt für den Bürger, sondern lediglich zur Aufrechterhaltung des Behördenablaufs erstellt. Daher kann eine Gemeinde auch über die Form der Durchführung frei entscheiden.[163]

Die hier benannten kommunalen Aufgabenbereiche beinhalten in vielen Fällen staatliche Leistungen, die mit dem Begriff „Daseinsvorsorge" umschrieben werden können. Ohne auf eine nähere Charakterisierung des Begriffs einzugehen,[164] sind es doch in der Regel Aufgaben, welche einem örtlich begrenzten Nutzerkreis zur Verfügung stehen. Allerdings überwiegen dabei diejenigen Aufgaben, welche nicht vor Ort entsprechend dem subsidiären Charakter des föderalen Systems entschieden und umgesetzt werden. Gemeinden führen vielmehr in einem sehr großen Umfang fremdbestimmte Aufgaben durch. Aufgrund der

159 Vgl. Gisevius *[1994]*, S. 30.
160 Vgl. Schumacher / Clapham *[1994]*, S. 3.
161 Vgl. Steinheuer *[1991]*, S. 16.
162 Vgl. auch Hamer *[1981]*, S. 49 f.
163 Selbstverständlich lassen sich die Annexaufgaben bzw. Vorleistungen auch auf den übergeordneten Ebenen finden.
164 Einen Überblich zur Daseinsvorsorge auch in Verbindung mit kommunalen Leistungen bietet Blankart *[2002]*, S. 30 ff.

gegenwärtigen Finanzverfassung und der Stellung der Gemeinden im föderalen Gefüge kann nicht ausgeschlossen werden, dass übergeordnete Körperschaften Aufgaben auf die Gemeindeebene verlagern, ohne dabei die finanzielle Sicherung zur Durchführung zu gewährleisten.[165] Insofern ist damit zu rechnen, dass speziell auf der Gemeindeebene der subsidiäre Gedanke mit Blick auf Aufgabenwahrnehmung und -finanzierung leidet. Der folgende Abschnitt dient dazu, diesen Gedanken zu vertiefen, indem die grundsätzliche Stellung der Gemeinden verdeutlicht wird.

### *3.5.2. Zur Stellung der Gemeinden im föderalen Gefüge*

Die Aufgabenwahrnehmung in der Bundesrepublik Deutschland ist durch einen Dualismus zwischen der Bundesebene und der Länderebene geprägt.[166] Die Ausprägungen dieser dualen Aufgabenverteilung sind bereits in den vorangegangenen Kapiteln erläutert worden. Im Rahmen der Diskussion um die vertikale Kompetenzverteilung spielt die Gemeindeebene trotzdem eine bedeutende Rolle, da das Grundgesetz durch Art. 28 Abs. 2 den Gemeinden, und damit der Gemeindeebene insgesamt, das Recht einräumt, Angelegenheiten mit örtlichem Bezug Eigenverantwortlich zu regeln und durchzuführen. Dieses Recht auf kommunale Selbstverwaltung bedeutet jedoch nicht, das damit der Gemeindeebene eine der Länderebene und der Bundesebene vergleichbare verfassungsrechtliche Stellung eingeräumt wird. Vielmehr ist darauf hinzuweisen, dass die Gemeindeebene zwar die unterste Stufe eines dreistufigen Verwaltungsaufbaus bildet. Staatsrechtlich gehören die Gemeinden im föderalen System der Bundesrepublik Deutschland zu den jeweiligen Bundesländern und sind entsprechend auch finanzverfassungsrechtlich ausschließlich als den jeweiligen Ländern zugehörig zu qualifizieren.[167]

Die verfassungsrechtlich garantierte Selbstverwaltung der Gemeinden und Gemeindeverbände beinhaltet jedoch auch eine gewisse finanzielle Eigenständigkeit der Gemeindeebene von der Länderebene. Hierzu wurde im Jahr 1994 in Art. 28 Abs. 2 GG der Satz 3 eingefügt, wonach die Gewährleistung der kommunalen Selbstverwaltung auch die Grundlagen der finanziellen Eigenverantwortung umfasst. Damit wurde das Recht auf eine aufgabenadäquate Finanzausstattung verbürgt.[168] Somit sind drei Aspekte bei der Diskussion um die Stellung

165 Vgl. BACH / VESPER *[2002]*, S. 506.
166 Vgl. LENK *[2001]*, S. 53.
167 Vgl. LENK *[2001]*, S. 53.
168 Vgl. JÖRG *[1998]*, S. 70.

der Gemeinden im föderalen System zu berücksichtigen, welche, wie auch noch zu zeigen ist, bei einer Gesamtbetrachtung zu Verwerfungen führen:

- die Kompetenz der Gemeinden zur Aufgabenwahrnehmung und -durchführung,
- die zunächst finanzwirtschaftlich zweifelsohne vorliegende Abhängigkeit von den jeweiligen Ländern;
- das trotzdem verbriefte Recht auf aufgabengerechte Finanzmittelausstattung.

Vor dem Hintergrund, dass die meisten kommunal angebotenen Leistungen in den Bereich der Daseinsvorsorge fallen und unmittelbar auf Bürger wirken, lässt sich hier schon der Konflikt zwischen Landes- und Gemeindeebene insbesondere im Bereich der Einnahmen erahnen, welcher dann in Kap. 8 aufgegriffen und verdeutlicht wird.

# 4. Theoretische Grundlagen und Praxis der primären vertikalen Einnahmenverteilung

## 4.1. Bestimmung öffentlicher Einnahmen

Die staatliche Leistungserstellung und Leistungsbereitstellung bedingt Einnahmen der öffentlichen Hand zur Finanzierung des staatlichen Leistungsangebotes. Dabei ist durch die Regelungen des passiven Finanzausgleichs bereits festgelegt worden, welcher Ebene im Gefüge der föderalen Beziehungen bestimmte Aufgaben zufallen und daher das staatliche Leistungsangebot in Grundzügen bestimmt. Gleichzeitig ergibt sich dadurch auch der entsprechende Finanzbedarf (Ausgabenvolumen) für die einzelnen staatlichen Leistungsanbieter, soweit es sich um mit Ausgaben verbundene staatliche Aufgaben bzw. um ein zu finanzierendes Leistungsangebot handelt.[169]

Der Finanzbedarf wird durch Staatseinnahmen gedeckt. Dabei ist es nicht gleichgültig, durch welche Art der Staatseinnahmen ein konkreter Finanzbedarf gedeckt wird. Je nach Art der Staatsfinanzierung ergeben sich unterschiedliche Auswirkungen auf gegenwärtige sowie zukünftige Belastungen auf der Ausgabenseite der öffentlichen Haushalte. Darüber hinaus wird der Staatsbürger bzw. der Nutzer staatlicher Leistungen in Abhängigkeit von der jeweiligen Staatsausgabenfinanzierung unterschiedlich belastet.

In einem föderalen Staatssystem mit mehreren staatlichen Ebenen und deren zahlreichen Gebietskörperschaften kommt der Unterscheidung von Einnahmearten und deren haushalts- und finanzpolitischen Konsequenzen eine noch stärkere Gewichtung zu.[170]

---

169 Hier soll betont werden, dass ein Teil der staatlichen Aufgaben in den Bereich der Ordnungspolitik fällt, welcher u. U. keinen oder nur sehr geringen Finanzierungsbedarf verursacht. Wird Ordnungspolitik als der staatliche Aufgabenbereich verstanden, innerhalb dessen Regeln erstellt werden, welche letztlich das Verhalten der Akteure innerhalb einer Volkswirtschaft beeinflussen und vielleicht sogar zügeln sollen, so entstehen durch Planung, Durchführung und Kontrolle von Ordnungsaufgaben notwendigerweise Bürokratiekosten. Diese, wenn auch im Vergleich zu anderen staatlichen Aufgaben geringeren Kosten, sollten im passiven Finanzausgleich bei der vertikalen Aufgabenzuordnung berücksichtigt werden. Vgl. dazu SCHMIDT *[2001]*, S. 121.

170 Dies liegt daran, dass in einem föderalen System neben den Fragen nach der vertikalen Zuteilung von Einnahmequellen und Aufteilung der entsprechenden Erträge auch Fragen bezüglich horizontaler Aufteilung bzw. Umverteilung der Finanzmasse

Grundsätzlich können die Staatseinnahmen zunächst in steuerliche und nicht-steuerliche Einnahmen unterteilt werden. In einer weiteren Konkretisierung lassen sich die nicht-steuerlichen Einnahmen in Beiträge, Gebühren sowie Erwerbs- und Vermögenseinkommen der öffentlichen Hand aufgliedern. Hinzu kommt die Möglichkeit der Kreditaufnahme (Verschuldung), welcher in föderalen Systemen eine besondere Bedeutung zukommt, wie noch zu zeigen ist. Allen Einnahmemöglichkeiten des Staates gemeinsam ist der Umstand, dass staatliche Einnahmen Geldleistungen an die öffentliche Hand sind und damit realwirtschaftliche Güter und Dienstleistungen zur Einnahmenerzielung ausgeschlossen sind. Unterschiede ergeben sich in vielerlei Hinsicht. So ist zur Einteilung bzw. zur Unterscheidung öffentlicher Einnahmen von Bedeutung, ob diese

- durch hoheitlichen Zwang erhoben werden oder aufgrund freiwilliger Entscheidungen entstehen,
- einer speziellen und individuell zurechenbaren staatlichen Gegenleistung entgegenstehen oder zur allgemeinen Finanzierung dienen,
- einen permanenten Finanzmittelzufluss darstellen oder nur einmalig dem öffentlichen Haushalt zur Verfügung stehen,
- sich durch eine Endgültigkeit der Finanzbedarfsdeckung auszeichnen oder eine Finanzbelastung zukünftiger Haushalte bewirken,
- aufgrund eines hoheitlichen (gesetzlichen) Aktes festgesetzt werden oder durch staatliche Aktivitäten auf privaten Märkten entstehen.

Ein etwas detaillierterer Überblick zu den einzelnen Einnahmemöglichkeiten ist deshalb schon notwendig, da die unterschiedlichen öffentlichen Einnahmen insgesamt der staatlichen Aufgaben- und Ausgabenverteilung gegenüberstehen.

Im Falle einer notwendigen Veränderung der staatlichen Aufgaben- und Ausgabenverteilung müssen daher auch deren spezifischen Eigenschaften und Wirkungen berücksichtigt werden. Des weiteren spielen die Unterschiede der Einnahmearten bei der später erfolgenden Betrachtung des Einnahmeverteilungssystems in der Bundesrepublik Deutschland eine nicht unwesentliche Rolle.

---

beantwortet werden müssen. Dabei werden so unterschiedliche Einnahmearten wie Steuern oder Verschuldung hinsichtlich Haushaltsbelastungen oder Anreize zu allokationseffizientem Handeln der politischen Akteure unterschiedlich bewertet und dementsprechend in konkreten Regeln zur Finanzmittelverteilung unterschiedlich berücksichtigt.

### *4.1.1. Steuern*

Der Finanzbedarf, welcher sich aus der staatlichen Aufgabewahrnehmung ableitet, wird aus mehreren Finanzierungsquellen gespeist. Als wichtigste und auch vom Volumen her bedeutsamste Einnahmenquelle erweisen sich in der Regel die Steuern, welche aus finanzwissenschaftlicher Sicht als Zwangsabgaben an den Staat ohne Anspruch auf Gegenleistung definiert werden. Diese charakteristischen Eigenschaften von Steuern finden in der Bundesrepublik Deutschland ihren Niederschlag in der Abgabenordnung. So heißt es in § 3 Abs. 1 AO: „Steuern sind Geldleistungen, die nicht eine Gegenleistung für eine besondere Leistung darstellen und von einem öffentlich-rechtlichen Gemeinwesen zur Erzielung von Einnahmen allen auferlegt werden, bei denen der Tatbestand zutrifft, an den das Gesetz die Leistungspflicht knüpft; die Erzielung von Einnahmen kann Nebenzweck sein."

In vereinfachter Form umfassen Steuern allgemeine Haushaltsmittel zur Verwirklichung allgemeiner Staatsaufgaben, welche durch politische Entscheidungsträger im Sinne der Gesamtheit der Staatsbürger beschlossen werden und von den zahlreichen Gebietskörperschaften auf den einzelnen staatlichen Ebenen wahrgenommen und durchgeführt werden. Mit dieser Verallgemeinerung wird ein möglicher äquivalenztheoretischer Charakter ausgeschlossen, obgleich in der Praxis Steuern existieren, denen eine zurechenbare staatliche Gegenleistung zugesprochen wird.[171]

Steuern sind daher zur Deckung allgemeiner Finanzierungsvorgänge[172] aufgrund ihrer *„fiskalischen Anonymität"*[173] geeignet, wobei allerdings nicht nur der

171 So wird im deutschen Steuersystem im Bereich der Gewerbesteuer eine gewisser Zusammenhang zwischen kommunalen Infrastrukturinvestitionen und den Gewerbesteuerzahlungen der ansässigen Unternehmen unterstellt, welcher allerdings im Laufe der Zeit aufgrund besonderer Probleme bei der Gewerbesteuer, welche noch näher erläutert werden, immer häufiger in Frage gestellt wird. Daneben gibt es im gegenwärtigen Steuersystem der Bundesrepublik Deutschland Steuern mit Zweckbindungen (z. B. Stromsteuer zur Senkung der Rentenbeiträge, Anteile der Mineralölsteuer für Verkehrsinfrastrukturprojekte). Diese Zweckbindungen dürfen jedoch nicht dahingehend interpretiert werden, dass die so finanzierten Leistungen äquivalente „Gegenleistungen" darstellen. Siehe auch GROSSEKETTLER *[1999]*, S. 623.

172 Dabei soll erwähnt werden, dass Steuern sich durch eine Endgültigkeit der Finanzbedarfsdeckung auszeichnen. D. h., die Vereinnahmung von Steuermitteln in einer laufenden Periode deckt nur den Finanzbedarf der gleichen Periode und begründet keinerlei Finanzbedarf in zukünftigen Perioden. Vgl. dazu GROSSEKETTLER *[1999]*, S. 623.

173 Mit dem Begriff *„fiskalische Anonymität"* ist hier gemeint, dass beispielsweise jeder vereinnahmte Steuer-Euro, unabhängig von der Steuerart, der Gesamtheit der steu-

fiskalische Charakter von Steuern (Einnahmenerzielung) im Vordergrund steht. Die Bedeutung von Steuern als Instrumente zur politischen Gestaltung der wirtschaftlichen und sozialen Ordnung (Lenkungseffekte) ist nicht zu vernachlässigen. Dies wird deutlich angesichts der zahlreichen Regelungen innerhalb des deutschen Steuersystems mit dem distributiven Ziel einer interpersonellen Umverteilung der Einnahmensituation.[174]

Letztlich werden Steuern im System des deutschen Finanzausgleichs aufgrund ihrer Charakteristika verwendet, um aus distributionspolitischen Gesichtspunkten bei Bedarf und Notwendigkeit zum einen eine intraregionale (personelle) und zum anderen eine interregionale Einnahmenumverteilung herbeizuführen.

### *4.1.2. Gebühren und Beiträge*

Steuern werden in der Regel für allgemeine Finanzierungsvorgänge von der öffentlichen Hand eingenommen. Daneben fallen unter den Oberbegriff „Abgaben" auch Gebühren und Beiträge. Diese werden ähnlich wie bei Steuern durch hoheitlichen Zwang erhoben, wobei die Gegenüberstellung einer bestimmten und zurechenbaren staatlichen Leistung in den Vordergrund rückt. Insofern haben dabei Gebühren und Beiträge mit den Erwerbseinkünften des Staates gemeinsam, dass sie insgesamt ein zurechenbares Entgelt für eine staatliche Leistung darstellen. Jedoch liegen den Einnahmen durch Gebühren und Beiträgen keine Marktprozesse zugrunde, wie sie bei Erwerbseinkünften gegeben sind. Gebühren und Beiträge dienen wie Steuern zur Deckung des öffentlichen Finanzbedarfs, sind aber Entgelte für staatliche Leistungen, welche im öffentlichen Interesse von der öffentlichen Hand erstellt und bereitgestellt werden und dabei nur von einzelnen Gruppen oder sogar nur von einzelnen Bürgern beansprucht werden. Ein wesentlicher Unterschied zu Steuern ist der Umstand, dass die Belastung der Bürger durch Gebühren und Beiträge stärker merklich ist als dies bei Steuern aufgrund ihrer fiskalischen Anonymität der Fall ist.

---

erlichen Haushaltsmittel beigefügt wird und dadurch innerhalb der Finanzmasse seine steuerliche Identität verliert. Schließlich wird hier das finanzwissenschaftliche Prinzip der „*Non-Affektation*" beschrieben, wonach eine Bindung von öffentlichen Steuereinnahmen an bestimmte staatliche Aufgaben nicht existieren soll, welche bei einem Gesamthaushalt und Vorliegen fiskalischer Anonymität auch nicht existieren kann.

174 Als Beispiel soll hier nur der Bereich der Progression innerhalb der Einkommensbesteuerung genannt werden.

Die Gebühr als Einnahmemöglichkeit der öffentlichen Hand wird durch die tatsächliche Inanspruchnahme einer staatlichen Leistung näher charakterisiert. Dies bedeutet, dass der Staat auf die Inanspruchnahme durch den Bürger einen Zwang ausübt, die tatsächliche Inanspruchnahme aber erst die Entrichtung einer Gebühr begründet.[175] Es kann unterschieden werden in *Verwaltungsgebühren* und *Benutzungsgebühren*. Verwaltungsgebühren werden für Amtshandlungen der öffentlichen Hand, welche zum überwiegenden Teil durch ein privates Interesse begründet sind, erhoben. Steht die Nutzung einer staatlichen Leistung oder öffentlichen Einrichtung im Vordergrund, so ist die Rede von Benutzungsgebühren. In jedem Fall muss bei einer Gebührenerhebung die staatliche Leistung direkt zurechenbar sein sowie ein individuelles Bedürfnis vorliegen.

Demgegenüber stellen Beiträge ein durch hoheitlichen Zwang begründetes Entgelt für eine potentielle Inanspruchnahme einer bestimmten staatlichen Leistung dar. Damit wird irrelevant, ob ein Beitragspflichtiger nach Entrichtung seines Beitrages auch tatsächlich die durch den Staat bereitgestellte beitragsfinanzierte Leistung nutzt. Im Gegensatz zur Gebühr bildet also ein Beitrag keine unmittelbare Gegenleistung ab. Vielmehr ist der Beitrag ein Entgelt für einen mittelbaren und potentiellen Vorteil, welcher aufgrund einer beitragsfinanzierten staatlichen Leistungserstellung entstehen kann.

Insgesamt hat also die Erhebung von Gebühren und Beiträge und deren finanzielle Belastung bei den Bürgern ähnlich wie bei Steuern einen Zwangscharakter, stellt aber zugleich eine stärkere Merklichkeit aufgrund der gegenüberstehenden Leistungen dar als im Vergleich zu Steuern.

### *4.1.3. Kreditaufnahme*

Neben den Abgaben (Steuern, Gebühren, Beiträge) hat die öffentliche Hand zur Finanzierung staatlicher Leistungen die Möglichkeit, Ausgaben durch öffentliche Kreditaufnahme zu decken. Diese staatliche Einnahmenkategorie beruht im Gegensatz zu den Abgaben nicht auf hoheitlichen Zwang. Vielmehr beruht die zur Ausgabendeckung benötigte Staatsverschuldung auf der Freiwilligkeit der im Rahmen eines marktwirtschaftlichen Prozesses agierenden Kreditgeber. Dies bedeutet, dass sich die öffentliche Hand wie private Kreditnehmer einem marktwirtschaftlichen Anpassungsprozess von Kreditangebot und Kreditnachfrage stellen muss. Erst diese Anpassung der öffentlichen Hand an den Kreditmarkt

175 So muss zwangsläufig durch Rechtsakt jeder Bundesbürger einen Antrag auf Ausstellung eines Personalausweises stellen. Die Gebühr wird aber erst bei der tatsächlichen Antragstellung fällig.

gewährleistet eine freiwillige Bereitstellung von Krediten der privaten Kreditgeber.[176]

Die öffentliche Hand als Kreditnehmer gliedert sich innerhalb eines föderalen Staatssystems in die einzelnen staatlichen Ebenen auf. In der Bundesrepublik Deutschland sind dies der Bund, die Länder sowie mit Einschränkungen die Gemeinden. Daneben können auch bestimmte öffentliche Fonds das Finanzierungsinstrument Verschuldung zur Deckung staatlicher Aufgaben beanspruchen.[177]

Den unterschiedlichen und darüber hinaus in der Regel unabhängig von einander agierenden öffentlichen Kreditnehmer[178] stehen zahlreiche unterschiedliche Kreditgeber gegenüber. Diese können zunächst grob unterteilt werden in ausländische und inländische Kreditgeber, wobei bei den inländischen Anbietern von Krediten (Gläubiger) die Kreditinstitute sowie nicht-finanzielle Unternehmen und die privaten Haushalte von Bedeutung sind.

Die Kreditaufnahme der öffentlichen Hand innerhalb einer Periode (Haushaltsjahr) ist eine Stromgröße. Sie stellt den materiellen Ausgleich zwischen Staatsausgaben $G$ einschließlich der durch vorherige Kreditaufnahme anfallenden Zinsausgaben sowie den dafür vorgesehenen staatlichen Einnahmen $T$ ausschließlich der Kreditaufnahme her. Somit lässt sich der Zusammenhang von Nettokreditaufnahme $NKA$ und Budgetdefizit innerhalb einer Periode schreiben als:

$$(1)\ NKA_t = BKA_t - Tilgung = G_t - T_t .$$

Die Nettokreditaufnahme ist dabei das Ergebnis der Bruttokreditaufnahme BKA abzüglich der Tilgungsleistungen der öffentlichen Hand. In der öffentlichen Finanzwirtschaft ist es üblich, dass die Tilgungsleistungen gleichermaßen durch Kredite finanziert werden. Diese als Anschlussfinanzierung AF bezeichneten Kredite der öffentlichen Hand stellen daher zwar „neue“ Schulden dar, zählen allerdings nicht zur Nettoneuverschuldung bzw. Nettokreditaufnahme, da durch die Anschlussfinanzierung in Höher der Tilgung der Schuldenstand der öffentlichen Hand unverändert bleibt, solange keine darüber hinaus gehenden Kre-

176 Vgl. BRÜMMERHOFF *[2001]*, S. 589.

177 Hierzu soll nur der Fonds „Deutsche Einheit“ als Beispiel angeführt werden.

178 So sind in der Bundesrepublik Deutschland der Bund und die Länder nach Art. 109 Abs. 1 GG „in ihrer Haushaltswirtschaft selbstständig und voneinander unabhängig“. Dieser Grundsatz gilt auch und sogar insbesondere für die Aufnahme von Krediten.

ditaufnahme zur Finanzierung staatlicher Aufgaben erfolgt, wie Gleichung (2) beschreibt:

$$(2)\, BKA_t = NKA_t + AF_t = NKA_t + Tilgung.$$

Erst durch eine positive oder negative Nettokreditaufnahme verändert sich der öffentliche Schuldenstand. Dabei soll noch einmal darauf hingewiesen werden, dass auch bei einer Nettokreditaufnahme von Null die öffentliche Hand Schulden aufnehmen kann, diesen jedoch eine Tilgung des Schuldenstandes gegenübersteht und somit der Schuldenstand insgesamt zwar in seiner Zusammensetzung verändert wird, der Höhe nach allerdings unverändert bleibt.

Damit kommt die zweite Dimension der Kreditaufnahme zum Tragen. Aufgrund einer positiven Nettokreditaufnahme in vergangenen Perioden ergibt sich für einen zu beobachtenden Zeitraum eine positiver Schuldenstand. Dabei ist der Schuldenstand der öffentlichen Hand die Summe aller in der Vergangenheit durchgeführten Nettokreditaufnahmen plus der im zu beobachtenden Zeitraum durchgeführten Nettokreditaufnahme, so dass sich für den aktuellen Schuldenstand am Ende einer Periode ergibt:

$$(3)\, Schuldenstand_t = \left( \sum_{n=1}^{i} NKA_{t-n} \right) + NKA_t .$$

Da die Nettokreditaufnahme einerseits zur kurzfristigen Erhöhung der öffentlichen Einnahmenseite beiträgt und damit innerhalb der entsprechenden Periode eine zusätzliche Finanzierung staatlicher Leistungen ermöglicht, aber andererseits mittel- und langfristig die öffentliche Ausgabenseite durch Zins- und Tilgungszahlungen belastet, ergeben sich analog zur privaten Schuldenaufnahme Fragen zur Sinnigkeit der durch Kreditaufnahme finanzierten staatlichen Leistungen sowie des zukünftigen Schuldendienstes.[179] Hierbei kommen, insbesondere bei der Berücksichtigung mehrerer staatlicher Ebenen und den damit verbundenen unabhängigen Kreditaufnahmemöglichkeiten, mehrere Aspekte zum Tragen:

179 Einen theoretischen Überblick zur Problematik bzw. zu Vor- und Nachteilen staatlicher Kreditaufnahme und insbesondere zur Frage nach der gesamtwirtschaftlich „richtigen" Höhe der Staatsverschuldung bieten dazu auch ROSSI / WIEDMER *[2001]*.

- Eine Gebietskörperschaft sollte dann staatliche Leistungen über Kredite finanzieren, wenn in der Zukunft durch die so finanzierten staatlichen Leistungen die durch Kreditaufnahme belasteten Haushalte entlastet werden können. Somit stellen öffentliche Investitionen kreditfinanzierungswürdige Leistungen dar, soweit diese eine zukünftige Erhöhung der Einnahmenseite bewirken.[180]
- Zins- und Tilgungszahlungen der öffentlichen Hand müssen langfristig aus der gesamtwirtschaftlichen Wertschöpfung bedient werden können. Das hat zur Folge, dass langfristig die Nettokreditaufnahme nicht höher sein kann als das Wachstum der Wertschöpfung. Hierbei ist eine mögliche Verstetigung der Haushaltsbelastung zu berücksichtigen, welche sich aus großen Investitionsprojekten ergeben kann.
- Daraus lässt sich ableiten, dass die Zins- und Tilgungszahlungen einer haushaltswirtschaftlich unabhängigen Gebietskörperschaft innerhalb eines föderalen Staatsystems langfristig aus dem Wertschöpfungswachstum innerhalb der entsprechenden Gebietskörperschaft ermöglicht werden müssen. Dies setzt voraus, dass die durch kreditfinanzierte Investitionen induzierten Rückflüsse auch der entsprechenden Gebietskörperschaft in Zukunft zur Verfügung stehen.
- Schließlich darf die Kreditaufnahme nicht das einzige direkt und unmittelbar steuerbare Einnahmeninstrument für eine Gebietskörperschaft sein, um deren Einnahmenseite zu erhöhen. Ist dieser Fall gegeben, so ist eine Verlagerung des Blicks der politischen Entscheidungsträger auf die Nettokreditaufnahme zu vermuten. Dieser ist, wie bereits erwähnt, solange das Wirtschaftswachstum stärker steigt als die Zins- und Tilgungszahlungen, nicht zu verwehren, kann aber bei ausbleibendem Wirtschaftswachstum zur erheblichen Belastungen der Haushalte der Gebietskörperschaften führen und damit negative Folgen für allokative und distributive Politikgestaltung mit sich bringen.

---

180 Ein derartiger Grundsatz sieht das Grundgesetz in Art. 115 vor. Demnach dürfen die Einnahmen aus Krediten die Summe der im Haushaltsplan veranschlagten Investitionen nicht überschreiten. Darüber hinaus kann Art. 115 GG Abs. 1. Satz 2 1. HS als eine Art „*finanzpolitische Sicherung*“ verstanden werden, wenn Schulden nur für Investitionen aufgenommen werden dürfen. Eine nähere Konkretisierung des Begriffs Investitionen erfolgt für die Bundesrepublik Deutschland in § 10 Abs. 3 Nr. 2 HGrG sowie in § 13 Abs. 3 Nr. 2 BHO. Es muss allerdings darauf hingewiesen werden, dass auch die Konkretisierung des Investitionsbegriffs in der Literatur mit Blick auf die Möglichkeiten, zu einem langfristigen Wirtschaftswachstum beizutragen, kritisch hinterfragt werden.

Insgesamt stellt die Kreditaufnahme eine sinnvolle Möglichkeit dar, kurzfristig die Einnahmenseite der Gebietskörperschaften zu erhöhen, soweit mit kreditfinanzierten Staatsausgaben gesamtwirtschaftlich produktive Investitionen getätigt werden. Allerdings müssen dabei die oben erwähnten Aspekte besonders in einem in mehrere Ebenen unterteilten föderalen Staatssystem aufgrund der allokativen, distributiven und stabilisierenden Wirkungen berücksichtigt werden.

## 4.2. Föderale Verteilungsmöglichkeiten der Einnahmenkompetenzen

Kompetenzen bezüglich der Einnahmenseite müssen analog zur Kompetenzverteilung auf der Aufgaben- und Ausgabenseite in einem föderalen Staatssystem vertikal den einzelnen staatlichen Ebenen zugeordnet werden. Der damit angesprochene aktive Finanzausgleich, also das spezielle Regelwerk zur Kompetenzverteilung bezüglich der Einnahmen innerhalb einer föderalen Finanzverfassung, umfasst dabei drei Arten von Kompetenzen:[181]

- die Gesetzgebungskompetenz,
- die Ertragskompetenz,
- die Verwaltungskompetenz.

Die Gesetzgebungskompetenz im Bereich der Einnahmenkategorie Steuern beschreibt die Möglichkeit einer Gebietskörperschaft, eine Steuer einzuführen, eine Steuer bezüglich des Steuersatzes und der Bemessungsgrundlage zu verändern und gegebenenfalls abzuschaffen oder auszusetzen. Daneben ist im aktiven Finanzausgleich zu entscheiden, welche Gebietskörperschaft das Aufkommen aus einer Steuer in ihrem Haushalt als Einnahme einstellen kann. Hierzu benötigt eine entsprechende Gebietskörperschaft die Ertragskompetenz. Letztlich bleibt zu klären, welche staatliche Ebene bzw. Gebietskörperschaft eine Steuer veranlagen, einziehen und damit verwalten darf. Eine entsprechende Verwaltungskompetenz ist den betreffenden Gebietskörperschaften dazu einzuräumen. Alle drei Kompetenzen zusammengefasst ergeben für eine Gebietskörperschaft die Möglichkeit, eine Festlegung zu treffen über

181 Im folgenden Verlauf werden zur Darstellung der Einnahmekompetenzen nur die Steuern als bedeutendste Einnahmequelle berücksichtigt. Gleichwohl werden später auch noch andere Einnahmequellen, insbesondere die Möglichkeit der Kreditaufnahme, bei der Darstellung des vertikalen Einnahmenverteilungssystem berücksichtigt.

- das Steuerobjekt, also den zu besteuernden Tatbestand, welcher eine Steuerpflicht begründet,
- das Steuersubjekt, also über den denjenigen, welcher eine Steuer als Steuerschuldner zu entrichten hat
- die Art und den Umfang bzw. Höhe der Steuerbemessungsgrundlage,
- die Ausgestaltung des Steuertarifs sowie
- den Aufbau und die Struktur der Steuerverwaltung zur Durchführung des Steuereinzugs.

Steuern unterscheiden sich erheblich bezüglich ihrer Ergiebigkeit, Aufkommensstabilität, Aufkommenselastizität sowie Konjunkturreagibilität. Diese wesentlichen Unterschiede gilt es in einem vertikalen Steuerverteilungssystem zu berücksichtigen. Ziel des aktiven Finanzausgleichs ist es, die staatlichen Ebenen sowie jede einzelne Gebietskörperschaft in einem föderalen Staatssystem mit Finanzmitteln auszustatten, so dass die zugewiesenen staatlichen Aufgaben und die daraus resultierenden Ausgaben gedeckt werden können. Für jede Gebietskörperschaft kommt es daher darauf an, einen hohen Deckungsgrad als Relation zwischen Einnahmen und Ausgaben zu erzielen. Liegen Gesetzgebungs- und Ertragskompetenz gebündelt vor, so kann der Deckungsgrad von der Einnahmenseite autonom beeinflusst werden. Sind jedoch beide Kompetenzen auf unterschiedliche staatliche Ebenen verteilt, so ist vorstellbar, dass eine einzelne Gebietskörperschaft eine vorliegende Unterdeckung nicht durch Maßnahmen auf der Einnahmenseite beseitigt kann. Auch kann von der Ausgabenseite unter Umständen keine Anpassung an einen Deckungsgrad von Eins stattfinden, wenn bestimmte Ausgabenposten ähnlich wie bestimmte Steuereinnahmen eine hohe Konjunkturreagibilität mit negativem Vorzeichen aufweisen oder aber durch übergeordnete Gebietskörperschaften festgelegt wurden.[182]

Wenn diese Bedingungen für sämtliche staatliche Ebenen gelten und daher nicht immer gewährleistet werden kann, dass die zu verteilende Finanzmasse zur Deckung der Ausgaben ausreicht, so sollten dann zumindest die Deckungsgrade der einzelnen staatlichen Ebenen angeglichen werden. Ein derartiges verteilungspolitisches Ziel bedingt Regelungen zum Ausgleich unterschiedlicher Deckungsgrade und impliziert letztlich eine zwischen den staatlichen Ebenen vereinbarte *Revisionsklausel.* Eine mit Blick auf ein vertikales Verteilungsgleichgewicht notwendige Regelung, welche abhängig vom jeweiligen vertikalen

182 Beispielsweise führt eine Reduzierung des Wirtschaftswachstums in der Regel zu stagnierender oder steigender Arbeitslosigkeit und damit zur Erhöhung von Ausgaben im Sozialbereich.

Verteilungssystem mit mehr oder weniger großen Schwierigkeiten verbunden ist.[183]

In der Literatur spielt die Verwaltungskompetenz und damit auch die Möglichkeit, Steueraufkommen verwaltungstechnisch zu beeinflussen, nur eine sehr untergeordnete Bedeutung.[184] Daher sollen bei der folgenden Betrachtung möglicher Steuerverteilungssysteme im Rahmen der vertikalen Einnahmenverteilung, deren Regelungen für föderale Staatssysteme unabdingbar sind, nur die Gesetzgebungs- und Ertragskompetenz berücksichtigt werden. Hierzu gibt es grundsätzlich zwei unterschiedliche Verteilungssysteme mit entsprechenden Ausgestaltungsformen zur vertikalen Aufteilung der Steuereinnahmen: das *Trennsystem* sowie das *Verbundsystem*. Kombinationen beider Systemen ergeben sogenannte *Mischsysteme*, welche wiederum in unterschiedlichen Erscheinungsformen vorkommen können.

### *4.2.1. Trennsysteme*

In einem Steuertrennsystem wird jede Gebietskörperschaft in die Lage versetzt, sich zur Erfüllung der ihr zugewiesenen Aufgaben die dafür notwendigen Steuereinnahmen unabhängig von anderen staatlichen Ebenen und Gebietskörperschaften zu beschaffen. Dies bedeutet, dass jede Gebietskörperschaft mit weitreichenden Steuerkompetenzen ausgestattet sein muss, um ein zur Deckung der Ausgaben entsprechendes Steueraufkommen a) festlegen zu können und b) auch im Haushalt vereinnahmen zu können.

Beim Trennsystem existieren mehrere mögliche Ausgestaltungsformen. So besteht die Möglichkeit, dass den Gebietskörperschaften eine uneingeschränkte Kompetenz bezüglich der Steuerart und deren Ausgestaltung sowie der vollständigen Vereinnahmung der Erträge aus der entsprechenden Steuer eingeräumt wird. In diesem Fall ist die Rede von einem *ungebundenen Trennsystem* oder auch *Konkurrenzsystem*. Es liegt dann eine Bündelung von Gesetzgebungs-, Ertrags- und Verwaltungskompetenz vor, mit deren Hilfe eine entsprechend berechtigte Gebietskörperschaft ihre steuerliche Einnahmensituation unabhängig von anderen Gebietskörperschaften bestimmen bzw. beeinflussen kann. In einem Konkurrenzsystem entstehen aufgrund der Einnahmeautonomien der Gebiets-

---

183 Vgl. auch LENK *[1993]*, S. 79. Die angesprochenen Schwierigkeiten einer Revisionsklausel werden bei den Beschreibungen unterschiedlicher vertikaler Steuerverteilungssysteme in den Kapiteln 4.2.1. und 4.2.2. noch näher thematisiert.

184 Vgl. PEFFEKOVEN *[1992]*, S. 539. Wie aber noch in Kapitel 6 gezeigt wird, spielt die Verwaltungskompetenz dennoch mit Blick auf fiskalische Anreize in einem föderalen Ausgleichssystem eine nicht unbedeutende Rolle.

körperschaften keine innerstaatlichen Auseinandersetzungen bezüglich der vertikalen Einnahmenverteilung, da jede Gebietskörperschaft über das Steueraufkommen verfügen kann, welches im eigenen Territorialbereich von den entsprechenden Finanzbehörden vereinnahmt wurde. Dabei ist es allerdings möglich, dass ein und dieselbe Steuerquelle von mehreren unabhängigen Steuergläubigern (Bund, Länder, Gemeinden) mit eigenen Steuern belastet wird, so dass letztlich Mehrfachbelastungen bei Steuerschuldnern entstehen können.[185]

Ein weiteres Problem des Konkurrenzsystems liegt in der nahezu unmöglichen gesamtstaatlichen Koordinierung der Steuerpolitik mit Blick auf gesamtwirtschaftliche Erfordernisse. Allokations-, distributions- und stabilitätspolitische Ziele einer gesamtstaatlichen Wirtschafts- und Finanzpolitik sind in einem Konkurrenzsystem nahezu unmöglich.[186] Insgesamt fällt in einem Konkurrenzsystem jeder Gebietskörperschaft die volle Verantwortung für die Haushalts- und Finanzpolitik zu. Damit ist die Zurechenbarkeit von Erfolg und Misserfolg haushalts- und finanzpolitischer Maßnahmen und damit auch die Bewertung von haushalts- und Finanzpolitik durch den Bürger im Konkurrenzsystem am größten, sofern bestimmte Wirkungen nicht durch exogene und damit nicht steuerbare Größen hervorgerufen werden.

Zur Vermeidung möglicher Mehrfachbelastungen im Konkurrenzsystem besteht die Möglichkeit, die an eine Gebietskörperschaft schon entrichtete Steuerschuld bei der Ermittlung der Steuerschuld an eine andere Gebietskörperschaft zu berücksichtigen. Über verschiedene Maßnahmen („offsets"), entweder die Steueranrechnung oder die Steuerabzugsfähigkeit, zwischen den staatlichen Ebenen kann dann einer möglichen Mehrfachbelastung eines Steuergegenstandes im Konkurrenzsystem entgegengewirkt werden.[187]

Den einzelnen staatlichen Ebenen können aber auch zur Vermeidung von Mehrfachbelastungen bestimmte Steuerquellen zugewiesen werden, so dass eine Gebietskörperschaft nur die ihr zugewiesenen Steuern beanspruchen kann, wel-

---

185 Vgl. auch PAGENKOPF *[1981]*, S. 61. Es ist möglich, dass gleiche Steuerobjekte von mehreren unabhängig voneinander agierenden Gebietskörperschaften belastet und dabei steuerlich ungleich behandelt werden und dadurch regionale Steuerlastunterschiede entstehen. Vgl. dazu FISCHER-MENSHAUSEN *[1980]*, S. 649.

186 Vgl. LENK *[1993]*, S. 73. Das Konkurrenzsystem lässt aufgrund der Steuerautonomie erheblich regionale Belastungsdifferenzen zu, womit die Steuer als Instrument gesamtstaatlicher Struktur- und Stabilitätspolitik ungeeignet wird. Siehe auch bei FISCHER-MENSHAUSEN *[1980]*, S. 649 sowie bei LENK / SCHNEIDER *[2000]*, S. 69.

187 Vgl. PEFFEKOVEN *[1980]*, S. 619. PEFFEKOVEN weist auch darauf hin, dass durch derartige Anrechnungsverfahren ein konsequentes Konkurrenzsystem nicht mehr existiert, da die einzelnen Gebietskörperschaften bereits auf einen Teil ihrer Ertragssouveränität durch die Verrechnung mit Steuern anderer Gebietskörperschaften verzichten.

che allerdings wie im Konkurrenzsystem in voller Höhe von der Finanzverwaltung vereinnahmt und dem Haushalt zur Verfügung gestellt werden können. Dieses sogenannte *gebundene (separierenden) Trennsystem* kann in zwei bzw. drei Ausgestaltungsformen in Erscheinung treten:

- Verfügen die einzelnen staatlichen Ebenen und somit die entsprechenden Gebietskörperschaften über exklusiv zugewiesene Steuerquellen und können die haushalts- und finanzpolitischen Entscheidungsträger weiterhin insbesondere die Höhe der Bemessungsgrundlage sowie die Steuersatzstruktur bestimmen, so liegt ein separierendes Trennsystem *mit uneingeschränkter* Gesetzgebungshoheit vor. Damit ist zwar der Nachteil einer Mehrfachbelastung desselben Steuergegenstandes beseitigt, Steuern als Instrumente gesamtstaatlicher Struktur- und Stabilitätspolitik bleiben aber weiterhin ungeeignet.
- Die Gesetzgebungskompetenz kann auch so geteilt werden, dass eine übergeordnete staatliche Ebene grundsätzliche Entscheidungen über insbesondere Bemessungsgrundlage und Steuersätze und damit über die originäre Steuerhöhe treffen kann, die untergeordneten Gebietskörperschaften aber für die ihr zugeordneten Steuerquellen Möglichkeiten besitzen, über Zuschläge oder Hebesätze die definitive Steuerhöhe zu beeinflussen. Ein solches System wird als separierendes Trennsystem *mit eingeschränkter* Gesetzgebungskompetenz oder auch als *Zuschlagssystem* bezeichnet. Werden darüber hinaus noch die Zuschläge oder Hebesätze der Höhe nach begrenzt, so liegt ein *gebundenes Zuschlagssystem* gegenüber einem *ungebunden Zuschlagssystem* vor.
- Ein separierendes Trennsystem *ohne* Gesetzgebungskompetenz ist dann gegeben, wenn die Gebietskörperschaften zwar über voneinander getrennten Steuerquellen und deren Erträge verfügen, die Möglichkeiten zur Ausgestaltung der zugewiesenen Steuern aber ausschließlich auf übergeordneten Ebenen bzw. auf der obersten staatlichen Ebene angesiedelt sind. Dies hat zur Folge, dass untergeordnete Gebietskörperschaften zwar über Ertrags- und Verwaltungskompetenzen verfügen, notwendige Anpassungen der Einnahmenseite an einen sich im Zeitablauf verändernden Finanzbedarf von den untergeordneten Gebietskörperschaften nicht mehr durchgeführt werden können. Ein solches System verteilt nur die Steuereinnahmen nach zuvor getrennten Steuerquellen und kann bei entsprechender unterschiedlicher Entwicklung von Finanzbedarf und Steueraufkommen innerhalb einer Gebietskörperschaft zu einer finanziellen Überdeckung oder aber finanziellen Unterdeckung führen.[188]

---

188 Vgl. FISCHER-MENSHAUSEN *[1980]*, S. 649.

Die föderale Funktionsfähigkeit eines vertikalen Steuerverteilungssystems, welches als Trennsystem ausgestaltet ist, hängt wesentlich von den Eigenschaften der Steuern ab. Insbesondere für eine gebundenes Trennsystem sind die Besonderheiten einzelner Steuern bezüglich des Aufkommens sowie der Aufkommensentwicklung (Aufkommenselastizität, Konjunkturreagibilität) bei der Zuweisung von Steuerquellen auf die einzelnen staatlichen Ebenen zu berücksichtigen. Erträge aus einer zugewiesenen Steuer können zum Zeitpunkt der Steuerzuweisung einem notwendigen Finanzbedarf entsprechen, gleichwohl aber im Zeitablauf durch Veränderungen bei den Steuertatbeständen zu einer Unterdekkung bzw. Überdeckung des Finanzbedarfs bei verändertem Aufkommen führen. Dies muss nicht zwangsläufig zu unterschiedlichen Finanzausstattungen der Gebietskörperschaften auf den unterschiedlichen Ebenen führen, wenn im Vorfeld die speziellen Eigenschaften der Steuerquellen berücksichtigt wurden. Allerdings wird auch die Schwierigkeit erkennbar, möglichen Aufkommensentwicklungen durch systematische und an den Aufgaben der einzelnen staatlichen Ebenen orientierten Steuerquellenzuweisungen entgegenzuwirken.[189]

Regelungen mit dem Ziel eines finanziellen Ausgleichs zwischen den Gebietskörperschaften und damit der Angleichung primär unterschiedlicher Finanzausstattungen sind in einem Trennsystem schwer durchsetzbar. Insbesondere das ungebundene Trennsystem (Konkurrenzsystem) lässt eigentlich keinen Spielraum für eine distributionspolitisch motivierte Revisionsklausel, da jede einzelne Gebietskörperschaft bei vorliegender Notwendigkeit souverän eine Bedarfsdeckungsanpassung durchführen kann und daher ein vertikaler Deckungsquotenausgleich nahezu ausgeschlossen ist. Dennoch ergeben sich auch im Konkurrenzsystem Möglichkeiten, einen distributionspolitisch motivierten Finanzkraftausgleich durchzuführen.[190]

---

189 PAGENKOPF ist hier allerdings der Meinung, dass Trennsysteme unabhängig von deren Ausgestaltung prinzipiell im Zeitablauf divergierende Finanzausstattungen der Gebietskörperschaften auf den einzelnen Ebenen zur Folge haben müssen. Vgl. PAGENKOPF *[1981]*, S. 62.

190 So existiert bspw. auf der Ebene der EU ein Finanzzuweisungssystem, innerhalb dessen von den souveränen und nahezu unabhängigen Mitgliedsstaaten Beiträge erbracht werden, welche über den EU-Haushalt wieder nach den in Art. 2 EUV festgeschriebenen allokationspolitischen und distributionspolitischen Zielsetzungen als Finanzzuweisungen an berechtigte Mitgliedstaaten geleistet werden. Siehe dazu und zu Vorschlägen einer Reform des Finanzsystems auf EU-Ebene auch WISSENSCHAFTLICHER BEIRAT BEIM BUNDESMINISTERIUM FÜR WIRTSCHAFT UND ARBEIT *[1998]*, S. 16 f.

### *4.2.2. Verbundsystem*

Werden in einem föderalen Staatssystem sich im Zeitablauf unterschiedlich entwickelnde Steueraufkommen und damit letztlich Unterschiede in der Finanzausstattung der staatlichen Ebenen nicht hingenommen, so können Steuern bzw. deren Erträge mehreren staatlichen Ebenen und deren Gebietskörperschaften zugeordnet werden.

Im Gegensatz zum Trennsystem ohne Gesetzgebungskompetenz fließen nun nicht mehr die Erträge aus Steuern vollständig einer Ebene zu, sondern den Ebenen werden Ertragsanteile zugewiesen. Dies kann in der Form geschehen, dass der Ertrag einer einzelnen, aber ertragsreichen Steuer, auf mehrere staatliche Ebenen verteilt wird (Einzelverbundsystem) oder die Gesamtheit der Steuererträge auf die staatlichen Ebenen verteilt wird (Gesamtverbundsystem). Somit partizipieren alle Ebenen und deren Gebietskörperschaften in gleicher Weise am sich im Zeitablauf entwickelnden Steueraufkommen. Ein Auseinanderdriften der Finanzausstattungen kann somit vermieden werden, da nun alle Gebietskörperschaften an Mehreinnahmen oder Mindereinnahmen in gleichem Umfang beteiligt sind.

Zwei Aspekte gilt es im Rahmen der Diskussion um ein Verbundsystem zu berücksichtigen. Das Gesamtsteueraufkommen kann über ein Verbundsystem derart auf die einzelnen Gebietskörperschaften verteilt werden, wie der entsprechende Steueranteil einer Gebietskörperschaft bei selbständiger Besteuerung der innerhalb der territorialen Grenzen entstandenen Steuerkraft unter Berücksichtigung der einheitlichen Steuerausgestaltung (Bemessungsgrundlage, Steuersätze) von der Finanzverwaltung einer Gebietskörperschaft auch vereinnahmt worden wäre. Dies bedeutet, dass in diesem Fall eine Gebietskörperschaft Steueranteile erhält, welche der Höhe des territorial abgrenzbaren Steueraufkommens entspricht. Diese vertikale Ertragsteilung wird auch als *reines Überweisungssystem* (Verbundsystem) bezeichnet.[191]

Übergeordnete staatliche Ebenen können aber auch in einem Verbundsystem zur Verteilung von Verbundsteuern einen Verteilungsschlüssel wählen, welcher neben dem gebietskörperschaftbezogenem Steueraufkommen weitere Verteilungsmaßstäbe enthält. Unabhängig von der Ausgestaltung der Verteilungsmaßstäbe kann somit eine Korrektur unterschiedlicher Finanzausstattungen durchgeführt werden, welche sich an einem objektivierten Finanzbedarf orientiert. Liegt die Schwierigkeit bei der Beschreibung eines objektiven gebietskörperschaftsspezifischen Finanzbedarfs, so wird letztlich bei dieser Form der vertikalen Zuweisung von Verbundsteuern auf die Finanzkraft bzw. den Finanzkraftunter-

191 Vgl. PAGENKOPF *[1981]*, S. 66.

schieden abgestellt. Dieses Verfahren impliziert jedoch schon eine optimale Aufgabenverteilung zwischen den einzelnen staatlichen Ebenen. Zusammengefasst vereint ein derartiges Verteilungssystem die Elemente eines reinen Überweisungssystems mit denen eines Dotationssystem (Finanzzuweisungssystem)[192] und führt zu einem Regelwerk, welches vertikale und darüber hinaus horizontale Ausgleichswirkungen induziert.[193]

Gleichgültig, ob ein Verbundsystem als Überweisungssystem, Dotationssystem oder als Kombination beider Systeme ausgestaltet ist, müssen die Verwaltungskompetenzen deutlich zugewiesen sein. In einem Verbundsystem sollte aus Gründen der Erhebungsbilligkeit darauf geachtet werden, dass die staatliche Ebene mit den geringsten Erhebungs- und Verwaltungskosten den Steuereinzug durchführt und anschließend die Steuerertragsanteile an die anderen staatlichen Ebenen und Gebietskörperschaften überweist. Zudem sollten bei einer Dezentralisierung der Verwaltungskompetenz die Erhebungsverfahren einheitlich gestaltet sein.

Vorteile ergeben sich im Verbundsystem durch die Möglichkeit einer einheitlichen Steuer- und Finanzpolitik für das gesamte föderale Staatsystem. Geringe Erhebungskosten aufgrund der Bündelung der Verwaltungskompetenz auf eine einzige staatliche Ebene und eine gleichzeitige einheitliche Beteiligung der Gebietskörperschaften am Verbundsteueraufkommen sind im Sinne der distributiven Gleichstellung der Gebietskörperschaften positiv zu bewerten, da Veränderungen beim Aufkommen einzelner Verbundsteuern gleichmäßige fiskalische Auswirkungen auf alle staatlichen Ebenen und deren Gebietskörperschaften haben.

---

192 Als Dotationen gelten Schlüssel- oder Bedarfszuweisungen, welche im Rahmen eines Finanzzuweisungssystems (Dotationssystem) von übergeordneten Gebietskörperschaften an untergeordnete Gebietskörperschaften entweder zur Verwirklichung eines positiven Finanzkraftausgleichs (Schlüsselzuweisungen) oder aber darüber hinaus bei unvollständigem Finanzkraftausgleich noch zur Abmilderung verbliebener Finanzschwächen bei Nachweis einer Bedürftigkeit oder „objektiven" Bedarfs geleistet werden. Dotationen müssen von den Zuweisungsanteilen innerhalb eines reinen Verbundsystems abgegrenzt werden, da sie keine unmittelbare Beziehung zu Erträgen aus bestimmte Steuern haben sondern in Abhängigkeit von der Haushaltslage der zuweisungspflichtigen Gebietskörperschaft für den Zweck der bedarfsorientierten Finanzmittelerhöhung im Haushalt der übergeordneten Gebietskörperschaft eingestellt werden. Daneben sind Dotationen innerhalb eines Finanzzuweisungssystems auch von Subventionen zu unterscheiden, da diese nicht allgemeine Haushaltsdeckungsmittel darstellen sondern zweckorientiert geleistet werden und somit eine funktionale Außensteuerung von Gebietskörperschaften durch andere Gebietskörperschaften innerhalb eines föderalen Staatssystems begleiten bzw. unterstützen. Vgl. dazu auch PAGENKOPF *[1981]*, S. 69 ff.

193 Vgl. PAGENKOPF *[1981]*, S. 68.

Wie bereits oben angedeutet integriert ein Verbundsystem einen vertikalen und einen horizontalen Finanzausgleich. Ein derartiges Verteilungssystem ermöglicht somit am ehesten eine distributiv ausgerichtete Steuer- und Finanzpolitik.

Diese Möglichkeit der gesamtstaatlichen Steuerung wird jedoch erkauft durch einen Verlust der finanzwirtschaftlichen Unabhängigkeit der untergeordneten staatlichen Ebenen und deren Gebietskörperschaften. Steuerpolitische Aktivitäten auf der Einnahmenseite bezüglich der Beeinflussung des Steueraufkommens und der Pflege der Steuerquellen sind der kompetenzberechtigten Ebene vorbehalten. Steuerquellenpflege können untergeordnete Gebietskörperschaften nur noch von der Ausgabenseite durchführen und dürfte wesentlich geringer sein als in alternativen Trennsystemen. Ein weiterer Nachteil ist die Förderung einer zentralistischen Tendenz, welche einerseits die finanzwirtschaftliche Handlungsfähigkeit der untergeordneten Gebietskörperschaften enorm einschränkt und andererseits die Verlagerung finanzwirtschaftlicher Verantwortung für steuer- und finanzpolitisches Handeln auf übergeordnete Ebenen bzw. auf die oberste Ebene bewirkt, wodurch die Eigenverantwortung der Gebietskörperschaften reduziert wird und ein grundsätzlicher regionaler Vergleich von Ausgabenpolitik und entsprechender Einnahmenpolitik nicht mehr möglich ist. Ein derartiges System beschneidet den beteiligten Gebietskörperschaften ihre Selbständigkeit bezüglich der Entwicklung und Erschließung von Steuerquellen und schränkt den Dispositionsspielraum ein.[194] Die Ausgabenverantwortung wird zudem von der Einnahmenverantwortung entkoppelt, so dass Konsequenzen aus steuerpolitischem Handeln nicht mehr klar zugeordnet werden können. Letztlich schränkt ein Verbundsystem den legitimen Souverän bei der Kontrolle und Bewertung steuerpolitischer Maßnahmen ein.[195]

## 4.3. Anwendung von Kombinationsmöglichkeiten bei der bundesdeutschen vertikalen Steuerverteilung

Wenn sowohl Trennsysteme als auch Verbundsysteme Vor- und Nachteile mit sich bringen, so können Kombinationen beider vertikaler Verteilungssysteme sinnvoll sein. Unter Berücksichtigung allokationspolitischer, distributionspolitischer und stabilitätspolitischer Aspekte sind je nach gewünschter stärkerer Aus-

---

194 Vgl. KAMP / LANGHEINRICH / STAMM *[1969]*, 63.

195 Zu dieser grundlegenden Kritik bezüglich mangelnder Handlungsfähigkeit nachgeordneter Gebietskörperschaften in Verbundsystemen siehe beispielsweise auch LENK / SCHNEIDER *[1999]*, S. 414 f., SCHUPPERT *[1993]*, S. 38 f.

richtung auf einen der drei genannten Aspekte eine Vielzahl von Kombinationsmöglichkeiten vorstellbar. Bei diesen sogenannten *Mischsystemen* werden in der Regel besonders aufkommensstarke Steuern innerhalb eines Verbundsystem nach bestimmten Quoten verteilt und weniger aufkommensstarke Steuern im Rahmen eines Trennsystems den einzelnen staatlichen Ebenen zugewiesen.[196]

*Abb. 9: Ertragsverteilung in der Bundesrepublik Deutschland 2001*

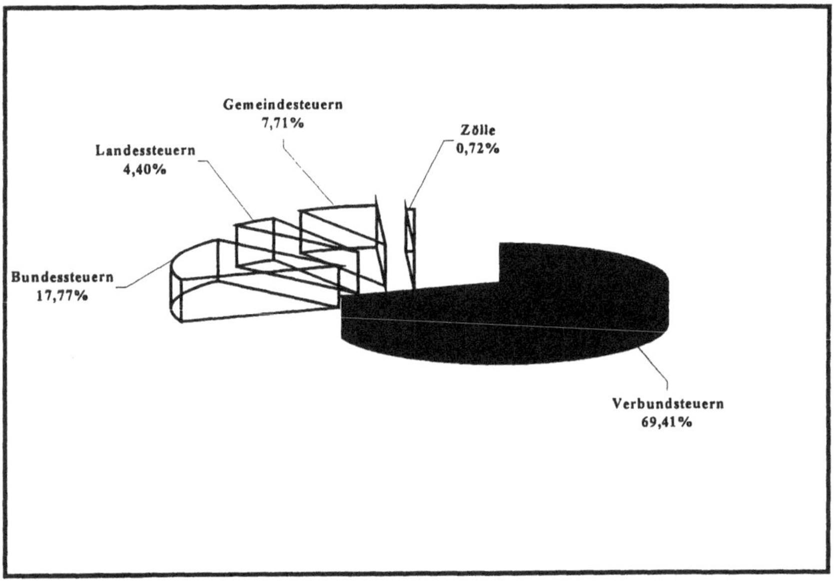


*Quelle: Bundesministerium der Finanzen; Eigene Darstellung.*

Die vertikale Steuerverteilung in der Bundesrepublik Deutschland ist durch eine Kombination mehrerer Steuerverteilungssysteme, also einem Mischsystem gekennzeichnet. Fast 70 v.H. des gesamten Steueraufkommens in der Bundesrepublik Deutschland (Gesamtsteueraufkommen 2001: 446,3 Mrd. €) werden dabei im Rahmen eines Verbundsystems (Verbundsteueraufkommen 2001: 309,7

196 Vgl. LENK *[1993]*, S. 79. Diese Aussage von LENK kann so interpretiert werden, dass Mischsysteme grundsätzlich eher auf die Erreichung distributionspolitischer Ziele ausgerichtet sind. Dann bleibt allerdings noch zu klären, welches Ausmaß an Umverteilung durch eine bestimmte Konstruktion eines Mischsystem bewirkt werden soll.

Mrd. €) vertikal auf die drei staatlichen Ebenen verteilt (Abbildung 9). Die Aufteilung nach Ertragskompetenz zeigt deutlich die generelle Ausrichtung des vertikalen Steuerverteilungssystems in der Bundesrepublik Deutschland auf Distribution aufgrund des hohen Ausmaßes der innerhalb eines Verbundsystems zu verteilenden Steueraufkommen.[197] Gleichermaßen ist dadurch die Finanzautonomie der nachgeordneten Ebenen erheblich eingeschränkt, da wie erwähnt 70 v.H. des gesamten Steueraufkommens nach einheitlichen Grundlagen erhoben wird und die grundsätzliche Gesetzgebungskompetenz nach Art. 105 Abs. 2 GG dem Bundes zugesprochen ist.

Zwar wirkt die Länder*gesamtheit* bei der Steuergesetzgebung des Bundes im Bereich der Verbundsteuern über den Bundesrat nach Art. 105 Abs. 3 GG mit. Eine eigenständige und unabhängige Steuer- und Finanzpolitik einer einzelnen Gebietskörperschaft, sowohl auf Landes- als auch Gemeindeebene, ist jedoch im Bereich der aufkommensstärksten Steuern ausgeschlossen.

Bei der Betrachtung der vertikalen Steuerverteilung in der Bundesrepublik Deutschland wird ein Mischsystem erkennbar, wobei unterschiedliche Ausgestaltungsformen von Trenn- und Verbundsystemen zur Anwendung kommen (siehe auch Abbildung 10). Neben den bereits erwähnten unterschiedlichen Systemelementen werden in Abbildung 10 weitere Systemelemente aufgezeigt. So kommen Elemente eines Finanzzuweisungssystems (Dotationssystem) zur Anwendung in Form von Finanzhilfen nach Art. 104a Abs. 4 GG, welche vom Bund an die Länderebene für besonders bedeutsame Investitionen zur Abwehr einer Störung des gesamtwirtschaftlichen Gleichgewichts, zum Ausgleich unterschiedlicher Wirtschaftskraft oder zur Förderung des wirtschaftlichen Wachstums geleistet werden können. Auch sogenannte Bundesergänzungszuweisungen nach Art. 107 Abs. 2 Satz 3 GG sind Ausdruck eines Finanzzuweisungssystem zwischen Bundes- und Länderebene.[198]

Finanzzuweisungen können diskretionär oder regelgebunden und darüber hinaus mit oder ohne Eigenbeteiligung der empfangenen Gebietskörperschaft geleistet werden. Besonders regelgebundene Finanzzuweisungen vermitteln gegenüber den Verbundsteueranteilen ein stärkeres Maß an Sicherheit und Planbarkeit der Finanzausstattung, wobei allerdings im Allgemeinen die zuweisungsberechtigten Gebietskörperschaften noch weniger an der Gesetzgebung und damit an der Ausgestaltung der Finanzzuweisungen beteiligt sind als bei der

---

197 Damit kommt die starke Berücksichtigung der Vorgabe des Grundgesetzes nach Herstellung und Wahrung einheitlicher Lebensverhältnisse im Steuerverteilungssystem zum Ausdruck. Siehe auch Art. 72 Abs. 2 GG sowie Art. 106 Abs. 3 Satz 4 Nr. 2 GG.

198 Näheres zu den Bundesergänzungszuweisungen in Kap. 5.3. auf S. 156 ff.

*Abb. 10: Kombination von Trenn- und Verbundsystemelementen im bundesdeutschen vertikalen Steuerverteilungssystem*

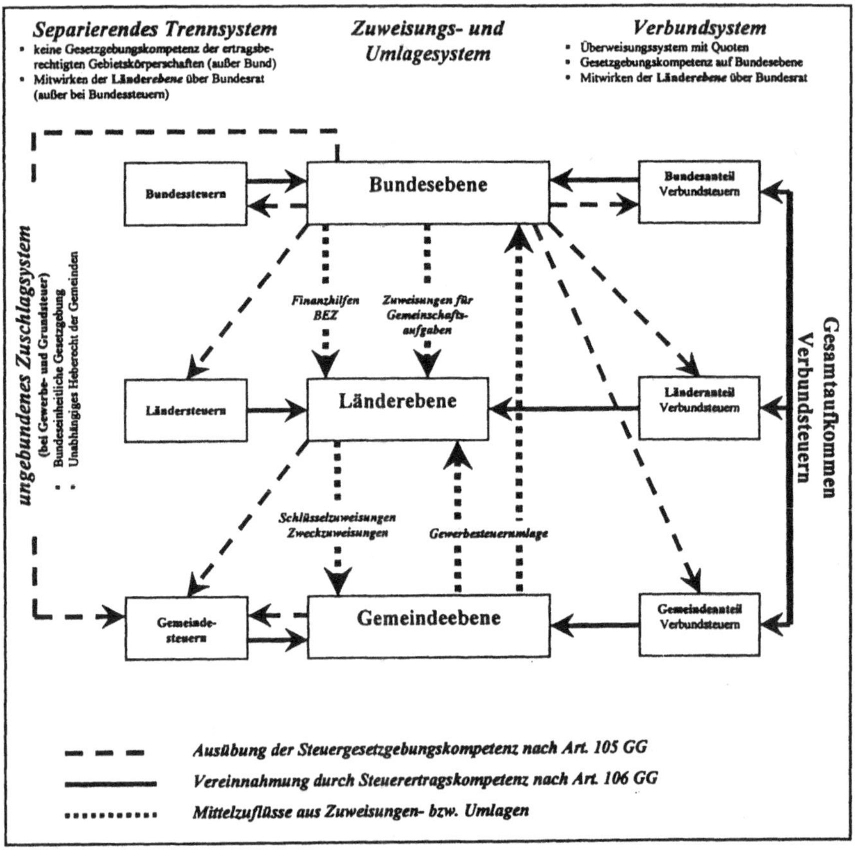


Quelle: Eigene Darstellung.

Verteilung der Verbundsteueranteile und somit eine wesentlich größere Abhängigkeit der empfangenen Gebietskörperschaft vom Zuweisungsgeber existiert.[199]

Des weiteren erfolgen allgemeine Schlüsselzuweisungen im Rahmen des kommunalen Finanzausgleichs, welche von den Ländern an ihre Gemeinden, teils zur Aufstockung der kommunalen Finanzmasse und teils aus redistributiven Gründen geleistet werden. Darüber hinaus werden Zweckzuweisungen geleistet, welche in den vergangenen Jahren immer mehr an Bedeutung gewonnen haben.[200] Erfolgen Finanzzuweisungen „von oben nach unten", so können Umlagen als „Überweisungen von unten nach oben" beschrieben werden. Gegenwärtig werden Anteile vom Gewerbesteueraufkommen der Gemeinden an die für die jeweiligen Gemeinden zuständigen Länder sowie an den Bund als Umlagen überwiesen.

Insgesamt wird deutlich, dass das vertikale Steuerverteilungssystem der Bundesrepublik Deutschland mehrere Teilelemente unterschiedlicher Verteilungssysteme integriert, wodurch bestimmte Nachteile einzelner Systeme abgemildert sowie die gesamtstaatlichen Ziele gefördert werden sollen. Deutlich wird aber auch die starke Verflechtung der einzelnen Ebenen untereinander, welche wie bei der bereits in Kap. 3 beschriebenen Aufgabenverteilung auch bei der Finanzverteilung zu einer stark ausgeprägten Zentralisierung geführt hat. Auch im Bereich der Einnahmen werden Entscheidungen hauptsächlich im Verbund getroffen. Mit der Folge, dass u. U. regionale Politikprogramme mit fragwürdigen Wirkungen aufgrund einer „Subventionsmentalität" und dem Hinweis auf Beteiligung von Bund bzw. Land aufrecherhalten werden und finanzwirtschaftliche Misserfolge auf andere Ebenen abgeschoben werden können.[201]

Aus allokativer Sicht kann vermutet werden, dass somit größtenteils ein suboptimales Angebot und eine suboptimale Steuerbelastung die Folgen einer mangelnden Handlungsfähigkeit der untergeordneten Gebietskörperschaften die Folge sind. Der kooperative Leitgedanke der föderalen Ordnung überwiegt und schwächt den ebenfalls vorgesehene subsidiären Charakter. Die Abstimmung von regionaler staatlicher Leistungserbringung und entsprechender regionaler Steuerfinanzierung aufgrund des starken Übergewichtes des Verbundsteuersys-

---

199 Vgl. dazu auch Fischer-Menshausen *[1980]*, S. 651.

200 Vgl. Baretti *[2002]*, S. 11. Eine modelltheoretische Analyse von Zuweisungen im kommunalen Finanzausgleich bezogen auf allokative Effizienz findet sich bei Kuhn *[1992]*.

201 Zu diesem und weiteren politisch-institutionellen Gründen einer Verflechtungsmassierung im bundesdeutschen Föderalismus siehe auch Schultze *[1999]*, S. 174 f.

tems im bundesdeutschen Steuerverteilungssystem kann nur schwerlich durchgeführt werden.[202]

Ein weiterer Aspekt ist bei der Betrachtung der vertikalen Finanzverteilung zu berücksichtigen. Wenn neben der originären Steuerquellenzuweisung und den damit verbundenen Steuererträgen für die einzelnen staatlichen Ebenen weitere Zahlungen vom Bund an nachgeordnete Gebietskörperschaften notwendig sind, so ist zu vermuten, dass die originäre Steuerverteilung den Bund mit Finanzmitteln ausstattet, welche zu einem Teil nicht für originäre Bundesaufgaben verwendet werden müssen. Andererseits existieren offenbar Deckungslücken („fiscal gaps") bei Ländern und Gemeinden, welche durch vertikale Zahlungen ausgeglichen werden sollen. Fraglich bleibt dann, warum eine Unterdeckung bei den empfangenden Gebietskörperschaften herrscht. In Betracht kommt eine möglicherweise mangelnde primäre Steuerverteilung, welche zu korrigierenden vertikalen Zahlungen führt.[203]

### *4.3.1. Die Verbundsteuern – Verteilungsquoten und Aufkommen*

Zu den Verbundsteuern in der Bundesrepublik Deutschland gehören die Einkommensteuer einschließlich ihrer unterschiedlichen Erhebungsformen, die Körperschaftsteuer sowie die Umsatzsteuer einschließlich der Einfuhrumsatzsteuer. Diese Steuerarten müssen quotenmäßig auf die föderalen Staatsebenen aufgeteilt werden, da sie zunächst gemeinschaftlich vereinnahmt werden. Während die Quoten zur Verteilung der Einkommen- und Körperschaftsteuer im Grundgesetz festgehalten sind und nur mit qualifizierter Mehrheit verändert werden können, kann die Verteilung der Umsatzsteueranteile zwischen Bund, Ländergesamtheit und Gemeindeebene nach Art. 106 Abs. 3 Satz 3 GG per Bundesgesetz mit Zustimmung des Bundesrates geändert werden, weshalb die Umsatzsteuer auch im Schrifttum als das „variable Element" der Finanzverfassung bezeichnet wird. Somit kommt der Umsatzsteuer eine Ausgleichsfunktion zu, ist aber damit auch regelmäßig Anlass für Streitigkeiten zwischen Bund und

202 Vgl. hierzu die Einschätzung von LENK / SCHNEIDER *[2000]*, S. 72. Wenn den Gebietskörperschaften in einzelnen Politikfeldern ein „Wettbewerbsverbot" auferlegt wird, so kann dies zu einer ineffizienten Substitution durch andere Instrumente führen. So ist beispielsweise an die Beihilfenpolitik der Bundesländer aufgrund des völligen Verzichtes von Besteuerungskompetenzen zu denken, welche für eine Erhöhung der Attraktivität der Wirtschaftsstandorte sorgen soll und letztlich in vielen Fällen zu erhöhten Ausgaben mit ökonomisch zweifelhaften Erfolgen führen. Zu dieser Kritik vgl. HUBER *[2000]*, 131.

203 Vgl. auch BARETTI U. A. *[2000]*, S. 27.

Ländern (und auch den Gemeinden).[204] Die aktuellen Verteilungsquoten ergeben sich aus Tabelle 2.

*Tab. 2: Verteilungsquoten für die Ertragsverteilung von Verbundsteuern*

| Verbundsteuern | Bund | Länder | Gemeinden |
|---|---|---|---|
| | Quoten im Jahr 2002 (in v.H. des Gesamtaufkommens) | | |
| **Einkommensteuer** | | | |
| - Lohnsteuer | 42,5 | 42,5 | 15 |
| - Veranlagte Einkommensteuer | 42,5 | 42,5 | 15 |
| - Nicht veranlagte Steuern vom Ertrag | 50 | 50 | |
| - Zinsabschlag[1)] | 44 | 44 | 12 |
| **Körperschaftsteuer** | 50 | 50 | |
| ***Umsatzsteuer*** (einschl. Einfuhrumsatzsteuer) | 5,63[2)] | | 2,2[3)] |
| | 49,6[4)] | 50,4[4)] | |

1) Beteiligung der Gemeinden mit 12 v.H. am Aufkommen aus Zinsabschlag erst seit 1993.
2) Seit 01.01.1999 als Kompensation der Belastung des Bundeshaushaltes durch zusätzlichen Bundeszuschuss an die Rentenversicherung der Arbeiter und Angestellten nach § 1 Abs. 1 Satz 1 FAG.
3) Seit 01.01.1998 als Ausgleich für die Abschaffung der Gewerbekapitalsteuer. Der Gemeindeanteil an der Umsatzsteuer beträgt 2,2 v.H. nach Abzug des Bundesanteils von 5,63 v.H., so dass effektiv die Gemeinden nur einen Anteil von ca. 2,08 v.H. am gesamten Umsatzsteueraufkommen erhalten.
4) Seit 01.01.2002 erfolgt die abschließende Aufteilung des restlichen Umsatzsteueraufkommens nach Abzug des ersten Bundesanteils und des Gemeindeanteils zwischen Bundes- und Länderebene im Verhältnis 49,6:50,4. Dadurch ergibt sich für die Ländergesamtheit letztlich ein effektiver Anteil am gesamten Umsatzsteueraufkommen von 46,51610544 v.H.[205]

---

204 Vgl. HUBER *[1997]*, S. 24. Eine neue Festsetzung des Verteilungsschlüssel bei der Umsatzsteuer wird dann notwendig, „wenn sich das Verhältnis zwischen den Einnahmen und den Ausgaben des Bundes und der Länderwesentlich anders entwikkelt" (Art. 106 Abs. 4 GG). Diese Revisionsklausel der Finanzverfassung unterliegt den Verteilungsgrundsätzen der Umsatzsteuer nach Art. 106 Abs. 3 Satz 4 Nr. 1 und 2 GG, wonach Bund und Länder (einschließlich ihrer Gemeinden) einen Anspruch auf Deckung ihrer notwendigen Ausgaben haben und die Deckungsbedürfnisse beider staatlichen Ebenen so aufeinander abzustimmen sind, „dass (...) die Einheitlichkeit der Lebensverhältnisse im Bundesgebiet gewahrt wird" (Art. 106 Abs. 3 Satz 4 Nr. 2 GG).

205 Siehe dazu auch § 1 Abs. 1 Satz 8 FAG.

Der größte Teil des gesamten Steueraufkommens wird also nach distributiven Erwägungen mit festgelegten Quoten verteilt. Die quantitativen Auswirkungen der unterschiedlichen Quoten für Bund-, Länder- und Gemeindehaushalte sind in Tabelle 3 wiedergegeben.

Es zeigt sich in Tabelle 3 auch die durch den Bund gegenüber der Ländergesamtheit stärkere Beanspruchung des Verbundsteueraufkommens, obwohl die Aufteilungsschlüssel zwischen Bundes- und Länderebene nahezu, mit Ausnahme der Aufteilung der Umsatzsteuer, identisch sind. Allerdings hat die in den vergangenen Jahren oftmals geänderte vertikale Verteilung des Umsatzsteueraufkommens zwischen Bund und Ländern dazu geführt, dass sich die Einnahmensituation der Ländergesamtheit im Vergleich zur Bundesebene bezogen auf die Verbundsteuern verbessert hat. Lag der Umsatzsteueranteil der Ländergesamtheit im Jahr 1991 noch bei 35 v.H., so stieg dieser bis 1997 auf 49,5 v.H. und beträgt aktuell für das Jahr 2002 ca. 46,52 v.H.

Im gleichen Zeitraum ist der Bundesanteil an der Umsatzsteuer von 65 v.H. (1991) auf ca. 51,4 v.H. (2002) abgeschmolzen. Bei Beibehaltung der Verteilungsschlüssel bei der Einkommen- und Körperschaftsteuer bewirkte die fast jährliche Neufestlegung der Umsatzsteueranteile eine Verbesserung der Ländereinnahmen aus den Verbundsteuern, welche zu einer Annährung bei den Verbundeinnahmen führte (Abbildung 11).

Sind generell die Verteilungsschlüssel zur vertikalen Verteilung des Verbundsteueraufkommens in der Finanzverfassung fixiert, bildet die vertikale Verteilung der Umsatzsteueranteile eine Ausnahme. Da das bundesdeutsche Steuerverteilungssystem durch ein hohes Maß an Redistribution gekennzeichnet ist und den Deckungsquoten von Bund und Ländern sowie deren Ausgleich eine besondere Bedeutung zukommt, benötigen Bund und Länder ein gesetzgeberisch relativ einfach anpassbares Ausgleichsinstrument bei existierenden Deckungsquotenunterschieden.[206]

---

206 So legt Art. 106 Abs. 3 Satz 5 GG fest, dass die Deckungsbedürfnisse des Bundes und der Länder so aufeinander abzustimmen sind, dass „(...) die Einheitlichkeit der Lebensverhältnisse im Bundesgebiet gewahrt wird". Eine gewisse Konkretisierung dieser distributionspolitischen Zielsetzung kommt in Art. 106 Abs. 3 Satz 4 GG dadurch zum Ausdruck, dass sowohl Bund und Länder einen gleichmäßigen Anspruch auf Deckung ihre notwendigen Ausgaben aus laufenden Einnahmen haben. Wegen der besonderen Schwierigkeit, Deckungsquoten zu definieren, soll hier hingewiesen werden, dass die Finanzverfassung selbst keine genaueren Vorgaben macht.

*Tab. 3: Steuereinnahmen aus Verbundsteuern nach vertikaler Verteilung 1995-2001*

| | Steuereinnahmen nach Verteilung - in Mio. Euro - | | | | | | |
|---|---|---|---|---|---|---|---|
| | **1995** | **1996** | **1997** | **1998** | **1999** | **2000** | **2001** |
| Bund | **146.994** | **135.543** | **135.816** | **144.395** | **155.298** | **160.643** | **149.093** |
| Lohnsteuer[1)] | 61.431 | 54.602 | 54.036 | 56.123 | 56.869 | 57.687 | 56.366 |
| Veranlagte Einkommensteuer[1)] | 3.042 | 2.524 | 1.252 | 2.416 | 4.627 | 5.196 | 3.728 |
| Nicht veranlagte Steuern vom Ertrag[2)] | 4.324 | 3.412 | 3.756 | 5.816 | 5.654 | 6.757 | 10.442 |
| Körperschaftsteuer[2)] | 4.636 | 7.531 | 8.505 | 9.254 | 11.180 | 11.787 | -213 |
| Zinsabschlag | 2.881 | 2.724 | 2.564 | 2.675 | 2.673 | 3.227 | 3.943 |
| Umsatzsteuer[3)4)6)] | 70.680 | 64.750 | 65.703 | 68.111 | 74.295 | 75.989 | 74.827 |
| Länder | **125.594** | **127.326** | **127.222** | **133.393** | **141.016** | **146.612** | **135.490** |
| Lohnsteuer[1)] | 61.431 | 54.602 | 54.036 | 56.123 | 56.869 | 57.687 | 56.366 |
| veranlagte Einkommensteuer[1)] | 3.042 | 2.524 | 1.252 | 2.416 | 4.627 | 5.196 | 3.728 |
| Nicht veranlagte Steuern vom Ertrag[2)] | 4.324 | 3.412 | 3.756 | 5.816 | 5.654 | 6.757 | 10.442 |
| Körperschaftsteuer[2)] | 4.636 | 7.531 | 8.505 | 9.254 | 11.180 | 11.787 | -213 |
| Zinsabschlag | 2.881 | 2.724 | 2.564 | 2.675 | 2.673 | 3.227 | 3.943 |
| Umsatzsteuer[3)5)6)] | 49.280 | 56.533 | 57.467 | 57.109 | 60.013 | 61.958 | 61.224 |
| Gemeinden | **23.540** | **20.905** | **20.213** | **24.103** | **25.281** | **25.999** | **25.169** |
| Lohnsteuer | 21.681 | 19.271 | 19.072 | 19.808 | 20.071 | 20.360 | 19.894 |
| Veranlagte Einkommensteuer | 1.073 | 891 | 442 | 853 | 1.633 | 1.834 | 1.316 |
| Zinsabschlag | 786 | 743 | 699 | 730 | 729 | 880 | 1.075 |
| Umsatzsteuer[3)4)] | ------- | ------- | ------- | 2.712 | 2.848 | 2.925 | 2.884 |

1) Nach Abzug von Kindergeld (Familienkassen- und steuerliches Kindergeld) sowie Erstattungen BfF.
2) Nach Abzug von Erstattungen BfF.

3) Einschließlich Einfuhrumsatzsteuer.
4) Berechnet mit Anteilen des Bundes am Gesamtumsatzsteueraufkommen: 1995: 56 v.H.; 1996 bis 1997: 50,5 v.H.; ab 1998: vorab Bund 3,64 v.H. (1999 bis 2001: 5,63 v.H.), von verbliebenen Rest 2,2 v.H. Gemeinden, vom danach verbliebenen Rest 50,5 (2000 und 2001: 50,25 v.H.). Einschl. MWSt-Eigenmittel an EU.
5) Berechnet mit Anteilen der Länder am Gesamtumsatzsteueraufkommen: 1995: 44 v.H.; 1996 bis 1997: 49,5 v.H.; ab 1998: vorab Bund 3,64 v.H. (1999 bis 2001: 5,63 v.H.), von verbliebenen Rest 2,2 v.H. Gemeinden, vom danach verbliebenen Rest 49,5 (2000 und 2001: 49,75 v.H.).
6) Nach Fonds „Deutsche Einheit". Erhöhung des Umsatzsteueranteils beim Bund um folgende Beträge: 1995 bis 1997: 3.502,35 Mio. €; 1998: 2.569,75 Mio. €; 1999: 2.647,47 €; 2000: 2.725,19 Mio. €; 2001: 2.570 Mio. €. Entsprechende Kürzung bei der Länderebene.

*Quelle: Statistisches Bundesamt (Hrsg.): Statistische Jahrbücher; Bundesministerium der Finanzen [2002], S. 278; Eigene Berechnungen. Vorhandene Differenzen aufgrund der Umrechnung auf Euro-Beträge.*

*Abb. 11: Anteile der staatlichen Ebenen am Gesamtaufkommen aus Verbundsteuern*

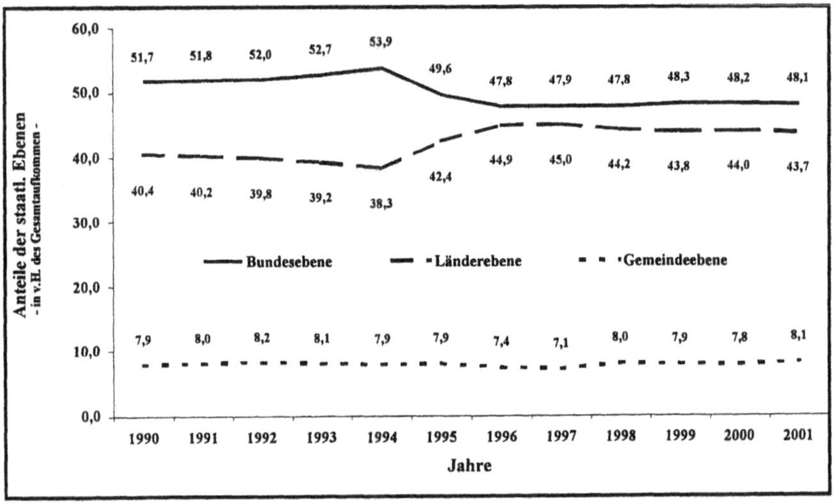


*Quelle: Statistisches Bundesamt (Hrsg.): Statistische Jahrbücher; Eigene Berechnung.*

Die Deckungsquoten von Bund und Ländergesamtheit (einschließlich Gemeinden) haben sich in den vergangenen Jahren nahezu im Gleichschritt verbessert. Lag die Deckungsquote beim Bund im Jahr 1991 noch bei 87,4 v.H., so betrug sie im Jahr 2000 immerhin 90,3 v.H. Gleichermaßen stieg die Deckungsquote bei den Ländern von 93,8 v.H. (1991) auf 97,6 v.H. (2000).[207]

Es muss dann die Frage gestellt werden, warum bei einem Deckungsquotenunterschied von über 7 v.H. zwischen Bund und Ländern eine Veränderung des Umsatzsteuerverteilungsschlüssels zugunsten der Länder und nicht ein Ausgleich der Deckungsquoten über die Umsatzsteuerneuverteilung erfolgt ist, wie er in der Finanzverfassung vorgesehen ist.

### *4.3.2. Aufkommen aus Trennsteuern*

Der weitaus geringere Teil am gesamten Steueraufkommen (ca. 30 v.H.) fließt den einzelnen staatlichen Ebenen im Rahmen eines Trennsystems zu. Bezogen auf die Ertragskompetenz ist zwischen reinen Bundessteuern, reinen Landessteuern und reinen Gemeindesteuern zu unterscheiden (Tabelle 4). Zwar gehören die Zölle nach Art. 106 Abs. 1 Satz 1 Nr. 1 GG auch zu den reinen Bundessteuern, werden jedoch direkt an die Europäische Union (EU) abgeführt, so dass bei den Zöllen die Ertragskompetenz eigentlich der EU zugeschrieben werden muss.

*Tab. 4: Vertikale Zuweisung der Ertragskompetenz nach Trennsystem*

| **Bundesebene** (Art. 106 Abs. 1 GG) | **Länderebene** (Art. 106 Abs. 2 GG) | **Gemeindeebene** (Art. 106 Abs. 6 GG) |
|---|---|---|
| Mineralölsteuer[1)] | Kraftfahrzeugsteuer | Gewerbesteuer |
| Tabaksteuer | Grunderwerbsteuer | Grundsteuer A |
| Versicherungsteuer | Erbschaftsteuer | Grundsteuer B |
| Stromsteuer[1)2)] | Rennwett- u. Lotteriesteuer | Hundesteuer |
| Branntweinsteuer | Biersteuer | Jagd- u. Fischereisteuer |
| Kaffeesteuer | Feuerschutzsteuer | Zweitwohnungsteuer |
| Schaumweinsteuer | Spielbankabgabe | Schankerlaubnissteuer |
| Zwischenerzeugnissteuer | | Vergnügungsteuer |
| | Vermögensteuer[4)] | |
| Solidaritätszuschlag[3)] | | |

1) Seit 01.04.1999 sind ein Teil der Mineralölsteuer sowie die Stromsteuer die zwei Bestandteile der umgangssprachlich genannten „Öko-Steuer".

207 Siehe BUNDESMINISTERIUM DER FINANZEN (HRSG.) *[2002a]*, S. 34.

2) Am 01.04.1999 im Rahmen der ökologischen Steuerreform eingeführt.
3) Der Solidaritätszuschlag ist eine Zuschlagsteuer und wird gegenwärtig mit einem Satz von 5,5 v.H. (bis Ende 1997: 7,5 v.H.) auf die Einkommen- und Körperschaftsteuerschuld erhoben.
4) Eine Erhebung der Vermögensteuer ist durch die Entscheidung des Bundesverfassungsgerichtes vom 22.06.1995 (BStBl. II S. 665) nicht mehr möglich und daher seit dem 01.01.1997 ausgesetzt. Abgeschafft ist die Vermögensteuer hingegen nicht.

Wenn für das gesamtstaatliche distributive Ziel einer Angleichung der Lebensverhältnisse die Finanzausstattung der Gebietskörperschaften unterhalb der Bundesebene annähernd gleich groß sein soll und dafür die Gebietskörperschaften über ein nahezu gleiches Pro-Kopf-Steueraufkommen verfügen sollen, so empfiehlt es sich im Zusammenhang mit der Verteilung von Steuererträgen nach dem Trennsystem, die Erträge aus stark streuenden Steuern dem Bund und entsprechend die Erträge aus weniger stark streuenden Steuern den untergeordneten Gebietskörperschaften zuzuordnen.[208]

Dieser distributiven Anforderung folgt das Grundgesetz in Art. 106 Abs. 1 mehr oder weniger, wenn es nach dem Trennsystem der Bundesebene wie in Tabelle 4 dargestellt hauptsächlich die stärker streuenden Verbrauchsteuern, welche am Ort der Produktion zum Teil auch aus steuertechnischen Gründen erhoben werden, zuordnet. So ergibt sich zum Beispiel bei der Mineralölsteuer aufgrund einer erheblichen Streuung im Aufkommen (Abbildung 12) aus distributiven Erwägungen die Notwendigkeit, den gesamten Ertrag der Bundesebene zuzuordnen.

Ein ähnliches Bild ergibt sich auch bei näherer Betrachtung der Länderaufkommen aus der Kaffeesteuer, welche aus steuertechnischen Gründen wie die Mineralölsteuer am Ort der Produktion (Entnahme aus dem Steuerlager) erhoben wird und zu stark abweichenden Steueraufkommen zwischen den Bundesländern führt (Abbildung 13).

208 Vgl. auch PEFFEKOVEN *[1987]*, S. 184.

*Abb. 12: Mineralölsteueraufkommen 2000 nach Ländern*

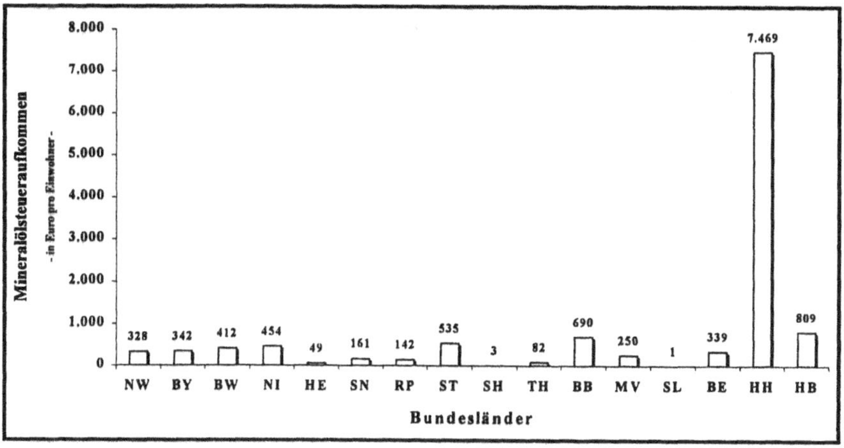


*Quelle: Statistisches Bundesamt (Hrsg.) [2001]: Statistisches Jahrbuch, S. 532 f.; Eigene Berechnung.*

*Abb. 13: Kaffeesteueraufkommen 2000 nach Ländern*

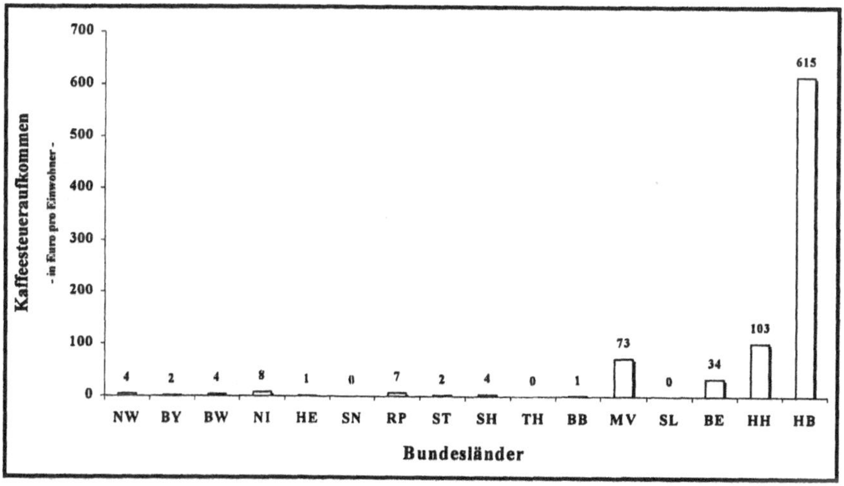


*Quelle: Statistisches Bundesamt (Hrsg.) [2001]: Statistisches Jahrbuch, S. 532 f.; Eigene Berechnung.*

Bezogen auf das Datenmaterial aus dem Jahr 2000[209] lässt sich zeigen, dass das Grundgesetz bis auf einzelne Ausnahmen die Erträge aus relative stark streuenden Steuern der Bundesebene zugesprochen hat, um somit einer ungleichmäßigen Finanzausstattung durch Trennsteuern innerhalb der Länderebene vorzeitig entgegenzuwirken.[210]

*Tab. 5: Streuung der Aufkommen einzelner Bundessteuern im Jahr 2000*

| **Bundessteuer** | **Mittelwert1)** | **Standard-Abweichung1)** | **StAbw / Mittelwert** |
|---|---|---|---|
| Mineralölsteuer | 754,00 | 1.748,80 | 231,94 v.H. |
| Tabaksteuer | 39,82 | 153,77 | 386,12 v.H. |
| Versicherungsteuer | 67,41 | 88,43 | 131,19 v.H. |
| Stromsteuer | 36,77 | 18,46 | 50,21 v.H. |
| Branntweinsteuer | 28,89 | 23,66 | 81,89 v.H. |
| Kaffeesteuer | 53,66 | 147,85 | 275,52 v.H. |
| Schaumweinsteuer | 6,77 | 12,39 | 183,05 v.H. |
| Solidaritätszuschlag | 128,29 | 77,84 | 60,68 v.H. |

1) In Euro pro Einwohner.

Als Merkmal für die Stärke der Streuung bzw. der Ungleichverteilung der Beobachtungen soll das Verhältnis von Standardabweichung zu Mittelwert verwendet werden. Dabei zeigt sich für das Jahr 2000 (Tabelle 5), dass die Aufkommen aus Stromsteuer und Solidaritätszuschlag (50,21 bzw. 60,68) relativ gering streuen. Dagegen weisen die Tabaksteuer (386,12), die Kaffeesteuer

209 Da im Jahr 2001 ab April die Daten für die Länder Hamburg und Mecklenburg-Vorpommern in den Daten des Landes Schleswig-Holstein sowie ab November „Düsseldorf" in Meldung „Saarland" enthalten war, wurde hier das Datenmaterial von 2000 verwendet. Siehe auch STATISTISCHES BUNDESAMT (HRSG.) *[2002]*, S. 520.

210 Zu dieser Einschätzung kam auch PEFFEKOVEN bereits 1987 und weist gleichzeitig auf die Probleme bezüglich der Umsatzsteuer als indirekte Steuer hin. Siehe PEFFEKOVEN *[1987]*, S. 184. Auf die besondere Problematik der Umsatzsteuer wird noch an anderer Stelle eingegangen.

(275,52) sowie die Mineralölsteuer (231,94) erheblich größere Ungleichverteilungen auf.

Bei den reinen Ländersteuern ist festzuhalten, dass durch die Zuordnung der Erträge bestimmter Steuerarten ebenfalls die distributive Zielsetzung erkennbar ist, welche am Beispiel der reinen Ländersteuer „Kraftfahrzeugsteuer" verdeutlicht wird (Abbildung 14).

*Abb. 14: Kraftfahrzeugsteueraufkommen 2000 nach Ländern*

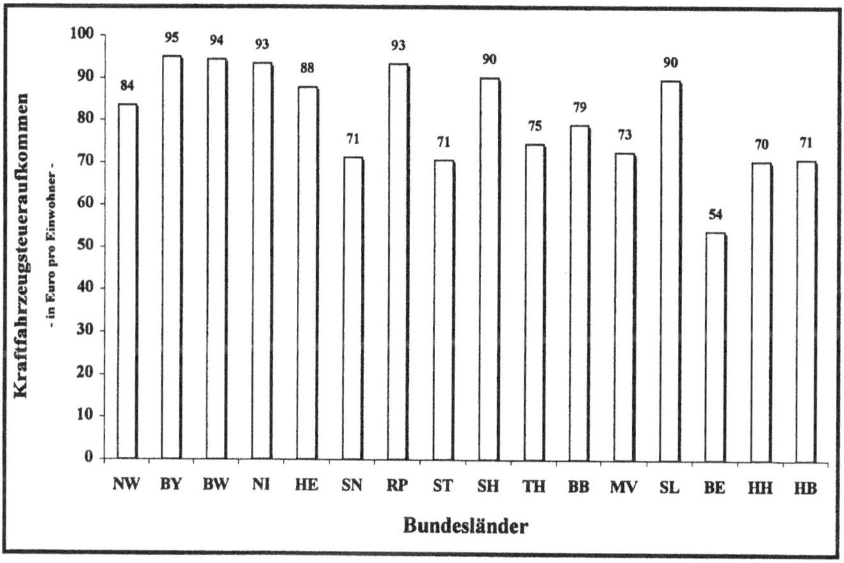


*Quelle: Statistisches Bundesamt (Hrsg.) [2001]: Statistisches Jahrbuch, S. 532 f.; Eigene Berechnung.*

Es zeigt sich hier insgesamt, dass die Aufkommen aus reinen Ländersteuern wesentlich weniger stark streuen als bei den reinen Bundessteuern (Tabelle 6).

Gleichermaßen, wie bei den Verbundsteuern die Gesetzgebungskompetenz von der Ertragskompetenz in Teilen abweicht, stimmen die beiden bedeutsamsten Kompetenzen auch bei den Trennsteuern nicht vollkommen überein. Während bei den reinen Bundessteuern die Gesetzgebungs- und Ertragskompetenz nach Art. 105 Abs. 2 GG auf der Bundesebene zusammengefasst sind, ergibt sich bei den reinen Landessteuern eine grundsätzliche Trennung der Kompetenzen. Die Gesetzgebungskompetenz liegt nach Art. 105 Abs. 2 GG beim Bund,

*Tab. 6: Streuung der Aufkommen einzelner Landessteuern im Jahr 2000*

| Landessteuer | Mittelwert1) | Standard-Abweichung1) | StAbw / Mittelwert |
|---|---|---|---|
| Vermögensteuer | 4,51 | 3,60 | 79,69 v.H. |
| Erbschaftsteuer | 31,24 | 26,29 | 84,14 v.H. |
| Grunderwerbsteuer | 54,43 | 22,48 | 41,30 v.H. |
| Kraftfahrzeugsteuer | 80,68 | 11,62 | 14,40 v.H. |
| Rennwett- und Lotteriesteuer | 21,28 | 7,80 | 36,68 v.H. |
| Feuerschutzsteuer | 6,37 | 1,69 | 26,47 v.H. |
| Biersteuer | 11,42 | 6,46 | 56,57 v.H. |

1) In Euro pro Einwohner.

während die Ertragskompetenz nach Art. 106 Abs. 2 GG bei der Länderebene liegt. Ähnlich ist bei den reinen Gemeindesteuern die Gesetzgebungskompetenz von der Ertragskompetenz getrennt, wobei doch ein wesentlicher Unterschied zu Landessteuern existiert. Gemeinden haben die Möglichkeit, bei der Gewerbesteuer und den Grundsteuern A und B auf einen bundeseinheitlich geregelten Steuermessbetrag eigenverantwortlich Hebesätze nach Art. 106 Abs. 6 Satz 2 GG anzuwenden.[211] Es muss daher auch erstaunen, dass trotz stärkerer Stellung der Bundesländer im Grundgesetz gegenüber den Gemeinden jedes einzelne Bundesland eine geringere Steuerautonomie aufweist als jede einem Bundesland zugehörige Gemeinde.[212]

Die Einnahmen aus den genannten und auch aktuell erhobenen reinen Trennsteuern können der Tabelle 7 entnommen werden. Im Jahr 2001 betrugen die Einnahmen für den Bund aus reinen Bundessteuern ca. 79,3 Mrd. Euro. Mit ei-

211 Bei der Grundsteuer ergibt sich der Steuermessbetrag als Produkt aus Einheitswert (Einheitswert eines Betriebes bei der Grundsteuer A oder Einheitswert eines Grundstückes bei der Grundsteuer B) und bundeseinheitlicher Steuermesszahl. Entsprechend wird der Steuermessbetrag bei der Gewerbesteuer durch Multiplikation von Gewerbeertrag und bundeseinheitlicher Steuermesszahl berechnet. Siehe dazu auch §§ 13, 14, 15 GrStG sowie §§ 11, 16 GewStG.

212 Zu dieser doch seltsamen Steuerkompetenzverteilung innerhalb des bundesdeutschen vertikalen Steuerverteilungssystems vgl. auch PEFFEKOVEN *[1990]*, S. 351 f.

nem Anteil von über 51 v.H. ist dabei die Mineralölsteuer die bedeutendste Bundessteuer, gefolgt von der Tabaksteuer (15,2 v.H.) und dem Solidaritätszuschlag (14 v.H.).

Bei den reinen Ländersteuern ist bei einem Aufkommen von ca. 19,6 Mrd. Euro (2001) die Kraftfahrzeugsteuer mit einem Anteil von fast 43 v.H. die ergiebigste Steuerart. Ihr folgen die Grunderwerbsteuer (24,7 v.H.) sowie die Erbschaftsteuer (15,6 v.H.). Vor ihrer Aussetzung 1997 betrug der Anteil der Vermögensteuer am gesamten Steueraufkommen aus reinen Ländersteuern nahezu ein Fünftel.

Das Aufkommen der Gemeindeebene aus reinen Gemeindesteuern lag im Jahr 2001 bei ca. 34,4 Mrd. Euro, wobei mit der Gewerbesteuer (71,3 v.H.) und der Grundsteuer B (25,4 v.H.) über 95 v.H. der reinen Gemeindesteuern in die Kassen der Gemeinden fließen. Dabei ist allerdings zu berücksichtigen, dass vom Gewerbesteueraufkommen Anteile an die jeweiligen Länder und den Bund fließen. Diese Gewerbesteuerumlage machte 2001 immerhin 5,5 Mrd. Euro aus.

*Tab. 7: Einnahmen der staatlichen Ebenen aus Trennsteuern 1995-2001*

| | **Kassenmäßige Einnahmen - in Mio. Euro -** | | | | | | |
|---|---|---|---|---|---|---|---|
| | **1995** | **1996** | **1997** | **1998** | **1999** | **2000** | **2001** |
| ***Bundessteuern*** | **68.546,9** | **70.489,5** | **69.159,6** | **66.730,2** | **72.235,0** | **75.503,6** | **79.276,7** |
| Mineralölsteuer | 33.176,6 | 34.896,4 | 33.749,5 | 34.091,4 | 36.443,6 | 37.826,3 | 40.690,0 |
| Tabaksteuer | 10.529,9 | 10.582,7 | 10.816,3 | 11.070,6 | 11.654,6 | 11.442,9 | 12.071,9 |
| Schaumweinsteuer | 553,9 | 543,8 | 559,8 | 525,4 | 545,4 | 477,5 | 457,2 |
| Branntweinsteuer | 2.473,0 | 2.599,8 | 2.383,7 | 2.262,9 | 2.232,8 | 2.150,8 | 2.142,6 |
| Kaffeesteuer | 1.117,8 | 1.143,1 | 1.147,2 | 1.075,3 | 1.106,1 | 1.086,8 | 1.038,8 |
| Stromsteuer | ------- | ------- | ------- | ------- | 1.815,5 | 3.355,7 | 4.322,5 |
| Zwischenerzeugnissteuer | 21,7 | 26,6 | 28,5 | 34,8 | 34,6 | 34,2 | 31,0 |
| Versicherungsteuer | 7.211,2 | 7.336,0 | 7.223,3 | 7.133,2 | 7.115,5 | 7.243,2 | 7.427,4 |
| Solidaritätszuschlag | 13.430,4 | 13.339,9 | 13.237,9 | 10.511,2 | 11.271,4 | 11.841,2 | 11.068,6 |
| Pauschalisierte Eingangsabgaben | 5,0 | 4,4 | 4,8 | 5,2 | 9,2 | 4,8 | 4,1 |
| Sonstige Bundessteuern[1)] | 27,4 | 17,2 | 8,6 | 20,1 | 6,3 | 40,2 | 22,6 |
| ***Ländersteuern*** | **18.714,0** | **19.705,0** | **17.732,4** | **19.071,2** | **19.563,7** | **18.443,5** | **19.628,1** |
| Kraftfahrzeugsteuer | 7.058,6 | 7.026,8 | 7.371,6 | 7.756,8 | 7.038,7 | 7.015,0 | 8.376,1 |
| Grunderwerbsteuer | 3.101,8 | 3.267,1 | 4.666,5 | 5.502,4 | 6.057,3 | 5.080,7 | 4.853,3 |
| Erbschaftsteuer | 1.814,3 | 2.072,5 | 2.076,1 | 2.459,2 | 3.055,7 | 2.981,6 | 3.068,7 |

| | | | | | | | |
|---|---|---|---|---|---|---|---|
| Rennwett- und Lotteriesteuer | 1.424,0 | 1.453,9 | 1.488,8 | 1.627,5 | 1.722,6 | 1.801,2 | 1.917,7 |
| Biersteuer | 909,5 | 878,7 | 868,4 | 849,9 | 846,1 | 843,5 | 828,5 |
| Feuerschutzsteuer | 389,3 | 386,3 | 362,8 | 330,6 | 308,5 | 288,3 | 293,3 |
| Vermögensteuer2) | 4.016,4 | 4.619,7 | 898,2 | 543,2 | 537,0 | 433,2 | 290,5 |
| ***Gemeindesteuern*** | **29.308,4** | **31.707,0** | **33.547,4** | **34.905,2** | **36.519,8** | **36.658,4** | **34.398,9** |
| Gewerbesteuer (brutto) | 21.551,9 | 23.447,2 | 24.849,5 | 25.824,5 | 27.059,8 | 27.025,5 | 24.533,4 |
| Grundsteuer A | 313,7 | 319,7 | 328,6 | 326,7 | 327,9 | 332,8 | 336,1 |
| Grundsteuer B | 6.713,5 | 7.194,5 | 7.597,8 | 7.970,6 | 8.307,8 | 8.516,1 | 8.739,7 |
| Grunderwerbsteuer | 151,4 | 156,1 | 172,2 | 179,2 | 202,3 | 160,3 | 161,4 |
| Sonstige Gem.-Steuern | 577,9 | 589,5 | 599,2 | 604,2 | 622,0 | 623,8 | 628,3 |

1) Bis einschl. 1995 Gesellschaftsteuer u. Börsenumsatzsteuer.
2) Ab 1997 nicht mehr erhoben.

Quelle: Statistisches Bundesamt (Hrsg.): Statistische Jahrbücher; Bundesministerium der Finanzen (Hrsg.) *[2002]*, S. 266.

Wegen der Beteiligung mehrerer staatlicher Ebenen am Gewerbesteueraufkommen der Gemeinden in Form der Umlagen gehört die Gewerbesteuer daher eher zu den Verbund- bzw. Gemeinschaftssteuern.

Während das Aufkommen aus reinen Ländersteuern in den Jahren 1995 bis 2001 um ca. 4,9 v.H. gestiegen ist, erhöhte sich das Aufkommen aus reinen Bundessteuern im gleichen Zeitraum um ca. 15,7 v.H. Auch im Vergleich zum Jahr 1991 zeigt sich ein mehr als doppelt so starker Anstieg des Aufkommen aus reinen Bundessteuern (66 v.H.) gegenüber dem Aufkommen aus reinen Ländersteuern (31,9 v.H.).

## 4.4. Ein weiteres Trennsystemelement in der bundesdeutschen vertikalen Einnahmenverteilung: Die Kreditaufnahme

Bei den steuerlichen Einnahmen ist gezeigt worden, dass die Steuergesetzgebung nahezu ausschließlich auf der Bundesebene konzentriert ist. Verbundsteuern werden einheitlich, zwar unter Mitwirkung des Bundesrates, geregelt und selbst reine Ländersteuern unterliegen bezüglich der Gesetzgebungskompetenz der konkurrierenden Gesetzgebung des Bundes. Eine Ausnahme bilden die Gewerbesteuer sowie die Grundsteuern A und B. Diese Steuerarten unterliegen zwar auch einer bundeseinheitlich geregelten Grundlage. Die Gemeinden können jedoch autonom das gemeindliche Aufkommen den örtlichen Bedingungen mit Hilfe des Hebesatzrechtes anpassen.

Letztlich existiert insbesondere für die Länderebene ein einziges Einnahmeinstrument, welches zur allgemeinen Deckung der Ausgaben unabhängig von der Bundesebene und dadurch auch eigenverantwortlich gestaltet werden kann: die Kreditaufnahme. Anders formuliert kommt die Länderautonomie auf der Einnahmenseite nur durch die Möglichkeit, die Verschuldung eigenverantwortlich, entweder positiv oder negativ, zu beeinflussen, zum Ausdruck.[213]

Da die Souveränität und Eigenverantwortlichkeit in gleichem Maße auch für die Bundeseben gilt, kann analog zur vertikalen Steuerverteilung von einem ungebundenen Trennsystem bzw. Konkurrenzsystem gesprochen werden. Dabei ist stets zu berücksichtigen, dass das Grundgesetz eine Beschränkung der jährlichen Kreditaufnahme der Höhe nach vorsieht. Der Bund darf über die Summe der im Haushalt veranschlagten Investitionen hinaus keine weiteren Einnahmen durch Kreditaufnahme erzielen.[214] In gleicher Weise trifft diese Regelung auch auf die Länder zu, da in den Landesverfassungen inhaltsgleiche oder sogar wortgleiche Passagen enthalten sind.[215] Wie sehr die Länder von der Möglichkeit der Schuldenaufnahme Gebrauch machen, lässt sich beispielhaft anhand der Abbildung 15 verdeutlichen.

Hier sind zunächst sehr unterschiedliche Aspekte zu beachten. Aufgrund der unterdurchschnittlichen Steuerkraft sowie dem enormen Infrastrukturnachholbedarf der neuen Länder lässt sich die exorbitante Erhöhung der Pro-Kopf-Verschuldung (Sachsen: 20.500 v.H.; Sachsen-Anhalt: 2.900 v.H.; Thüringen: 1.600 v.H.; Brandenburg: 3.100 v.H.; Mecklenburg-Vorpommern: 3.300 v.H.; Berlin: 320 v.H.) in den 90er Jahren erklären.

Somit ist die stärkere Verschuldungsdynamik in den neuen Ländern zumindest für das erste Jahrzehnt nach der Wiedervereinigung hinzunehmen.

Seit 1993 erhalten die Länder Bremen und Saarland Bundesergänzungszuweisungen zum Abbau nichtverschuldeter extremer Haushaltslagen. Ziel der Maßnahme war die Verringerung der Gesamtverschuldung, um somit den Haushaltsspielraum durch Reduzierung der Zinsausgaben zu erhöhen. Während für das Saarland ein geringfügiger Erfolg zu verzeichnen ist, hat das Land Bremen die Vorgaben nicht einhalten können, was durch die Erhöhung der Pro-Kopf-Verschuldung um über 12 v.H. in 2000 gegenüber 1991 zum Ausdruck kommt.

---

213 Vgl. BARETTI U. A. *[2000]*, S. 30.
214 Siehe Art. 115 Abs. 1 Satz 2 1. HS GG.
215 Siehe beispielsweise Art. 131a BremLV.

*Abb. 15: Verschuldung der Länder 1991 und 2000*

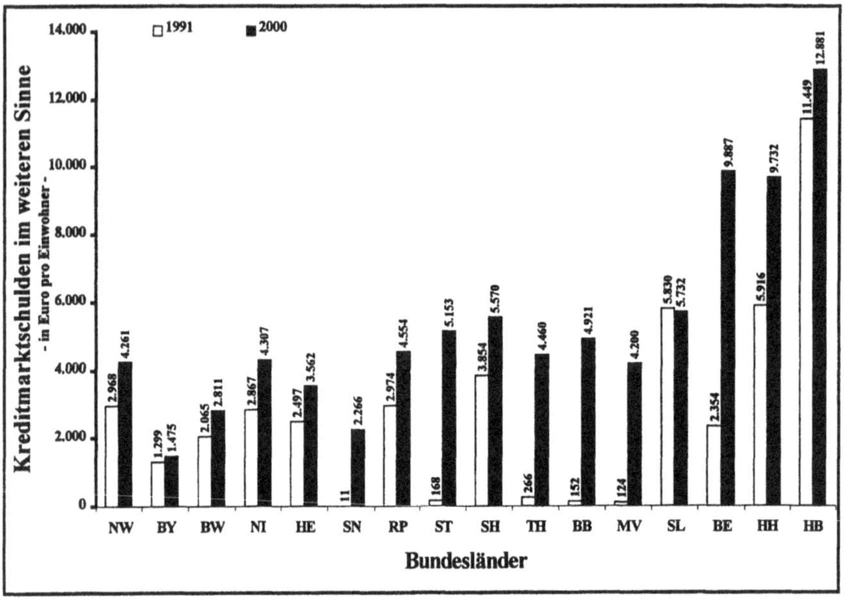


*Quelle: Statistisches Bundesamt (Hrsg.): Statistische Jahrbücher; Bundesministerium der Finanzen (Hrsg.) [2000], S. 156.*

Alle westdeutschen Flächenländer, sowohl Nehmer- als auch Geberländer im Länderfinanzausgleich,[216] zeigen ebenfalls einen teilweise enormen Anstieg der Pro-Kopf-Verschuldung in 2000 gegenüber 1991, welche, ohne das Saarland, zwischen 13,5 v.H. (Bayern) und 53 v.H. (Rheinland-Pfalz) liegt. Ebenso erhöhte sich die Pro-Kopf-Verschuldung des Stadtstaates Hamburg im gleichen Zeitraum um immerhin fast 65 v.H.

Nun sind sicherlich zunächst die Effekte durch Einwohnerbewegungen bei diesen Pro-Kopf-Größen zu berücksichtigen. Allerdings würde dies für die durch die weiterhin anhaltende Suburbanisierung betroffenen Stadtstaaten Bremen und Berlin bedeuten, dass der Anstieg der Pro-Kopf-Verschuldung weit weniger stark ausgeprägt wäre. So lag in Bremen der Rückgang der Bevölkerungszahl zwischen 1992 und 1998 bei -1,5 v.H. und in Berlin(West) bei –1,8 v.H. (Berlin

216 Die Regelungen des Länderfinanzausgleichs werden in Kap. 5.2. ausführlich dargestellt.

(Ost): -0,2 v.H.). Dabei ist allerdings festzuhalten, dass der Stadtstaat Hamburg in dem Zeitraum 1992 bis 1998 einen Zuwachs von 1,5 v.H. zu verzeichnen hat.[217] Da in den Flächenländern zwar ebenfalls Wanderungsbewegungen festzustellen sind, diese jedoch sich in der Regel innerhalb der Ländergrenzen vollziehen oder aber bei Grenzüberschreitungen ausgleichen, sind diese Effekte auf die Pro-Kopf-Verschuldungshöhe zu vernachlässigen.

Gibt es nun Anhaltspunkte, welche die doch massive Erhöhung der Pro-Kopf-Verschuldung erklären können?

Die Frage wird umso deutlicher, wenn berücksichtigt wird, dass sich beispielsweise das Aufkommen der reinen Ländersteuern der Ländergesamtheit im Zeitraum 1991 bis 2000 nur um 24 v.H. erhöht hat.

Das Verschuldungsverhalten der politischen Entscheidungsträger kann im Rahmen politökonomischer Erklärungsversuche ansatzweise erklärt werden. Von besonderer Bedeutung ist in diesem Zusammenhang eine unterstellte „Schuldenillusion" der Bürger. Hier wird zunächst annahmegemäß ein politischer Entscheidungsträger konstruiert, welcher aus dem Kalkül der Stimmenmaximierung und damit der Erhöhung der Wiederwahlchancen zwei Strategien verfolgt:

- Zum einen soll die „eigene", d. h. die gut identifizierbare und organisierbare, Wählerklientel spürbar befriedigt werden. Hierbei sind merkliche Ausgaben von Bedeutung, welche partikuläre und konzentrierte Nutzen stiften („concentrated benefits").
- Zum anderen sollen die zur Wählerstimmenmaximierung notwendigen Ausgaben so finanziert werden, dass die Belastung, sowohl bei der eigenen Wählerklientel als auch bei Fremdwählern, gering ist. Einerseits um die eigenen Wähler möglicherweise zusätzlich zu begünstigen und andererseits um andere Wählergruppen nicht gegen sich selbst aufzubringen. Somit werden Finanzierungsmaßnahmen gewählt, welche sehr breit streuen und dabei für die Bürger insgesamt unmerklich sind („diffused costs").[218]

Beide Strategien zusammengefasst ergeben ein Verhalten politischer Entscheidungsträger, welches auf eine merkliche Anhebung der Ausgaben bei gleichzeitiger Inanspruchnahme unmerklicher Finanzierungsinstrumente abzielt.[219]

217 Vgl. PRIGGE / PRANGE / ZAPATKA *[2001]*, S. 43.
218 Vgl. DÖRING *[2002]*, S. 146.
219 Vgl. DÖRING *[2002]*, S. 146.

Im Ergebnis führt dies zu einer verstärkten Inanspruchnahme des Kreditmarktes, wobei die Vorgänge im Rahmen der Kreditaufnahme für den Bürger (Wähler) nahezu undurchschaubar bleiben. Durch die Möglichkeit, eine Ausgabe durch Kredit zu finanzieren, wird die Ausgabenfinanzierung unmerklich für den Bürger durchgeführt. Mithin kann somit der Eindruck entstehen, dass eine Kreditfinanzierung zu wesentlich geringeren „Kosten" führt als eine Steuerfinanzierung, womit eine Illusion über die wahren Kosten der Verschuldung entsteht. Diese zeigen sich erst in späteren Perioden, wenn Rückzahlungen erfolgen und der Umfang der Kreditfinanzierungskosten sich als Belastungen in den Haushalten in Form von Zinsausgaben manifestieren.

Allerdings muss die angesprochene Schuldenillusion sowie der damit verbundene Anreiz für politische Entscheidungsträger, Finanzierungslasten auf zukünftige öffentliche Haushalte zu verteilen bzw. allgemein die Kosten von Ausgabenprogrammen in die Zukunft zu verschieben, nicht in allen, vergangene und auch zukünftige, Perioden von gleicher Intensität sein.[220]

Döring gibt zu bedenken, dass das Verschuldungsverhalten in der Bundesrepublik Deutschland bis 1970 wesentlich anders ausgeprägt war als ab 1970. Anhand der Abbildung 16 kann indirekt gezeigt werden, dass das Verschuldungsverhalten der politischen Entscheidungsträger auf Bundesebene bis 1970 vermutlich wesentlich geringer ausgeprägt war. Sogar zu Nettotilgungen ist es in diesem Zeitraum gekommen.

Zwar kann keine abschließende Beurteilung der Verhalten der politischen Entscheidungsträger erfolgen, da letztlich unklar bleibt, welche genauen Motive einer Kreditfinanzierung zugrunde liegen. Allerdings kann durchaus unterstellt werden, dass der Grad der Schuldenillusion entscheidenden Einfluss auf das Verschuldungsverhalten besitzt. Dabei ist nicht auszuschließen, dass aufgrund von Lernprozessen und eines Wandels in der allgemeinen Einstellung zur Verschuldung der Bürger die Wirksamkeit der Schuldenillusion nachlässt und es für den Haushaltsgesetzgeber tendenziell schwieriger wird, staatliche Aufgaben über eine weitere Inanspruchnahme von Kreditmarktmitteln zu finanzieren.[221]

Vor diesem Hintergrund ist wohl auch die gegenwärtige Diskussion um einen Abbau der Verschuldung in der Bundesrepublik Deutschland, nicht zuletzt durch die Fixierung von Verschuldungsobergrenzen innerhalb der Europäischen Währungsunion, zu verstehen.

---

220 Vgl. DÖRING *[2002]*, S. 147.
221 Vgl. DÖRING *[2002]*, S. 167.

*Abb. 16: Nettokreditaufnahme des Bundes 1950-2000*

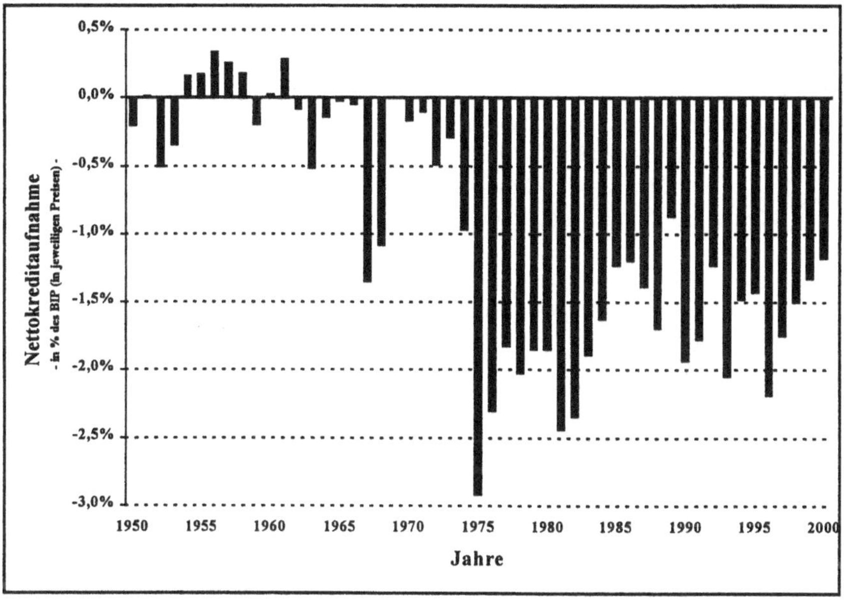


(-) Nettokreditaufnahme / (+) Nettotilgung.
Von 1950 bis 1960 früheres Bundesgebiet ohne Berlin-West und Saarland, ab 1960 einschließlich Berlin-West und Saarland, ab 1991 Deutschland

*Quelle: Statistisches Bundesamt (Hrsg.) [2002], S. 632 f.; Bundesministerium der Finanzen (Hrsg.) [2002], S. 204 ff.; Sachverständigenrat zur Begutachtung der gesamtwirtschaftlichen Entwicklung [2002], S. 418; Eigene Berechnung.*

Wenn aber eine Einschränkung der öffentlichen Kreditaufnahme, entweder durch vertragliche oder gesetzliche Festlegungen als auch durch eine skeptischere Sichtweise der Bürger gegenüber Staatsverschuldung, den finanzpolitischen Spielraum sowohl von Bund als auch von Ländern und Gemeinden einengt, so sind steuerpolitische Instrumente notwendig um die Einnahmen entsprechend der Präferenzen der Bürger zu erzielen. So bedarf es in Konsequenz dieser Argumentation steuerpolitischen Kompetenzen auf allen staatlichen Ebenen zur Übereinstimmung eines wachsenden Schuldenbewusstseins der Bürger und der dadurch bedingten tendenziellen Abneigung gegenüber Verschuldung mit der zur Finanzierung der staatlichen Leistungen notwendigen Erzielung von Einnahmen.

So gesehen reicht es also nicht aus, den verfassungsrechtlich relevanten Staatsebenen, Bund und Länder, ausschließlich das Finanzierungsinstrument „Verschuldung“ nach dem Trennsystem zuzuweisen. Vielmehr erscheint es geboten, auch im Bereich der Steuern Gesetzgebungskompetenzen so zuzuordnen, dass die Präferenzen der Bürger hinsichtlich einer Abkehr von Verschuldung hin zur gegenwartsnahen Kostenübernahme staatlicher Aufgaben, und damit auch gebietskörperschaftsspezifisch, erfüllt werden können.

Für die Bundesrepublik Deutschland bedeutet dies letztlich die Forderung nach Rückübertragung von Steuerkompetenzen auf die Länderebene. Mit der Folge, dass

- bei fehlender Akzeptanz der Bürger für Verschuldung die Behauptung einer Unmöglichkeit steuerpolitischer Einnahmensteuerung aufgrund bundesgesetzlicher Steuergesetzgebung, wie sie momentan von jedem *einzelnen* Land, nicht jedoch von der Ländergesamtheit, erhoben werden kann, nicht mehr ganz oder sogar gar nicht mehr zutreffen und sich durch die Eröffnung von steuerpolitischen Maßnahmen für die Länder zumindest der Rechtfertigungsdruck im Rahmen der Kreditfinanzierung erhöhen würde,
- sich beim Bund ebenfalls, da dieser nun weniger auf eine steuerpolitische Blockadehaltung der Ländereben verweisen könnte, der Rechtfertigungsdruck bei der Kreditfinanzierung erhöhen würde und
- somit insgesamt eher eine Steuerpolitik innerhalb der Ebenen an den jeweiligen Grad der Akzeptanz für Verschuldung ausgerichtet werden könnte.

Es ist dabei durchaus zu unterstellen, dass die Länder bei einer Rückverlagerung von Gesetzgebungskompetenzen im Bereich der Steuern einen ebenso verantwortungsvollen Umgang mit den Möglichkeiten einer eigenstaatlichen und eigenverantwortlichen Steuereinnahmenkompetenz pflegen, wie dies die Finanzverfassung den Ländern im Rahmen der Kreditaufnahme zugesteht.

Es sollte hiermit einerseits zunächst verdeutlicht werden, dass neben der Verteilung der Kompetenzen bezüglich der steuerlichen Einnahmen auch das Finanzierungsinstrument „Verschuldung“ in einem föderalen System zugeordnet werden muss und andererseits darauf hingewiesen werden, welche Konflikte zwischen fehlender Steuereinnahmenautonomie und unabhängiger Verschuldungsautonomie, wie dies in der Bundesrepublik Deutschland der Fall ist, zu berücksichtigen sind. Es mag daher auch kein Zufall sein, dass beispielsweise der zeitliche Beginn einer wesentlichen Steigerung der jährlichen Zunahme der Verschuldung des Bundes mit der Großen Finanzreform 1969/1970 einhergeht. Es kann daher vermutet werden, auch wenn letztlich keine stichhaltigen Beweise vorgebracht werden können, dass durch die Vermischung von Kompetenzen bzw. der Übertragung von Steuerkompetenzen auf den Bund im Rahmen des Steuerverbundsystems die Inanspruchnahme der Kreditfinanzierung erheblich forciert wurde.

Im folgenden Abschnitt werden nun die Ausgleichsregelungen zur Korrektur der primären Einnahmenverteilung beschrieben, welche zu großen Teilen dem der verfassungsrechtlichen Vorgabe der „Einheitlichkeit der Lebensverhältnisse" verpflichtet sind und gleichsam im Wesentlichen auf dem Leitbild der Großen Finanzreform von 1969/1970 basieren.

# 5. Sekundäre Finanzverteilungssysteme und aktuelle Regelungen

Die Einnahmen der öffentlichen Hand müssen in gegliederten Staatssystemen aufgrund entsprechender Regelungen systematisch auf die verschiedenen Staatsebenen verteilt werden. Dieses geschieht wie in Kap. 4 beschrieben im Rahmen der vertikalen Einnahmenverteilung als Teil des aktiven Finanzausgleichs. Aufgrund des etablierten Mischsystems in der Bundesrepublik Deutschland werden Erträge aus unterschiedlichen Steuern (Trenn- und Verbundsteuern) mit verschiedenen Trenn- und Verbundregelungen den staatlichen Ebenen zugewiesen.

Da die der obersten Ebene untergeordneten Ebenen (Länderebene und Gemeindeebene) aus mindestens zwei Gebietskörperschaften bestehen, sind ergänzende Regelungen zu Verteilung der, der jeweiligen Ebene zufließenden, Finanzmasse auf die in der jeweiligen Ebene angesiedelten Gebietskörperschaften notwendig. In diesem Kapitel gilt die Aufmerksamkeit zunächst den ergänzenden Regelungen für die Länderebene, welche auch unter dem Begriff „*horizontaler Finanzausgleich*" zusammengefasst werden, wobei hier zusätzlich zwischen „*primärem horizontalen Finanzausgleich*" und „*sekundärem horizontalem Finanzausgleich*" unterschieden wird. Im Anschluss daran erfolgt ein kurzer Überblick zum kommunalen Finanzausgleich, welcher aufgrund unterschiedlicher Regelungen der einzelnen Bundesländer ungleich schwerer darzustellen ist. Daher sollen hierbei nur die Grundzüge des kommunalen Finanzausgleichs dargestellt werden, welcher ebenfalls ein sekundäres Finanzverteilungssystem zwischen Ländern und ihren Gemeinden darstellt. Bevor jedoch die aktuellen Regelungen und Verfahren bezüglich der Einnahmenverteilung innerhalb der Länder- und Gemeindeebene beschrieben wird, erfolgt zuvor eine weitergehende Betrachtung möglicher Gründe und Ziele horizontaler Einnahmenumverteilungen.

## 5.1. Notwendigkeit eines horizontalen Finanzausgleichs

Notwendig wird ein horizontales Finanzausgleichssystem erst dann, wenn ein primäres Verteilungsergebnis den Kriterien angemessener Finanzkraft in den Bundesländern nicht genügt und daher nicht akzeptiert wird. Somit kann also durchaus eine bestimmte vertikale Primärverteilung der staatlichen Einnahmen und die anschließende horizontale Primärverteilung hingenommen werden, soweit alle beteiligten Gebietskörperschaften der gleichen Ebene das Ergebnis einer Finanzzuteilung akzeptieren. In diesem Fall benötigt ein föderales Staatsystem keine horizontalen Finanzausgleichsregeln, da dann eine aufgabengerechte Finanzausstattung gewährleistet ist und die vertikale und horizontale Einnahmenverteilung somit optimal ist.[222]

Werden hingegen mit der Primärverteilung der staatlichen Einnahmen einige vorab definierte Ergebnisse nicht erreicht und daher die Primärverteilung nicht akzeptiert, so stellt ein System horizontaler Ausgleichsregelungen eine Möglichkeit zur zielgerichteten Korrektur des vertikalen und horizontalen Primärverteilungsergebnisses dar.

Zunächst wird auf zwei horizontale Ausgleichsziele eingegangen, welche die Korrektur einer primären Einnahmenverteilung erforderlich machen können. Im Anschluss wird gezeigt, inwieweit diese Ziele im Rahmen der aktuellen Regelungen des horizontalen Finanzausgleichs in Deutschland erreicht werden.

### *5.1.1. Allokative Aspekte bei Vorliegen räumlicher externer Effekte*

Im Rahmen der Produktion und Bereitstellung staatlicher Leistungen durch eine Gebietskörperschaft können räumliche externe Effekte (Spillovers)[223] entstehen. Damit sind die aufgrund staatlicher Aktivitäten resultierenden Wirkungen gemeint, welche nicht nur den Bürgern der bereitstellenden Gebietskörperschaft, sondern auch Bürgern anderer Gebietskörperschaften einen Nutzen stiften. Wenn nicht alle Nutzer eines bestimmten öffentlichen Leistungsangebotes sich an der Finanzierung dieser Leistung beteiligen kann dieser Umstand zu gesamtwirtschaftlich schädlichen Allokationsentscheidung von Seiten der öffentlichen Hand führen.[224]

---

222 Optimal in dem Sinne, dass die vorab im Rahmen des passiven Finanzausgleich zugewiesenen staatlichen Aufgaben von den jeweiligen Ebenen mit der aus der horizontalen und vertikalen Primärverteilung sich ergebenen Finanzmasse auch durchgeführt werden können und dabei eine optimale Ressourcenallokation stattfindet. Dies bedeutet, dass dann ein den Bürgerpräferenzen entsprechendes Angebot an staatlichen Leistungen auf jeder Ebene vorliegen sollte.

223 In der Literatur lassen sich auch andere Begriffe finden. So z. B. der Begriff „Nutzenüberschwapp-Effekt" bei BLANKART *[1998a]*, S. 4.

224 Externalitäten im Rahmen der öffentlichen Bereitstellung privater und öffentlicher Leistungen sind von den Wirkungen her zunächst identisch mit den Externalitäten durch Produktion bzw. Konsum bei Privaten. Allerdings ergeben sich teilweise unterschiedliche Konsequenzen bezüglich der Internalisierung externer Effekte, wie noch zu zeigen ist.

Das Auftreten von Spillovers hängt grundsätzlich nicht davon, ob es sich um ein privates oder öffentliches Gut handelt, welches durch den Staat bereitgestellt wird. Wenn beispielsweise eine Gebietskörperschaft ein Schwimmbad oder ein Krankenhaus betreibt, so steht dieses private Gut nicht nur den Bürgern der bereitstellenden Gebietskörperschaft, sondern zunächst auch den Bürgern anderer Gebietskörperschaften zur Verfügung.[225]

Insofern entsteht in diesem Fall für die Bürger außerhalb der bereitstellenden Gebietskörperschaft und schließlich für eine angrenzende Gebietskörperschaft selbst ein positiver externer Effekt.[226] Dieser „Spillout" geht in die jeweilige Nutzenfunktion $U^i$ einer Gebietskörperschaft als zusätzliches nutzenstiftendes Gut $y^i$ neben den selbst bereitgestellten nutzenstiftenden Gütern $x_1^i$ bis $x_n^i$ ein, wobei unterstellt wird, dass die Güter $x_1^i$ bis $x_n^i$ ausschließlich einen positiven Nutzen durch Konsumtion stiften und eine Sättigung nicht stattfindet. Anhand zweier beispielhaft aneinander grenzenden Gebietskörperschaften A und B ergeben sich somit zwei unterschiedliche Nutzenfunktionen, wenn die Gebietskörperschaft A eine mit Spillovers verbundene staatliche Leistung bereitstellt:[227]

$$(1)\, U^A = \sum_{i=1}^{n} \left[ U\left(x_1^A\right), \ldots, U\left(x_n^A\right) \right] + \left[ \alpha * U\left(y^A\right) \right]$$

$$(2)\, U^B = \sum_{i=1}^{n} \left[ U\left(x_1^B\right), \ldots, U\left(x_n^B\right) \right] + \left[ \left(1 - \alpha\right) * U\left(y^A\right) \right]$$

Der Nutzen der durch Gebietskörperschaft A bereitgestellten staatlichen Leistungen $x_1^A$ bis $x_n^A$ kommt nur den Bürgern der Gebietskörperschaft A, der Nutzen der durch Gebietskörperschaft B bereitgestellten staatlichen Leistungen $x_1^B$ bis $x_n^B$ nur den Bürgern der Gebietskörperschaft B zugute. Eine weitere

225 Dies setzt allerdings voraus, dass die Nutzung eines Gut mit positiven externen Effekten durch Nutzer aus benachbarten Gebietskörperschaften nicht durch hoheitliche Restriktionen erschwert oder gar ganz ausgeschlossen wird. Eine Maßnahme könnte dabei ein Einreiseverbot für Bürger aus benachbarten Gebietskörperschaften sein. Es existieren jedoch nicht nur staatlich angebotene Güter, welche nur auf dem Territorium der bereitstellenden Gebietskörperschaft genutzt werden können.

226 Im weiteren Verlauf sollen nur noch positive Spillovers betrachtet werden.

227 Unterstellt wird hier, dass die staatlichen Leistungen $X^B$ bis $X^B$ der Gebietskörperschaft B keine Spillovers erzeugen

durch Gebietskörperschaft A bereitgestellt staatliche Leistung $y^A$ kann auch von Bürgern der Gebietskörperschaft B genutzt werden. Ein Teil des Gesamtnutzen dieses Gutes ($\alpha$) kommt der bereitstellenden Gebietskörperschaft A zugute, ein weiterer Teil ($1-\alpha$) der Gebietskörperschaft B. Dieser Teil ($1-\alpha$) beschreibt den zusätzlichen Nutzen für Gebietskörperschaft B, welcher aus Gebietskörperschaft A „überschwappt".

Die Reichweite bzw. räumliche Ausdehnung des externen Effektes ist abhängig von der jeweiligen bereitgestellten staatlichen Leistung. Bei den meisten staatlich bereitgestellten Gütern nimmt der Nutzen und somit der externe Effekt mit steigender Entfernung ab, da bei gleichbleibender Güternutzung privater Güter die zusätzlichen Nutzungskosten wie Zeit- und Transportkosten entfernungsabhängig sind oder aber bei öffentlichen Gütern mit steigender Entfernung die Nutzungswert abnimmt.[228]

Existieren Spillovers zwischen Gebietskörperschaften, so eröffnet sich die Frage nach der Internalisierung, soweit Nutzen und Kosten überhaupt internalisiert werden sollen. Ein ökonomisches Problem stellen Spillover erst dann dar, wenn keine unmittelbare Internalisierung erfolgt, d. h. wenn nicht sämtliche Nutzer der Spillover einen nutzenäquivalenten Finanzierungsbeitrag leisten müssen. Anders formuliert ergibt sich bei Vorliegen räumlicher externer Effekte für die öffentliche Hand die Problematik, sämtliche (potentiellen) Nutzer an den entstandenen und mit externen Effekten verbundenen Produktions- und Bereitstellungskosten staatlicher Leistungen zu beteiligen. Die Begründung für die Forderung nach Kostenbeteiligung erfolgt über die mögliche Beobachtung eines sogenannten „Free-rider-Verhaltens" einer Gebietskörperschaft und dessen mögliche Konsequenzen für die Bereitstellung eines mit positiven Spillovers verbundenen Gutes. Ist die Möglichkeit einer kostenlosen Mitbenutzung einer staatlichen Leistung gegeben, so werden die politischen Entscheidungsträger einer „Free-rider-Gebietskörperschaft" darauf vertrauen, dass eine andere Gebietskörperschaft die jeweilige staatliche Leistung produziert bzw. bereitstellt. Beispiele hierfür sind ausreichend vorhanden. So können Ausbildungseinrichtungen einer Gebietskörperschaft auch von Auswärtigen genutzt werden, ohne sich dabei an den Investitions- und Betriebskosten zu beteiligen. Für die Free-rider-Gebietskörperschaft entsteht dadurch der Vorteil, dass die eigenen Bürger eine Ausbildungseinrichtung besuchen können, ohne dabei auf eigenem Territorium eine entsprechende Einrichtung entstehen zu lassen. Da hier die räumliche Ausdehnung des positi-

---

228 Beispiel „Wald": Je weiter entfernt ein Bürger vom Ort der Entstehung des positiven externen Effektes („gute Luft") wohnt, desto geringer wird die Luftqualität und dadurch der subjektive Nutzungswert sein. Vgl. auch WUST *[1981]*, S. 73 ff.

ven Spillover jedoch beschränkt ist, dürfte mit steigender Entfernung zur Ausbildungseinrichtung die Präferenz für eine eigene Ausbildungseinrichtung steigen.

Um eine Entscheidung über das Versorgungsniveau in der bereitstellenden Gebietskörperschaft zu treffen, werden die Kosten der Produktion bzw. der Bereitstellung dem Nutzen für die Bürger der bereitstellenden Gebietskörperschaft gegenübergestellt.

*Abb. 17: Güterbereitstellung bei positiven Spillovers zwischen Gebietskörperschaften*

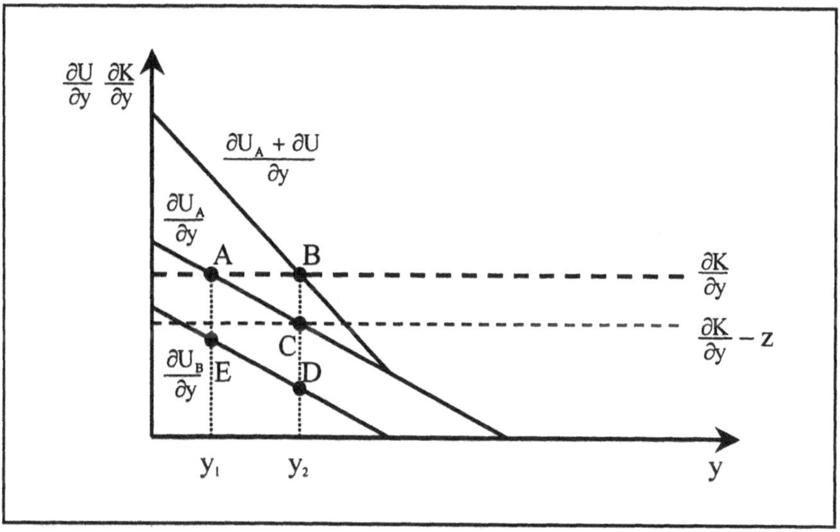


*Quelle: In Anlehnung an Brümmerhoff [2001], S. 631.*

Somit kommt es zur staatlichen Bereitstellung einer Menge $y_1$ eines mit positiven externen Effekten verbundenen Gutes (Abbildung 17), bei der die Grenzkosten dem Grenznutzen für die bereitstellende Gebietskörperschaft A entsprechen. Das für die bereitstellende Gebietskörperschaft A sowie die Free-rider-Gebietskörperschaft B effiziente Versorgungsniveau wird nicht angeboten, da aufgrund der Möglichkeit einer kostenlosen Nutzung für die Bürger in B im Rahmen eines notwendigen gebietsübergreifenden Entscheidungsprozesses die Entscheidungsträger der Free-rider-Gebietskörperschaft B ihre wahren Präferenzen verhüllen und eine Zahlungsbereitschaft in Höhe von Null angeben.

Im Ergebnis wird die Menge $y_1$ bereitgestellt, welche auch von den Bürgern der Free-rider-Gebietskörperschaft B genutzt werden kann. Da aber dadurch in B wahrscheinlich überhaupt keine Menge dieses Gutes $y$ angeboten wird, wird das effiziente Versorgungsniveau $y_2$ nicht erreicht, es kommt zu einer Unterversorgung mit dem Gut $y$.

In der obigen Abbildung wird in Gebietskörperschaft B das Gut $y$ nicht bereitgestellt, da die Grenzkosten $\frac{\partial K}{\partial y}$ für jede beliebige Menge des Gutes $y$ größer sind als der Grenznutzen $\frac{\partial U_B}{\partial y}$ in der Free-rider-Gebietskörperschaft B. Für eine gesamtwirtschaftliche effiziente staatliche Bereitstellung eines Gutes mit räumlichen externen Effekten ist es erforderlich, dass die Grenzkosten $\frac{\partial K}{\partial y}$ den gesamten Grenznutzen $\frac{\partial U_A + \partial U_B}{\partial y}$ einschließlich den Externalitäten entsprechen. Bei einer bereitgestellten Menge $y_1$ fallen allerdings die Nutzer des Gutes $y$ und die Kostenträger um die Höhe $y_1E$ auseinander.[229]

Eine höhere Staatsebene könnte nun durch eine Mitfinanzierung der bereitstellenden Gebietskörperschaft A einen Anreiz verschaffen, die Bereitstellungsmenge über die an die Präferenzen der Bürger aus Gebietskörperschaft A angepasste Menge $y_1$ auf das effiziente Versorgungsniveau $y_2$ auszuweiten. Hierzu ist bei unterstellter Konstanz der Grenzkosten $\frac{\partial K}{\partial y}$ eine vertikale Zahlung pro Mengeneinheit in Höhe von $z$ notwendig, so dass die effektiven Grenzkosten der Bereitstellung $\frac{\partial K}{\partial y}$ für die Gebietskörperschaft A eine Ausweitung der Gütermenge entsprechend des Grenznutzens der Bürger dieser Gebietskörperschaft bewirken. Dieser Finanzierungsbeitrag $z$ („*Pigou-Subvention*") entspricht in Abbildung 17 der Strecke BC bzw. $y_2D$.

Die bereitstellende Gebietskörperschaft A könnte auch versuchen, die Free-rider-Gebietskörperschaft B im Rahmen einer Verhandlungslösung an der Finanzierung der effizienten Versorgungsmenge $y_2$ zu beteiligen. Nach Coase erfordert das Vorliegen von Spillovers nicht zwangsläufig staatliche oder höherstaatliche Eingriffe. Sind Transaktionskosten durch eine begrenzte Anzahl von Verhandlungsteilnehmern zu vernachlässigen, so ist eine effiziente Verhandlungslösung möglich und es kommt zu horizontalen Ausgleichszahlungen.[230]

229 Vgl. BRÜMMERHOFF *[2001]*, S. 631.

230 Vgl. HOMBURG *[1994]*, S. 320. Grundlegend hierzu die Formulierung von Internalisierungsmöglichkeiten bei Vorliegen externer Effekte auf der Basis von Verhandlungen zwischen den Betroffenen bei COASE *[1960]*.

Diese könnten ähnlich einer Zuweisung durch eine übergeordnete Staatsebene in Form eines Beitrages pro Mengeneinheit geleistet werden, so dass ebenfalls die Grenzkosten der bereitstellenden Gebietskörperschaft B durch eine horizontale Zahlung auf $\frac{\partial K}{\partial y} - z$ sinken würden.

Die staatliche Bereitstellung eines privaten oder öffentlichen Gutes könnte zudem auf eine nächsthöhere staatliche Ebene verlagert werden. Dies hätte allerdings konsequenterweise eine Übertragung von Gesetzgebungs- und Durchführungskompetenz zur Folge, was wiederum dem Subsidiaritätsgedanken entgegentreten würde.

Im Bereich der von staatlicher Seite bereitgestellten privaten Güter können räumliche positive externe Effekte relativ einfach internalisiert werden. Private Güter zeichnen sich durch Exkludierbarkeit und Rivalität im Konsum aus. Daher lassen sich diese Güter, anders als bei öffentlichen Gütern, durch nutzenäquivalente Preise in Form von direkten Nutzungsgebühren finanzieren. Somit wird jedem zusätzlichen Nutzen, welcher außerhalb der bereitstellenden Gebietskörperschaft aus der staatlichen Produktion und Bereitstellung entsteht, der entsprechende Kostenanteil zugeordnet, so dass der externe Effekt letztlich vollständig internalisiert wird. Dabei muss allerdings auch berücksichtigt werden, dass eine Gebührenfinanzierung auch die Bürger der bereitstellenden Gebietskörperschaft betreffen würde.[231]

Hinzu kommt die Frage, ob derartige Güter überhaupt von staatlicher Seite produziert bzw. bereitgestellt werden müssen, da die Möglichkeit eines Ausschlusses sowie die Rivalität im Konsum gegeben sind und daher auch private Unternehmen bereit sein dürften, ein entsprechendes Gut anzubieten und damit auf eine steuerfinanzierte Bereitstellung verzichtet werden könnte.

Im Bereich der von staatlicher Seite produzierten und bereitgestellten öffentlichen Güter existiert das Problem, dass sich potentielle Nutzer außerhalb der bereitstellenden Gebietskörperschaft nicht von der Nutzung ausschließen lassen. Die Exklusion anderer Nutzer außerhalb der bereitstellenden Gebietskörperschaft kann nicht sichergestellt werden und das ökonomisch rationale[232] Verhalten als „Trittbrettfahrer" kommt zum Tragen. Damit wird die Möglichkeit beschrieben, ein Gut ohne Finanzierungsbeteiligung in Höhe eines nutzenadäquaten Beitrages zu nutzen. Eine Bereitstellung durch Privatunternehmen ohne Mitfinanzierung der öffentlichen Hand ist ausgeschlossen. Stellt die öffentliche

231 Vorausgesetzt, dass keine preisliche Differenzierung zwischen „einheimischen" und „auswärtigen" Bürgern erfolgt, was wiederum theoretisch denkbar ist.

232 Dabei muss allerdings darauf hingewiesen werden, dass ein derartiges Verhalten zunächst nur aus individueller Sicht ökonomisch rational ist.

Hand ein öffentliches Gut zur Verfügung, so kann es, in Abhängigkeit eines negativen oder positiven externen Effektes, zu einer Über- bzw. Unterversorgung mit dem entsprechenden Gut kommen.

Hinzu kommt, dass bei bestimmten Gütern zwar eine Exklusionsmöglichkeit gegeben ist, eine Rivalität im Konsum aber sehr gering oder sogar gleich Null ist. Eine Gebührenerhebung kann dann zu allokativ unerwünschten Ergebnissen führen, wenn die Einführung von Gebühren zu einer gesamtwirtschaftlich zu niedrigen Inanspruchnahme führt.[233]

Die angestellten Überlegungen lassen den Schluss zu, dass bei vorliegenden Spillover eine Internalisierung vorgenommen werden sollte, um eine gesamtwirtschaftlich optimales Angebot an staatlichen Leistungen sicher zu stellen.

In welcher Weise dies geschehen kann hängt dabei von mehrerer Bedingungen und Faktoren ab. Die Spillover sollten qualitativ und quantitativ festgestellt werden können, was allerdings in den meisten Fällen durch erhebliche Probleme der Messung erschwert wird. Der Gutcharakter der mit Spillover verbundenen staatlichen Leistungen kann zu unterschiedlichen Internalisierungsformen führen. Handelt es sich um reine private Güter, so kann eine Internalisierung durch nutzenäquivalente Entgelte gelingen. Liegen jedoch öffentliche Güter vor, so liegt es an der Kooperationsbereitschaft der beteiligten Gebietskörperschaften, ob eine Internalisierung stattfinden kann.

### *5.1.2. Korrektur von interregionalen fiskalischen Divergenzen*

Wie bereits zuvor beschrieben muss eine primäre Verteilung der staatlichen Einnahmen nicht unbedingt auf Akzeptanz stoßen. Sind Differenzen in der Einnahmenverteilung zwischen gleichrangigen Gebietskörperschaften unerwünscht, so ergibt sich die Zielsetzung nach einer interregionalen (geographischen) fiskalischen Gleichheit.

Zur Begründung von Korrekturen bezüglich interregionaler fiskalischer Divergenzen können hauptsächlich zwei Argumente herangezogen werden. Föderative Staatssysteme können nur dann dauerhaft stabil sein, wenn die Mehrheit der Bürger eine derartige Staatskonstruktion akzeptiert. Dabei wird die Akzeptanz umso größer sein, je mehr die von den Gebietskörperschaften auf den einzelnen Ebenen angebotenen staatlichen Leistungen sowie die zur Finanzierung dieser Leistungen notwendige Abgabenbelastung übereinstimmen. Die Voraussetzung für ein Auseinanderbrechen des föderalen Staatswesens ist dieser Argumentation zur Folge dann gegeben, wenn Bürger dauerhaft Divergenzen in der Ausstattung bei den Gebietskörperschaften wahrnehmen und sie sich beim Ver-

---

233 Vgl. auch HUBER *[2001]*, S. 8.

gleich von Gebietskörperschaften durch eine geringere Ausstattung der eigenen Gebietskörperschaft benachteiligt fühlen. Ein Ausgleich interregionaler fiskalischer Divergenzen bzw. eine Angleichung interregionaler Ausstattungsunterschiede trägt somit zur politischen Stabilität des Staatswesens bei.[234]

Die ökonomische Argumentation zur Begründung einer Angleichung interregionaler Ausstattungsunterschiede basiert auf der nahezu identischen Argumentationsplattform wie bei der Formulierung der Zielsetzung einer politischen Stabilität, berücksichtigt allerdings die ökonomischen Wirkungen von Ausstattungsdivergenzen auf die Gebietskörperschaften. Zwischen Gebietskörperschaften können, Mobilität der Bürger vorausgesetzt, Ausstattungsdivergenzen zu Wanderungen führen und dabei interregionale fiskalische Divergenzen noch verschärfen.

Es ist auch möglich, dass nach der Primärverteilung der Steuereinnahmen das örtliche Aufkommen pro Einwohner in den Gebietskörperschaften einer Staatsebene stark streut. Stößt das Ausmaß der Streuung oder eventuell die Streuung selbst auf Ablehnung bei den beteiligten Gebietskörperschaften, so sollte ein System von Ausgleichszahlung zum Abbau der Differenzen im örtlichen Aufkommen etabliert werden.[235]

Nach dem Konzept der fiskalischen Gleichheit treten keine Wanderungsbewegungen ein, wenn der fiskalische Restwert („fiscal residuum") in allen Gebietskörperschaften gleich ist. Der fiskalische Restwert ergibt sich als die Differenz aus dem Nutzen, welcher einem Wirtschaftssubjekt aus der Bereitstellung staatlicher Leistungen entsteht, sowie der durch das Wirtschaftssubjekt zu tragenden Steuerbelastung. Wird unterstellt, dass der dem Wirtschaftssubjekt zufließende geldwerte Nutzen aus der Bereitstellung staatlicher Leistungen immer kleiner ist als die persönliche Steuerbelastung, dann wird das Wirtschaftssubjekt in die Gebietskörperschaft mit dem geringsten fiskalischen Restwert wandern. Im Ergebnis verursachen unterschiedliche fiskalische Restwerte Wanderungen, welche eine optimale Allokation beeinträchtigen und darüber hinaus die Einkommensverteilung beeinflussen.[236]

Die Zielsetzung von fiskalischer Gleichheit kann aber auch auf Gebietskörperschaften bezogen werden. In diesem Fall bedeutet fiskalische Gleichheit, dass

234 Vgl. auch PEFFEKOVEN *[1980]*, S. 629.

235 So fordert das Grundgesetz die Wahrung der „Einheitlichkeit der Lebensverhältnisse" als distributives Leitziel in Art. 106 Abs. 3 Satz 4 Nr. 2 GG. Dieses Leitziel wird unterstrichen durch Art. 107 Abs. 2 Satz GG, da hier insbesondere ein angemessener Ausgleich gefordert wird. Siehe dazu auch PEFFEKOVEN *[1980]*, S. 608 f.

236 Dieses Konzept geht auf BUCHANAN *[1950]* zurück. Fiskalische Gleichheit bedeutet hier, dass alle Wirtschaftssubjekte mit gleichem Einkommen einen gleichen fiskalischen Restwert erhalten.

alle Gebietskörperschaften allgemein über ein identisches Verhältnis von Bereitstellung staatlicher Leistungen (Finanzbedarf) und der dafür notwendigen Leistungsfähigkeit (Finanzkraft) verfügen. Im Rahmen einer Konkretisierung dieses allgemeinen Grundsatzes lässt sich fiskalische Gleichheit allerdings unterschiedlich definieren.[237] Mögliche konzeptionelle Verfahren zur Herbeiführung fiskalischer Gleichheit zwischen Gebietskörperschaften können sein:

- Identische Pro-Kopf-Ausgaben,
- Identische Finanzkraft,
- Identischer Umfang in der Bereitstellung staatlicher Leistungen,
- Identischer Umfang in der Bereitstellung staatlicher Leistungen pro Einheit eigener Einnahmen,
- Identischer Umfang in der Bereitstellung staatlicher Leistungen pro Einheit eigener Anstrengung,
- Gleiches Verhältnis von Finanzbedarf und Finanzkraft.

Dem letztgenannten Konzept kommt im Länderfinanzausgleich eine große Bedeutung zu. Auch wenn die Schwierigkeit darin liegt, sowohl für den Finanzbedarf als auch für die Finanzkraft geeignete Indikatoren zu verwenden. Grundsätzlich ist dabei also eher die Frage zu beantworten, nach welchen Indikatoren zu suchen ist als weniger der Frage nachzugehen, ob überhaupt ausgeglichen werden soll. Denn diese Frage wird überwiegend bejaht, allerdings mit der Einschränkung, dass gleichzeitig die Eigenständigkeit der Gebietskörperschaften erhalten bleibt und keine negativen Anreize bezüglich der Ausschöpfung „eigener“ Steuerquellen entstehen.[238]

## 5.2. Regelungen des horizontalen Finanzausgleichs auf Länderebene

Der vertikalen Verteilung der staatlichen Einnahmen auf die 3 Staatsebenen der Bundesrepublik Deutschland folgt die Notwendigkeit, die einer Ebene zustehende Finanzmasse auf die Gebietskörperschaften innerhalb der jeweiligen Ebene zuzuordnen. Als wenig bis kaum konfliktreich ist auf der Ebene der Länder die Verteilung der reinen Ländersteuern anzusehen, obgleich auch in Trennsystemen stets das Problem zu klären gilt, in welcher Weise und nach welchen Kriterien

---

237 Die folgenden Konzepte zur Verwirklichung fiskalischer Gleichheit sind von MUSGRAVE *[1961]* entwickelt worden. Siehe auch PEFFEKOVEN *[1980]*, S. 629 ff.

238 Vgl. PEFFEKOVEN *[1980]*, S. 631.

von den unabhängige Gebietskörperschaften der Zugriff auf die innerhalb ihres Territoriums entstandenen Steueraufkommen vollzogen werden soll.[239]

Im Bereich der Ländersteuern liegt die Ertragskompetenz ausschließlich bei den Ländern und die Verteilung der einzelnen Ländersteuern erfolgt nach dem Maßstab des „örtlichen Aufkommen". Dies bedeutet, dass die reinen Ländersteuern in der Höhe in den Landeshaushalt eingestellt werden dürfen, in welcher diese von den jeweiligen zugehörigen Finanzämtern innerhalb der geographischen Grenzen der Bundesländer vereinnahmt werden.[240]

Mit erheblich größeren Problemen verbunden ist die primäre horizontale Verteilung der Verbundsteuern. Wie auch bei der Gemeindeebene muss dazu auf der Länderebene ein Regelwerk existieren, welches die Verbundsteuern den einzelnen Bundesländern nach bestimmten Kriterien zuweist. Die Gesamtheit der Verbundsteuern machen fast 70 v.H. des gesamten Steueraufkommens in der Bundesrepublik Deutschland aus, für die Länderebene tragen die Länderanteile an den Verbundsteuern zu 75 v.H. der Ländergesamteinnahmen in der Steuereinnahmenverteilung bei. Bei der Gemeindeebene entspricht der Anteil der Gemeindeanteile an den Verbundsteuern immerhin noch über 46 v.H. Aufgrund redistributiver Überlegungen und gleichzeitiger Akzeptanz von Umverteilungsmaßnahmen müssen zusätzlich Regeln zur nachträglichen Umverteilung bzw. Korrektur von primären Einnahmenverteilungen vorgegeben werden.

Der horizontale Finanzausgleich auf Länderebene (Länderfinanzausgleich i.w.S.) ist in diesem Zusammenhang als ein Baustein in einem äußerst komplexen System bundesstaatlicher Finanzbeziehungen zu betrachten und gliedert sich in mehrere Stufen.[241]

Diese Stufen sind:

- Verteilung des Länderanteils an der Lohn- und Körperschaftsteuer,[242]
- Verteilung des Länderanteils an der Umsatzsteuer,
- Länderfinanzausgleich i.e.S.[243]

---

239 Vgl. KITTERER *[2000]*, S. 123.

240 Siehe dazu Art. 107 Abs. 1 Satz 1 GG, welcher den grundsätzlichen Verteilungsmaßstab „örtliches Aufkommen" festlegt.

241 Vgl. VESPER *[1998]*, S. 134 f.

242 Die Verteilung des Länderanteils an Lohn- und Körperschaftsteuer (Lohn- und Körperschaftsteuer-Zerlegung) kann auch als „vorgeschaltete" Stufe des horizontalen Ausgleichs bezeichnet werden. Vgl. VESPER *[2000]*, S. 397.

243 In der Literatur zum Finanzausgleich zwischen den Ländern (horizontaler Finanzausgleich) ist manchmal auch von 4 Stufen die Rede. Eben dann, wenn auch die sogenannten Bundesergänzungszuweisungen (BEZ) mit einbezogen werden. So bei LENK *[1998]*, S. 41 f. Für SÖLLNER wiederum gehört die Einkommen- und Körper-

Zunächst wird im Anschluss das Verfahren im Rahmen der Einkommen- und Körperschaftsteuerverteilung beschreiben, wobei gleichzeitig die Gründe für eine Zerlegung des Lohn- und Körperschaftsaufkommens beschrieben sowie kritisch überprüft werden. Anschließend erfolgt die Darstellung der aktuellen Regelungen bezüglich der Verteilung des Länderanteils an der Umsatzsteuer sowie des Länderfinanzausgleichs i.e.S.

### *5.2.1. Zerlegung der Lohn- und Körperschaftsteuer*

Ist die vertikale Steuerverteilung zwischen den staatlichen Ebenen gegeben, so ergibt sich die Frage nach den Maßstäben und bestimmten Regeln zur Verteilung der Finanzmasse zwischen den Gebietskörperschaften der gleichen Ebene. Es ist damit auch die Frage zu beantworten, nach welchen Maßstäben gleichberechtigte Gebietskörperschaften der gleichen Ebene die in ihren Wirtschaftsräumen entstehenden Steuererträge vereinnahmen und in ihre Haushalte einstellen dürfen.[244]

Das örtliche Aufkommen als Maßstab für die Verteilung der Verbundsteuern auf die einzelnen Länder folgt der Annahme, dadurch die „örtliche Steuerkraft" besser abbilden zu können. Allerdings ist die Bestimmung der örtlichen Steuerkraft nicht immer ganz einfach. Insbesondere dann nicht, wenn die örtliche Steuerkraft in Abhängigkeit von wirtschaftlicher Leistungsfähigkeit gesetzt wird. Wirtschaftliche Leistungsfähigkeit und die damit unterstellte örtliche Leistungsfähigkeit zur Steuerzahlung kann zum einen von der Entstehungsseite her betrachtet werden. Demnach ergibt sich dort eine hohe örtliche steuerliche Leistungsfähigkeit, wo durch den Einsatz von Produktionsfaktoren eine hohe Wertschöpfung, gemessen an Löhnen, Gehältern, Zinsen, Pachten und Gewinnen, entsteht. Somit folgt der örtlichen Wertschöpfung die örtliche Steuerkraft. Dahinter steht die in der wissenschaftlichen Literatur vertretene Ansicht, dass nur die regionale Wirtschaftskraft bzw. die regionale Wertschöpfung Basis und Ursache für die Möglichkeit des Staates ist, Steuern überhaupt zu erheben.[245] Ohne wirtschaftliche Aktivitäten und den daraus resultierenden Ergebnissen ist eine Abschöpfung bei den Wirtschaftseinheiten, ganz gleich ob juristische oder natürliche Personen, in Form von Steuern durch den Staat kaum möglich.[246]

---

schaftsteuerzerlegung nicht zum Länderfinanzausgleich, weshalb hier wieder von 3 Stufen die Rede ist. Vgl. SÖLLNER *[2001]*, S. 543.

244 Vgl. KITTERER *[2000]*, S. 123.

245 Vgl. KITTERER *[2000]*, S. 125.

246 Hierbei sei selbstverständlich auf Substanzsteuern wie beispielsweise die Vermögensteuer hingewiesen, welche jedoch nicht weiter beachtet werden sollen.

Die örtliche Leistungsfähigkeit zur Steuerzahlung und damit die örtliche Steuerkraft kann allerdings zum anderen auch von der Verwendungsseite her betrachtet werden. Eine Bruttoeinkommensgröße kann für drei unterschiedliche Verwendungszwecke aufgeteilt werden. Das Einkommen kann für Steuern an den Staat, für Konsumzwecke sowie für Sparzwecke verwendet werden.[247] Dies kann letztlich bedeuten, dass Einkommen nur dort besteuert und die Steuererträge von der öffentlichen Hand vereinnahmt werden können, wo das Einkommen auch tatsächlich zur Verfügung steht bzw. wo es für Steuerzahlungen verwendet werden kann.

Eng mit den obigen Überlegungen verbunden ist die Auffassung, dass die örtliche Steuerkraft nach der Belastungskonzeption ermittelt werden kann. Nach der finanzwissenschaftlichen Steuerwirkungslehre ist zwischen dem Steuerzahler und dem Steuerträger zu differenzieren. So wird die Lohnsteuer beispielsweise als besondere Erhebungsform der Einkommensteuer vom Arbeitgeber am Sitz des Unternehmens an das zuständige Finanzamt abgeführt, der Arbeitnehmer wird jedoch als Steuerträger steuerlich belastet, d. h. er trägt die Steuer wirtschaftlich und erleidet eine monetäre Einbuße. Wird die Belastungskonzeption konsequent verfolgt, so ergibt sich für die Lohnsteuer die Notwendigkeit, diese der örtlichen Steuerkraft dort zuzuordnen, wo die Träger der Steuerlast wohnen.[248] Grundsätzlich wäre nach der Belastungskonzeption jede Steuer dem Wohnort des tatsächlich belasteten Steuerträgers und nicht dem Ort der Wertschöpfung zuzuordnen. Dieses Konzept kann letztlich jedoch kaum ökonomisch überzeugen, da ein Einkommen überhaupt erst dann steuerlich belastet werden kann, wenn dieses zuvor aufgrund örtlicher Wirtschaftskraft bzw. durch Wertschöpfung entstanden ist. Insofern stellt die örtliche Wirtschaftskraft die Basis und darüber hinaus sogar die Ursache für örtliche Steuerkraft dar.[249]

Es wird klar, dass zur Bestimmung der örtlichen Steuerkraft mehrere Konzeptionen herangezogen werden können, wobei wie oben beschrieben die Wert-

---

247 Als Bruttoeinkommensgröße wird hier eine Einkommensgröße vor Steuerabzug bezeichnet. Weitere Abgaben, welche teilweise auch durch Zwang erhoben werden wie beispielweise Sozialversicherungsbeiträge, sollen hier wie auch in der Praxis üblich als Abgaben aus versteuertem Einkommen unterstellt werden. Zwar liegt der Unterschied zwischen Steuern einerseits und Konsum und Sparen andererseits in der fehlenden Entscheidungsfreiheit des Einzelnen bezüglich der Verwendung des Einkommens zur Steuerzahlung aufgrund des Zwangscharakters der Steuern, gleichwohl ist die Steuerzahlung ein Bestandteil der Bruttoeinkommensverwendung.

248 Teilweise wird die Verteilung der Lohnsteuer nach dem Wohnsitz des belasteten Steuerträgers als ökonomisch geboten erachtet. Siehe dazu zum Beispiel PEFFEKOVEN *[1987]*, S. 187.

249 Vgl. KITTERER *[2000]*, S. 125.

schöpfungskonzeption eher überzeugt.[250] Fraglich bleibt dann letztendlich, ob das örtliche Steueraufkommen ausreichend die örtliche Wertschöpfung und die damit verbundene örtliche Steuerkraft abbilden kann. Aufgrund bestimmter Ausgestaltungen von einzelnen Steuern sowie bestimmtem Steuererhebungsverfahren kann ein örtliches Steueraufkommen durchaus auch entweder eine geringere oder aber höhere örtliche Steuerkraft vortäuschen. Zur Vermeidung eventueller Verzerrungen bzw. bei Vorliegen von Differenzen zwischen örtlichem Steueraufkommen und örtlicher Steuerkraft kann daher das Aufkommen aus einer Steuerquelle zerlegt werden.[251] Grundsätzlich ist dabei die Zerlegung jeder Steuer möglich.[252]

Fraglich ist, ob die Regelungen des ZerlG bezüglich der Korrektur der Aufkommen aus Lohn- und Körperschaftsteuer vorliegende Differenzen von örtlichem Aufkommen und örtlicher Steuerkraft eventuelle Verzerrungen vermeiden oder möglicherweise hervorrufen. Zunächst unstrittig sind Steuerzerlegungen, wenn steuertechnische Besonderheiten zu folgenden Problemen führen:

- Für ein Unternehmen mit mehreren Betriebstätten in mehreren Ländern ist bestimmt, dass es Steuern auf Einkommen und Vermögen von Körperschaften an das jeweilige zuständige Finanzamt abführt. Zuständig ist dabei das Finanzamt, in dessen Bezirk sich die Geschäftsleitung des Unternehmens befindet.[253] Dies hat zur Folge, dass Gewinnanteile der einzelnen Betriebstätten an einem Ort gebündelt ein örtliches Steueraufkommen ergeben, welches u. U. (wenn am Geschäftssitz nahezu keine Wertschöpfung erfolgt) mit einer im örtlichen Bereich nicht vorhandenen erwirtschafteten Steuerbemessungsgrundlage korrespondiert.
- Aus Vereinfachungsgründen wickeln Großunternehmen mit mehreren Betriebsstätten ihre Lohnabrechnung zentral ab, die Lohnsteuerzahlungen erfolgen dann ebenfalls zentral meistens am Hauptsitz des Unternehmens. Dem

250 Bei allen Argumenten ergibt sich sicherlich in letzter Konsequenz die Notwendigkeit, eine finanzpolitische Grundsatzentscheidung zwischen Wohnsitzprinzip und Betriebsstättenprinzip zu treffen. Vgl. BUHL / PFINGSTEN *[1986]*, S. 99. Fraglich bleibt aber, welchen ökonomischen Argumenten mehr Gewicht zugesprochen und somit für die Entscheidung als relevanter erachtet werden.

251 Die Differenz zwischen örtlichem Steueraufkommen und örtlicher Steuerkraft bezeichnen THÖNE / JACOBS *[2001]* als Abweichung von der „wirklichen" Steuerkraft, ohne dabei allerdings genauer auf die Problematik bei der Bestimmung der „wirklichen" Steuerkraft einzugehen. Vgl. THÖNE / JACOBS *[2001]*, S. 28 und S. 61 ff.

252 Die grundsätzliche Zerlegung des Aufkommens aus einer Steuer gibt Art. 107 Abs. 1 Satz 3 GG vor. Somit können per Bundesgesetz auch die Aufkommen reiner Trennsteuern grundsätzlich zerlegt werden.

253 Siehe § 20 Abs. 1 AO.

Hauptsitzfinanzamt fließen somit Steueraufkommen aus der Lohnsteuer von Arbeitnehmern zu, welche überwiegend in anderen Regionen der Bundesrepublik tätig sind und dort die Grundlage für die Besteuerung erwirtschaften.

- Ein drittes und häufig in der Literatur diskutiertes Problem ergibt sich, wenn Unternehmen die Lohnsteuerzahlungen an des zuständige Betriebsstättenfinanzamt abführen. Problematisch soll es deshalb sein, da so auch Lohnsteuerzahlungen für Arbeitnehmer erfolgen, welche nicht am Ort der Betriebsstätte wohnen, sondern von außerhalb einpendeln.[254] Dieser Argumentation kann man jedoch nur dann folgen, wenn das Belastungskonzept im Vordergrund steht. Andernfalls, also bei Akzeptanz der Werstschöpfungskonzeption, stellt diese steuerliche Besonderheit kein wirkliches Problem dar, da so das Steueraufkommen am Ort der Wertschöpfung verbleibt.

#### *5.2.1.1. Körperschaftsteuer und Betriebsstättenprinzip*

Dem genannten Problem mehrerer Betriebsstätten in mehreren Ländern wird begegnet, in dem die Körperschafsteuer nach dem sogenannten Betriebsstättenprinzip zerlegt wird.[255] Diese Korrektur bewirkt mithin, dass erwirtschaftete Gewinne über die Verteilung der daraus resultierenden Steueraufkommen wieder den tatsächlichen Orten der Wertschöpfung zugeordnet werden.[256] Insofern wird hier der Wertschöpfungskonzeption in vollem Umfang gefolgt.[257] Welche fiskalischen Auswirkungen die Körperschaftsteuerzerlegung unmittelbar mit sich bringt, wird anhand Abbildung 18 für das Jahr 2001 ersichtlich.

Das Land Nordrhein-Westfalen verliert zwar 2001 nur durch die Körperschaftsteuerzerlegung Steuereinnahmen in Höhe von fast 1,3 Mrd. Euro und verbucht somit den größten KSt-Zerlegungssaldo im Vergleich zu allen anderen Ländern. Der tatsächliche Verlust auf Landesebene liegt allerdings nur bei ca. 640 Mio. Euro, da 50 v.H. des Körperschaftsteueraufkommen dem Bund zustehen. Bezogen auf die Einwohnerzahl ergibt sich hier ein Verlust auf Landesebene in Höhe von 35,6 Euro je Einwohner (Landesanteil) für Nordrhein-Westfalen. Den höchsten Verlust je Einwohner hat Hamburg mit 102,7 Euro zu tragen, gefolgt von Nordrhein-Westfalen, dem Saarland (-32,2 Euro je Einwohner) und Bremen (-31,3 Euro je Einwohner). Insgesamt wurden 2001 auf diesem Wege

254 Vgl. KITTERER *[2000]*, S. 124 sowie THÖNE / JACOBS *[2001]*, S. 28.
255 Siehe § 2 Abs. 1 ZerlG.
256 Allerdings werden nur Unternehmen mit Betriebsstätten in mehreren Länder zur Zerlegung herangezogen, welche nach Abzug anzurechnender Steuerabzugsbeträge und anzurechnender Körperschaftsteuer eine absoluten Körperschafsteuerbetrag von mindestens 500.000 Euro aufweisen. Siehe § 2 Abs. 1 Satz 1 ZerlG.
257 Vgl. auch HICKEL / ROTH / TROOST *[1988]*, S. 77 f.

*Abb. 18: Körperschaftsteuerzerlegung (Salden) im Jahr 2001*

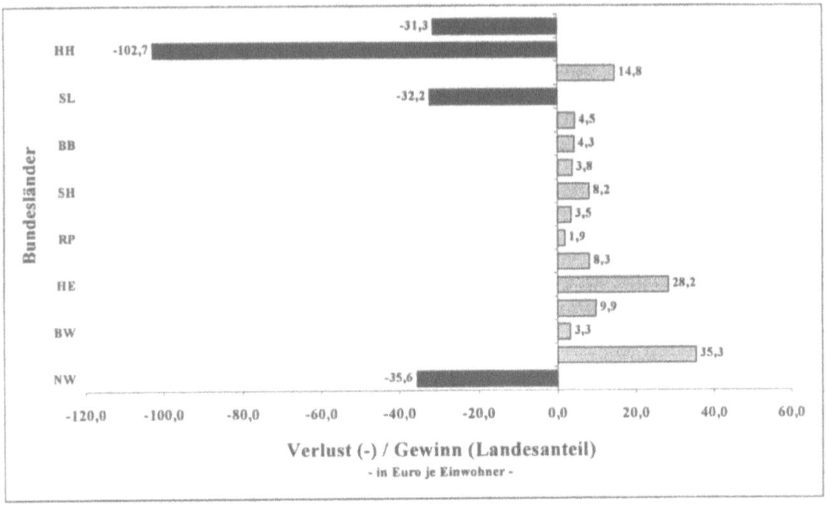


*Quelle: Bundesministerium der Finanzen, Referat V A 4, Vorläufige Abrechnung für 2001; Eigene Darstellung.*

örtliche Körperschaftsteueraufkommen (einschließlich Bundesanteil) mit einem Volumen von ca. 1,75 Mrd. Euro umverteilt.

### *5.2.1.2. Lohnsteuer und Wohnsitzprinzip*

Bei der Lohnsteuer wird offensichtlich die Belastungskonzeption bevorzugt. Daher erfolgt die Lohnsteuerzerlegung nach dem sogenannten *Wohnsitzprinzip*. Mit Hilfe der alle drei Jahre erstellten Lohnsteuerstatistiken erfolgt ein Abgleich der Wohnsitze und der örtlichen Lohnsteueraufkommen. Dabei wird anschließend festgelegt, welchen Vomhundertsatz seines Lohnsteueraufkommens ein Land an jedes der anderen 15 Länder abgeben muss.[258] So ergeben sich für jedes Land Lohnsteuerverflechtungen mit 15 anderen Ländern. Durch die Verwendung der Lohnsteuersteuerstatistiken basiert die aktuelle Lohnsteuerzerlegung immer auf einer drei bis fünf Jahre zurückliegenden Berechnungsgrundlage, so dass aktuelle Entwicklungen in den festgestellten aktuellen Zerlegungsbeträgen nicht berücksichtigt werden können.[259]

258 Siehe § 7 ZerlG. Vgl. auch THÖNE / JACOBS *[2001]*, S. 29.
259 Vgl. THÖNE / JACOBS *[2001]*, S. 29.

Im Jahr 2001 betrug das Volumen der Lohnsteuerzerlegung 7,12 Mrd. Euro. Bei der Lohnsteuerzerlegung kommt in starkem Maße das fiskalische Problem der Einpendler zum Ausdruck, welches für die Stadtstaaten Hamburg (-803,1 Euro je Einwohner) und Bremen (-297,9 Euro je Einwohner) traditionell aufgrund der enormen Pendlerströme zu Verlusten der originären Steuerkraft führt. Dass die Lohnsteuerzerlegung allerdings kein stadtstaatenspezifisches Phänomen darstellt, zeigen die Abflüsse je Einwohner in den Flächenländern Hessen (-114,1 Euro), Baden-Württemberg (-42,6 Euro) und Nordrhein-Westfalen (-39,9 Euro) in Abbildung 19.

*Abb. 19: Lohnsteuerzerlegung (Salden) im Jahr 2001*

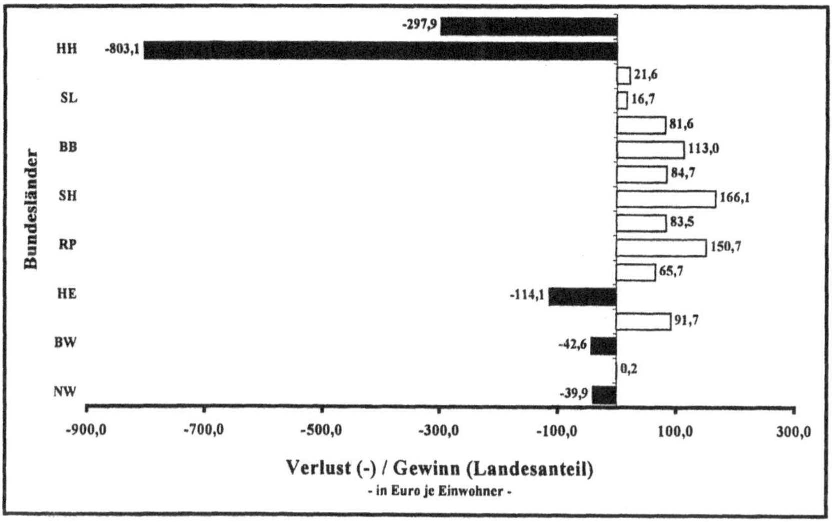


Anmerkung: Landesanteil bei Flächenländern 42,5 v.H., bei Stadtstaaten 57,5 v.H. (15 v.H. Gemeindeanteil).

*Quelle: Bundesministerium der Finanzen, Referat V A 4, Vorläufige Abrechnung für 2001; Eigene Darstellung.*

Gleichwohl trägt sie bei den Stadtstaaten, von Berlin abgesehen, zu wesentlich stärkeren Belastungen bei als in den Flächenländern. Das Bremen hierbei einen geringen Abfluss je Einwohner aufweist als Hamburg liegt nicht etwa an geringeren Pendlerströmen zwischen Bremen und dem Bremer Umland. Diese sind eher höher als in Hamburg. Vielmehr wirkt sich die Massierung von Unternehmungen mit zentraler Lohnbuchhaltung in Hamburg auf die dortigen Abflüsse aus.[260]

### *5.2.1.3. Die Zinsabschlagzerlegung*

Der Zinsabschlag stellt eine besondere Erhebungsform der Einkommensteuer dar. Bei der Zerlegung des Zinsabschlags wurde bislang wegen der Anonymität des Quellenabzugsverfahrens auf statistische Nährungswerte zurückgegriffen. Hierbei vollzog sich die Zerlegung im Rahmen eines Clearing-Verfahrens, bei dem das Bundesministerium der Finanzen als Clearing-Stelle fungierte. Um zu einer zufriedenstellenden Zuteilung des Aufkommens auf die einzelnen Länder zu gelangen, wurde ein Zerlegungsschlüssel festgelegt, welche als Komponenten die Einkünfte aus Kapitalvermögen sowie das Aufkommen aus Einkommen- und Körperschaftsteuer mit unterschiedlichen Gewichtungen beinhaltete.[261] Dabei entfielen 91 v.H. des Länder- und Gemeindeanteils am Aufkommen aus dem Zinsabschlag auf die westdeutschen Länder (Westanteil) und 9 v.H. auf die ostdeutschen Länder (Ostanteil). Für den Westteil war ein Zerlegungsschlüssel festgelegt, welcher sich wie folgt zusammensetzte:[262]

- Zerlegung von 70 v.H. des Westanteils entsprechend der Verteilung der Einkünfte aus Kapitalvermögen nach dem Ergebnis der letzten vorliegenden Einkommensteuer-Statistik,
- Zerlegung von 20 v.H. entsprechend des Körperschaftsteuerverteilungsergebnisses nach Zerlegung,
- Zerlegung von 10 v.H. entsprechend der vorjährigen Verteilung der veranlagten Einkommensteuer.[263]

---

260 Vgl. VESPER *[2001]*, S 176. Gestützt wird diese Aussage durch die hohen Abflüsse bei der Körperschaftsteuerzerlegung. Als weiteren Grund für niedrigerer Abflüsse in Bremen im Rahmen der Lohnsteuerzerlegung nennt VESPER geringere Durchschnittseinkommen in Bremen.

261 Siehe § 12 Abs. 4 ZerlG. Die hier vorliegenden Bestimmungen regelten für den Übergangszeitraum von 1998 bis 2001, welcher durch eine Übergangsfassung des § 8 ZerlG konkretisiert wurde.

262 Siehe § 8 Abs. 1 Nr. 1 Satz 1 ZerlG sowie § 8 Abs. 1 Nr. 2 Satz 1 ZerlG in seiner Fassung betreffend der Übergangsregelungen für die Kalenderjahre 1998 bis 2001.

263 Für die Kalenderjahre 1998 bis 2001 werden die aus diesem Aufkommen ausbezahlten Investitionszulagen und Eigenheimzulagen sowie Erstattungen nach § 46 EStG hinzugerechnet.

Der Ostteil wurde wesentlich einfacher auf die ostdeutschen Länder verteilt, und zwar ausschließlich nach der Einwohnerzahl.[264]

Für das Jahr 2001 ergab sich somit ein Zerlegungsvolumen beim Zinsabschlag in Höhe von ca. 2,45 Mrd. Euro, welches wie folgt verteilt wurde (Abbildung 20). Ab Mitte des Jahres 2002 ist die Übergangsregelung des § 8 ZerlG entfallen und die Zerlegung des Zinsabschlages erfolgt nun einheitlich, und zwar nach Vomhundertsätzen entsprechend der Höhe des auf die Einkommen- und Körperschaftsteuer angerechneten Zinsabschlags.[265]

*Abb. 20: Zinsabschlagzerlegung (Salden) im Jahr 2001*

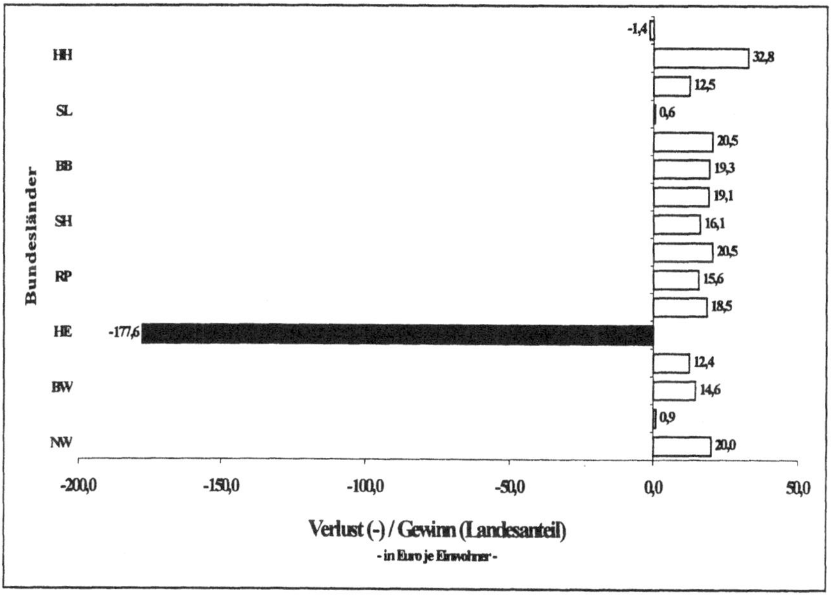


Anmerkung: Landesanteil bei Flächenländern 44 v.H., bei Stadtstaaten 56 v.H. (12 v.H. Gemeindeanteil).

*Quelle: Bundesministerium der Finanzen, Referat V A 4, Vorläufige Abrechnung für 2001; Eigene Darstellung.*

264 Siehe § 8 Abs. 2 Satz 1 ZerlG in seiner Fassung betreffend der Übergangsregelungen für die Kalenderjahre 1998 bis 2001.

265 Siehe § 8 Abs. 1 Satz 2 ZerlG in seiner Fassung für die Kalenderjahre ab 2002.

### *5.2.2. Zuteilung des Länderanteils am Umsatzsteueraufkommen*

Wie bei der Lohn- und Körperschaftsteuer können auch für die Verteilung des Länderanteils an der Umsatzsteuer Argumente herangezogen werden, welche dem Verteilungsgrundsatz nach Art. 107 Abs. 1 Satz 1 GG („örtliches Aufkommen") eine Absage erteilen und für einen alternativen Verteilungsmaßstab plädieren. In erster Linie kann es eine hohe örtliche Streuung im Aufkommen sein, die durch die besondere Gestaltung der Umsatzsteuer hervorgerufen wird und somit gegen die Verteilung nach örtlichem Aufkommen spricht.[266] Aus Abbildung 21 geht hervor, dass tatsächlich das Aufkommen (vor Verteilung) zwischen den einzelnen Ländern stark variiert.

Da die Einfuhrumsatzsteuer nicht an der örtlichen wirtschaftlichen Leistungsfähigkeit anknüpft sondern durch die Bundeszollverwaltung erhoben wird und in folge dessen schon steuertechnisch zu Streuungen führt, ist sie in Abbildung 21 auch nicht berücksichtigt worden.

*Abb. 21: Umsatzsteueraufkommen 2001 nach Ländern*

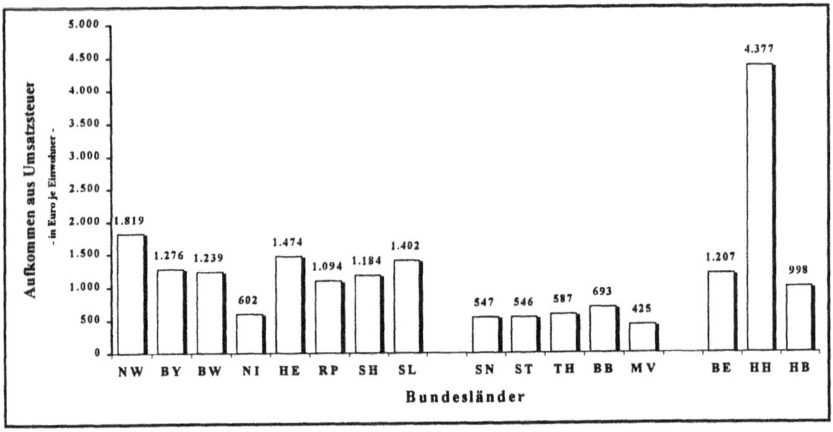


Anmerkung: Umsatzsteueraufkommen ohne Einfuhrumsatzsteuer.

*Quelle: Statistisches Bundesamt (Hrsg.): Statistisches Jahrbuch 2002, S. 520 f.; Bundesministerium der Finanzen; Einwohner Stand: 31.03.2001.*

266 So sind Exporte und Investitionen von der Umsatzsteuer befreit und das Umsatzsteueraufkommen wird durch unterschiedliche Steuersätze sowie die Nachholwirkungen bei steuerfreien Umsätzen beeinflusst. Vgl. PEFFEKOVEN *[1987]*, S. 186 sowie WISSENSCHAFTLICHER BEIRAT BEIM BUNDESMINISTERIUM DER FINANZEN *[1982]*, S. 55 ff.

In der Gruppe der Stadtstaaten hebt sich besonders Hamburg mit einem örtlichen Umsatzsteueraufkommen von 4.377 Euro je Einwohner hervor. In den beiden anderen Stadtstaaten Berlin und Bremen fallen die Aufkommen um fast 200 Euro je Einwohner auseinander. Besonders auffällig ist der Unterschied in den Aufkommen zwischen den west- und ostdeutschen Ländern. Bei den westdeutschen Ländern fällt in Nordrhein-Westfalen mit 1.819 Euro je Einwohner das höchste, in Niedersachsen mit 602 Euro je Einwohner das niedrigste Aufkommen an. Dabei rückt Niedersachsen, gemessen am Umsatzsteueraufkommen je Einwohner, in die nähe der ostdeutschen Länder, welche sich bekanntermaßen immer noch durch eine Strukturschwäche und dadurch bedingt geringen Umsatzsteueraufkommen „auszeichnen".[267] Auf Ländergruppen bezogen ist die Streuung innerhalb sowohl der westdeutschen als auch der ostdeutschen Länder nicht sehr ausgeprägt, wohl aber zwischen den einzelnen Gruppen.

Dem Stadtstaat Hamburg kann andererseits eine Strukturstärke attestiert werden, welches sich im hohen Pro-Kopf-Umsatzsteueraufkommen ausdrückt. Insgesamt zeigt sich doch sehr deutlich der gravierende Unterschied zwischen der Gruppe der westedeutschen Länder und der Gruppe der ostdeutschen Länder. Wird nun der Argumentation gefolgt, dass Steuern, welche eine gravierende Streuung aufweisen, in der vertikalen Einnahmenverteilung dem Bund zugeordnet werden sollen,[268] so trifft dies auch auf die Umsatzsteuer zu. Andererseits kann argumentiert werden, dass die örtliche Wertschöpfung recht gut durch das Aufkommen aus der Umsatzsteuer abgebildet wird. Strukturschwäche bzw. Strukturstärke bedingen dann ein Umsatzsteueraufkommen, welches sich an der örtlichen Wirtschaftskraft orientiert und daher auch als eine Art „Belohnung" für wirtschaftspolitische Aktivitäten am Ort der Wirtschaftskraft verbleiben sollte.

Die Finanzverfassung sieht für die Verteilung des Länderanteils an der Umsatzsteuer jedoch einen von diesen Überlegungen völlig abweichenden Verteilungsmaßstab vor. Der Indikator für die Steuerleistung ist hier die Einwohnerzahl.[269] Allerdings erfolgt die Verteilung nicht ausschließlich nach diesem pauschalierenden Maßstab. Mindestens 75 v.H. des Länderanteils am Umsatzsteueraufkommen werden nach Einwohnern verteilt. Die Möglichkeit, steuerschwachen Ländern Ergänzungsanteile nach Art. 107 Abs. 1 Satz 4 GG zu gewähren, wird aus Umverteilungsgründen im horizontalen Finanzausgleich wahrgenommen. Mit maximal 25 v.H. des Länderanteils aus der Umsatzsteuer werden steuerschwache Länder auf 92 v.H. der bundesdurchschnittlichen Steuerkraft ange-

---

267 Vgl. KITTERER *[2001]*, S. 129.

268 Vgl. PEFFEKOVEN *[1987]*, S. 184. Dazu auch die Ausführungen in Kap. 4.3.2., S. 117 f.

269 Siehe Art. 107 Abs. 1 Satz 4 GG.

hoben. Die Steuerkraft eines Landes ist dabei als die Summe der Landessteuereinnahmen und der Landesanteile aus Einkommen- und Körperschaftsteuer (nach Zerlegung) je Einwohner definiert.[270]

Die Gewährung von Umsatzsteuerergänzungsanteilen im Rahmen der sogenannten *Umsatzsteuervorwegauffüllung* führt dazu, dass die tatsächliche Umsatzsteuerverteilung nach Verteilung doch erheblich von dem Ergebnis abweicht, welches sich durch eine 100prozentige Verteilung des USt-Länderanteils nach Einwohnern ergeben hätte. Diese Differenz wird als *Umsatzsteuerausgleich* bezeichnet (siehe auch Abbildung 22) und hatte im Jahr 2001 ein Volumen von ca. 7,85 Mrd. Euro.

*Abb. 22: Umsatzsteuerausgleich im Jahr 2001*

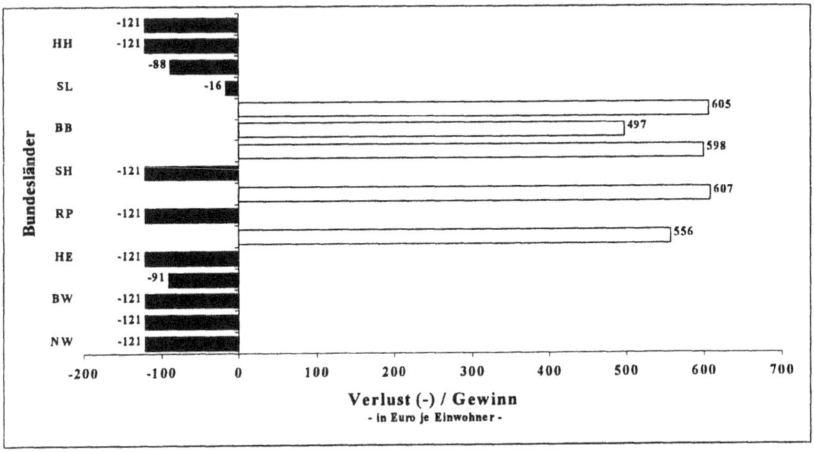


*Quelle: Bundesministerium der Finanzen, Referat V A 4, Vorläufige Abrechnung für 2001; Eigene Darstellung.*

Deutlich wird hier die Zielsetzung der horizontalen Umsatzsteuerverteilung Mit Hilfe der Ergänzungsanteile (Volumen 2001: 9,99 Mrd. Euro) und der zusätzlichen Verteilung des größten Teils nach Einwohnern sollen vor Durchführung des Länderfinanzausgleichs i.e.S. hauptsächlich die ostdeutschen Länder finanziell angehoben werden.[271] Im Jahr 2001 wurden dazu nur 15,5 v.H. des USt-

270 Siehe Art. 107 Abs. 1 Satz 4 GG. Nach der Regelung in § 2 Abs. 2 FAG gehört auch die Gewerbesteuerumlage zur Steuerkraft der Länder.

271 Die Umsatzsteuerergänzungsanteile stellen an sich schon ein eigentlich systemfremdes Element der primären horizontalen Steuerverteilung dar, da sie wie der sekundäre Finanzausgleich (Länderfinanzausgleich i.e.S.) Umverteilungswirkungen

Länderanteils für Ergänzungsanteile tatsächlich benötigt, um steuerschwache Länder auf 92 v.H. der bundesdurchschnittlichen Steuerkraft anzuheben. Der verbliebende Rest des für Ergänzungsanteile zur Verfügung stehende Viertel des USt-Länderanteils wurde nachträglich nach Einwohnern verteilt. Reicht hingegen in einem Jahr das Viertel für Ergänzungsanteile nicht aus, so werden die Ergänzungsanteile entsprechend herabgesetzt.[272]

Die Verteilung des Länderanteils an der Umsatzsteuer dient also zwei Zielen. Das erste Ziel ist die horizontale Aufteilung von mindestens 75 v.H. des Umsatzsteuer-Länderanteils auf 16 Bundesländer, bei der die Einwohnerzahl im Vordergrund steht. Das zweite Ziel ist eine verteilungspolitisch motivierte Angleichung der Bundesländer. Die Verteilung von maximal 25 v.H. des Umsatzsteuer-Länderanteils orientiert sich an der Steuerkraft der Länder und steuert vorab einen wesentlichen Beitrag zur horizontalen Finanzmittelumverteilung auf Länderebene bei. Im Vergleich zum Volumen des Länderfinanzausgleichs i.e.S. (2001: 7,59 Mrd. Euro) zeigt sich das besondere Gewicht der Umsatzsteuerergänzungsanteile innerhalb der horizontalen Umverteilung. In einer nächsten Stufe erfolgt die Beschreibung des eigentlichen sekundären Finanzausgleichs, welcher das Kernelement der horizontalen Umverteilung darstellt und als Länderfinanzausgleich i.e.S. bezeichnet wird.[273]

### *5.2.3. Finanzkraft, Finanzbedarf und horizontale Umverteilung*

Nach Durchführung der vertikalen und primären horizontalen Steuerverteilung einschließlich der Umsatzsteuervorwegauffüllung sollen durch den Länderfinanzausgleich i.e.S. eventuell noch existierende Finanzkraftunterschiede zwischen den einzelnen Ländern beseitigt werden. Ziel des Länderfinanzausgleichs i.e.S. ist der „angemessene Ausgleich" der Finanzkraft der Länder und damit letztlich die Schaffung und Wahrung einheitlicher Lebensverhältnisse.[274] Die Fi-

erzeugen, obwohl sich die Steuerverteilung eigentlich an der regionalen Steuerleistung ausrichten soll. Vgl. PEFFEKOVEN *[1987]*, S. 192 f. Durch die offensichtliche Absicht, mit Ergänzungsanteilen hauptsächlich die ostdeutschen Länder zu begünstigen, was sich zwar normativ-tatbestandlich nicht offenbart, kann darüber hinaus eine verfassungsrechtlich zweifelhafte Überdehnung der horizontale Umverteilung nicht ausgeschlossen werden. Vgl. SELMER *[1994]*, S. 344 f.

272 Entsprechend § 2 Abs. 2 FAG.

273 Es soll hier nur noch mal daran erinnert werden, dass ein Teil des sekundären horizontalen Finanzausgleichs durch die Umsatzsteuervorwegauffüllung (Ergänzungsanteile) vorweggenommen und somit der Länderfinanzausgleich i.e.S. entlastet wird.

274 Siehe Art. 107 Abs. 2 Satz 1 1. HS GG.

nanzkraft im Länderfinanzausgleich i.e.S. ist jedoch nicht mit der Steuerkraft, wie sie etwa im Rahmen der Umsatzsteuerverteilung verwendet wird, gleichzusetzen.[275]

Bei der Finanzkraft im Länderfinanzausgleich i.e.S. handelt es sich um einen modifizierten Maßstab zur Bestimmung einer Finanzstärke oder Finanzschwäche. Die Modifikationen gegenüber der Steuerkraft eines Landes werden dadurch ersichtlich, dass zum einen nicht nur die Einnahmen eines Landes, sondern auch die Einnahmen der jeweiligen Gemeinden berücksichtigt werden und weitere zusätzliche Korrektive wie Abgeltungsbeträge und Einwohnergewichtungen enthalten sind.

### *5.2.3.1. Die Finanzkraftmesszahl*

Für die Ermittlung der Finanzkraft eines Landes wird zunächst die sogenannte *Finanzkraftmesszahl (FKM)* ermittelt. Diese FKM berechnet sich zum einen aus den Steuereinnahmen des jeweiligen Landes sowie der Hälfte der Steuereinnahmen seiner Gemeinden nach § 6 Abs. 1 FAG i. V. m. § 8 FAG. Zur Berechnung der Finanzkraftmesszahl eines Bundeslandes gehören nach § 7 FAG die Einnahmen der Länder aus Steuern und Förderabgabe, somit also:

- die Länderanteile an der Einkommen- und Körperschaftsteuer ($T_i^{L;ESt}$; $T_i^{L;KSt}$)
- der nach § 2 FAG für das Ausgleichsjahr festgestellte Umsatzsteueranteil ($T_i^{L;USt}$)
- die reinen Ländersteuern ($T_i^{LÄSt}$)[276]
- der Anteil an der Gewerbesteuerumlage nach § 6 Gemeindefinanzreformgesetz ($T_i^{L;GewStU}$)
- sowie die bergrechtliche Förderabgabe gemäß § 31 Bundesberggesetz ($T_i^{FöA}$).

Die Summe der länderspezifischen Einnahmen eines Landes TiL ergibt sich daher als:[277]

---

275 Vgl. HUBER *[1997]*, S. 25 f.

276 Zu den reinen Ländersteuern zählen nach § 7 Abs. 1 Nr. 3 FAG die Vermögensteuer, die Erbschaftssteuer, die Kraftfahrzeugsteuer, die Biersteuer, die Rennwett- und Lotteriesteuer mit Ausnahme der Totalisatorsteuer, die Grunderwerbsteuer, die Feuerschutzsteuer und die Spielbankabgabe mit Ausnahme der Sonderabgabe und der Tronceabgabe.

277 Siehe § 7 Abs. 1 und 2 FAG.

$$(3)\ T_i^{L} = T_i^{L;ESt} + T_i^{L;KSt} + T_i^{L;USt} + T_i^{LäSt} + T_i^{L;GewStU} + T_i^{FöA}$$ [278]

Es wird hier deutlich, dass sich die Finanzkraft eines Landes nur aus Bestandteilen zusammensetzt, welche einen eindeutigen steuerlichen Charakter besitzen. Ländereinnahmen, welche beispielsweise durch Unternehmensbeteiligungen oder Verkäufe von Landeseigentum entstehen, bleiben unberücksichtigt.

Sonderbedarfe bleiben im LFA i.e.S. eigentlich unberücksichtigt. Das Finanzausgleichsgesetz sieht allerdings zur Abgeltung von Sonderbelastungen aufgrund von Unterhaltungs- und Erneuerungskosten für die Seehäfen Bremen, Bremerhaven, Hamburg, Rostock und Emden festgelegte Absetzungsbeträge für die betroffenen Bundesländer vor. Diese Absetzungsbeträge (Tabelle 8) werden vor Ermittlung der Finanzkraft von den Einnahmen der entsprechenden Länder abgezogen und reduzieren die Finanzkraftmesszahl dieser Länder entsprechend.

*Tab. 8: Jährliche Abgeltungsbeträge für Seehafenkosten bis 2004*

| **Bundesland** | **Abgeltungsbeträge - in Euro -** |
|---|---|
| Bremen | 46.016.269,31 |
| Hamburg | 72.603.447,13 |
| Mecklenburg-Vorpommern | 25.564.594,06 |
| Niedersachsen | 9.203.253,86 |
| Summe | *153.387.564,36* |

*Quelle: § 7 Abs. 3 FAG.*

Als Sonderlasten werden im Länderfinanzausgleich i. e. S. ausschließlich diese Seehafenlasten berücksichtigt und damit im Rahmen der Ermittlung der Finanzkraftmesszahl eine abschließende Korrektur vorgenommen. Die Gleichung (3) muss daher noch um die im Länderfinanzausgleich i.e.S. berücksichtigten Sonderbedarfe ($SB_i^{See}$) ergänzt werden:

$$(3a)\ T_i^{L} = T_i^{L;ESt} + T_i^{L;KSt} + T_i^{L;USt} + T_i^{LäSt} + T_i^{L;GewStU} + T_i^{FöA} - SB_i^{See}$$

278 Mit dem hochgestellten Index L soll ausgedrückt werden, dass es sich in diesen Fällen um Länderanteile an den Steueraufkommen handelt.

Wie angesprochen ist die Finanzkraft im LFA i.e.S. eine modifizierte Größe gegenüber der Steuerkraft bei der Umsatzsteuerverteilung. Erfasst werden für ein beliebiges Bundesland auch die Steuereinnahmen seiner Gemeinden, wobei diese nach § 8 FAG die Gemeindeanteile an der Einkommensteuer und an der Umsatzsteuer im Ausgleichsjahr sowie die Grund- und Gewerbesteuer abzüglich der Gewerbesteuerumlage beinhalten. Hierbei muss berücksichtigt werden, dass die Realsteuern nicht mit ihrem tatsächlichen Steueraufkommen in den einzelnen Ländern im Länderfinanzausgleich berücksichtigt werden. Aufgrund der unterschiedlichen Hebesätze ergibt sich sowohl in jedem einzelnen Bundesland als auch im gesamten Bundesgebiet eine erhebliche Streuung der Realaufkommen. Daher wird bei diesen Steuern von der Regel des örtlichen Aufkommens abgewichen. Vielmehr gehen die Realsteuern als Steuerkraftzahlen in normierter Form in die Berechnung der Finanzkraft der jeweiligen Länder ein.[279] Ziel dieses Verfahrens ist es, dass die aufgrund höherer Hebesätze verursachte stärkere Steuerbelastung der Bürger eines Bundeslandes berücksichtigt wird und die hierdurch höheren Realaufkommen im entsprechenden Bundesland verbleiben. Die Summe der gemeindespezifischen Einnahmen der Länder ergibt sich als:

$$(4)\; T_i^{G} = \alpha \left[T_i^{G;ESt} + T_i^{G;USt} + T_i^{GrSt} + \left(T_i^{GewSt} - T_i^{GewStU}\right)\right]$$

Die Summe der gemeindespezifischen Einnahmen zur Ermittlung der gesamten Ländersteuereinnahmen wird nicht vollständig, sondern nur zum Teil bei der Berechnung berücksichtigt. Die aktuellen Regelungen sehen eine Halbierung der Gemeindesteuereinnahmen vor, welche hier durch den Anrechnungsfaktor $\alpha$ angezeigt wird.

Mit Verweis auf die Ausführungen in Kap. 3.5.2. wird durch die nur hälftige Anrechnung der ausgleichsrelevanten Gemeindesteuereinnahmen deutlich, wie schwer es dem Gesetzgeber doch fällt, die Stellung der Gemeinden im föderalen Gefüge einzuordnen. Eine stärkere Stellung der Gemeinden, auch im Sinne des Subsidiaritätsgedankens, würde letztlich eine größere Unabhängigkeit der Gemeinden, besonders von den Ländern, aber auch vom Bund, bedeuten. Womit durch den damit verbundenen abgeschwächten finanzwirtschaftlichen Zugriff der Länder auf die Gemeindehaushalte die Anrechenbarkeit der ausgleichsrelevanten Gemeindeeinnahmen gegen Null tendieren müsste. Andererseits liegt nach gegenwärtiger staatsrechtlicher Auffassung eine finanzwirtschaftliche Abhängigkeit der Gemeinden gegenüber den jeweiligen Ländern vor, so dass nahe-

279 Siehe § 8 Abs. 3 FAG. Vgl. auch MILBRADT / DIEDRICHS *[2001]*, S. 335.

zu 100 v.H. der ausgleichsrelevanten Gemeindeeinnahmen auch zur Finanzkraft der Länder gerechnet werden müssten.[280]

Die Finanzkraftmesszahl eines Landes ist also die Summe aus ausgleichsrelevanten Landessteuereinnahmen und ausgleichsrelevanten Gemeindesteuereinnahmen, also:

$$(5)\, FKM_i = T_i^L + T_i^G$$

Dieser Finanzkraftmesszahl wird nun eine Größe gegenübergestellt, welche eine Aussage über die zu benötigende Finanzmittelausstattung (Finanzbedarf) treffen soll.

### *5.2.3.2. Die Ausgleichsmesszahl*

Mit Hilfe der *Ausgleichsmesszahl (AMZ)* wird im bundesdeutschen Länderfinanzausgleich angezeigt, über welche Finanzkraft ein Bundesland verfügen würde, wenn dessen Pro-Kopf-Einnahmen mit den länderdurchschnittlichen Pro-Kopf-Einnahmen übereinstimmen würden. Da im Sinne einheitlicher Lebensverhältnisse ein einheitlicher Pro-Kopf-Bedarf vermutet wird, repräsentiert die AMZ letztlich den Finanzbedarf eines Bundeslandes.[281] Da der Finanzbedarf objektiv schwer oder sogar gar nicht zu ermitteln ist und die im Haushalt tatsächlich eingestellten Ausgaben einen nahezu unbrauchbaren Indikator darstellen, kann letztlich die Einwohnerzahl als Bedarfsmaßstab herangezogen werden, obwohl allerdings keineswegs grundsätzlich davon auszugehen ist, dass für das durch das Grundgesetz gebotene Ziel „einheitlicher" Lebensverhältnisse bei allen Gebietskörperschaften ein einheitlicher Finanzbedarf und somit ein gleich hoher Ausgabenbetrag pro Kopf erforderlich ist.[282]

Zur Ermittlung des Finanzbedarfs eines Landes werden die ausgleichsrelevanten Länder- und Gemeindeeinnahmen aller Länder addiert und durch die Gesamtbevölkerung geteilt, so dass sich eine bundesdurchschnittliche Steuereinnahmengröße je Einwohner (bundesdurchschnittlicher Finanzbedarf) ergibt. Die Fragestellung hierbei lautet: Über welchen Pro-Kopf-Betrag müsste ein beliebiges Bundesland verfügen, wenn es nur ein, finanziell gesehen, durchschnittliches Bundesland wäre? Der ermittelte durchschnittliche Pro-Kopf-Betrag wird dann

280 Die hälftige Berücksichtigung der relevanten Gemeindesteuereinnahmen ist äußerst umstritten. Siehe dazu auch PEFFEKOVEN *[1987]*, S. 195, PEFFEKOVEN *[2001]*, S. 428 sowie GESKE *[2001]*, S. 219.

281 Vgl. LENK *[1998]*, S. 44.

282 Vgl. PEFFEKOVEN *[1980]*, S. 631.

mit der Einwohnerzahl eines Landes multipliziert. Dieser auf diesem Wege ermittelte Finanzbedarf, welcher durch die AMZ ausgedrückt wird, gibt also dem Verfahren nach immer einen bundesdurchschnittlichen Finanzbedarf an. Damit wird letztlich auch der diesem Verfahren zugrundeliegende Gedanke deutlich, wonach ein gleich hoher Pro-Kopf-Betrag ein gleich hohes Angebot an staatlichen Leitungen und damit die Gleichwertigkeit der Lebensverhältnisse gewährleistet.[283] Die AMZ besteht nach § 6 Abs. 2 FAG aus folgenden zwei Komponenten:

- Ausgleichsmesszahl zum Ausgleich der Ländersteuern ($AMZ^L$)
- Ausgleichsmesszahl zum Ausgleich der Gemeindesteuern ($AMZ^G$).

Grundsätzlich werden zur Ermittlung beider Ausgleichsmesszahlen die Summe aller ausgleichrelevanten Ländereinnahmen und 50 v. H. aller ausgleichsrelevanten Gemeindeeinnahmen durch die Einwohnerzahl der Bundesrepublik Deutschland dividiert. Diese somit errechneten Pro-Kopf-Einnahmen werden anschließend mit den Einwohnerzahlen der jeweiligen Länder multipliziert. In diesem Verfahren gehen die Einwohner prinzipiell mit dem Faktor 1 in die Berechnung ein. Es existieren im Länderfinanzausgleich allerdings Ausnahmen. So werden im derzeit praktizierten LFA i.e.S. nach § 9 Abs. 2 FAG für die Ermittlung der Ausgleichsmesszahl zum Ausgleich der Ländersteuern für die jeweiligen Länder die Einwohner der Stadtstaaten Berlin, Bremen und Hamburg mit 135 v. H. gewertet. Im finanzwissenschaftlichen Sprachgebrauch wird dieser Vorgang als „Einwohnerveredelung" bezeichnet. In diesem Zusammenhang ist auch die Rede vom sogenannten *Stadtstaatenprivileg*. Mit Hilfe dieser Regelung sollen die strukturellen Eigenarten dieser Stadtstaaten als Hauptstädte ohne Umland berücksichtigt werden.[284]

Für die Länder ergeben sich folgende unterschiedliche $AMZ^L$:

$$(6)\ AMZ_i^L = \frac{\sum_{i=1}^{16} T_i^L}{EW_{Ges.}^*} * EW_i^* \Rightarrow \text{für Stadtstaaten}$$

283 Vgl. PEFFEKOVEN *[1987]*, S. 200.

284 Zur strukturellen Besonderheit von Stadtstaaten siehe auch VESPER *[2001]*, S. 173 f. Es geht hierbei eben nicht um die Berücksichtigung von Agglomerationskosten, wie sie beispielsweise bei ELTGES / ZARTH / JAKUBOWSKI *[2001]*, S. 323 für die Begründung der Einwohnerwertung nach § 9 Abs. 2 FAG angeführt werden.

$$(6a)\ AMZ_i^L = \frac{\sum_{i=1}^{16} T_i^L}{EW_{Ges.}^*} * EW_i \Rightarrow \text{für Flächenländer}$$

Dabei steht $EW_{Ges.}$ für die Gesamtbevölkerung, welche sich durch die besondere Gewichtung mit 135 v.H. der Einwohnerzahlen der Stadtstaaten rechnerisch ergibt. In 2001 ergab sich für $EW_{Ges.}$ eine rechnerische Größe von 84.177.538 Einwohnern gegenüber 82.163.475 „realen" Einwohnern. Da die nur die Einwohnerzahlen der Stadtstaaten mit 135 v.H. gewichtet werden, wird auch nur bei der $AMZ^L$ für Stadtstaaten die gewichtete Größe $EW_i$ berücksichtigt. Bei den Flächenländern hingegen werden die tatsächlichen Einwohnerzahlen der jeweiligen Länder ($EW_i$) verwendet.[285]

Gleichfalls werden nach § 9 Abs. 3 FAG auch die Einwohner der Gemeinden bei der Ermittlung der Ausgleichsmesszahl zum Ausgleich der Gemeindesteuern für das jeweilige Land gewichtet, gestaffelt nach Gemeindegröße bezogen auf die Einwohnerzahl. Begründet wird dieses Verfahren mit dem unterstellten höheren Finanzbedarf der Gemeinden aufgrund zunehmender Größe und Siedlungsdichte. Diese sogenannten *Ballungs-* oder *Agglomerationskosten* sollen hier ihre Berücksichtigung finden.

Folgende Staffelung der Einwohnerzahlen der Gemeinden mit den entsprechenden Gewichtungen sind im aktuellen FAG enthalten:

| | |
|---|---|
| ▪ 0 bis 5.000 Einwohner | 100 v. H., |
| ▪ die nächsten 15.000 Einwohner | 110 v. H., |
| ▪ die nächsten 80.000 Einwohner | 115 v. H., |
| ▪ die nächsten 400.000 Einwohner | 120 v. H., |
| ▪ die nächsten 500.000 Einwohner | 125 v. H., |
| ▪ die darauf folgenden Einwohner | 130 v. H.. |

285 Die Einwohnerwertung für Stadtstaaten ist wohl die am häufigsten diskutierte und kritisierte Detailregelung im LFA i.e.S. Untersuchungen mit dem Ergebnis einer berechtigten Modifizierung der Ländersteuereinnahmen bei Stadtstaaten durch Einwohnergewichtung sind unter anderem von HUMMEL / LEIBFRITZ *[1987]*, RHEINISCH-WESTFÄLISCHES INSTITUT FÜR WIRTSCHAFTSFORSCHUNG (RWI) (HRSG.) *[1999]*, HUMMEL *[2001]* vorgelegt worden. Zur Kritik an der Einwohnerwertung für Stadtstaaten siehe exemplarisch BARETTI U. A. *[2001]*, SÖLLNER *[2001a]*, PEFFEKOVEN *[1999]*, MÜNZENMAIER *[1999]*.

Zusätzlich werden bei Gemeinden mit mehr als 500.000 Einwohnern dem jeweiligen Land je nach Bevölkerungsdichte der Gemeinden zwischen 2 und 6 v. H. hinzugerechnet.[286] Für jedes Bundesland ergibt sich somit eine $AMZ^G$, welche folgenden Ausdruck hat:

$$(7)\ AMZ_i^G = \frac{\sum_{i=1}^{16} T_i^G}{EW_{Ges.}^{**}} * EW_i^{**}.$$

Beide Ausgleichsmesszahlen werden für jedes Land addiert, so dass sich eine Ausgleichsmesszahl herausbildet, welche für ein bestimmtes Bundesland einen Finanzbedarf anzeigt und dementsprechend wie folgt geschrieben werden kann:

$$(8)\ AMZ_i = \frac{\sum_{i=1}^{16} T_i^L}{EW_{Ges.}^{*}} * EW_i^{*} + \frac{\sum_{i=1}^{16} T_i^G}{EW_{Ges.}^{**}} * EW_i^{**} \Rightarrow \text{für Stadtstaaten}$$

$$(8a)\ AMZ_i = \frac{\sum_{i=1}^{16} T_i^L}{EW_{Ges.}^{*}} * EW_i + \frac{\sum_{i=1}^{16} T_i^G}{EW_{Ges.}^{**}} * EW_i^{**} \Rightarrow \text{für Flächenländer}$$

Sind Finanzkraftmesszahl und Ausgleichsmesszahl für jedes einzelne Bundesland berechnet, so werden sie im Anschluß in Relation gesetzt. Diese so bestimmten Finanzkraft-Finanzbedarf-Relationen geben Auskunft darüber, welches Bundesland nach vertikaler Primärverteilung und primärem horizontalen Finanzausgleich zusätzlich Finanzmittel auf horizontalem Wege bekommt oder welches Bundesland eine Verpflichtung erhält, anderen Bundesländern finanzielle Unterstützung zu gewähren.

### *5.2.3.3. Ausgleich zwischen Finanzkraft und Finanzbedarf*

Zahlungen von finanzstarken Bundesländern an finanzschwache Bundesländer sind die Konsequenz eines auf Umverteilung angelegten horizontalen Länderfi-

286 Siehe § 9 Abs. 3 Satz 2 FAG.

nanzausgleichs. Dabei ergibt sich eine Ausgleichspflicht (= finanzstarkes Bundesland) und eine Ausgleichsberechtigung (= finanzschwaches Bundesland) aufgrund der zuvor festgestellten Relation von Finanzkraft und Finanzbedarf. Diese relative Finanzkraft (RFK) ist die entscheidende Schlüsselgröße im Länderfinanzausgleich i.e.S.,[287] aufgrund derer ein finanzieller Ausgleich zwischen finanzstarken Bundesländern und finanzschwachen Bundesländern stattfindet, wobei eine vorliegende Finanzschwäche oder aber Finanzstärke durch eine entsprechende RFK zum Ausdruck kommt:

- $RFK_i = \frac{FKM_i}{AMZ_i} > 1 \Rightarrow$ finanzstarkes Land $\Rightarrow$ Geberland
- $RFK_i = \frac{FKM_i}{AMZ_i} < 1 \Rightarrow$ finanzschwaches Land $\Rightarrow$ Nehmerland

Die Schlüsselgröße RFK zeigt letztlich an, welches der Länder als finanzstark (= ausgleichspflichtig) eingestuft wird und folglich horizontale Transfers an finanzschwache Länder zu leisten hat. Die zu leistenden Transfers sollen dazu beitragen, den finanzschwachen Ländern zu einer relativen Finanzkraft von mindestens 95 v.H. der bundesdurchschnittlichen relativen Finanzkraft zu verhelfen. Anders ausgedrückt sorgt das Verfahren dafür, dass die Finanzkraftmesszahl eines Landes so weit durch Ausgleichszuweisungen angehoben wird, so dass sie mindestens 95 v.H. der Ausgleichsmesszahl erreicht. Die Ausgleichsbeiträge sind von den ausgleichspflichtigen Ländern zu leisten, wobei hier in Abhängigkeit der jeweiligen RFK unterschiedliche Abschöpfungsbeiträge von den Geberländern zu leisten sind. Zusammengefasst gibt Tabelle 9 wieder, welche Auffüllungs- und Abschöpfungsbereiche im LFA i.e.S. existieren und wie hoch aufgrund der gegenwärtigen Regelungen die Auffüllungs- bzw. Abschöpfungsquoten sind.

Mit den Abschöpfungsbeträgen ist das zur Verfügung stehende Ausgleichsvolumen der ausgleichspflichtigen Länder vorerst ermittelt. Das ermittelte Ausgleichsvolumen wird zur Deckung der Fehlbeträge und somit zur Angleichung der finanzschwachen Länder verwendet. Im Jahr 2001 hätten die ausgleichspflichtigen Länder somit insgesamt 7,33 Mrd. Euro zur Verfügung stellen müssen. Da es jedoch vorkommen kann, dass das benötigte Ausgleichsvolumen aufgrund einer fehlenden automatischen Harmonisierung von Beiträgen und Zuweisungen durch die Tarifgestaltung bei der Auffüllung sowie der Abschöp-

287 Vgl. HUBER / LICHTBLAU *[1997]*, S. 5.

*Tab. 9: Auffüllung und Abschöpfung im gegenwärtigen LFA i.e.S.*

| **Auffüllungsbereiche**<br>- in v.H. der AMZ - | **0 bis 92** | **92 bis 100** | |
|---|---|---|---|
| Aufzufüllender Fehlbetrag | Differenz zwischen RFK und 92 v.H. | Differenz zwischen RFK und 100 v.H. | |
| ***Auffüllungsquote*** | ***100 v.H.*** | ***37,5 v.H.*** | |
| **Abschöpfungs-bereiche**<br>- in v.H. der AMZ - | 100 bis 101 | 101 bis 110 | über 110 |
| Abzuschöpfender Überschuss | Differenz zwischen RFK und 100 v.H. | Differenz zwischen RFK und 101 v.H. | Differenz zwischen RFK und 110 v.H. |
| ***Abschöpfungsquote*** | ***15 v.H.*** | ***66 v.H.*** | ***80 v.H.*** |

fung von den ermittelten Ausgleichsbeträgen abweichen kann, werden bei Vorliegen einer Differenz die Beiträge durch einen linearen Multiplikator auf das benötigte Ausgleichsvolumen angehoben.[288]

Nach der Berechnung des sogenannten Grundausgleichs werden im Rahmen von Garantieregelungen letzte und vom Volumen her geringe Korrekturen des Länderfinanzausgleichs i.e.S. vorgenommen. Die einzelnen Ziele sowie die Maßnahmen zur notwendigen Korrektur und damit zur Einhaltung der fünf aufeinander folgenden Garantieregelungen sind in folgender Tabelle 10 enthalten.

Nachdem also auch den im Finanzausgleichsgesetz festgehaltenen Garantieregelungen Rechnung getragen worden ist, stehen die entgültigen Ausgleichsbeiträge der ausgleichspflichtigen Länder (Zahlerländer) sowie die Ausgleichszuweisungen der ausgleichsberechtigten Länder (Empfängerländer) fest. Einen Überblick zu Ausgleichsbeträgen und Ausgleichszuweisungen je Einwohner im LFA i. e. S. und somit zum Ergebnis des Verfahrens zur Bestimmung von Auffüll- bzw. Abschöpfungsbeträgen, einschließlich der Garantieregelungen, für das Jahr 2001 sind in Abbildung 23 enthalten. Insgesamt betrug das Ausgleichsvolumen des Länderfinanzausgleichs i.e.S. nach allen Korrekturmaßnahmen im Jahr 2001 ca. 7,59 Mrd. Euro.

288 Vgl. THÖNE / JACOBS *[2001]*, S. 39. Im Jahr 2001 waren 103,31 v.H. der zuvor ermittelten Beträge notwendig, um das benötigte Ausgleichsvolumen von 7,57 Mrd. Euro zu finanzieren.

*Tab. 10: Abschließende Korrektur im gegenwärtigen LFA i.e.S.*

| **A. Garantieregelung** FAG | **Zielsetzung** | **Korrekturmaßnahme** |
|---|---|---|
| (1) **Ländersteuergarantie „Empfängerländer"** § 10 Abs. 3 Satz 1 | Unter ausschließlicher Berücksichtigung der Ländereinnahmen (einschließlich Förderabgabe und nach Abzug von Hafenlasten) sowie der Zuweisungen aus dem LFA i.e.S. pro veredeltem Einwohner nach § 9 Abs. 2 FAG soll die RFK eines Empfängerlandes nach Grundausgleich nicht unter 95 v.H. der länderdurchschnittlichen Finanzkraft - ebenfalls ermittelt pro veredeltem Einwohner nach § 9 Abs. 2 FAG - liegen. | Der ermittelte Fehlbetrag wird zu 50 v.H. von allen Zahlerländern im Verhältnis und höchstens im Umfang ihrer ausgleichspflichtigen Beiträge durch eine Erhöhung der Ausgleichszuweisungen korrigiert. |
| (2) **Ländersteuergarantie „Zahlerländer"** § 10 Abs. 3 Satz 2 | Unter ausschließlicher Berücksichtigung der Ländereinnahmen (einschließlich Förderabgabe und nach Abzug von Hafenlasten) sowie der Zuweisungen aus dem LFA i.e.S. pro veredeltem Einwohner nach § 9 Abs. 2 FAG soll die RFK eines Zahlerlandes nach Grundausgleich nicht unter der länderdurchschnittlichen Finanzkraft - ebenfalls ermittelt pro veredeltem Einwohner nach § 9 Abs. 2 FAG - liegen. | Der ermittelte Fehlbetrag wird zu 25 v.H., allerdings höchstens im Umfang der von dem betreffenden Zahlerland geleisteten Beiträge, von allen Zahlerländern im Verhältnis und höchstens im Umfang ihrer ausgleichspflichtigen Beiträge aufgefüllt. |
| (3) **Vermeidung übermäßiger Belastung eines Zahlerlandes** § 10 Abs. 4 Sätze 1 u. 2 | Die Beiträge eines Zahlerlandes einschließlich möglicherweise vorangegangener Garantieleistungen sollen 15 v.H. der zwischen 100 v.H. und 101 v.H. der AMZ sowie 80 v.H. der über 101 v.H. der AMZ liegenden Finanzkraftüberschüsse nicht übersteigen. | Soweit Ausgleichsmasse vorhanden ist wird der ermittelte Fehlbetrag zu 50 v.H. von den übrigen Zahlerländern und zu 50 v.H. von allen Zahlerländern im Verhältnis und höchstens im Umfang ihrer ausgleichspflichtigen Beiträge beglichen. |
| (4) **Vermeidung übermäßiger Belastung aller Zahlerländer** § 10 Abs. 4 Satz 3 | Die Summe der von allen Zahlerländern zu leistenden Beiträge einschließlich der Garantieleistungen wegen der Ländersteuergarantie für Empfängerländer - Garantieregelung (1) - soll 15 v.H. der zwischen 100 v.H. und 101 v.H. der AMZ sowie 80 v.H. der über 101v.H. der AMZ liegenden Finanzkraftüberschüsse nicht übersteigen. | Der ermittelte Mehrbetrag wird von allen Zahler- und Nehmerländern im Verhältnis ihrer RFK und unter Berücksichtigung aller vorausgegangenen Ausgleichsbeiträge und Ausgleichszuweisungen aufgebracht. |
| (5) **Rangfolgegarantie** § 10 Abs. 5 Satz 1 | Nach Durchführung des Grundausgleichs nach § 10 Abs. 2 FAG sowie nach Anwendung der Garantieregelungen (1) bis (4) soll die vor Durchführung des Grundausgleichs nach § 10 Abs. 2 FAG bestehende Finanzkraftreihenfolge der Zahlerländer weiterhin gewahrt bleiben. | Die Ausgleichsbeiträge eines begünstigten Zahlerlandes werden heraufgesetzt bis die RFK dieses Landes der RFK des Landes entspricht, welches vor LFA den nächsthöheren Rang innehatte. Die Ausgleichsbeträge der übrigen Zahlerländer werden im Verhältnis ihrer Ausgleichsbeträge herabgesetzt. |

*Abb. 23: Länderfinanzausgleich i.e.S. im Jahr 2001[1]*

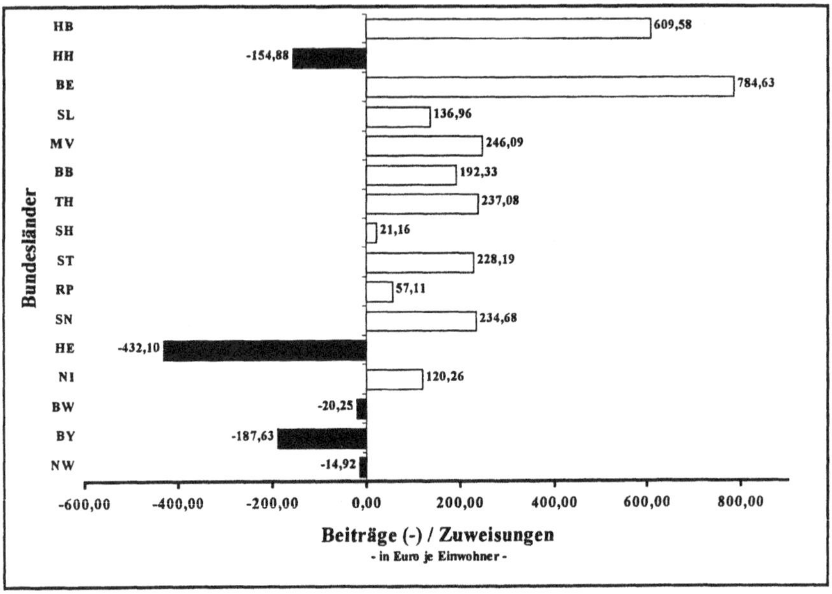


1) Nach Angleichung des Beitragsvolumen an Ausgleichvolumen, nach Garantieregelungen.

*Quelle: Bundesministerium der Finanzen, Referat V A 4, Vorläufige Abrechnung für 2001; Eigene Darstellung.*

Mit den Ausgleichszuweisungen gelingt es, finanzschwache Länder auf mindestens 95 v.H. der länderdurchschnittlichen Finanzkraft anzuheben. Dass ein finanzschwaches Land nach Länderfinanzausgleich i.e.S. auch über mehr als 95 v.H. der länderdurchschnittlichen Finanzkraft verfügen kann liegt daran, dass bei dem Verfahren existierende Differenzen zum Durchschnitt aufgefüllt werden und einzelne Länder vor der Auffüllung bereits über eine relative Finanzkraft von mehr als 92 v.H. verfügen. In Tabelle 11 kann dies für die Länder Schleswig-Holstein und Rheinland-Pfalz gezeigt werden, welche nach Länderfinanzausgleich i.e.S. die Mindestauffüllgrenze von 95 v.H. überschreiten. Im Fall des Landes Bremen kommt die Ländersteuergarantie nach § 10 Abs. 3 Satz 1 FAG zum Tragen, wonach Bremen in 2001 von den Zahlerländern zusätzlich 15 Mio. Euro erhielt und durch diesen Betrag die 95-v.H.-Grenze übersprang. Aus Tabelle 11 ist auch zu entnehmen, dass die Finanzkraftreihenfolge innerhalb der

Gruppe der Zahlerländer gewahrt bleibt, auch wenn sich die Abstände doch wesentlich verringern. Innerhalb der Gruppe der Empfängerländer sind nur leichte Veränderungen festzustellen. So überholt Bremen die Länder Rheinland-Pfalz und Niedersachsen, während mit Ausnahmen Schleswig-Holsteins alle anderen Länder lediglich gegenseitig zueinander aufschließen.

*Tab. 11: Relative Finanzkraft und Finanzkraftreihenfolge im Jahr 2001*

| **Land** | **FKM** - in Mio. € - | **AMZ** - in Mio. € - | **RFK** vor LFA i.e.S. | **Rang** | **Beitrag (-) / Zuweisung** - in Mio. € - | **RFK nach LFA** i.e.S. | **Rang** |
|---|---|---|---|---|---|---|---|
| **NW** | 41.109 | 40.411 | 101,7272 | **5** | - 269 | 101,0623 | **5** |
| **BY** | 30.650 | 27.237 | 112,5316 | **3** | - 2.298 | 104,0931 | **3** |
| **BW** | 26.566 | 23.442 | 113,3248 | **2** | - 213 | 104,2289 | **2** |
| **NI** | 15.836 | 17.673 | 89,6047 | **8** | 954 | 95,0000 | **9** |
| **HE** | 17.009 | 13.527 | 125,7436 | **1** | - 2.623 | 106,3552 | **1** |
| **SN** | 8.300 | 9.828 | 84,4573 | **12** | 1.036 | 95,0000 | **9** |
| **RP** | 8.373 | 8.988 | 93,1598 | **7** | 231 | 95,7249 | **8** |
| **ST** | 4.903 | 5.788 | 84,7208 | **11** | 595 | 95,0000 | **9** |
| **SH** | 6.039 | 6.196 | 97,4582 | **6** | 59 | 98,4114 | **6** |
| **TH** | 4.535 | 5.379 | 84,3086 | **13** | 575 | 95,0000 | **9** |
| **BB** | 4.971 | 5.759 | 86,3219 | **10** | 500 | 95,0000 | **9** |
| **MV** | 3.296 | 3.928 | 83,9009 | **14** | 436 | 95,0000 | **9** |
| **SL** | 2.114 | 2.379 | 88,8530 | **9** | 146 | 95,0000 | **9** |
| **BE** | 6.875 | 10.031 | 68,5400 | **16** | 2.654 | 95,0000 | **9** |
| **HH** | 5.544 | 5.071 | 109,3370 | **4** | - 266 | 104,0905 | **4** |
| **HB** | 1.447 | 1.931 | 74,9311 | **15** | 403 | 95,7764 | **7** |

Was das Ausgleichsvolumen betrifft, so zeigt Abbildung 24, dass dieses gerade durch die Integration der neuen Länder in den Länderfinanzausgleich im Jahre 1995 enorm vergrößert wurde. Das Volumen ab 1995 kann sicherlich einerseits als Indiz für die Finanzschwäche der neuen Länder insgesamt als andererseits auch für die durch den weiteren Anstieg des Ausgleichsvolumens nach 1995 mangelnde Angleichung der ostdeutschen Finanzkraft angesehen werden.

*Abb. 24: Ausgleichsvolumina des LFA i.e.S. 1980-2001*

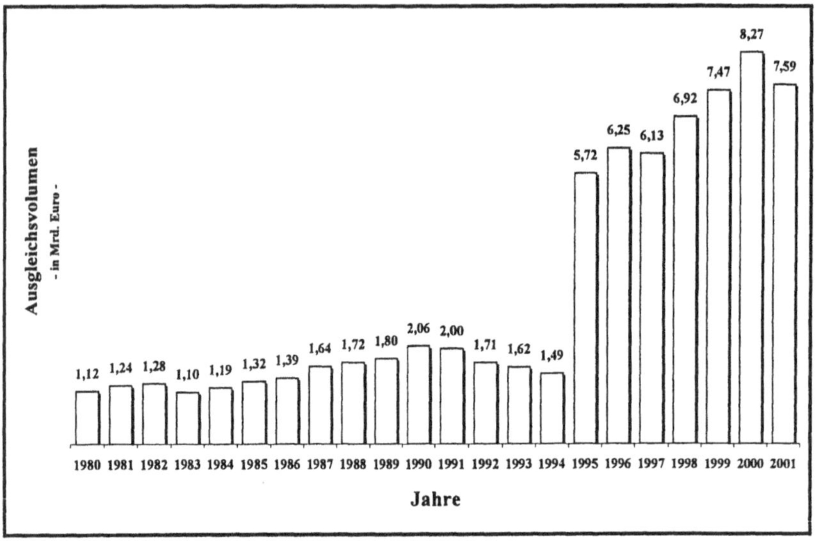


*Quelle: Bundesministerium der Finanzen (Hrsg.) [2002], S. 163 f.; Eigene Darstellung.*

Der Länderfinanzausgleich findet mit dieser Stufe zunächst seinen Abschluß. Allerdings ist damit noch nicht die Angleichung der Finanzkraft bei ausgleichsberechtigten Ländern an die länderdurchschnittliche Finanzkraft abgeschlossen. So wird im Anschluß an den Länderfinanzausgleich i.e.S. eine nach der vertikalen Primärverteilung zweite vertikale Komponente in das System des bundesstaatlichen Finanzausgleichs einbezogen, wobei der Bund Zahlungen an diejenigen Länder leistet, welche auch nach Durchführung des Länderfinanzausgleich noch eine Differenz zwischen eigener und durchschnittlicher Finanzkraft der Ländergesamtheit aufweisen.

## 5.3. Vertikale Ergänzung des Länderfinanzausgleichs i.e.S. – Die Bundesergänzungszuweisungen

Im vorherigen Abschnitt wurde beschrieben, wie finanzschwache Länder auf mindestens 95 v.H. der länderdurchschnittlichen Finanzkraft angehoben werden. Das System des LFA i.e.S. garantiert somit einerseits eine finanzielle Mindestausstattung und kann andererseits u. U. wie beim Land Schleswig-Holstein im Jahr 2001 mit einer RFK von 98,4 v.H. nach LFA i.e.S. schon zu einer nahezu vollständigen Angleichung an die länderdurchschnittliche Finanzkraft beitragen. Obgleich dieser Fall sehr selten vorkommt, wie auch Tabelle 10 belegt, ist rein systemtechnisch die Heraufsetzung aller finanzschwachen Länder auf annähernd Länderdurchschnitt im LFA i.e.S. nicht ausgeschlossen. Ob damit der Ausgleich der Finanzkraft der Länder angemessen ist, wie er in Art. 107 Abs. 2 Satz 1 GG gefordert wird, ist in der finanzwissenschaftlichen Literatur höchst umstritten. Dass jedoch eine Mindestgrenze festgelegt werden sollte, welche allerdings je nach realen und rechtlichen Einfluss-, Ziel- und Maßstabsgrößen, die den angemessenen Ausgleich näher quantifizieren, mehr oder weniger weit von einer durchschnittlichen Finanzkraft entfernt sein kann, ergibt sich aus der Forderung nach Sicherstellung des Ausgleichs bei Ausgleichsnotwendigkeit, so dass eine Mindestgrenze verfassungsrechtlich zu stabilisieren ist.[289]

Die von der Verfassung geforderte und im FAG konkretisierte Mindestauffüllung kann durch Bundesmittel ergänzt bzw. erweitert werden.[290] Somit ist verfassungsrechtlich eine zweite vertikale und zugleich abschließende Stufe der Bund-Länder-Finanzbeziehungen möglich. Gegenwärtig wird die Möglichkeit zur Fortführung der Mindestauffüllung des LFA i.e.S. durch den Bund mit sogenannten Bundes-Ergänzungszuweisungen wahrgenommen, wobei neben der Zielsetzung, den leistungsschwachen Ländern ihren allgemeinen Finanzbedarf über das garantierte Niveau von 95 v.H. des Länderdurchschnitts hinaus zu dekken, auch das Ziel einer Deckung von Finanzierungslücken bei Vorliegen besondere finanzieller Situationen (Sonderbedarfe) verfolgt wird.

Die Ermittlung von *Fehlbetrags-Bundesergänzungszuweisungen* (Fehlbetrags-BEZ) zur Deckung des allgemeinen Finanzbedarfs erfolgt unmittelbar im Anschluss an die horizontalen Ausgleichszahlungen und auch nach der gleichen Systematik. Die nach erfolgtem LFA i.e.S. noch existierenden Finanzkraftlücken zur länderdurchschnittlichen Finanzkraft werden zu 90 v.H. mit Fehlbetrags-BEZ aufgefüllt. Somit wird durch die Mindestauffüllgarantie des LFA i.e.S. in Verbindung mit Fehlbetrags-BEZ den finanzschwachen Ländern eine Aufstokkung ihrer Finanzkraft auf mindestens 99,5 v.H. der länderdurchschnittlichen Finanzkraft garantiert.[291]

Gegenüber den, vom Volumen her vorher nicht bestimmbaren, Fehlbetrags-BEZ sind die *Sonderbedarfs-Bundesergänzungszuweisungen* (Sonderbedarfs-BEZ) im Finanzausgleichsgesetz mir festen Jahresbeträgen für empfangsberechtigte Länder festgeschrieben.[292] Vier Tatbestände können Sonderbedarfs-BEZ

---

289 Vgl. HIDIEN *[1998]*, S. 375.
290 Siehe Art. 107 Abs. 2 Satz 3 GG.
291 Siehe § 11 Abs. 2 FAG.
292 Siehe § 11 Abs. 3 bis 6 FAG.

vom Bund an Länder begründen. Zur Inanspruchnahme von Bundesmitteln in Form von Sonderbedarfs-BEZ müssen Länder dabei zwei wichtige Voraussetzungen erfüllen: Ein Sonderbedarf gegenüber anderen Ländern muss begründet sein und nachgewiesen werden und es darf keine „Finanzstärke" vorliegen. Die Tatbestände sind:

- Überdurchschnittlich hohe Kosten politischer Führung und der zentralen Verwaltung („Kosten der Administration");
- Teilungsbedingte Sonderlasten sowie unterproportionale kommunale Finanzkraft in den neuen Ländern;
- Überproportionale Belastungen in den alten Ländern;
- Vorliegen einer extremen Haushaltsnotlage.

Während die Jahresbeträge zum Ausgleich überdurchschnittlicher Kosten politischer Führung und zum Ausgleich teilungsbedingter Sonderlasten und unterproportionaler kommunaler Finanzkraft in den neuen Länder feststehende Jahresbeträge sind, verringern sich die Jahresbeträge zum Ausgleich überproportionaler Belastungen in den alten Ländern linear um jährlich 10 v.H. des Ausgangsbetrages im Jahr 1995 sowie die Jahresbeträge zur Haushaltssanierung der empfangsberechtigten Länder Bremen und Saarland im Rahmen des festgeschriebenen Zahlungsverlaufs in § 11 FAG (auch Tabelle 12). Bis auf die Sonderbedarfs-BEZ zur Haushaltssanierung, welche an besondere Auflagen geknüpft sind und nur in einem sehr begrenzten Spielraum alternativ verwendet werden dürfen, fließen sämtliche BEZ als zweckungebundene Mittel den entsprechenden Ländern zur Deckung ihrer Ausgaben zu.[293]

Durch die Verabschiedung des Solidarpaktfortführungsgesetzes im Dezember 2001 sind die Jahresbeträge zum Ausgleich teilungsbedingter Sonderlasten und unterproportionaler kommunaler Finanzkraft in den neuen Ländern mit den zur Verfügung stehenden jährlichen Mitteln im Rahmen des Investitionsförderungsgesetzes „Aufbau Ost" für den Zeitraum 2002 bis 2004 verschmolzen worden und werden ab dem Jahr 2005 im Rahmen des Solidarpaktes II weitergeführt.[294] Damit ergibt sich bis 2004 ein jährliches Volumen in Höhe von 10,5

293 Die Sonderbedarfs-BEZ zur Haushaltssanierung sind zunächst ausschließlich zur Schuldentilgung zu verwenden. Die durch den Abbau der Verschuldung entstehende Zinsersparnis kann dann entweder für weiteren Schuldenabbau oder aber für ausschließlich wirtschaftskraftfördernde Landesinvestitionen verwendet werden. Die bislang einzigen empfangsberechtigten Länder Bremen und Saarland haben seit 1994 daher unterschiedliche Strategien verfolgt. Siehe dazu auch bei HICKEL *[1998]*, S. 46 f.

294 Siehe hierzu die Übersicht in Kap. 3.4.3. auf S. 85 sowie auch die Erläuterungen zum reformierten Länderfinanzausgleich in Kap. 7.

Mrd. Euro und somit ein Anteil von über 80 v.H. des Gesamtvolumens an Sonderbedarfs-BEZ allein für Sonderbedarfs-BEZ, welche ausnahmslos an die neuen Länder geleistet werden.

*Tab. 12:Sonderbedarfs-Bundesergänzungszuweisungen 1995-2004*

| | | | | | | | | | | |
|---|---|---|---|---|---|---|---|---|---|---|
| | | | | | ***S-BEZ „Kosten der Administration" - in Mio. Euro -*** | | | | | |
| **Land** | **1995** | **1996** | **1997** | **1998** | **1999** | **2000** | **2001** | **2002** | **2003** | **2004** |
| RP | 112 | 112 | 112 | 112 | 112 | 112 | 112 | 112 | 112 | 112 |
| ST | 84 | 84 | 84 | 84 | 84 | 84 | 84 | 84 | 84 | 84 |
| SH | 84 | 84 | 84 | 84 | 84 | 84 | 84 | 84 | 84 | 84 |
| TH | 84 | 84 | 84 | 84 | 84 | 84 | 84 | 84 | 84 | 84 |
| BB | 84 | 84 | 84 | 84 | 84 | 84 | 84 | 84 | 84 | 84 |
| MV | 84 | 84 | 84 | 84 | 84 | 84 | 84 | 84 | 84 | 84 |
| SL | 78 | 78 | 78 | 78 | 78 | 78 | 78 | 78 | 78 | 78 |
| BE | 112 | 112 | 112 | 112 | 112 | 112 | 112 | 112 | 112 | 112 |
| HB | 64 | 64 | 64 | 64 | 64 | 64 | 64 | 64 | 64 | 64 |
| ***Summe*** | ***786*** | ***786*** | ***786*** | ***786*** | ***786*** | ***786*** | ***786*** | ***786*** | ***786*** | ***786*** |
| | | | | | ***S-BEZ „Neue Länder"[a] - in Mio. Euro -*** | | | | | |
| **Land** | **1995** | **1996** | **1997** | **1998** | **1999** | **2000** | **2001** | **2002** | **2003** | **2004** |
| SN | 1.870 | 1.870 | 1.870 | 1.870 | 1.870 | 1.870 | 1.870 | 2.752 | 2.752 | 2.752 |
| ST | 1.129 | 1.129 | 1.129 | 1.129 | 1.129 | 1.129 | 1.129 | 1.661 | 1.661 | 1.661 |
| TH | 1.027 | 1.027 | 1.027 | 1.027 | 1.027 | 1.027 | 1.027 | 1.510 | 1.510 | 1.510 |
| BB | 1.015 | 1.015 | 1.015 | 1.015 | 1.015 | 1.015 | 1.015 | 1.493 | 1.493 | 1.493 |
| MV | 756 | 756 | 756 | 756 | 756 | 756 | 756 | 1.113 | 1.113 | 1.113 |
| BE | 1.361 | 1.361 | 1.361 | 1.361 | 1.361 | 1.361 | 1.361 | 2.003 | 2.003 | 2.003 |
| ***Summe*** | ***7.158*** | ***7.158*** | ***7.158*** | ***7.158*** | ***7.158*** | ***7.158*** | ***7.158*** | ***10.533*** | ***10.533*** | ***10.533*** |
| | | | | | ***S-BEZ „Alte Länder" - in Mio. Euro -*** | | | | | |
| **Land** | **1995** | **1996** | **1997** | **1998** | **1999** | **2000** | **2001** | **2002** | **2003** | **2004** |
| NI | 259 | 233 | 207 | 181 | 156 | 130 | 104 | 78 | 52 | 26 |
| RP | 231 | 208 | 184 | 161 | 138 | 115 | 92 | 69 | 46 | 23 |
| SH | 116 | 104 | 93 | 81 | 70 | 58 | 46 | 35 | 23 | 12 |
| SL | 41 | 37 | 33 | 29 | 25 | 20 | 16 | 12 | 8 | 4 |
| HB | 41 | 37 | 33 | 29 | 25 | 20 | 16 | 12 | 8 | 4 |
| ***Summe*** | ***688*** | ***619*** | ***550*** | ***481*** | ***413*** | ***344*** | ***275*** | ***206*** | ***138*** | ***69*** |
| | | | | | ***S-BEZ „Haushaltsnotlage"[b] - in Mio. Euro -*** | | | | | |
| **Land** | **1995** | **1996** | **1997** | **1998** | **1999** | **2000** | **2001** | **2002** | **2003** | **2004** |
| SL | 614 | 614 | 614 | 614 | 614 | 537 | 460 | 383 | 307 | 256 |
| HB | 920 | 920 | 920 | 920 | 920 | 818 | 716 | 614 | 511 | 358 |
| ***Summe*** | ***1.534*** | ***1.534*** | ***1.534*** | ***1.534*** | ***1.534*** | ***1.355*** | ***1.176*** | ***997*** | ***818*** | ***614*** |

a) Ab 2002 bis 2004 einschließlich der bis 2001 zur Verfügung gestandenen Mittel nach IFG „Aufbau Ost".

b) Die erste Tranche wurde bereits im Jahr 1994 an Bremen (920 Mio. Euro) und das Saarland (614 Mio. Euro) überwiesen.

*Quelle: Bundesministerium der Finanzen; Eigene Berechnungen.*

Wie bereits erwähnt steht dem Gesetzgeber die Möglichkeit offen, nach erfolgtem LFA i.e.S. noch existierende Finanzkraftlücken bis nahe an den Länderdurchschnitt mit Bundesmitteln auf vertikalem Wege aufzufüllen. Der Art. 107 Abs. 2 Satz 3 GG sieht allerdings ausdrücklich vor, dass diese Mittel nur ergänzende Bestandteile eines Finanzkraftausgleichs sein sollen und insofern nur subsidiären Charakter besitzen.[295]

Ein Vergleich des Volumens im Länderfinanzausgleich mit dem der Bundesergänzungszuweisungen ergibt jedoch ein etwas anderes Bild, wie auch Tabelle 13 für die Jahre 2000 und 2001 zeigt.

*Tab. 13: Volumina des horizontalen FA sowie der BEZ im Vergleich*

| | **2000** | **2001** |
|---|---|---|
| **Ausgleichsstufe** | **- in Mio. Euro -** | |
| ***Steuerzerlegung*** | ***9.294*** | ***11.314*** |
| KSt-Zerlegung | 991 | 1.746 |
| LSt-Zerlegung | 6.398 | 7.116 |
| Zinsabschlag-Zerlegung | 1.905 | 2.452 |
| ***Umsatzsteuerausgleich*** | ***8.691*** | ***7.849*** |
| ***LFA i.e.S.*** | ***8.273*** | ***7.589*** |
| ***Bundesergänzungszuweisungen*** | ***13.339*** | ***12.637*** |
| Fehlbetrags-BEZ | 3.696 | 3.242 |
| Sonderbedarfs-BEZ | 9.643 | 9.395 |

*Quelle: Bundesministerium der Finanzen (Hrsg.) [2002], S. 164 f.; Statistisches Bundesamt.*

Es lässt sich also zeigen, dass auf horizontalem Wege der Umsatzsteuerausgleich durch die bereits vor LFA i.e.S. einsetzende Umverteilung im Rahmen der Umsatzsteuerverteilung stets ein höheres Volumen annimmt als die eigentliche redistributive Komponente der Finanzbeziehungen auf Länderebene: der Länder-

295 Vgl. PEFFEKOVEN *[1987]*, S. 215. Das Bundesverfassungsgericht hat in seinem Urteil vom 11. September 1999 deutlich darauf hingewiesen, dass die Ermächtigung zu Bundesergänzungszuweisungen nach Art. 107 Abs. 2 Satz 3 GG zwar einen abschließenden *ergänzenden* Ausgleich aus Bundesmitteln erlaubt, dieser allerdings weder die primäre Steuerverteilung (vertikale Steuerertragsverteilung) zwischen Bund und Länderebene noch den horizontalen Finanzausgleich *ersetzen* oder *überlagern* darf. Siehe BVerfGE 101, 158 (329).

finanzausgleich i.e.S.[296] Aber noch viel interessanter ist die Tatsache, dass die Bundesergänzungszuweisungen stets nahezu in doppelter Höhe gegenüber dem Volumen im LFA i.e.S. an finanzschwache Länder transferiert werden. Eine Situation, welche mit einer ergänzenden Maßnahme zur Anhebung der Finanzkraft eines finanzschwachen Landes eher nicht mehr in Verbindung zu bringen ist.

Dass das Verhältnis von Bundesergänzungszuweisungen zum Volumen des LFA i.e.S. rückläufig ist liegt daran, dass die Sonderbedarfs-BEZ für die alten Länder sowie für Haushaltssanierung degressiv ausgestaltet sind und zunächst im Jahr 2004 letztmalig an die empfangsberechtigten Länder überwiesen werden. Aber auch ohne diese zeitliche befristeten BEZ wäre beispielsweise im Jahr 2001 das Volumen der BEZ mit fast 11,2 Mrd. Euro wesentlich höher gewesen als das Volumen des LFA i.e.S. mit 7,6 Mrd. Euro.

Insgesamt werfen die Bundesergänzungszuweisungen in der gegenwärtigen Form erhebliche Probleme auf. Das Volumen der BEZ ist sicherlich zu kritisieren und auch zu überprüfen, auch wenn das Bundesverfassungsgericht eingesteht, dass die Regelung des Art. 107 Abs. 2 Satz 3 GG es erforderlich machen kann, dass BEZ in einer Höhe bereitgestellt werden, welche nicht geringfügig ist.[297] Grundsätzlich ist die Vergabepraxis der Sonderbedarfs-BEZ zu überdenken.

## 5.4. Grundzüge des Finanzausgleichs zwischen Länder- und Gemeindeebene

Nach der Betrachtung der Bund-Länder-Finanzbeziehungen einschließlich der horizontalen Ausgleichsregelungen zum LFA i.e.S. sowie der abschließenden vertikalen Korrektur des Verteilungsergebnisses durch Bundesergänzungszuweisungen werden in diesem Abschnitt die Länder-Gemeinden-Finanzbeziehungen näher betrachtet. Dabei kann gezeigt werden, dass die kommunalen Haushalte über die Mechanismen der Steuerverbundwirtschaft zwischen Länder- und Gemeindeebene mit den Länderhaushalten durch „kommunizierende Röhren" miteinander verbunden sind. Sowohl positive als auch negative Entwicklungen bei den Steueraufkommen der Länder wirken sich umgehend auch auf die Haus-

296 Hier soll nur noch mal darauf verwiesen werden, dass die Differenz zwischen Verteilung des Länderanteils am Gesamtumsatzsteueraufkommen zu 100 v.H. nach Einwohner für ein Bundesland und der tatsächlichen Zuweisung für ein Bundesland in der Summe aller Bundesländer als Umsatzsteuerausgleich bezeichnet wird.

297 Vgl. BVerfGE 101, 58, (330). Hier akzeptiert das Bundesverfassungsgericht auch ein *beträchtlichen* Volumens der Bundesergänzungszuweisungen gegenüber dem Länderfinanzausgleich als Folge einer Berücksichtigung von Sonderlasten. Siehe auch BVerfGE 72, 330 (403, 419 f.).

haltsvolumina der Gemeinden aus. Weitergehend ist auch zu berücksichtigen, dass die Gemeindehaushalte sogar von finanzwirtschaftlichen Entwicklungen abhängig sind, welche durch Maßnahmen hervorgerufen werden, die ausschließlich zwischen Bund und Ländern vereinbart werden und auf den ersten Blick eine Beeinflussung der gemeindlichen Haushaltssituation nicht induzieren.

Die Finanzverfassung gibt in Art. 106 Abs. 7 GG den Ländern den Auftrag, ihren jeweiligen Gemeinden eine ausreichende Finanzausstattung zur Verfügung zu stellen. Diese Regelung gilt mithin als Indiz für die grundsätzliche Verantwortung der Länder, ihren Gemeinden und Gemeindeverbänden eine finanzielle Grundlage zur Wahrnehmung der nach Art. 28 Abs. 2 GG der Gemeindeebene zugestandenen kommunalen Selbstverwaltung sicher zu stellen. Aus dieser Verantwortung heraus lässt sich auch die Tatsache ableiten, dass die Gemeindeebene bei Verhandlungen über Änderungen der Beteiligungsverhältnisse am Aufkommen der Umsatzsteuer nicht unmittelbar beteiligt wird.[298]

Neben den Gemeindeanteilen an den Gemeinschaftsteuern und den reinen Gemeindesteuern fließen den Gemeinden und Gemeindeverbänden steuerliche Einnahmen im Rahmen der jeweils geltenden kommunalen Finanzausgleichsgesetze von den entsprechenden Ländern zu. Verfassungsrechtlich sind die Länder dazu verpflichtet, einen von der Landesgesetzgebung zu bestimmenden Hundertsatz vom Länderanteil am Aufkommen an den Gemeinschaftsteuern an ihre Gemeinden und Gemeindeverbände zu entrichten.[299]

In diesem *obligatorischen Steuerverbund* zwischen Ländern und ihren Gemeinden können zwar die Verbundgrundlagen (Länderanteile an ESt, KSt und USt) durch die Länderkompetenz nicht manipuliert werden, sehr wohl aber die Quoten (Verbundsätze) der, den Gemeinden zufließenden, obligatorischen Steuerverbundanteile.[300]

Das Grundgesetz eröffnet den Ländern neben dem obligatorischen Steuerverbund weiterhin die Möglichkeit, ihre Gemeinden an den Aufkommen an den Ländersteuern zu beteiligen.

Dieser sogenannte *fakultative Steuerverbund* zwischen Ländern und ihren Gemeinden ist an keine verfassungsrechtliche Beschränkung gebunden, so dass die jeweilige Landesgesetzgebung unabhängig über die Aufnahme von Lan-

---

298 Vgl. LENK *[2001]*, S. 57.

299 Siehe Art. 106 Abs. 7 Satz 1 GG.

300 Die Länder verfügen dazu über die Kompetenz, die individuellen Verbundsätze festzulegen. Vgl. FEHR / TRÖGER *[2002]*, S. 611. Schon dadurch ergibt sich eine Möglichkeit für Landesregierungen, Finanzprobleme der Länder durch Reduzierung der Quoten im obligatorischen Steuerverbund „nach unten“ abzuwälzen. Vgl. dazu KARRENBERG / MÜNSTERMANN *[2002]*, S. 21.

dessteuern in einen fakultativen Verbundgrundlagenkatalog sowie deren Aufkommensverteilung zwischen Landes- und Gemeindeebeben entscheiden kann.[301]

*Tab. 14: Steuerverbundwirtschaft zwischen alten Flächenländern und ihren Gemeinden im Jahr 2002*

| Bundesland | Obligatorischer Steuerverbund | | | Fakultativer Steuerverbund | | | | | |
|---|---|---|---|---|---|---|---|---|---|
| | ESt | KSt | USt | GewSt-Umlage | KfzSt | GrESt | VSt[1)] | LFA[2)] | Andere Landessteuern |
| | - Verbundquoten in v.H. - | | | - Verbundquoten in v.H. - | | | | | |
| NW | 23 | 23 | 23 | ---- | ---- | 23[3)] | ---- | ---- | ---- |
| BY | 11,54 | 11,54 | 11,54 | 11,54 | 65 | 38 | ---- | 11,54 | ---- |
| BW | 23 | 23 | 23 | 23 | 23,39 | 55,5 | ---- | 23 | ---- |
| NI | 17,01 | 17,01 | 17,01 | ---- | 17,01 | 33[4)] | 17,01 | 17,01 | 17,01 |
| HE | 23 | 23 | 23 | 23 | 23 | 23 | 23 | 23 | ---- |
| RP | 21 | 21 | 21 | ---- | 21 | ---- | 21 | 21 | 21[5)] |
| SH | 19,78 | 19,78 | 19,78 | ---- | 19,78 | 19,78 | 19,78 | 19,78 | 19,78 |
| SL | 20 | 20 | 20 | ---- | 20 | 20[6)] | 20 | 20[7)] | 20 |

1) Restaufkommen der seit 01.01.1997 ausgesetzten Vermögensteuer.
2) Einschließlich Bundesergänzungszuweisungen (F-BEZ, S-BEZ).
3) Beteiligung der Gemeinden/Gemeindeverbände nur an vier Siebteln am Aufkommen aus der GrESt. Der effektive Verbundsatz beträgt daher nur 13,143 v.H.
4) Beitrag wird direkt der Kreisschlüsselmasse zugewiesen.
5) Vom Aufkommen der ab 01.01.1996 entstandenen Erbschaft- und Schenkungsteuer fließen nur 32,65 v.H. in die Verbundmasse.
6) Vom Aufkommen aus der GrESt fließen 32,65 v.H. direkt an die Gemeinden/Gemeindeverbände. Das restliche Aufkommen wird nach der Verbundquote aufgeteilt.
7) Neben den Zuweisungen aus dem LFA werden nur die Übergangs-BEZ in der Verbundmasse berücksichtigt.

*Quelle: Karrenberg / Münstermann [2002], S. 26.*

301 Siehe Art. 106 Abs. 7 Satz 2 GG.

Die Tabellen 14 und 15 für die alten und neuen Flächenländer zeigen, dass im obligatorischen Steuerverbund die Beteiligungssätze in den Flächenländern durchaus variieren. Dies auch deshalb, da der kommunale Finanzausgleich ein System darstellt, welches den Handlungsspielraum der Länder widerspiegelt und daher von Land zu Land unterschiedliche Detailregelungen entstehen.

*Tab. 15: Steuerverbundwirtschaft zwischen neuen Flächenländern und ihren Gemeinden im Jahr 2002*

| Bundesland | Obligatorischer Steuerverbund | | | Fakultativer Steuerverbund | | | | |
|---|---|---|---|---|---|---|---|---|
| | **ESt** | **KSt** | **USt** | **Landessteuern** | **LFA** | **F-BEZ** | **S-BEZ „Neue Länder"** | **S-BEZ „KPF"[1)]** |
| | - Verbundquoten in v.H. - | | | - Verbundquoten in v.H. - | | | | |
| **SN** | 25,799 | 25,799 | 25,799 | 25,799 | 25,799 | ---- | 25,799 | ---- |
| **ST** | 24 | 24 | 24 | 23 | 23 | 23 | 26,3 | --- |
| **TH** | 23 | 23 | 23 | 23 | 23 | 23 | 40 | ---- |
| **BB** | 25 | 25 | 25 | 25 | 25 | 25 | 25 | ---- |
| **MV** | 26,99 | 26,99 | 26,99 | 26,99 | 26,99 | 26,99 | 26,99 | ---- |

1)Sonderbedarfs-Bundesergänzungszuweisungen „Kosten politische Führung".

*Quelle: Karrenberg / Münstermann [2002], S. 40.*

Während noch eine Vergleichbarkeit der obligatorischen Verbundanteile gegeben ist, so ist dies im Bereich des fakultativen Steuerverbunds nahezu unmöglich, da hier die Verbundgrundlagen von Land zu Land unterschiedlich sind. So beteiligen in der Gruppe der alten Länder nur Bayern, Baden-Württemberg und Hessen ihre Gemeinden an den Ländereinnahmen aus der Gewerbesteuerumlage, welche vormals von den Gemeinden an die Länderebene geflossen ist. Rheinland-Pfalz beteiligt seine Gemeinden nicht am Aufkommen aus der Grunderwerbsteuer und beschränkt den zu verteilenden Verbundanteil aus der Erbschaft- und Schenkungssteuer auf 32,65 v.H. Dagegen bezieht Schleswig-Holstein sämtliche Landessteuern in vollem Umfang mit ein, ähnlich wie die Gruppe der neuen Länder. Für den Bereich der Zahlungen im Rahmen des Länderfinanzausgleichs i.e.S. ergibt sich ein noch differenzierteres Bild. Alle finanzschwachen alten Bundesländer beteiligen ihre Gemeinden mit unterschiedlichen Quoten an den Zuweisungen aus dem LFA i.e.S., während die finanzstarken Bundesländer, wiederum mit Ausnahme Nordrhein-Westfalens, ihre Gemeinden an den Belastungen, die sich aus den Ausgleichszahlungen an finanzschwache Bundesländer ergeben, beteiligen. Soweit alte Bundesländer Bundesergänzungszuweisungen erhalten, wird die jeweilige Gemeindeebene an Zuweisungen beteiligt. Einzig das Saarland stellt nur einen Anteil aus Übergangs-BEZ zur Verfügung.

Alle neuen Bundesländer beteiligen ihre Gemeindeebenen neben den Aufkommen aus den Gemeinschaftsteuern an den Landessteuern und den Zuweisungen aus dem LFA i.e.S. Hinzu kommen Beteiligungen der Gemeindeebenen im fakultativen Steuerverbund an den Sonderbedarfs-BEZ sowie, ausgenommen die sächsischen Gemeinden, an den Fehlbetrags-BEZ. Die BEZ zur Mitfinanzierung überproportionaler Kosten der politischen Führung sind in keinem neuen Bundesland in der fakultativen Verbundwirtschaft enthalten.

In den alten Bundesländern beträgt der Anteil des Steuerverbundes zwischen Ländern und Gemeinden (obligatorisch und fakultativ) innerhalb des kommunalen Finanzausgleich 71 v.H., die restlichen 29 v.H. werden durch weitere Bundes- und Landesmittel zugewiesen. In den neuen Ländern ist der Anteil der Steuerverbundwirtschaft etwas geringer (64,3 v.H.) und entsprechend der Anteil aus zusätzlichen Bundes- und Landesmitteln mit 35,7 v.H. etwas höher.[302]

Es lässt sich hier bereits qualitativ zeigen, wie sehr bundesgesetzliche Veränderungen, insbesondere im Bereich der Verbundsteuern, auf die Kommunalhaushalte „durchschlagen" können, wobei die Länder nicht minder von Steuerrechtsänderungen berührt werden. Eine ganz besondere Qualität dieser steuerlichen Verknüpfung von Kommunalhaushalten und der Finanzsituation der Länder rückt dann in den Blickpunkt, wenn die Möglichkeiten innerhalb der Steuerverbundwirtschaft genutzt werden, Lasten zu überwälzen, was wiederum durch die schwache föderale Stellung der Gemeinden gefördert wird.

Nach der vorherrschenden staatsrechtlichen Auffassung sind die Gemeinden abhängige Subeinheiten der jeweiligen Länder. Ihnen kommt jedoch im föderalen Verwaltungsaufbau gerade im Bereich der Daseinsvorsorge eine enorme Bedeutung zu. Ausgehend von der Grundüberzeugung, dass die kommunale Bereitstellung von staatlichen Leistungen vor dem Hintergrund des Subsidiaritätsgedankens eine wesentliche Grundlage für die Stabilität des „Bündnisgebietes" insgesamt darstellt, ist diese, besonders von den Gemeinden selbst als zu stark empfundene, Abhängigkeit, sowohl von den Ländern als auch vom Bund, zu verringern. Diese Forderung nach mehr Subsidiarität und mehr Eigenständigkeit

302 Vgl. KARRENBERG / MÜNSTERMANN *[2002]*, S. 38.

der untergeordneten Einheiten wird mit einer quantitativen Analyse von Steuerrechtsänderungen und den dadurch induzierten Einnahmewirkungen in Kap. 8.3. noch untermauert.

# 6. Wesentliche Reformanforderungen an eine aufgabengerechte Einnahmenverteilung

In den vorangegangenen Abschnitten sind die gegenwärtigen Beziehungen aller drei Staatsebenen untereinander im Aufgaben- und Einnahmenbereich beschrieben und bereits einer kritischen Prüfung unterzogen worden. In diesem Kapitel erfolgt nun eine Beschreibung eines Anforderungskataloges, welcher die Grundlage darstellen soll für eine rationale Verteilung der stattlichen Aufgaben und staatlichen Einnahmen und hauptsächlich auf den beiden Säulen Allokation und Distribution aufbaut. Hierbei kommt es darauf an, ökonomische und gesellschaftliche Ziele miteinander zu verbinden und grundsätzlich akzeptierbare Forderungen für das Funktionieren eines föderal gestalteten Staatssystems aufzustellen. Dabei ist stets zu berücksichtigen, dass sich sowohl die staatliche Aufgabenverteilung als auch die staatliche Einnahmenverteilung permanent zwischen der durch das Grundgesetz geschützten Länderautonomie und damit der finanzwirtschaftlichen Trennung zwischen Bund und Ländern einerseits als auch der im Grundgesetz verankerten vertikalen Solidarität zwischen Bund und Ländern und der horizontalen Solidarität innerhalb der Länderebene bewegt.[303]

## 6.1. Anreize als Voraussetzung für föderale Allokationseffizienz

Auf einem Markt für Güter und Dienstleistungen entsteht durch das Zusammenspiel von Angebot und Nachfrage für jedes produzierte und gehandelte Gut ein Preis, welcher die relative Knappheit eines jeden Gutes widerspiegelt. Gleichzeitig wird durch den Preis auch die eingeschränkte Verfügbarkeit der für die Güterproduktion eingesetzten Ressourcen signalisiert.

303 In gleicher Weise kommt die beschriebene Polarität zwischen Autonomie und Solidarität auch in den Beziehungen zwischen einem Land und seinen zugehörigen Gemeinden zum Tragen. Eine gewisser Grad an Autonomie wird durch Art. 28 Abs. 2 GG im Rahmen der Selbstverwaltung den Gemeinden zugestanden. Siehe dazu auch KREUDER *[1997]*, S. 31. Der solidarische Charakter der Länder-Gemeinden-Beziehungen kommt hingegen in den länderspezifischen Regelungen zum kommunalen Finanzausgleich zum Ausdruck.

Idealerweise bewirken die Signalwirkungen der Preise einen im ökonomischen Sinne optimalen Einsatz der knappen Ressourcen in ihre volkswirtschaftlich bestmöglichen Verwendungsmöglichkeiten.[304]

Aus Sicht der Unternehmen am Markt geben Preise nicht nur den Grad der Knappheit von Ressourcen an. Privatwirtschaftliche Unternehmen werden bei nachfrageinduzierten Preisänderungen auch ihre Investitionsentscheidungen auf die Produktion und den damit entsprechenden Ressourcenverzehr auslegen, welche der von den Nachfragern ausgedrückten Wertschätzung entspricht. Die Erreichung von Gewinn- und/oder Umsatzmaximierung als unternehmerische Ziele können durch einen optimalen Ressourceneinsatz unterstützt werden. Insofern kann der Preismechanismus als Anreizinstrument für privatwirtschaftliche Unternehmen angesehen werden, wenn der Umgang und Verbrauch von knappen Ressourcen im Sinne einer volkswirtschaftlichen Gesamtbetrachtung optimiert werden soll.

Im Bereich der Bereitstellung staatlicher Leistungen gilt es ebenfalls, den Ressourcenverzehr zu optimieren und somit zu einer effizienten Allokation beizutragen. Hierbei ist es unter anderem erforderlich, dass die mit einer bestimmten Aufgabenwahrnehmung beauftragte Gebietskörperschaft ähnlich wie privatwirtschaftliche Unternehmen Signale erhält , um eine staatliche Leistung mit optimalem Ressourcenverbrauch einer bestehenden Nachfrage anzupassen. Während bei staatlichen privaten Gütern diese erforderliche Signalwirkung von Gebühren und Beiträgen als annähernd nutzenäquivalente Entgelte ausgehen kann, sind bei öffentlichen Gütern aufgrund der fehlenden Exklusionsmöglichkeit sowie mangelnder Rivalität im Konsum keine Signale in Form von „Preisen“ bzw. nutzenäquivalenten Entgelten zu erwarten.[305]

Sind es bei privatwirtschaftlichen Unternehmen letztlich Gewinn- und/oder Umsatzmaximierung als unternehmerische Ziele, welche Anreize ausüben, mit knappen Ressourcen einer bestimmten Nachfrage durch optimalen Einsatz der Produktionsfaktoren zu begegnen, so benötigen Gebietskörperschaft ebenfalls Anreize, welche zur optimalen Allokation beitragen können. Dabei sind zunächst hauptsächlich finanzielle Anreize von der Einnahmenseite her gemeint, welche

304 Die Signalwirkung ist allerdings unter zwei Voraussetzungen erst gegeben. Zum einen darf es sich nicht um ein öffentliches Gut handeln, da hierdurch der Markt vollständig versagen und somit überhaupt kein Preis entstehen würde. Zum anderen dürfen die in der Produktion eingesetzten Ressourcen keine freien Güter sein, da hierdurch der Ressourcenverzehr nicht oder nur unzureichend in der Preisbildung enthalten wäre.

305 Hier soll noch mal auf die in Kap. 3.2. beschriebenen besonderen Eigenschaften von privaten und öffentlichen Gütern und deren Einteilungskriterien hingewiesen werden.

Gebietskörperschaften zu wirtschaftspolitischen Aktivitäten veranlassen sollen.[306]

In einem föderalen Staatsystem unter Anwendung eines strikten Steuertrennsystems erstrecken sich die einnahmepolitischen Handlungsspielräume der einzelnen Gebietskörperschaften auf das gesamte Spektrum der einnahmepolitischen Handlungsparameter. Einnahmepolitik, insbesondere Steuerpolitik, findet somit durch die Ausnutzung von Kompetenzen in den Bereichen Steuerfindung und Steuerausgestaltung (Gesetzgebung) sowie Steuerquellenpflege statt.[307]

Je weniger die Ausnutzung von Kompetenzen im Bereich der Steuerfindung und Steuerausgestaltung für Gebietskörperschaften möglich ist, desto stärker tritt unter alleiniger Berücksichtigung der Einnahmenseite die Steuerquellenpflege in den Vordergrund. Hierbei sind zwei Aspekte der Steuerquellenpflege zu berücksichtigen.[308]

### *6.1.1. Ausschöpfung vorhandener Steuerquellen*

Bei allen Schwierigkeiten, ein potentielles Steueraufkommen zu ermitteln, sollte einer Gebietskörperschaft stets daran gelegen sein, das vorhandene steuerliche Potential vollständig zu erfassen und abzuschöpfen. Ist dies über steuerpolitische Maßnahmen in Form von Steuersatzänderungen oder Änderungen der Bemessungsgrundlagen aufgrund mangelnder Kompetenzen nicht möglich, so kann eine Gebietskörperschaft zumindest im Rahmen ihrer Verwaltungskompetenz durch Erhöhung der Prüfungs- und Kontrollintensität das tatsächliche Steueraufkommen maximieren. Da in der Bundesrepublik Deutschland für die Bundesländer kein eigenständiger Handlungsspielraum für Steuersatzänderungen oder Änderungen der Bemessungsgrundlagen zur Verfügung steht und die Gemeinden nur bedingt Einfluss auf das Steueraufkommen durch Anwendung von Hebesätzen haben, ergibt sich hier nur ein Freiraum zur Erhöhung von Steueraufkommen im Bereich der Steuerverwaltung.[309]

---

306 In der Literatur werden häufig negative Anreizwirkungen, insbesondere durch die Regelungen des Länderfinanzausgleichs, unterstellt. Vgl. dazu beispielsweise SÖLLNER *[2001b]*, S. 186 ff., BARETTI / HUBER / LICHTBLAU *[2001]*, S. 39 f., BERTHOLD / DREWS / THODE *[2001]*, S. 124 f.

307 Vgl. THÖNE / JACOBS *[2001]*, S. 50.

308 In starker Anlehnung an die Darstellung und Beschreibung der Aspekte bei THÖNE / JACOBS *[2001]*, S. 50 f.

309 Vgl. SÖLLNER *[2001b]*, S. 189. Da nach Art. 108 Abs. 2 GG alle Steuern mit Ausnahme der Zölle, Finanzmonopole, bundesgesetzlich geregelte Verbrauchsteuern einschließlich der Einfuhrumsatzsteuer und der EG-Abgaben durch die Landesfinanzbehörden verwaltet und die Gemeinden finanzwirtschaftlich zu den Ländern

Besteht die Möglichkeit für eine Gebietskörperschaft, mit den steuerlichen Mehreinnahmen $\partial T_i$, welche aus einer Erhöhung der Kontrollintensität $\partial A_i^T$ resultieren, die eigene Einnahmensituation zu verbessern, wird sie konsequenterweise entsprechende Aktivitäten hervorbringen. Die unterstellte Abhängigkeit von Steueraufkommen und Ausgaben für die Steuerverwaltung einer beliebigen Gebietskörperschaft $i$ kann in Gleichungsform gebracht werden, so das gelten soll:

$$(1)\, T_i = T_i\left(A_i^T\right).$$

Damit es sich für die Gebietskörperschaft lohnt, muss der zusätzliche Ertrag mindestens gleich groß sein wie der zusätzliche finanzielle Aufwand durch Erhöhung der Kontrollintensität. Vorausgesetzt, die von der jeweiligen Gebietskörperschaft zu tragenden Ausgaben für Steuerverwaltung sind *einziger* Handlungsparameter zur Erhöhung des Steueraufkommen, so gilt:

$$(1a)\, \frac{\partial T_i}{\partial A_i^T} \geq 0 .$$

Wird von der realistischen Annahme ausgegangen, dass jede weitere Ausgabenerhöhung für die Steuerverwaltung zur Steigerung der Kontrollintensität zu einer unterproportionalen Steigerung des Steueraufkommen führt, ergibt sich:

$$(1b)\, \frac{\partial^2 T_i}{\partial {A_i^T}^2} < 0 .$$

In einem föderalen System, welches durch ein sowohl vertikales als auch horizontales Ausgleichssystem geprägt ist, wird sich eine Gebietskörperschaft mit Blick auf Ausgaben für die Steuerverwaltung zurückhalten können, sofern die dadurch entgehenden Steuereinnahmen bzw. Steuermehreinnahmen über vertikale und horizontale Kompensationszahlungen ausgeglichen werden. Die Differenz zwischen potentiellem und tatsächlichem Steueraufkommen kann somit durch finanzielle Kompensation (Länderfinanzausgleich i.e.S., Bundesergänzungszuweisungen) auf der Einnahmenseite zu einer Begünstigung der auf dem

gerechnet werden, sind hier die Länder und Gemeinden bei der Betrachtung zusammengefasst.

Territorium einer Gebietskörperschaft ansässigen Steuerzahler führen. Diese mögliche „Verschonung" gebietesansässiger Steuerzahler und damit der mögliche Verzicht auf volle Ausschöpfung von Steuerquellen ist durchaus nicht zu vernachlässigen, zumal ein derartiges Vorgehen durch die Anwendung finanzausgleichender Maßnahmen von allen anderen Gebietskörperschaften sowohl vertikal als auch horizontal mitgetragen wird.[310]

### *6.1.2. Schaffung und Verbreiterung von Steuerquellen*

Bei fehlender Gesetzgebungskompetenz in Bezug auf Steuern können Gebietskörperschaften neben einer konsequenten Ausschöpfung vorhandener Steuerquellen den Ansatz verfolgen, durch wirtschaftspolitische Maßnahmen generell das potentielle Steueraufkommen innerhalb der Gebietskörperschaft zu erhöhen. Dies kann dadurch geschehen, dass z. B. durch geeignete Infrastrukturmaßnahmen *neue* Unternehmen angesiedelt werden und damit Steuerquellen erst geschaffen werden. Oder aber den *alten* Unternehmen Möglichkeiten zur Expansion geschaffen werden, wodurch bisherige Steuerquellen verbreitert werden. In beiden Fällen wird einer Gebietskörperschaft daran gelegen sein, das einer Besteuerung unterliegende Potential insgesamt zu verbreitern und damit zum einen haushaltstechnisch die Ausgabenseite und die Einnahmenseite in Übereinstimmung zu bringen und zum anderen auch die steuerliche Belastung des Einzelnen zu verringern. Konkret sind zur Verbreiterung Maßnahmen notwendig, welche

- die Gründung und Neuansiedlung von Unternehmen unterstützen,
- Unternehmen dazu veranlassen, Arbeitsplätze zu schaffen und damit Zahl an Erwerbstätigen zu erhöhen,
- die Gewinne (bei Unternehmen, Selbstständigen) und Lohneinkommen (bei Arbeitnehmern) erhöhen.[311]

Letztlich sollen alle Maßnahmen darauf gerichtet sein, das Steueraufkommen für die agierende Gebietskörperschaft zu erhöhen. In einem reinen Trennsystem sind dies Steuern, welche nur eine Gebietskörperschaft zugeordnet sind, während es in einem für föderale Systeme typischeren Verbundsystem zum einen einige spezielle Steuern und zum überwiegenden Teil die Anteile an Verbundsteuern sind.

---

310 Vgl. THÖNE / JACOBS *[2001]*, S. 51.
311 Vgl. THÖNE / JACOBS *[2001]*, S. 51.

Unter der Annahme, dass der größte Teil des Steueraufkommens arbeitsplatzbezogen ist, wird eine Gebietskörperschaft i versuchen, mit Hilfe von arbeitsplatzfördernden Investitionsausgaben $A_i^I$ das eigene Steueraufkommen $T_i$ zu erhöhen. Damit wird deutlich, dass zum einen die Anzahl der Erwerbstätigen $ET_i$ durch Investitionsausgaben beeinflusst werden soll und zum anderen das Steueraufkommen letztlich auch über die Schaffung von Arbeitsplätzen von den Investitionsausgaben abhängig ist, wie Gleichung (2) und (3) zeigen.

$$(2)\, ET_i = ET_i\left(A_i^I\right), \text{mit } \frac{\partial ET_i}{\partial A_i^I} > 0\,, \frac{\partial^2 ET_i}{\partial A_i^{I^2}} < 0\,.$$

$$(3)\, T_i = T_i\left(A_i^I\right), \text{mit } \frac{\partial T_i}{\partial A_i^I} > 0\,, \frac{\partial^2 T_i}{\partial A_i^{I^2}} < 0\,.$$

Investive Ausgaben der öffentlichen Hand sollen also zunächst positiv auf die Anzahl der Erwerbstätigen wirken und darüber schließlich eine Steigerung der Steuereinnahmen erzeugen. Zur Verdeutlichung dieses Zusammenhanges wird nun die 1. Ableitung der Gleichung (3) um die Veränderung der Erwerbstätigkeit erweitert, wodurch Gleichung (3b) entsteht:

$$(3b)\, \frac{\partial T_i}{\partial A_i^I} = \frac{\partial T_i * \partial ET_i}{\partial ET_i * \partial A_i^I} = \phi \frac{\partial ET_i}{A_i^I} > 0$$

Dabei soll mit dem Koeffizienten $\phi$ $\left(= \frac{\partial T_i}{\partial ET_i}\right)$ ein positives und konstantes Verhältnis von Erhöhung der Erwerbstätigenanzahl und den daraus resultierenden Steuereinnahmen angezeigt werden.[312]

Unberücksichtigt blieben bislang die Entscheidungsträger einer Gebietskörperschaft. In einem föderalen Staatsystem findet die politische Willensbildung auf allen staatlichen Ebenen statt, wozu Vertreter in vertikal und horizontal getrennten und demokratischen Wahlen in die jeweiligen Parlamente gewählt werden. Diese Vertreter (Politiker) müssen sich in regelmäßigen Abständen zur Wiederwahl stellen und sind stets bemüht, durch politisches Handeln die vorhandenen Stimmenanteile zu erhalten bzw. zu erhöhen. Die Entscheidungsträger

312 Vgl. auch SÖLLNER *[2001b]*, S. 189.

(politische Akteure) treten dabei als Agenten in Erscheinung, welche von den Nachfragern nach politischen Leistungen (Prinzipale) im Wege einer Wahl beauftragt werden, eine den Interessen der Prinzipale entsprechende Politik zu betreiben.[313]

Es kann nun vorkommen, dass die Prinzipale bestimmte Interessen verfolgen und bestimmte Wahlaufträge erteilen, diese allerdings vom Agenten und damit dem politischen Entscheidungsträger unter Ausnutzung von möglichen Informationsvorsprüngen nicht entsprechend der Wählerpräferenzen umgesetzt werden.[314] Daher soll hier unterstellt werden, dass anhand zweier Indikatoren das Handeln der Politiker maßgeblich beurteilt wird:[315] die Zahl der Erwerbstätigen $ET_i$ sowie das Volumen der für konsumtive Ausgaben verwendeten Haushaltsmittel $A_i^C$. Andere wahlrelevante Aspekte sollen in dieser Betrachtung nicht berücksichtigt werden, da hier zunächst die Anreizwirkungen auf der Einnahmenseite dargestellt werden sollen und daher gerade nichtökonomische Faktoren in diesem Zusammenhang für finanzielle Anreize der Gebietskörperschaften nicht großartig ins Gewicht fallen. Daher beschränkt sich die Betrachtung des Politikerverhaltens auf die genannten Größen, welche entscheidend für den Stimmenanteil $V_i$ sein sollen:[316]

$$(4)\, V_i = V_i \left( ET_i \, , A_i^C \right),$$

$$(4a) \text{mit } \frac{\partial V_i}{\partial ET_i} > 0 \, , \frac{\partial^2 V_i}{\partial ET_i^{\,2}} < 0 \, ,$$

313 Vgl. ERLEI / LESCKE / SAUERLAND *[1999]*, S. 323.

314 Vgl. ERLEI / LESCKE / SAUERLAND *[1999]*, S. 324.

315 Das Prinzipal-Agent-Problem wird kann nicht nur durch Informationsasymmetrie, sondern auch durch Zielasymmetrie gekennzeichnet sein. Bedeutsam dabei ist, dass der Prinzipal nur die Resultate des Agenten, nicht aber seine Aktionen beobachten kann. Siehe dazu CEZANNE / MAYER *[1998]*, S. 1351. Gleichsam dienen also die Indikatoren zur Bewertung der Resultate der politischen Entscheidungen.

316 Natürlich sind auch andere Faktoren für den Wähler von Bedeutung. Allerdings sind dies hauptsächlich Faktoren, welche möglicherweise gar nicht von der Politik beeinflussbar sind (z. B. Geldpolitik), oder aber zumindest in einer untergeordneten Gebietskörperschaft innerhalb eines föderalen Systems nicht beeinflussbar sind (z. B. Steuersatzänderungen). Siehe dazu auch SÖLLNER *[2001b]*, S. 186, welcher zwar nur mögliche Anreizwirkungen auf Länderebene innerhalb der Bundesrepublik beschreibt, diese aber leicht eingeschränkt auch auf das föderale System (Bund, Länder, Gemeinden) insgesamt übertragen werden können, wie dies im Folgenden auch geschieht.

$$(4b)\text{und } \frac{\partial V_i}{\partial A_i^C} > 0, \frac{\partial^2 V_i}{\partial A_i^{C^2}} < 0.$$

Aus politökonomischer Sicht sind es also annahmegemäß zwei Faktoren, welche zur Erhöhung des Stimmenanteils für politische Entscheidungsträger relevant sind: die Zahl der Erwerbstätigen sowie die konsumtiven Ausgaben. Da die Zahl der Erwerbstätigen von den Ausgaben für Investitionen beeinflusst werden (können), sind neben den konsumtiven Ausgaben auch die investiven Ausgaben von enormer Bedeutung. Werden zudem die in Kap. 6.1.1. beschrieben Kosten für die Steuerverwaltung berücksichtigt, welche zwar den konsumtiven Ausgaben hinzugerechnet werden müssen und hier allerdings separat betrachtet werden, so ergibt sich für eine beliebige Gebietskörperschaft i das Ausgabenvolumen A, welchen sich wie folgt zusammensetzt:[317]

$$(5)\, A_i = A_i^C + A_i^I + A_i^T .$$

Die Ausgaben der Gebietskörperschaft $A_i$ sollen durch Steuereinnahmen $T_i$ gedeckt werden, wobei Steuereinnahmen als die Summe von gebietskörperschaftspezifischen, also eigenen, Steuern $T_i^{GB}$ sowie die Anteile aus Verbundsteuern $T_i^{VB}$, wie es in föderalen Staatssystemen üblich ist, verstanden werden muss. Somit ergibt sich für eine Gebietskörperschaft ein Verhältnis von Einnahmen zu Ausgaben, welches geschrieben werden kann als:

$$(6)\, T_i^{GB} + T_i^{VB} = E_i = A_i = A_i^C + A_i^I + A_i^T .$$[318]

Gleichung (6) beschreibt nun eine Situation, in der eine Gebietskörperschaft ihre Ausgaben $A_i$ einzig durch die ihr zustehenden Steuerquellen, bzw. deren Anteile, decken kann. Für die Entscheidungsträger einer Gebietskörperschaft bedeutet dies, dass neben konsumtiven Ausgaben auch investive Ausgaben dann sinnvoll sind, wenn sie a) zunächst zu mehr Wertschöpfung (Unternehmen, Arbeitsplätze) führen und b) die aus der Mehrung der Wertschöpfung entstehenden

317 Vgl. SÖLLNER *[2001b]*, S. 187.

318 Hierbei sollen die Möglichkeit zur Neuverschuldung als auch anderen staatliche Abgaben wie Gebühren und Beiträge nicht berücksichtigt werden, da diese Einnahmemöglichkeiten im gegenwärtigen System der Bund-Länder-Finanzbeziehungen nicht ausgleichsrelevant sind und daher für die Analyse von Anreizwirkungen durch Finanzausgleichsregeln momentan nicht von Bedeutung sind.

Steuermehreinnamen auch dieser Gebietskörperschaft zur Deckung der Ausgaben zufließen. Bei Erfüllung der Bedingung b) kann von einem allokationseffizienten Einsatz von Haushaltsmitteln ausgegangen werden. Dabei hängt schließlich das politische Handeln, aus fiskalischer Sichtweise, stark von den Steuerverteilungsregelungen innerhalb des föderalen Systems ab.

Je unmittelbarer Investitionsausgaben mit Steuerrückflüssen durch gebietskörperschaftsspezifische Steuern verbunden sind, desto stärker wird die Beachtung von allokationseffizienten Ressourcenverbrauch sein.

### *6.1.3. Anreizwirkungen bei vertikalen und horizontalen Kompensationszahlungen*

In einem föderalen System wie der Bundesrepublik Deutschland sind die einzelnen Gebietskörperschaften nicht nur am gesamtem Steueraufkommen in Form von gebietskörperschaftsspezifischen Steuern und Anteilen an den Verbundsteuern beteiligt. Ein Teil des gesamten Steueraufkommens wird über vertikale und horizontale Kanäle umverteilt, so dass eine Gebietskörperschaft u. U. einen Teil des Haushaltes durch Umverteilungsmittel bzw. Finanzausgleichsmittel decken kann. Insofern sind dies Zahlungen zur Kompensation von Steuermindereinnahmen.[319]

Ein föderales System darf nicht derart strukturiert sein, dass Gebietskörperschaften finanziell in die Lage versetzt werden, auf eigenverantwortliche (wirtschafts-)politische Aktivitäten verzichten zu können. Es sind daher auch im Interesse des föderalen Systems insgesamt Anreize notwendig, eigenverantwortliche Steuerpolitik zu fördern, um eine allokationseffiziente Bereitstellung staatlicher Leistungen zu gewährleisten. Mögliche Auswirkungen von Fehlanreizen, welche durch Transfersysteme hervorgerufen werden können, werden dabei in Kap. 9.2. noch näher erläutert.

## 6.2. Internalisierungsfähigkeit

Die Verteilung der staatlichen Aufgaben und staatlichen Einnahmen in einem föderalen Staatssystem sollte dazu geeignet sein, für die durch staatliche Pro-

319 In der Bundesrepublik Deutschland sind dies z.B. vertikale Zuweisungen vom Bund zu den Ländern in Form von Fehlbetrags-Bundesergänzungszuweisungen, Finanzhilfen nach Art. 104 Abs. 4 GG oder aber horizontale Zuweisungen im Rahmen des Länderfinanzausgleichs i.e.S. oder des kommunalen Finanzausgleichs.

duktion bzw. Bereitstellung öffentlicher und privater Güter entstehenden räumlichen Spillover-Effekte die Internalisierung zu ermöglichen. Diese Anforderung an ein staatliches Aufgaben- und Einnahmenverteilungssystem ergibt sich aus dem ökonomischen Prinzip der fiskalischen Äquivalenz, wonach Nutzer und Kostenträger im Sinne effizienter Allokation identisch sein sollen.

Für ein föderales Staatssystem mit vertikal und horizontal abgegrenzten Gebietskörperschaften bedeutet dies, dass eine Gruppe von Nutzern staatlicher Leistungen auch mit der Gruppe der Kostenträger übereinstimmen soll.

In der Realität ist allerdings zu beobachten, dass staatliche Leistungen, sowohl öffentliche als auch private Güter, nicht nur von Bürgern der bereitstellenden Gebietskörperschaft (Gemeinde, Bundesland) sondern auch von Bürgern angrenzenden Gebietskörperschaften genutzt werden. Aufgrund der unterschiedlichen räumlichen Ausdehnung von positiven oder negativen Spillover-Effekten sind dabei zur Verwirklichung des Prinzips der fiskalischen Äquivalenz stets die Nutzergruppengrößen zu erfassen. Fehlen bei positiven Spillovers die nutzenäquivalenten Finanzierungsbeiträge der gebietskörperschaftsfremden Nutzer, so kann dies letztlich zu einer Unterversorgung mit dem entsprechenden Gut führen. Eine Problematik, welche insbesondere innerhalb der Bundesrepublik Deutschland bei den Stadtstaaten aufgrund der über die Landesgrenzen hinaus reichenden Nutzen staatlicher Leistungen und gleichzeitiger starken Begrenzung der Mitfinanzierung mangels hoheitlichem Steuerzugriff auf Nutzer jenseits der Landesgrenzen zum Trägen käme, würden die Kosten der Bereitstellung staatlicher Leistungen nicht über ein Ausgleichssystem erfolgen.

Unabhängig davon, zwischen welchen Gebietskörperschaften Spillover-Effekte existieren, kann eine Internalisierung positiver Spillover-Effekte und damit eine Finanzierung der Kosten sämtlicher Nutzer im Sinne einer aufgabengerechten Einnahmenverteilung über drei Wege erfolgen:

- *Horizontale Nutzenäquivalente*
  Die Kosten werden mit Hilfe von nutzenäquivalenten Entgelten (Gebühren, Beiträge) internalisiert.

- *Horizontaler Steuerausgleich*
  Die Kosten der Bereitstellung staatlicher Leistungen werden mit Hilfe von allgemeinen Steuermitteln im Rahmen von Ausgleichszahlungen (Kompensation) von begünstigten Gebietskörperschaften an die bereitstellende Gebietskörperschaft mitgetragen.

- *Vertikale Internalisierung*
  Zur Finanzierung der Bereitstellungskosten staatlicher Leistungen werden von einer übergeordneten staatlichen Einheit, welche geographisch dekkungsgleich mit der räumlichen Ausdehnung eines Spillover-Effektes ist, Einnahmen „aus der Fläche" erzielt und über Zuweisungen an die bereitstellende Gebietskörperschaft die externen Effekte beseitigt. Es besteht auch die Möglichkeit, zur Beseitigung der Spillover-Effekte sogar die Bereitstellung einer staatlichen Leistung auf die höhere staatliche Einheit zu verlagern.[320]

Bei allen Maßnahmen zur Internalisierung muss zunächst der Nutzen näher bestimmt werden. Dabei kann davon ausgegangen werden, dass durch nutzenäquivalente Entgelte der Zusammenhang zwischen Nutzen und Finanzierung unmittelbar ist, während eine steuerfinanzierte Beteiligung den unmittelbaren Zusammenhang ungleich schwerer erahnen lässt. Dies bedeutet in Konsequenz, dass im Rahmen von Ausgleichszahlungen die Nutzen-Kosten-Beziehungen näher bestimmt werden müssen. Ein dafür eingerichtetes Ausgleichs- bzw. Internalisierungssystem muss dementsprechend bestimmten Anforderungen genügen:

- Da der einzelne Nutzer nicht exakt bestimmt werden kann, müssen Indikatoren ermittelt werden, welche einen aggregierten Nutzen innerhalb einer profitierenden Gebietskörperschaft abbilden können.[321]
- Es muss gewährleistet sein, dass keine unterstellten Nutzen-Kosten-Beziehungen, sondern reale Nutzen-Kosten-Beziehungen als Grundlage für einen finanziellen Ausgleichs herangezogen werden.[322]

---

320 Dabei ist zu berücksichtigen, dass hierbei auch die Kosten der Produktion steigen können. Vgl. dazu PEFFEKOVEN *[1992]*, S. 537.

321 Siehe auch bei THÖNE / JACOBS *[2001]*, S. 56.

322 Ein derartiges Problem existiert im gegenwärtigen System des Länderfinanzausgleichs bei der Anrechnung von Seehafenlasten. Zwar ist unbestritten, dass von den Seehäfen positive Nutzen aufgrund der Umschlagmöglichkeiten für Ex- und Importeure auf das gesamte Bundesgebiet ausgehen. Jedoch ist das derzeitige Anrechnungsverfahren nicht geeignet, nur annähernd den jeweiligen Nutzen der einzelnen Ex- und Importeur bzw. den aggregierten Nutzen einzelner Bundesländer zu erfassen. Es kommt somit zu einer Mitfinanzierung aller Bundesländer, wobei der jeweilige Nutzen nicht den Finanzierungsbeteiligungen entspricht. Ein Vorschlag zur Lösung des Problems wäre dabei eine Finanzierungsbeteiligung, welche sich beispielsweise an Ex- und/oder- Importquoten orientiert, so dass der Umfang des externen Nutzens oder der Wertschöpfung näher bestimmt werden kann. Siehe hierzu auch bei SICHELSCHMIDT *[2000]*, S. 492 f.

- Mögliche Ausgleichszahlungen sollten tatsächlich für die Bereitstellung der staatlichen Leistung mit positiven Spillover-Effekten entrichtet werden, damit eine optimale Bereitstellung des betreffenden Gutes gewährleistet bleibt.

Ein auf Internalisierung positiver wie negativer Spillover-Effekte ausgerichtetes Ausgleichssystem sollte sich an den oben genannten Anforderungen messen lassen können. Gleichwohl ist zu berücksichtigen, dass einige Spillover-Effekte zumindest fiskalisch gar nicht erfasst und einem bestimmten Nutzer zugeordnet werden können. Diese Problematik ist in der Regel bei Existenz rein öffentlicher Güter der Fall. Grundsätzlich muss ein Finanzausgleichssystem mit dem Ziel einer aufgabengerechten Einnahmenverteilung darauf ausgerichtet sein, einer Gebietskörperschaft, welche staatliche Leistungen mit Spillover-Effekten bereitstellt, ein den Kosten entsprechendes Finanzaufkommen zu ermöglichen. Vor diesem Hintergrund werden einige Aufgaben, auch solche, deren Kosten bereits heute mit Hilfe von fragwürdigen Ausgleichsinstrumenten internalisiert werden sollen, näher betrachtet. Dabei wird in Kap. 8 zunächst entsprechend den Anforderungen aus diesem Kapitel gefragt, inwieweit bei diesen Aufgaben überhaupt Spillover-Effekte entstehen und wie einem bei Vorliegen von Spillover-Effekten eine Internalisierung stattfinden soll.

### 6.3. Institutionelle Kongruenz

In einem föderalen Staatssystem mit mindestens zwei staatlichen Ebenen werden Aufgaben, die damit verbundenen Ausgaben sowie die Einnahmen mit Hilfe bestimmter Regelungen den jeweiligen Staatsebenen zugeordnet. Für die Entscheidung und Durchführung bestimmter staatlicher Aufgaben sind dabei drei Gruppen von Akteuren zu berücksichtigen: die Entscheidungsträger, die Kostenträger sowie die Nutzer staatlicher Leistungen.

Eine föderale Ordnung sollte darauf ausgerichtet sein, dass eine räumliche Nähe zwischen den Leistungsnutzern einer staatlichen Leistung und den Entscheidungsträgern vorhanden ist. Dieser finanzpolitische Grundsatz entspringt dem *Kongruenzprinzip* und zielt auf eine den Bürgerpräferenzen entsprechende Bereitstellung staatlicher Leistungen ab. Gemeint ist damit, dass bei Übereinstimmung von Entscheidungsträgern und Leistungsnutzern eine staatliche Leistung besser und effektiver bereitgestellt werden kann als durch räumlich entfernte Entscheidungsträger. Dies deshalb, da zum einen ein Informationsvorsprung existiert und zum anderen die Entscheidungsträger, welche auch Leistungsnutzer sind, selber und unmittelbar von Entscheidungen bezüglich der

Aufgabenwahrnehmung betroffen sind und daher die Bereitstellung schon im eigenen Interesse präferenzengerecht durchführen.

Ein weiterer finanzpolitischer Grundsatz betrifft die Finanzierungsfrage bei ausgabenwirksamen Aufgabenentscheidungen und wird unter dem Begriff des *Konnexitätsprinzip* zusammengefasst. Sollen politische Aufgabenentscheidungen die Verwendung knapper Ressourcen berücksichtigen, so wird dieser durch die Übereinstimmung von Entscheidungsträgern und Kostenträgern Rechnung getragen. Fehlt diese Übereinstimmung und sind Entscheidungsträger und Kostenträger nicht identisch, so können ausgabenintensive Entscheidungen die Folge sein.

Sind beide genannten ökonomischen Prinzipien erfüllt, so wird letztlich auch ein drittes Prinzip erfüllt. Damit gemeint ist das *Prinzip der fiskalischen Äquivalenz*, welche eine Übereinstimmung von Leistungsnutzern und Kostenträgern fordert. In Abbildung 25 werden diese drei finanzpolitischen Grundzüge noch mal graphisch dargestellt.

*Abb. 25: Ökonomische Prinzipien bei der Bereitstellung staatlicher Leistungen*

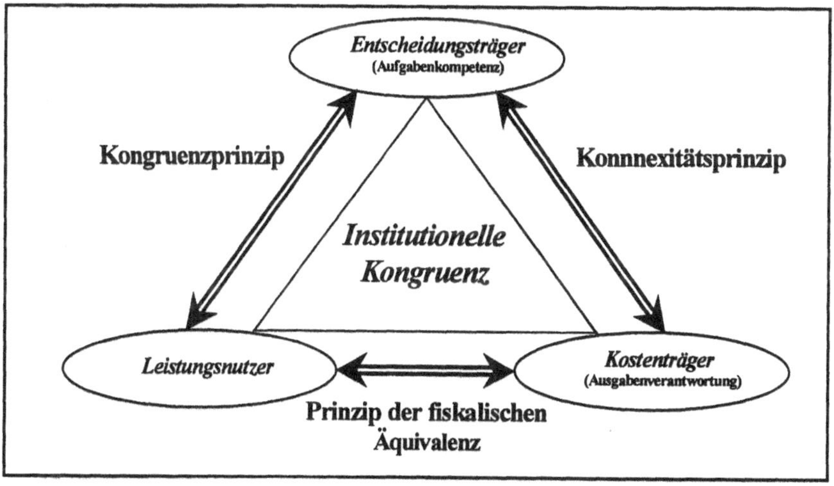


*Quelle: Eigene Darstellung.*

Zusammengefasst sollte in jeder Gebietskörperschaft innerhalb eines föderalen Systems die *institutionelle Kongruenz* verwirklicht sein. Dabei ist zu berücksichtigen, dass das Prinzip der fiskalischen Äquivalenz zwangsläufig erfüllt ist, wenn im Bereich der Bereitstellung staatlicher Leistungen Konnexität und Kongruenz vorliegen. Es ist eine Folge von Konnexität und Kongruenz und daher weniger ein ökonomisches Postulat sondern vielmehr das Ergebnis einer nach Allokationseffizienz ausgerichteten aufgabengerechten Einnahmenverteilung.[323]

## 6.4. Wahrung gleichwertiger Lebensverhältnisse

In einem föderalen Staatsystem schließen sich gleichartige Gebietskörperschaften zu einem Staatswesen zusammen, welches die Grundlage zur Erreichung gemeinsamer Ziele darstellt. Damit enthält der Föderalismus besondere Aspekte wie Zusammenfassung, Vereinheitlichung und Integration zu einem übergeordneten Ganzen. Es ist aber auch ein Merkmal des Föderalismus, dass neben Politikbereichen, in denen eine gewisse Homogenität angestrebt wird, auch Bereiche verbleiben, welche von den einzelnen Gebietskörperschaften im föderalen System eigenständig und unabhängig gestaltet werden können. Insofern kommt es darauf an, stets eine Balance zwischen föderaler Homogenität und föderaler Heterogenität im Sinne eines für alle Beteiligten optimalen Zusammenschlusses herzustellen.[324]

Während die föderale Heterogenität im allokativen Sinne dazu führen kann, dass überhaupt keine Ausgleichsregelungen notwendig sind, kommen bei der Betrachtung föderaler Homogenität auch distributive Gesichtspunkte zum Tragen. Gebietskörperschaften schließen sich eben nicht nur zur „Stärkung nach Außen" zusammen sondern versuchen auch, im Verbund und gemeinsam die existierenden gebietskörperschaftsspezifischen Defizite zu verringen bzw. ganz zu beseitigen. Diese distributive Aufgabe innerhalb eines föderalen Systems, welche sich in bestimmten Regelungen und Ausgleichssystemen konkretisiert, wird dann durchgeführt mit dem Ziel, vorhandene Defizite abzubauen.

Zusammengefasst können diese Defizite als unterschiedliche Lebensverhältnisse bezeichnet werden, wodurch den Beteiligten die distributive Aufgabe zukommt, gewissermaßen „gleichwertige Lebensverhältnisse" herbeizuführen.[325]

---

323 Vgl. auch Blankart *[1998]*, S. 533, wobei Blankart anders als hier den Begriff „institutionelle Kongruenz" nur mit der Erfüllung des Konnexitätsprinzips und des Kongruenzprinzips verbindet.

324 Siehe dazu auch Kilper / Lhotta *[1996]*, S. 30.

325 Eine besondere Verantwortung zur Herstellung gleichwertiger Lebensverhältnisse in der Bundesrepublik Deutschland trägt dabei der Bund nach Art. 72 Abs. 2 GG. Im Rahmen der Umsatzsteuerverteilung müssen darüber hinaus Bund und Länder gemeinsam darauf achten, dass „die Einheitlichkeit der Lebensverhältnisse im Bundesgebiet gewahrt wird". Siehe auch Art. 106 Abs. 3 Satz 4 Nr. 2 GG.

Mit der Schaffung bzw. Wahrung gleichwertiger Lebensverhältnisse eng verbunden ist der Grundsatz des „angemessenen Ausgleichs der unterschiedlichen Finanzkraft“, welcher beim Länderfinanzausgleich von enormer Bedeutung ist.[326] Damit wird angedeutet, dass jeder beteiligten Gebietskörperschaft eine gewisse finanzielle Mindestausstattung zur Verfügung stehen muss. Damit soll gewährleistet werden, dass jede Gebietskörperschaft funktionsfähig bleibt, auch wenn regionale Disparitäten wie unterschiedliche Einkommen oder Infrastruktur existieren. Dies ist insbesondere deshalb wichtig, da ansonsten das föderale Merkmal der Vielfalt von Gebietskörperschaften wegfallen würde und im Extremfall ein Auseinanderbrechen des föderalen Verbundes drohen könnte.

Liegen staatliche Aufgaben vor, welche nicht durch die jeweilige durchführende Gebietskörperschaft bestimmt werden können, so ist die Forderung nach einer finanziellen Mindestausstattung nicht nur distributiv, sondern sogar allokativ zu begründen. Selbstständige und unabhängige Aufgabenbestimmung und -durchführung kann dann nur distributionspolitisch dadurch gerechtfertigt werden, dass ansonsten die innere Stabilität des gesamten föderalen Staatswesens aufgrund z. B. gravierender Wohlstandsgefälle gefährdet ist.[327]

Eine aufgabengerechte Einnahmenverteilung steht also vor der distributiven Herausforderung, für eine im Sinne des föderalen Systems geeignete finanzielle Mindestausstattung zu sorgen. Dabei bleibt zu klären, mit Hilfe welcher Indikatoren diese geforderte Mindestausstattung ermittelt werden kann.

Im gegenwärtigen Finanzausgleichsystem der Bundesrepublik Deutschland wird für die Mindestausstattung eine Pro-Kopf-Finanzausstattung unterstellt, über die eine Gebietskörperschaft mindestens verfügen muss, um funktionsfähig zu bleiben. Es bleibt allerdings offen, ob gleichwertige Lebensverhältnisse auch tatsächlich gleiche Finanzausstattungen bedingen. Die Schwierigkeiten liefen offenbar darin, eine gleiche Wertigkeit von politischen Aktivitäten und individuellen Bedürfnissen der Bürgerinnen und Bürger innerhalb der Gebietskörperschaften zu beschreiben. Insofern ist eine exakte Festlegung dessen, was Mindestausstattung sein soll, nach objektiven Kriterien bislang kaum zu leisten.

Vielmehr besteht seit jeher das Problem, dass zwar theoretisch das Postulat einer angemessenen und an den Aufgaben orientierten finanziellen Mindestausstattung unbestritten ist, dies aber weder existenziell und noch weniger funktional in die Praxis umzusetzen ist. Hierbei mangelt es in der Regel an bestimmbaren Indikatoren, um ein „gerechtes“ fiskalisches Ergebnis des föderalen Umver-

---

326 Siehe Art. 107 Abs. 2 Satz 1 GG.

327 Vgl. Wissenschaftlicher Beirat beim Bundesministerium der Finanzen *[1992]*, S. 48.

teilungsmechanismus an der Aufgabenverteilung messen und bewerten zu können.[328]

Während die Frage, *ob* eine Gebietskörperschaft innerhalb eines föderalen Systems eine Mindestausstattung haben muss, positiv beantwortet werden kann, stellt sich also im Anschluss die Frage, *welche Höhe* eine Mindestausstattung bei allen Problemen der Messung und Bewertung erreichen soll.

Es ist offensichtlich, dass eine finanzielle Mindestausstattung, welche einer durchschnittlichen Pro-Kopf-Finanzausstattung entspricht, zwar distributionspolitisch dem Ziel einer Homogenität Rechnung trägt, dabei allerdings der allokationspolitisch erwünschten Heterogenität eine Absage erteilt. Allokative Aspekte sind dann im Sinne eines optimalen Ressourcenverbrauchs der einzelnen Gebietskörperschaften nicht mehr von Bedeutung, zumal die in den vorangegangenen Kapiteln beschriebenen Anforderungen an eine aufgabengerechte Einnahmenverteilung (fiskalische Anreize, Internalisierungsfähigkeit) überflüssig würden.

Folglich sind mit einer aufgabengerechten Einnahmenverteilung distributiv folgende Anforderungen verknüpft:

- Neben der Pro-Kopf-Finanzausstattung sollten weitere Indikatoren, welche gleichwertige Lebensverhältnisse abbilden können (beispielsweise Pro-Kopf-Wertschöpfung), für Vergleiche herangezogen werden.
- Anhand der Indikatoren muss durch alle Beteiligten eine Untergrenze für die Mindestausstattung festgelegt werden.
- Das Spannungsfeld zwischen distributiver Homogenität und allokativer Heterogenität darf nicht gänzlich beseitigt werden.

Erwähnt werden muss dabei schließlich, dass zur Festsetzung einer Untergrenze letztlich ein politischer Kompromiss notwendig ist. Dieser wird umso schwieriger zu etablieren sein, je stärker die einzelnen beteiligten Gebietskörperschaften ihre fiskalische Souveränität in den Vordergrund stellen.[329]

---

328 Vgl. dazu HIDIEN *[1999]*, S. 787. So ist vorstellbar, dass im Rahmen der Landesaufgabe „Innere Sicherheit" Bundesländer entweder Kraftfahrzeuge eines Stuttgarter Automobilherstellers oder Kraftfahrzeuge eines Wolfsburger Automobilherstellers anschaffen. In beiden Fällen ist die Wahrung und Durchführung der polizeilichen Tätigkeiten und damit eine Gleichwertigkeit für die Bürger gegeben, obgleich keine einheitliche Pro-Kopf-Finanzausstattung notwendig ist.

329 Ein Kompromiss auf Länderebene dürfte deshalb schwer zu verwirklichen sein, da das Grundgesetz eine scharfe Trennung der fiskalischen Souveränität vorsieht. Siehe Art. 109 Abs. 1 GG: „Bund und Länder sind in ihrer Haushaltswirtschaft selbständig und voneinander unabhängig".

# 7. Symptomtherapie als föderale Reformoption

Die in Kap. 5 beschriebenen Finanzausgleichssysteme, sowohl zwischen Bund und Ländern als auch innerhalb der Länderebene einschließlich dem Finanzausgleichssystem zwischen Ländern und Gemeinden, sind nicht zuletzt Ausdruck des politischen Strebens nach materieller Gleichheit aufgrund des durch das Grundgesetz vorgegeben Ziels der Einheitlichkeit der Lebensverhältnisse. Wie aber auch gezeigt wurde, sind hierzu teilweise komplizierte und teilweise auch äußerst fragwürdige Regelungen notwendig. Die in den vergangenen Jahrzehnten erfolgte Verflechtung von Aufgaben- und Einnahmenkompetenzen aller staatlichen Ebenen lassen eigenverantwortliches Handeln nur noch in sehr begrenztem Umfang zu. Die eigenverantwortlichen Gestaltungsspielräume der Bundesländer sind gering, umso mehr gewinnt der Einfluss der Länder als Gesamtheit bei der Mitwirkung an bundeseinheitlichen Regelungen an Bedeutung. Die damit einhergehenden Konflikte, welche fallweise mittlerweile in eine „Blockadepolitik" münden, sind durch das in sich verzahnte System der Bund-Länder-Finanzbeziehungen somit vorprogrammiert. So kann es dann auch nicht verwundern, dass aufgrund mangelnder „Selbstheilungskräfte" bei den Ländern, ebenso wie bei den Kommunen, die Streitigkeiten bei der Verteilung der staatlichen Einnahmen zunehmen und letztlich zu Klagen vor dem Bundesverfassungsgericht führen mit dem Ziel, die staatliche Einnahmenumverteilung, in der Regel im Sinne der Kläger, zu verändern. Allen Beteiligten dürfte klar sein, dass somit aber nur die Symptome eines in Teilen mit Systemfehlern behafteten Systems, wenn überhaupt, kuriert werden können. Dennoch wird gegenwärtig dieser föderalen Reformoption zur Systemheilung gegenüber einer grundsätzlichen Reföderalisierung zur Behebung der Schwachpunkte der Vorzug erteilt. Zwar ist diese Reformoption nicht grundsätzlich ausgeschlossen, kann aber, da Ausgleichssysteme nur Korrektive bei Vorliegen von Mängeln darstellen, wesentliche Konstruktionsfehler eines föderalen Systems nicht auf Dauer überdecken.

Aufgrund der Klagen der Geberländer Bayern, Baden-Württemberg und Hessen entschied das Bundesverfassungsgericht in seinem zunächst letzten Urteil zum Finanzausgleich vom 11. November 1999, dass der Gesetzgeber eine

Neukonzeption der Rechtsgrundlagen des bundesstaatlichen Finanzausgleichs vorzunehmen habe.[330]

Hierzu wurde der Gesetzgeber durch das BVerfG verpflichtet, innerhalb eines begrenzten Zeitraums den gültigen Finanzausgleich in der Bundesrepublik Deutschland auf eine neue Grundlage zu stellen. Bis spätestens zum 31. Dezember 2002 sollte dazu ein sogenanntes Maßstäbegesetz verabschiedet werden. Dieses Gesetz über verfassungskonkretisierende allgemeine Maßstäbe für die Verteilung des Umsatzsteueraufkommens, für den Finanzausgleich unter den Ländern (Länderfinanzausgleich) sowie der Gewährung von Bundesergänzungszuweisungen ist am 05. Juli 2001 vom Deutschen Bundestag verabschiedet worden (Drs. 485/01). Der Bundesrat hatte am 13. Juli 2001 diesem Gesetz zugestimmt, so dass der ersten Verpflichtung durch das BVerfG Rechnung getragen wurde. Gleichzeitig wurde bestimmt, dass das Maßstäbegesetz befristet wird und nur bis zum 31. Dezember 2019 Gültigkeit besitzen soll.[331] Dies hat zur Folge, dass die im Maßstäbegesetz konkretisierten unbestimmten Rechtsbegriffe des Grundgesetzes zum bundesstaatlichen Finanzausgleich ab 2020 neu zu bestimmen sind.

Das Urteil des Bundesverfassungsgerichtes verpflichtete den Gesetzgeber über die Verabschiedung eines Maßstäbegesetzes hinaus, die bisherigen Regelungen bezüglich des Länderfinanzausgleichs neu zu gestalten. Hierzu sollte, basierend auf der Konkretisierung der Finanzverfassung, bis spätestens zum 31. Dezember 2004 ein neues und den Erfordernissen, welche sich aus dem Maßstäbegesetz ableiten lassen, angepasstes Finanzausgleichsgesetz vom Deutschen Bundestag und Bundesrat verabschiedet werden.[332]

Beide Verfassungsorgane hatten sich diesbezüglich in Entschließungen vom 05. Juli 2001 und 13. Juli 2001 dafür ausgesprochen, ein neues Finanzausgleichsgesetz noch in der laufenden Legislaturperiode zu verabschieden. Die Schwierigkeit dabei, die vom BVerfG geforderte zeitliche Trennung der Diskussionen über und Erarbeitung von Maßstäbe- und Finanzausgleichsgesetz vorzunehmen, ist dabei nicht nur von wissenschaftlicher Seite sondern auch vom BVerfG selbst, zumindest ansatzweise, erkannt worden und in der wissenschaft-

330 Dazu BVerfGE 101, 158. Nach Meinung des BVerfG war die Lücke zwischen der Finanzverfassung und dem Finanzausgleichsgesetz zu schließen. Die Finanzverfassung beinhaltet lediglich die Grundsätze über die Verteilung der (Steuer-) Einnahmen im Gefüge der bundesstaatlichen Finanzbeziehungen und deren Umverteilung, sowohl innerhalb der Länderebene als zwischen Bund und Länderebene. Dabei werden unbestimmt Rechtsbegriffe benannt, welche im Maßstäbegesetz konkretisiert werden sollten.

331 Siehe § 15 MaßstG.

332 Siehe BVerfGE 101, 158 (346).

lichen Literatur mehr oder weniger als nahezu unmöglich beschrieben worden.[333]

Im Rahmen eines Artikelgesetzes[334] sind sodann aktuelle Regelungen der Bund-Länderfinanzbeziehungen für den Zeitraum von 2002 bis 2004 geändert und entsprechend der Befristung des Maßstäbegesetzes ein ab 2005 in Kraft tretendes und zunächst bis 2019 geltendes Finanzausgleichsgesetz verabschiedet worden. Einzelne und bedeutende Regeländerungen der Bund-Länder-Finanzbeziehungen sollen kurz dargestellt werden um einen Eindruck zu geben, weshalb statt von einer Reform nur von fragwürdigen Detailregelungen die Rede sein kann.[335] Diese These soll hier untermauert werden, da, wie auch noch gezeigt wird, ausschließlich der schon bisher kritisch betrachtete Ausgleichsmechanismus einer „Reform" unterzogen wurde und nicht die föderale Ursachen selbst, welche letztlich einen aufwendigen und bisweilen konfliktträchtigen Ausgleichsmechanismus notwendig machen.

## 7.1. Umsatzsteuerverteilung ab 2005

### *7.1.1. Änderung in der vertikalen Aufkommensverteilung*

Die vertikale Umsatzsteuerverteilung besitzt in ihrer gegenwärtigen Form noch bis zum 31. Dezember 2004 Gültigkeit. Im reformierten Länderfinanzausgleich ab 2005 bleibt zwar die quotenmäßige vertikale Verteilung des gesamten Umsatzsteueraufkommens bis auf weiteres unberührt, allerdings erhält der Bund nach Verteilung einen Betrag in Höhe von 1,3 Mrd. Euro aus dem Länderanteil an der Umsatzsteuer, welcher bislang effektiv ca. 46,5 v.H. des Gesamtaufkom-

333 So räumt auch das BVerfG ein, dass „sich nicht ein allgemeiner „Schleier des Nichtwissens" (...) über die Entscheidungen der Abgeordneten breiten lässt". BVerfGE 101, 158 (282). Irrigerweise wird anschließend jedoch angenommen, dass die Vorherigkeit des Maßstäbegesetzes eine institutionelle Verfassungsorientierung gewährleisten kann, welche zwar einen Maßstab entwickelt, ohne allerdings dabei einen konkreten Anwendungsfall voraus zu sehen. Siehe ebenfalls BVerfGE 101, 158 (282). Zur praktizierten und damit eigentlich entscheidungswidrigen zeitlichen Verbindung von Maßstäbe- und Finanzausgleichgesetz aufgrund einer „Unmöglichkeit" bzw. ökonomischen „Sachzwängen" siehe bei LENK *[2001a]*, S. 434 f. und GESKE *[2001]*, S. 217.

334 Das damit angesprochene Solidarpaktfortführungsgesetz (SFG) umfasst mehrere Artikel mit Änderungen sowohl für den Zeitraum von 2002 bis 2004 als auch für den Zeitraum von 2005 bis 2019.

335 Vgl. dazu insgesamt PEFFEKOVEN *[2001]*.

mens beträgt.[336] Dies geschieht als Gegenleistung zur Übernahme der Annuitätenzahlungen für den Fonds „Deutsche Einheit" bis zum 31. Dezember 2019.[337]

### *7.1.2. Wegfall der Mindestgrenze im Rahmen der Umsatzsteuervorwegauffüllung*

Ab dem Jahr 2005 wird steuerschwachen Ländern im Rahmen der horizontalen Verteilung des Länderanteils an der Umsatzsteuer keine Mindestauffüllgrenze mehr garantiert. Die bisher garantierte 100prozentige Auffüllung der Fehlbeträge an 92 v.H. der länderdurchschnittlichen Steuerkraft entfällt und stattdessen werden Fehlbeträge an 97 v.H. zu 95 v.H. mit Ergänzungsanteilen ausgeglichen. Verfügt ein Land über ein Steueraufkommen von über 97 v.H. des Länderdurchschnitts, so findet ein degressiver Tarif Anwendung (Abbildung 26).[338]

*Abb. 26: Umsatzsteuervorwegauffüllung – aktuelle und zukünftige Regelung*

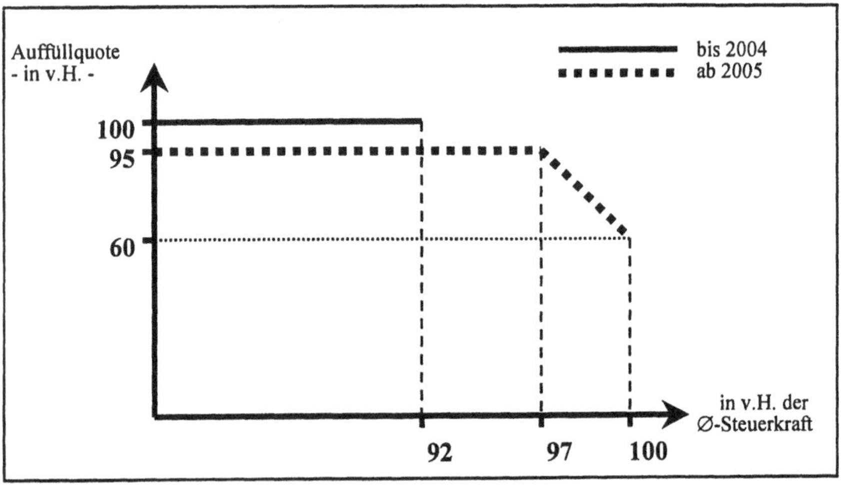


*Quelle: In Anlehnung an Fehr [2001], S. 574.*

336 Zur vertikalen Verteilung siehe auch Kap. 4.3.1. auf S. 112 f.

337 Siehe Art. 5 § 1 sowie Art. 8 SFG.

338 Siehe auch Art. 5 § 2 SFG.

Neu wird damit also sein, dass nun alle steuerschwachen Länder Ergänzungsanteile erhalten. Dies wird zur Folge haben, dass das Volumen der Ergänzungsanteile steigen und auch eine größere Annäherung der RFK der einzelnen finanzschwachen Länder stattfinden wird.[339] Das Volumen des LFA i.e.S. dürfte sich hingegen reduzieren.

Dass für die Zeit ab 2005 ein anderer Tarif gewählt sowie die Mindestauffüllgarantie beseitigt wurde ändert nichts an der Tatsache, dass nach wie vor mit der Durchführung offensichtlich bedarfsorientierter Zuweisungen von Ergänzungsanteilen ein systemwidriges Element innerhalb der horizontalen Umsatzsteuerverteilung vorhanden ist, da die Steuerverteilung grundsätzlich bedarfsneutral erfolgen sollte. Gilt dieser Grundsatz für die vertikale Primärverteilung, so ist diesem Grundsatz auch im Rahmen der horizontalen Primärverteilung Rechung zu tragen. Die Zuweisung von Ergänzungsanteilen nach Bedarfsgesichtspunkten ist daher nach wie vor auch im reformierten Länderfinanzausgleich systemfremd.[340]

## 7.2. Detailveränderungen im Länderfinanzausgleich i.e.S.

Obwohl schon die Zuweisung von Umsatzsteuerergänzungsanteilen eine erhebliche nivellierende Wirkung erzeugt, soll im Grunde der Länderfinanzausgleich i.e.S. für die Annäherung der relativen Finanzkraft der einzelnen Länder verantwortlich sein. Hierzu sind für den Zeitraum ab 2005 in der Systematik der horizontalen *Um*verteilung Änderungen festgeschrieben worden, welche sowohl die Ermittlung von Finanzstärke bzw. Finanzschwäche als auch das Ausgleichsverfahren einschließlich bestimmter Garantieklauseln betreffen.

### *7.2.1. Neuregelung der Finanzkraftberechnung*

Mit der Finanzkraftmesszahl (FKM) soll angezeigt werden, über welche steuerlichen Finanzmittel ein Bundesland „tatsächlich" verfügen kann. Allerdings gilt dies nur eingeschränkt, da gegenwärtig die Küstenländer, mit Ausnahme Schles-

---

339 Allerdings gilt ab dem Jahr 2005 weiterhin die Beschränkung, dass bis maximal 25 v.H. des Umsatzsteueraufkommens der Ländergesamtheit Ergänzungsanteile gewährt werden können. Siehe Art. 5 § 2 Satz 3 SFG.

340 Vgl. dazu PEFFEKOVEN *[2001]*, S. 428. Zur Kritik an den Ergänzungsanteilen als systemfremde Elemente im LFA siehe auch SELMER *[1994]*, S. 344. Aufgrund der Vermischung von Primär- und Sekundärverteilung wird die Forderung nach Abschaffung der Ergänzungsanteile erhoben, so bei HENKE *[1993]*, S. 15.

wig-Holstein, jeweils einen festgelegten Betrag von ihren Ländersteuereinnahmen abziehen dürfen, so dass die rechnerisch ermittelte Finanzkraft bei einigen Ländern schon durch Abzugsbeträge für Hafenlasten von der „tatsächlichen“ Finanzkraft abweicht. Diese Abzugsmöglichkeit entfällt ab dem Jahr 2005. An die Stelle der Anrechnung eines Sonderbedarfs einzelner Länder aufgrund von Erhaltungs- und Erneuerungskosten für Seehäfen tritt die Übernahme eines Teils der Seehafenkosten durch den Bund in Form von Finanzhilfen nach Art. 104a Abs. 4 GG, welche in einem Bundesgesetz festgehalten sind.[341] Demnach erhalten ab 2005 alle Küstenländer für besonders bedeutsame Investitionen insgesamt Finanzhilfen in Höhe von über 38 Mio. Euro (Tabelle 16).

*Tab. 16: Finanzhilfen für Seehafenkosten ab 2005*

| **Bundesland** | **Jahresbeträge - in Euro -** |
|---|---|
| Bremen | 10.737.000 |
| Hamburg | 20.963.000 |
| Mecklenburg-Vorpommern | 2.556.000 |
| Niedersachsen | 2.045.000 |
| Schleswig-Holstein | 2.045.000 |
| ***Summe*** | ***38.346.000*** |

*Quelle: Art. 9 § 2 SFG.*

Inwieweit Finanzhilfen nach Art. 104a Abs. 4 GG auch verfassungsrechtlich zulässig sind bleibt noch zu klären, da diese nur für besonders bedeutsame Investitionen der Länder und Gemeinden gewährt werden dürfen. Wird jedoch unterstellt, dass die bisherige horizontale finanzielle Unterstützung für *Unterhalts-* und Erneuerungskosten durch alle anderen Bundesländer nur in eine vertikale Unterstützung durch den Bund umgewandelt wurde, so bleibt dann der Verdacht, dass auch Zuschüsse für laufende Ausgaben durch den Bund gedeckt werden, was wiederum mit dem Instrument „Finanzhilfen“ nicht vereinbar sein dürfte. Zudem erscheint es auch schwer nachvollziehbar, dass die Jahresbeträge

341 Siehe dazu Gesetz über Finanzhilfen des Bundes nach Art. 104a Abs. 4 des Grundgesetzes an die Länder Bremen, Hamburg, Mecklenburg-Vorpommern, Niedersachsen sowie Schleswig-Holstein für Seehäfen in der Fassung des Art. 9 SFG vom 20. Dezember 2001 (BGBl. I S. 3955).

beispielsweise für Mecklenburg-Vorpommern, Niedersachsen und Schleswig-Holstein geeignet sein sollen, entweder eine Störung des gesamtwirtschaftlichen Gleichgewichts abzuwehren oder unterschiedliche Wirtschaftskraft im Bundesgebiet auszugleichen oder wirtschaftliches Wachstum zu fördern. Die Erfüllung der Voraussetzungen für die Gewährung von Finanzhilfen nach Art. 104a Abs. 4 GG kann daher angezweifelt werden, gleichwohl stellt die Regelung immerhin den Versuch dar, bei einer „unbekannten" regionalen oder gar überregionalen Streuung positiver Spillovers die Internalisierung auf vertikalem Wege herbeizuführen.[342]

Die ausgleichsrelevante und anzusetzende Gemeindefinanzkraft wird nicht mehr wie bisher zu 50 v.H., sondern ab 2005 zu 64 v.H. der Finanzkraft des entsprechenden Landes und damit der Finanzkraftmesszahl hinzugerechnet. Auch entfällt die gegenwärtige Normierung der Grund- und Gewerbesteuerhebesätze. Bisher wurde mit bundeseinheitlichen Hebesätzen versucht zu verhindern, dass durch hohe Hebesätze der Gemeinden die entsprechenden Länder stärker bei der Ermittlung der FKM beansprucht werden als Länder, deren Gemeinden niedrige Hebesätze anwenden. Dies entspricht zunächst der Überlegung, dass der gemeindlichen Finanzkraft auch tatsächliche und zurechenbare Kosten für gemeindliche Infrastruktur gegenüberstehen, z. B. durch den Äquivalenzcharakter der Gewerbesteuer. Die impliziert jedoch auch eine stärkere Trennung von Landes- und Gemeindeebene, obwohl die verfassungsrechtliche Stellung der Gemeinden es eigentlich gebietet, die Finanzkraft eines Landes als Summe sämtlicher Steuermittel eines Landes *einschließlich* der Gemeindesteuermittel zu verstehen und somit als gesamte zur Verfügung stehende finanzielle Dispositionskraft zu definieren. Dass die Gemeindefinanzkraft nicht zu 100 v.H. der Länderfinanzkraft hinzugerechnet wird, ist wohl auf den grundsätzlichen politischen Kompromiss, welcher der reformierte LFA i.e.S. darstellt, zurückzuführen.

Eine Berücksichtigung von nur 50 v.H. erscheint jedoch aufgrund der, entsprechend der *gegenwärtigen* staatsrechtlichen Auffassung, finanz- und haushaltswirtschaftlichen Abhängigkeit der Gemeinden als ungenügend und auch die für den Zeitraum ab 2005 geltende Regelung erscheint aus ökonomischer Sicht als eine zu geringe Berücksichtigung der Gemeindefinanzkraft.[343] Hinzu kommt,

---

342 Zur Forderung nach vertikalen Zuweisungen zur Sicherung der Internalisierung regionaler Spillouts siehe PEFFEKOVEN *[1988]*, S. 409 ff. Für den Fall, dass die regionale Verteilung des Nutzens der Seehäfen nicht „unbekannt", sondern anhand bestimmte Indikatoren zu ermitteln ist, bietet sich hingegen auch eine horizontale Kompensation an. Zur Empfehlung einer „Klublösung" siehe SICHELSCHMIDT *[2000]*, S. 492 f.

343 Vgl. PEFFEKOVEN *[2001]*, S. 428. Auch LENK ist der Meinung, „dass es keine sachliche Begründung für die nur hälftige Berücksichtigung der Gemeindefinanzkraft

dass das, dem FAG vorgeschaltete, Maßstäbegesetz eine vollständige Einbeziehung der ausgleicherheblichen Einnahmen, sowohl der Länder als auch der Gemeinden, vorsieht.[344]

Um die nachweisbaren hohen Grenzbelastungen im LFA i.e.S. abzufedern, ist ein vollkommen neues Element in den reformierten Länderfinanzausgleich integriert worden. Mit dem „Prämienmodell" soll ein Teil (12 v.H.) der realisierten überdurchschnittlichen Steuereinnahmen der Länder freigestellt werden. D. h., dass ähnlich wie zuvor die Abgeltungsbeträge für Hafenlasten nun bei Vorliegen einer überdurchschnittlichen Steuereinnahmenveränderung ein ermittelter Beträge die Finanzkraftmesszahl eines prämienberechtigten Landes reduziert.[345]

Dieses neue Element kann zwar als eine Art Anreizförderung gedeutet werden, da nun ein quotierter Betrag zusätzlicher Steuereinnahmen innerhalb eines Landes verbleiben kann. Jedoch kommt somit auch ein weiteres Berechnungselement in die Finanzkraftermittlung, wodurch das Berechnungsverfahren insgesamt nicht gerade einfacher wird. Zudem dürfte die Frage im Raum stehen, was überhaupt „prämiert" werden soll. Wenn bei gegebener Nichtexistenz von Steuergesetzgebungskompetenzen auf Länderebene aufgrund der in Kap. 4 vorgestellten föderalen Finanzverflechtungen sowie der wirtschaftlichen Verflechtungen zwischen den Ländern innerhalb eines Landes überdurchschnittliche Steuerzuwächse zu verzeichnen sind, so kann dies auch, und vielleicht sogar hauptsächlich, durch wirtschaftliche Aktivitäten angrenzender Länder hervorgerufen werden. Im Extremfall ist sogar davon auszugehen, dass unterdurchschnittliche wirtschaftspolitische Aktivitäten mit einem Mehr an Finanzmitteln durch das Prämienmodell honoriert werden. Da die Prämien nicht nur die Finanzkraft des mit überdurchschnittlichen Steuerzuwächsen beglückten Landes, sondern die Finanzkraft der Ländergesamtheit insgesamt reduzieren, könnten somit verantwortungsvoll handelnde Länder diese Prämien über das System des LFA i.e.S. mitfinanzieren.

---

gibt und außer der Absenkung des Ausgleichsniveaus keine wichtigen Gründe für eine solche Regelung sprechen". LENK *[2001]*, S. 75. Es darf daher darauf hingewiesen werden, dass die Berücksichtigung von „nur" 64 v.H. ebenso aus ökonomischen Gründen abzulehnen ist.

344 Siehe § 7 Abs. 2 MaßstG. Hier sei noch mal erwähnt, dass bei einer grundsätzlichen Föderalismusreform, welche eine stärkere Stellung der Gemeinden im föderalen Gefüge beinhalten sollte, diese Argumentation natürlich an Substanz verlieren würde. Die finanzielle Dispositionskraft eines Landes müsste dann neu definiert werden.

345 Siehe Art. 5 § 7 Abs. 3 SFG.

### *7.2.2. Änderungen bei der Bedarfsermittlung*

Die Ausgleichsmesszahl (AMZ) soll Auskunft darüber erteilen, über welche Höhe an steuerlichen Finanzmitteln ein Bundesland verfügen müsste, sollten dessen Einnahmen pro Einwohner dem Länderdurchschnitt entsprechen. Die aktuellen Regelungen sehen hier eine besondere Gewichtung der Einwohnerzahlen sowohl für die Ermittlung der Ausgleichsmesszahl für die Landessteuereinnahmen als auch für die Ermittlung der Ausgleichsmesszahl für die Gemeindesteuereinnahmen vor.[346]

Im neuen Regelwerk werden die Einwohner der Stadtstaaten im Rahmen der Ermittlung der AMZ für die Landessteuereinnahmen weiterhin mit dem Faktor 1,35 gewichtet.[347] Neu hingegen wird der Wegfall der Staffelung der Gewichtungsfaktoren nach Einwohnerzahl und Dichte der Gemeinden bei der zukünftigen Ermittlung der AMZ für die Gemeindesteuereinnahmen sein. Lediglich die Einwohner der Stadtstaaten sollen hierbei mit dem Faktor 1,35 sowie die der Flächenländer Mecklenburg-Vorpommern, Brandenburg und Sachsen-Anhalt mit den Faktoren 1,05 bzw. 1,03 und 1,02 gewichtet werden.[348]

### *7.2.3. Neugestaltung des Ausgleichstarifs*

Die relative Finanzkraft (RFK) wird weiterhin aus dem Quotienten von FKM und AMZ gebildet. Jedoch wurde hier die Tarifgestaltung bezüglich der Auffüllung von Fehlbeträgen und Abschöpfung von Überschüssen wesentlich überarbeitet.

Für die Zeit ab 2005 erfolgt die Ermittlung von Zuweisungs- und Abschöpfungsbeträgen anhand eines symmetrischen Tarifverlaufs (Abbildung 27).

Entsprechend der Symmetrie des gesamten Ausgleichsverfahrens gelten für die Abschöpfung von Überschüssen zunächst zwei Progressionszonen, an denen sich ab einer RFK von über 120 v.H. eine Linearzone anschließt (Abbildung 27). Durch dieses Verfahren wird gewährleistet, dass die so ermittelten tatsächlichen Abschöpfungsbeträge im Ergebnis stets mit den benötigten Auffüllbeträgen übereinstimmen. Die gegenwärtige praktizierte Berechnung eines linearen Multiplikators zur möglicherweise notwendigen Anhebung der Abschöpfungsbeträge entfällt, was zu einer Vereinfachung des Systems beiträgt. Andererseits entfällt auch die gegenwärtig garantierte finanzielle Mindestausstattung von 95 v.H. der

346 Siehe § 9 Abs. 2 und 3 FAG. Siehe dazu auch Kap. 5.3.2.
347 Siehe Art. 5 § 9 Abs. 2 SFG.
348 Siehe Art. 5 § 9 Abs. 3 SFG.

*Abb. 27: Zuweisungs- und Abschöpfungstarife im LFA i.e.S.*

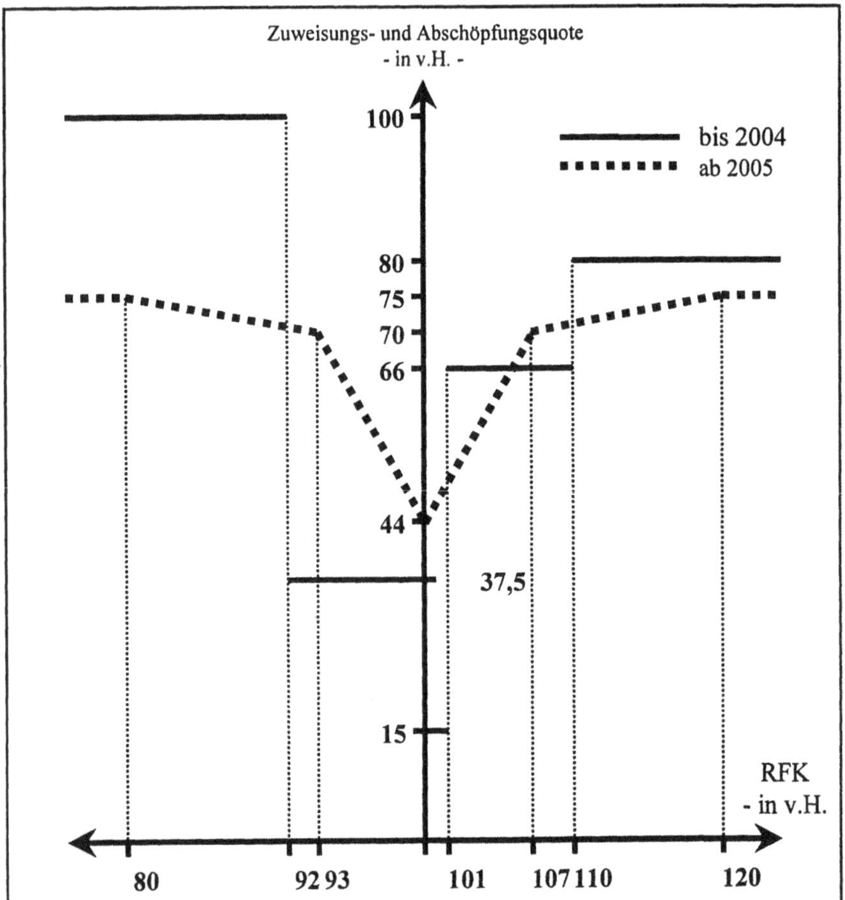


*Quelle: In Anlehnung an Sachverständigenrat [2001], S. 135.*

Nach Inkrafttreten der Neuregelung im Jahr 2005 gelten dann folgende Zuweisungszonen:

- **Linearzone** (bis 80 v.H. der AMZ)
  ⇒ Fehlbeträge werden zu 75 v.H. ausgeglichen

- **1. Degressionszone** (zwischen 80 v.H. und 93 v.H. der AMZ)
  ⇒ Fehlbeträge werden degressiv fallend zwischen 75 v.H. und 70 v.H. ausgeglichen
- **2. Degressionszone** (zwischen 93 v.H. und 100 v.H. der AMZ)
  ⇒ Fehlbeträge werden degressiv fallend zwischen 70 v.H. und 44 v.H. ausgeglichen

durchschnittlichen Finanzkraft. Eine weitere Vereinfachung ist wohl der Wegfall sämtlicher aktueller Garantieklauseln, obgleich auch gleichzeitig für den Länderfinanzausgleich ab 2005 eine Garantie neu eingefügt wurde, so dass zukünftig nicht mehr als 72,5 v.H. der überdurchschnittlichen Finanzkraft („Abschöpfungsobergrenze") von den Zahlerländern als Beiträge zu leisten sind.[349]

## 7.3. Veränderungen des sekundären vertikalen Finanzausgleichs

Im Rahmen der Diskussion um Maßstäbegesetz und Länderfinanzausgleich ab 2005 standen neben den Detailregelungen des Länderfinanzausgleichs i.e.S. die Fortführung der Finanztransfers an die ostdeutschen Länder (Solidarpakt II) sowie die sonstigen gegenwärtig geleisteten Bundesergänzungszuweisungen im Vordergrund.

### *7.3.1. Kritische Würdigung zukünftiger Fehlbetrags-BEZ*

Zunächst zur Änderung im Bereich der Fehlbetrags-Bundesergänzungszuweisungen. Diese werden ab dem Jahr 2005 weiterhin gewährt zur ergänzenden Deckung des allgemeinen Finanzbedarfs. Allerdings ist ähnlich wie bei den Zuweisungen im LFA i.e.S. der Auffülltarif geändert worden. Künftig werden die nach der Durchführung des LFA i.e.S. noch existierenden Finanzkraftlücken nur noch bis zu einer RFK von 99,5 v.H. ausgeglichen, wobei dann auch nur noch 77,5 v.H. dieser Fehlbeträge durch allgemeine Zuweisungen des Bundes (Fehlbetrags-BEZ) ausgeglichen werden.[350]

Festzustellen ist somit, dass auch hier wie durch den künftigen Auffülltarif bei den Zuweisungen im LFA i.e.S. keine Mindestauffüllgrenze mehr garantiert wird sowie das Ausgleichsniveau, wenn auch in sehr begrenztem Umgang, reduziert wird. So ist damit zu rechnen, dass alle finanzschwachen Länder nach

349 Siehe Art. 5 § 10 Abs. 3 SFG.
350 Siehe Art. 5 § 11 Abs. 2 SFG.

Fehlbetrags-BEZ eine RFK zwischen 97,5 v.H. und 99,2 v.H. erreichen.[351] Ebenfalls bleibt festzustellen, dass sich die ursprüngliche Finanzkraftreihenfolge nach Fehlbetrags- BEZ ebenfalls nicht ändern wird, da sich diese Stufe der redistributiven Maßnahmen einzig an den Pro-Kopf-Steuereinnahmen orientieren. Gleichwohl ist zu konstatieren, dass hier nach wie vor ein Teil des bedarfsorientierten Ausgleichs ausgelagert wird, welcher systematisch eigentlich in den LFA i.e.S. gehört. Es ist daher die Frage berechtigt, warum diese Auslagerung stattfindet, wenn doch der LFA i.e.S. das Instrument für den horizontalen Ausgleich zwischen Länder ist. Ein zusätzlicher Einwand gegen diese Praxis kann geltend gemacht werden, wenn berücksichtigt wird, dass durch das Rechenwerk des LFA i.e.S. an sich grundsätzlich jedes gewünschte Ausgleichsniveau erreicht werden kann.[352]

### *7.3.2. Sonderbedarfs-BEZ und ihre Besonderheiten*

Auch ab dem Jahr 2005 existieren für den Bund weiterhin Möglichkeiten, bestimmte „Sonderlasten“ einzelner Länder durch vertikale Finanztransfers zu würdigen und auszugleichen. Sonderbedarfs-BEZ werden auch künftig für die Abgeltung von sogenannten „Kosten der politischen Führung“ vom Bund geleistet. Dabei wird das Land Sachsen in den Empfängerkreis aufgenommen.[353] Nunmehr 10 (von 16) Länder erhalten dann vertikale Zuweisungen zur finanziellen Unterstützung ihrer Eigenstaatlichkeit, welche durch die eigenverantwortliche Bereitstellung eines politischen und administrativen Systems zum Ausdruck kommt. Durch die hohe Zahl der empfangsberechtigten Länder ergeben sich jedoch berechtigte Zweifel, ob hier noch von einer Sonderlast als vielmehr von einer „Normallast“ die Rede sein muss.

Gegenwärtig noch aufgebrachte Mittel für Sonderbedarfs-BEZ zur Minderung der Belastungen alter Länder durch die Wiedervereinigung und insbesondere durch die Integration der neuen Länder in den Länderfinanzausgleich (Übergangs-BEZ oder auch Sonderbedarfs-BEZ „Alte Länder“) sowie Hilfeleistungen für Haushaltsnotlagen (Sonderbedarfs-BEZ „Haushaltsnotlage“) laufen im Jahr 2004 aus und werden entsprechend dem Regelwerk für den Finanzausgleich ab 2005 nicht weitergeführt. Gleichwohl bleibt grundsätzlich die Möglichkeit bestehen, Ländern in Ausnahmefällen Sonderbedarfs-BEZ zur Sanierung der

351 Diese Werte ergeben sich aus einem Vergleich zwischen geltenden und künftigen Regelungen bezüglich des Länderfinanzausgleichs und basieren auf dem Datenmaterial aus dem Jahr 2000. Siehe LENK *[2001a]*, S. 438.

352 Vgl. PEFFEKOVEN *[1987]*, S. 216.

353 Siehe Art. 5 § 11 Abs. 4 SFG.

Haushalte aufgrund einer „extremen“ Haushaltsnotlage zu gewähren.[354] Hierzu ist der Anforderungskatalog modifiziert und grundlegend geregelt worden, dass diese Sonderbedarfs-BEZ zeitlich zu befristen, im Regelfall degressiv auszugestalten und in angemessen Zeitabständen zu überprüfen sind. Diese Anforderung betreffen im Übrigen sämtliche Sonderbedarfs-BEZ, wenn sie ab 2005 geleistet werden sollen.[355]

Diese Anforderungen sind demzufolge schon bei den bereits bundesgesetzlich geregelten Sonderbedarfs-BEZ „Neue Länder“ im Rahmen des Solidarpakt II angewendet worden. Diese werden zeitlich begrenzt zunächst bis zum Jahr 2019 geleistet und unterliegen einer regelmäßigen Überprüfung, wobei die empfangsberechtigten Länder Berlin, Brandenburg, Mecklenburg-Vorpommern, Sachsen, Sachsen-Anhalt und Thüringen gegenüber dem Finanzplanungsrat in Form von Fortschrittsberichten „Aufbau Ost“ die Verwendung der Mittel zum Abbau teilungsbedingter Sonderlasten nachweisen sowie über die finanzwirtschaftliche Entwicklung der Länder- und Gemeindehaushalte berichten müssen.[356]

Insgesamt beträgt die Jahresrate im Jahr 2005 ca. 10, 5 Mrd. Euro und wird sukzessiv in den Folgejahren aufgrund der geforderten Degression bei Zuweisungen abgebaut (Abbildung 28). Diese Mittel stehen den Empfängerländern letztlich zur freien Verfügung und unterliegen keiner expliziten Zweckbindung, auch wenn im Rahmen von Fortschrittsberichten über die Verwendung Auskunft gegeben werden muss. Sanktionsmechanismen sind jedenfalls nicht vorgesehen, so dass die Möglichkeit zur Verwendung der Mittel für alternative Haushaltspositionen, insbesondere für konsumtive Ausgaben, zumindest gegeben ist.

Somit sind die Veränderungen des Länderfinanzausgleichs für den Zeitraum ab 2005 gegenüber den aktuellen Regelungen dargestellt gleichzeitig einer kritischen Bewertung unterzogen worden. Welche Argumente und Möglichkeiten bestehen, grundlegend das System des Länderfinanzausgleichs einschließlich der Bundesergänzungszuweisungen zu reformieren, zeigt der folgenden Abschnitt.

354 Siehe § 12 Abs. 4 MaßstG.
355 Siehe § 12 Abs. 3 MaßstG.
356 Siehe Art. 5 § 11 Abs. 3 SFG.

*Abb. 28: Volumina des „Korb I" im Solidarpakt II*

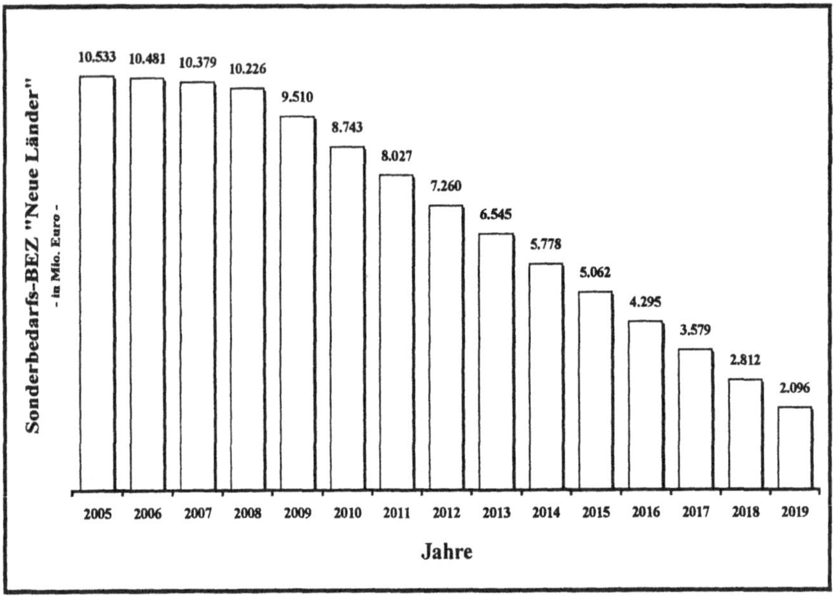


*Quelle: Art. 5 § 11 Abs. 3 SFG.*

## 7.4. Reformoptionen

### *7.4.1. Abschaffung der Fehlbetrags-BEZ*

Es ist nicht einsichtig, warum eine Maßnahme zur Korrektur der primären Einnahmenverteilung mit dem Anspruch, einen „angemessenen" Ausgleich zwischen den Ländern anhand der relativen Finanzkraft als Ausgleichsparameter herbeiführen zu wollen, um ein weiteres Korrektiv ergänzt werden muss. Eben dieser Fall liegt vor, wenn nach Abschluss der Durchführung des LFA i.e.S. ein weiteres Instrument (Fehlbetrags-BEZ) mit exakt dem gleichen Anspruch und auch den gleichen Grundlagen Verwendung findet. Unter strikter Anwendung des Art. 107 Abs. 2 Satz 1 GG müssten eigentlich nach LFA i.e.S. die Finanzkraftunterschiede angemessen ausgeglichen sein, so dass sich zumindest bezüglich des allgemeinen Finanzbedarfs keine Notwendigkeit ergibt, einen angemessenen Ausgleich noch zu intensivieren. Es sei denn, dass dies n der vorherigen Stufe nicht vollzogen wurde. Gewichtige Gründe, und insbesondere die Möglichkeiten des Systems der horizontalen Umverteilung, sprechen dafür, künftig auf vertikale Fehlbetrags-BEZ zu verzichten und die dadurch zunächst verlorengehende Finanzmasse in den horizontalen Ausgleich zu integrieren. Dies wird möglich durch das bereits beschriebene und gegenwärtig existierende flexible Element der bundesdeutschen Finanzverfassung, der vertikalen Umsatzsteuerverteilung. Durch Verzicht des Bundes auf Umsatzsteueranteile erhält dann die Ländergesamtheit einen höheren Umsatzsteueranteil, welcher dann entsprechend der Einwohnerzahlen im Rahmen der horizontalen Umsatzsteuerverteilung auf die Länder verteilt und durch die Berücksichtigung im LFA i.e.S. zu veränderten Zuweisungen für finanzschwache Länder führen würde. Dies hätte dann zur Folge, dass einerseits Anreize geschaffen würden, verstärkt Steuereinnahmen und weniger die Transfers vom Bund zu berücksichtigen und anderseits die finanzielle Verflechtung von Bundes- und Landesebene zu verringern.

### *7.4.2. Wegfall der Sonderbedarfs-BEZ für Kosten der politischen Führung*

Kosten der politischen Führung können auch als Kosten der Eigenstaatlichkeit umschrieben werden. Hierbei gilt es zu fragen, welchen subjektiven Wert dieser Eigenstaatlichkeit die Bereitstellung der damit verbunden staatlichen Leistungen in der Präferenzstruktur der Bürger einnimmt. Durch die gegenwärtige und auch zukünftige Praxis der Vergabe von Sonderbedarfs-BEZ wird die Präferenzverhüllung gefördert, da kein oder nur ein geringes Kostenbewusstsein existiert. Es ist daher fraglich, ob eigenstaatliches Handeln der Verantwortlichen mit den Präferenzen der Bürger übereinstimmt und demzufolge gesamtwirtschaftlich effizient ist.

Ein Wegfall der Kostenübernahme durch den Bund würde bedeuten, dass nun die Verursacher der Kosten selbst diese zu tragen hätten. Mithin ergäbe sich somit eine Präferenzenthüllung mit zwei Optionen. Entweder die Zahlungsbereitschaft der Bürger ist geringer als der subjektive Nutzen, den die Bürger aus der Eigenstaatlichkeit ziehen. Dann könnte die Zusammenlegung von Ländern unter der Annahmen subadditiver Kostenfunktionen den Bürgerpräferenzen entsprechen. Oder aber die Zahlungsbereitschaften der betroffenen Bürger sind ausreichend, um sämtliche Kosten der Eigenstaatlichkeit zu decken. In diesem Fall ist die gegenwärtige Länderstruktur effizient und eine Neugliederung der Länder ist nicht notwendig.[357]

Somit können zunächst gute Argumente angeführt werden, welche einen Wegfall der Kostenübernahme für Kosten der politischen Führung nach sich zie-

357 Vgl. HOMBURG *[1994]*, S. 316 f.

hen. Ein wesentlicher Aspekt ist dabei allerdings zu beachten. Bei Wegfall der Kostenübernahme müssten die Länder auch in der Lage sein, die wegfallenden Beträge in Form von Steuern nun von den eigenen Bürgern einzuziehen. Gerade diese Möglichkeit scheidet jedoch aufgrund des Steuermischsystems und den fehlenden steuerlichen Kompetenzen der Länder aus. Dies bedeutet, dass es hierzu Kompetenzen der Länder auf der Einnahmenseite bedarf, bei bestehenden Zahlungsbereitschaften bestimmte Kosten der staatlichen Leistungsbereitstellung durch entsprechende Einnahmen zu decken. Es kann davon ausgegangen werden, dass bei Stärkung der Ländersouveränität, und damit letztlich auch der Bürgersouveränität, die Budgetentscheidungen eher den Vorstellungen der Bürger bezüglich „eigener" Angelegenheiten entsprechen.

Liegt daher eine Präferenz für eine Eigenstaatlichkeit vor, so ist hierfür auch eine Bereitschaft der Bürger zur Entrichtung eines bestimmten Steuerpreises möglich. Dabei ist die Loyalität zur eigenen Gebietskörperschaft und in diesem Zusammenhang die Forderung nach Eigenständigkeit keine unbeeinflussbare Größe, sondern fußt auf intensiven Diskussionen der Beteiligten.[358]

Es könnte also als Fazit die gegenwärtigen Praxis der Kostenübernahme durch den Bund dahingehend interpretiert werden, dass diese Sonderbedarfs-BEZ eine Art Ausgleich für den Kompetenzentzug der Länder auf der Einnahmenseite darstellt.

### *7.4.3. Revision der Ergänzungsanteile im Rahmen der Umsatzsteuerverteilung*

Ähnlich wie die Fehlbetrags-BEZ eine nachgelagerte Stufe des Länderfinanzausgleichs i.e.S. darstellen, so kann die Vergabe von Umsatzsteuerergänzungsanteilen an steuerschwache Länder als vorgelagerte Stufe bezeichnet werden. Insofern trifft auf den damit verbundenen Umsatzsteuerausgleich die gleiche Kritik zu und ist ebenfalls in den LFA i.e.S. zu integrieren. In der praktischen Umsetzung würde dies bedeuten, dass zunächst der Umsatzsteueranteil der Ländergesamtheit ausschließlich nach Einwohnern entsprechend Art. 107 Abs. 1 Satz 4 1 HS GG horizontal verteilt wird. Mit zwei Konsequenzen. Erstens würde dann immer noch wie bisher bereits durch die bloße Verteilung nach Einwohnern eine Umverteilung der Finanzmasse stattfinden, da nicht von einem einheitlichen Pro-Kopf-Umsatzsteueraufkommen auszugehen ist. Und zweitens würde durch den

358 Vgl. SCHALTEGGER / FREY *[2001]*, S. 179. Die Autoren beziehen sich zwar konkret auf die Mitbestimmungsrechte im Rahmen der direkten Demokratie, die Argumentation kann jedoch auch grundsätzlich für die Diskussion um Dezentralisierung von Entscheidungen und damit für die Forderung nach Übereinstimmung von Bürgerpräferenzen und staatlichem Leistungsangebot verwendet werden.

Wegfall der Vorstufe des LFA i.e.S. dieser vom Volumen her ansteigen. Da es nun allerdings gleich sein kann, ob ein, wie auch immer bestimmtes Ausgleichsniveau, auf zwei Wegen oder innerhalb eines System erreicht wird, ist eine Beschränkung der Umverteilung auf den LFA i.e.S. auch mit Blick auf Transparenz vorzuziehen. Unterstützt werden kann diese Argumentation mit dem Hinweis, dass ausreichend Spielraum in Form von Rechenoperationen innerhalb des LFA i.e.S. besteht, ein vorab definiertes Ausgleichsniveau zu erreichen. Ein Vorschlag von Huber / Lichtblau aus dem Jahr 1997,[359] die Ergänzungsanteile in der gegenwärtigen Form abzuschaffen und dafür einen Fonds zu installieren, aus diesem dann für einen bestimmten Zeitraum festgelegte Anteile an finanzschwache Länder geleistet werden, könnte hierbei zwar als Alternative angesehen werden, würde jedoch nach wie vor eine Vorstufe des LFA i.e.S. bedeuten.

### *7.4.4. Linearisierung des Ausgleichstarifs*

Der ab dem Jahr 2005 geltende Ausgleichstarif stellt zunächst eine Verbesserung gegenüber dem gegenwärtigen System dar, da nun eine nachträgliche Korrektur zur Anpassung von Abschöpfungsbeträgen und Zuweisungsbeträgen entfällt. Diese Vereinfachung kann bzw. sollte jedoch weiter geführt werden, in dem die künftigen Progressionszonen, welche wiederum das System komplizieren,[360] innerhalb des Auffüll- und Abschöpfungstarifes linear gestaltet werden. Dazu gilt es dann, ebenfalls vorab ein gewünschtes Ausgleichsniveau zu definieren, welches grundsätzlich auch durch einen linearen Tarif erreicht werden kann. Mit dem Vorteil, dass auch hierbei mehr Transparenz durch Vereinfachung erreicht werden kann.

### *7.4.5. Zusammenfassung*

Bei der Betrachtung der sekundären Ausgleichssysteme ist stets zu berücksichtigen, dass es sich letztlich immer nur um Korrektive handelt, welche in ihrer konkreten Ausgestaltung auch Auskunft über den Zustand der föderalen Struktur

---

359 Siehe HUBER / LICHTBLAU *[1997]*, S. 15 f. Hier wird allerdings auch auf den Vorzug dieser Lösung verwiesen, dass sich zum einen Belastungen bei Veränderungen des LFA i.e.S. abfedern ließen und zum anderen so Grenzbelastungen von Steuerkraftgewinnen nicht mehr verändert würden. Insgesamt jedoch bedeutet eine Fondslösung weiterhin die Spaltung *eines* Umverteilungssystems (LFA i.e.S.) in *zwei* gleichgerichtete Systeme.

360 Vgl. auch FEHR *[2001]*, S. 579.

und den damit verbunden Finanzbeziehungen zwischen den föderalen Einheiten geben. Wie gezeigt wurde, weist das gegenwärtige und künftige Ausgleichssystem einen Korrekturmechanismus aus, welcher insgesamt betrachtet kompliziert und in Teilen sonderbare Regelungen beinhaltet. Darüber hinaus erscheinen beide Ausgleichssysteme darüber hinaus wie bei den Kosten der politischen Führung oder aber auch bei der grundsätzlichen Möglichkeit zur Übernahme von Verschuldungsrisiken durch den Bund die föderale Kompetenzverflechtung und mangelnde Eigenverantwortlichkeit der Länder noch zu festigen.[361]

Die aufgezeigten Möglichkeiten zielen letztlich auf eine Vereinfachung und mehr Transparenz sowie eine Nachvollziehbarkeit von Maßnahmen ab. Es darf hier nicht der Eindruck erweckt werden, dass ein föderales System insgesamt ohne Ausgleichsmechanismen auskommt. Aber je weniger Detailregelungen notwendig sind, desto eher kann vermutet werden, dass die bundesstaatliche Aufgabenverteilung sowie die primäre Einnahmenverteilung Eigenverantwortlichkeit und gleichzeitig einheitliche Lebensverhältnisse gewährleistet und gleichermaßen die Bereitstellung staatlicher Leistungen mit den Bürgerpräferenzen einschließlich ihrer Finanzierung übereinstimmen. Welche Möglichkeiten hierzu existieren und welche Aspekte dabei nicht zu vernachlässigen sind, zeigen die folgenden Kapitel.

361 Hierbei soll allerdings darauf hingewiesen werden, dass beispielsweise bei Vorliegen von extremen Haushaltsnotlagen aufgrund extremer Verschuldung ein föderales System durchaus vor dem Hintergrund des bündischen Prinzips eine Möglichkeit enthalten sollte, Solidarität zu zeigen und in konkreten Fällen „Bündnismitglieder" finanziell zu unterstützen. Dies schließt jedoch nicht aus, dass durch steuerliche Kompetenzen der Bündnismitglieder auch eigene Anstrengungen unternommen werden sollten, die Haushaltslage zu verbessern.

# 8. Zur Reföderalisierung der staatlichen Aufgabenverteilung

Im Sinne einer optimalen Verteilung der staatlichen Aufgaben stellt in einem föderalen Bundesstaat das Subsidiaritätsprinzip in besonderem Maße ein Kernelement der Staatsorganisation dar. Dabei sollten staatliche Einheiten solange für ein bestimmtes Spektrum an staatlichen Aufgaben verantwortlich sein, bis ihre Fähigkeiten, Aufgaben unabhängig und eigenverantwortlich und ohne negative Effekte auf übergeordnete Ebenen durchzuführen, überschritten werden. Wird auf die ökonomische Betrachtungsweise abgestellt, so besteht die Forderung nach einer Zuweisung einer staatlichen Aufgabe auf die staatliche Ebene, welche gerade noch eine effiziente Aufgabenwahrnehmung und -durchführung gewährleisten kann. Diese Forderung ergibt sich aus dem Dezentralisierungstheorem nach Oates, welches insgesamt ökonomische Schlussfolgerungen für die Aufgabenzuweisung innerhalb föderal aufgebauter Staatssysteme formuliert und daher als die ökonomische Interpretation des Subsidiaritätsprinzips angesehen werden kann.[362]

Die große Herausforderung und damit auch die Schwierigkeit in föderalen Staatssystemen liegt bei der praktischen Umsetzung der Dezentralisierungsthese. Hier steht die allokative Effizienz im Vordergrund und gemäß dem Prinzip der institutionellen Kongruenz erzeugt eine vollständige Übereinstimmung von räumlich begrenzter Kompetenz von Entscheidungsträgern, welche über die Wahrnehmung einer bereitzustellenden staatlichen Leistung sowie deren bereitzustellende Menge bestimmen, mit dem Nutzerkreis sowie dem Kreis der Kostenträger ein allokationseffizientes Gleichgewicht. Es gilt bei der Zuweisung von staatlichen Aufgaben auf mehrere staatliche Ebenen aber auch zu berücksichtigen, dass neben allokativen Aufgaben auch distributive Aufgaben, wenn gesellschaftlich erwünscht, den staatlichen Ebenen zugewiesen werden müssen. Abgerundet wird die Herausforderung bei der Aufgabenzuweisung durch die gesamtwirtschaftliche Erfordernis einer konjunkturellen Stabilisierung, womit die Zuweisung von Stabilisierungsaufgaben angesprochen ist.

Alle drei Aufgabenbereiche verbindet, dass nicht nur die Zuweisung von Durchführungs- und Finanzierungskompetenzen geregelt werden muss, sondern grundsätzlich die Zuordnung von Entscheidungs- bzw. Gesetzgebungskompe-

---

362 Siehe auch HUBER *[2001]*, S. 4. Zum Dezentralisierungstheorem im Rahmen der Theorie des fiskalischen Föderalismus siehe OATES *[1972]*.

tenzen bedingt durch die föderalen Elemente der Souveränität und Eigenverantwortlichkeit zu regeln ist. Diese Kompetenzen signalisieren, welche Funktion oder Funktionen bezüglich einer staatlichen Leistung einer Ebene zukommen.

Der bundesdeutsche aktive Finanzausgleich ist dadurch gekennzeichnet, dass eine funktionale Aufteilung der staatlichen Aufgaben dominiert und damit das Prinzip der institutionellen Kongruenz, wonach eine Übereinstimmung von Entscheider, Nutzer und Kostenträger existieren sollte, in der Regel verletzt wird. D. h., dass die Gesetzgebungs-, Durchführungs- und Finanzierungskompetenzen bei der Mehrzahl von Aufgabenbereichen nicht auf einer einzelnen staatlichen Ebene gebündelt sind. „Eine „institutionelle Kongruenz“, das Zusammenfallen von Veranlassen, Ausführen und Finanzieren einer staatlichen Aufgabe ist im Bereich der Innenpolitik eher die Ausnahme als die Regel“.[363] Insofern kann die bundesdeutsche Aufgabenverteilung typologisch als funktionaler Föderalismus bezeichnet werden und grenzt sich somit vom Leitbild des dualen Föderalismus ab.[364]

Das Leitbild des dualen Föderalismus umfasst hingegen eine extreme Ausgestaltung eines föderalen Staatswesens, bei dem in letzter Konsequenz überhaupt keine vertikale Zusammenarbeit stattfindet, da a) die staatliche Aufgaben exakt beschrieben und den einzelnen staatlichen Ebenen einschließlich der zugehörigen Gesetzgebungs- und Durchführungskompetenzen zugewiesen sind und b) die Einnahmenverteilung nach einem, entweder ungebundenen oder in abgeschwächter Form gebundenem, Trennsystem erfolgt und dementsprechend auch die Finanzierungskompetenzen scharf getrennt sind, und somit c) das Prinzip der institutionellen Kongruenz auf allen staatlichen Ebenen erfüllt ist, da die Bestimmung, Durchführung und Finanzierung für bestimme staatliche Aufgaben in einer Hand vereint und zwischen den staatlichen Ebenen strikt getrennt sind. Eine staatliche Ebene hat daher für eine zuvor bestimmte staatliche Aufgabe souverän und eigenverantwortlich sämtliche aufgabenspezifischen Funktionen zu erfüllen. Was wiederum konsequenterweise bedeuten muss, dass keine Gebietskörperschaft auf finanzielle Unterstützung sowohl von Gebietskörperschaften der gleichen Ebene (horizontal) als auch übergeordneter Ebenen bzw. der Zentralebene angewiesen sein sollte, da alle drei Funktionen autonom veränderten Rahmenbedingungen angepasst werden können.[365]

---

363 Renzsch *[1999]*, S. 157.

364 Vgl. Renzsch *[2000]*, S. 42.

365 Siehe auch bei Laufer / Münch *[1997]*, S. 19.

## 8.1. Mögliche Gründe für die Zentralisierungstendenz im Bereich der bundesdeutschen Aufgabenverteilung

Wie oben beschrieben trifft auf den bundesdeutschen Föderalismus eher die funktionale Aufgabenverteilung zu, nach der in den meisten Fällen die Gesetzgebungskompetenz der übergeordneten oder sogar der Bundesebene zugestanden wird. In Anlehnung an die Unterteilung von Staatsfunktionen durch Musgrave werden die staatlichen Aufgaben entsprechend ihrer Zielsetzungen in einen allokationspolitischen, einen distributionspolitischen und einen stabilitätspolitischen Aufgabenbereich zusammengefasst. Gegenüber ordnungspolitischen Aufgaben lassen sich diese Aufgabenbereich im Wesentlichen durch ihre ummittelbare Verbindung mit Ausgaben der öffentlichen Hand abgrenzen.[366]

Im Gegensatz zur Ordnungspolitik werden allokations-, distributions- und stabilitätspolitische Entscheidungen aufgrund ihrer Ausgabenintensität stärker durch den Bürger wahrgenommen. Gleichzeitig müssen die politischen Entscheidungsträger der staatlichen Ebenen diese notwendigen Ausgaben in ihre Haushalte einstellen, wodurch bei beschränkten Finanzmitteln ein Optimierungsproblem entsteht.

Bevor im Rahmen einer Reföderalisierungsdiskussion bezüglich staatlicher Aufgaben Möglichkeiten zur Rückverlagerung bestimmter Kompetenzen, hauptsächlich der Gesetzgebungskompetenzen, beschrieben werden können, ergibt sich zunächst die Frage, warum einzelne staatliche Aufgaben im Rahmen aktueller Zuordnungen von den entsprechenden Ebenen wahrgenommen und durchgeführt werden. Dies bietet die Möglichkeit, mit Hilfe der Erkenntnisse aus vergangenen Übertragungstendenzen Besonderheiten der Aufgaben und Kalküle der Entscheidungsträger bei einer möglichen Neuzuordnung zu berücksichtigen.

### *8.1.1. Argumente für die Zentralisierung allokativer Aufgaben*

Besonders im Bereich der allokativen staatlichen Aufgaben kommt das Prinzip der institutionellen Kongruenz zum Tragen. Durch die vertikale Unterteilung des Staatswesens in mehrere staatliche Ebenen kommt es darauf an, gemäß auch dem Subsidiaritätsprinzip eine effiziente und den Bürgerpräferenzen entsprechende Bereitstellung staatlicher Leistungen zu gewährleisten. Dies gelingt um so eher, je stärker Entscheider, Nutzer und Kostenträger übereinstimmen. Staatliche Aufgaben im Allokationsbereich werden hauptsächlich durch die Produk-

366 Mit dem schon bereits genannten Hinweis, dass ordnungspolitische Aufgaben wie die Rechtspflege mit Bürokratiekosten verbunden sind.

tion und/oder Bereitstellung von Gütern und Dienstleistungen für den Bürger spürbar. Dabei sind zwischen lokalen, regionalen und überregionalen Gütern und Dienstleistungen zu unterscheiden in Abhängigkeit ihrer jeweiligen räumlichen Nutzenausdehnung.

Da leicht einsehbar ist, dass auch innerhalb der Gruppe von lokalen, regionalen und überregionalen Gütern die räumliche Nutzenausdehnung sehr unterschiedlich sein kann, müsste bei Einhaltung des Prinzips der institutionellen Kongruenz für jedes einzelne Gut eine Gebietskörperschaft geschaffen werden, welche dann über die aufgabenspezifische Gesetzgebungs-, Durchführungs- und Finanzierungskompetenz verfügt. Allein schon aus Kostengründen ist daher eine vollständige praktische Umsetzung dieses Prinzips ausgeschlossen. In der Regel wird aus genanntem Grund eine bestimmte Anzahl an Staatsebenen festgelegt, in der Bundesrepublik Deutschland sind zwei bzw. drei Ebenen eingerichtet.[367]

Das Grundgesetz stellt die Ausübung der staatlichen Befugnisse sowie die Durchführung der staatlichen Aufgaben grundsätzlich in den Verantwortungsbereich der Länder (Art. 30 GG). Diesem Grundsatz wird in Art. 70 GG Nachdruck verliehen, jedoch durch die konkurrierende Gesetzgebung des Bundes (Art. 72 GG) stark eingeschränkt. Und zwar dadurch, dass die Bundesebene die Gesetzgebungskompetenz über die Aufgaben, welche in Art. 74 GG aufgelistet sind, an sich ziehen kann, wenn sie die Erfordernisse nach Art. 72 Abs. 2 GG als gegeben erachtet. Unter Berücksichtigung der 26 (ursprünglich 23) aufgelisteten Aufgabenbereiche in Art. 74 GG wird deutlich, dass mit Ausnahme der Aufgaben, welche ausschließlich dem Bund nach Art. 71, 73 GG zufallen, eine feste Zuordnung von Aufgabenbereichen auf Bundes- und Länderebene nie festgeschrieben war. Ohne Verfassungsänderung war und ist es möglich, einen oder mehrere Aufgabenbereiche entweder in den Verantwortungsbereich der Bundesebene zu stellen oder wieder in die Verantwortlichkeit der Länder zu geben.[368]

Mittlerweile liegt die Mehrzahl von Aufgaben des im Art. 74 GG enthaltenen Aufgabenkataloges im gesetzgeberischen Verantwortungsbereich des Bundes, wodurch den Ländern wesentliche Gestaltungsspielräume entzogen sind. Entsprechend besteht eine enge Verflechtung durch Mitspracherechte der Länder über den Bundesrat bei Aufgaben im Verantwortungsbereich des Bundes, welche hemmend auf notwendige Anpassungen bei verschiedenen Aufgaben wirken.

---

367 Nach dem Grundgesetz haben lediglich die Bundes- und Länderebene Verfassungsrang. Allerdings wird der Gemeindeebene durch Art. 28 Abs. 2 GG eine Verantwortung für die Durchführung von Aufgaben im örtlichen Bereich zugestanden, so dass das föderale System der Bundesrepublik Deutschland bezogen auf die Aufgabendurchführung aus drei Ebenen besteht.

368 Vgl. dazu SCHMIDT *[2001]*, S. 121.

Es stellt sich aber die Frage, warum Gesetzgebungskompetenzen im Bereich der Allokation von den Ländern an die Bundesebene abgegeben wurden. Bei näherer Betrachtung des Art. 74 GG zählen zum Bereich der allokativen Aufgaben die Förderung der wissenschaftlichen Forschung, das Verkehrswesen, die wirtschaftliche Sicherung der Krankenhäuser, der Umweltschutz sowie die Kernenergie.[369]

Offenbar existieren für untergeordnete Gebietskörperschaften, speziell für die Länder, Anreize, im Bereich allokativer Aufgaben ihre ursprünglichen Gesetzgebungskompetenzen auf die höheren Ebenen bzw. die Bundesebene zu verlagern. Allokative Aufgaben werden für den Bürger erst durch das konkrete staatliche Angebot von Gütern und Dienstleistungen spürbar. Viele dieser Güter und Dienstleistungen sind keine reinen öffentlichen Güter. Vielmehr handelt es bei einer Mehrzahl um Mischgüter bzw. sogar rein private Güter. Dabei können zwar auch Spillovers auftreten, diese sind jedoch in der Regel geringer als bei rein öffentlichen Gütern. Gleichwohl werden Gebietskörperschaften bei unterstelltem Vorliegen positiver externer Effekte versuchen, diese zu internalisieren. Eine Internalisierung von externen Effekten ist allerdings ebenfalls mit Kosten verbunden. Sind dabei die Kosten der Internalisierung größer als der zusätzliche Nutzen aus der Internalisierung, so wird eine Internalisierung durch die betreffenden politischen Akteure ausbleiben. [370] Dies ist insbesondere dann möglich, wenn der institutionelle Rahmen der föderalen Verfassung eine Internalisierung erschwert. Eine Möglichkeit zur Internalisierung von externen Effekten ist dann eine Übertragung von Gesetzgebungskompetenzen auf übergeordnete Staatsebenen.

Als Ausgangslage von Überlegungen bezüglich Übertragungen von Gesetzgebungskompetenzen bei allokativen Aufgaben von untergeordneten auf übergeordneten Gebietskörperschaften soll unterstellt sein, dass auf einer staatlichen Ebenen zwei Gebietskörperschaften, Gebietskörperschaft A und Gebietskörperschaft B, existieren, wobei $n = 2$ sein soll.[371] Desweiteren verfügen die einzelnen Gebietskörperschaften dieser Ebene über unabhängige Gesetzgebungskompeten-

369 Siehe auch näheres zu der konkurrierenden Gesetzgebung nach Art. 74 GG in Kap. 3.3.2. auf S. 73 ff.

370 Mit „zusätzlichem Nutzen“ soll zum Ausdruck gebracht werden, dass bereits die Bereitstellung des mit externen Effekten verbundenen Gutes einen positiven Nutzen für die Bürger der bereitstellenden Gebietskörperschaft erzeugt hat. Insofern handelt es sich beim zusätzlichen Nutzen um einen zusätzlichen Finanzierungsbeitrag der zusätzlichen Nutzer.

371 Die hier dargestellten Überlegungen gehen auf ein Modell von SCHWAGER *[1999]* zurück, welches nur von zwei Bundesländern, Nord und Süd, ausgeht. Siehe dazu SCHWAGER *[1999]*, S. 171 f.

zen im Bereich von Investitionen als Beispiel für allokative Aufgaben. Dies bedeutet, dass jede Gebietskörperschaft souverän und eigenverantwortlich gemäß den Präferenzen der eigenen Bürger Investitionspolitik betreiben kann.

Innerhalb der Gebietskörperschaften können unterschiedliche Investitionsprojekte $P_j^i$ durchgeführt werden, wobei der Index i für eine einzelne Gebietskörperschaft und der Index j für ein bestimmtes Investitionsprojekt steht. Die maximale Anzahl durchführbarer Investitionsprojekte ergibt sich somit als Summe der einzelnen Investitionsprojekte j = 1,..., m, also

$$(1)\ \widetilde{P}^i_{max.} = \sum_{j=1}^{m} P_j^i \,.$$

Zur Vereinfachung soll unterstellt werden, dass in jeder Gebietskörperschaft die durchführbaren Investitionsprojekte sowie die maximale Anzahl der Projekte identisch sind. Von den möglichen und durchführbaren Investitionsprojekten soll die Anzahl der tatsächlich realisierten Projekte $P_r^i$ mit r = 1,..., q unterschieden werden. Die Entscheidungsträger der einzelnen Gebietskörperschaften treffen unabhängig ihre Entscheidungen über die tatsächlich realisierte Anzahl von Investitionsprojekten, wobei die Anzahl der realisierten Investitionsprojekte zwischen den Gebietskörperschaften variieren kann. Dies bedeutet für jede Gebietskörperschaft:

$$(2)\ 0 \leq \sum_{r=1}^{q} P_r^i \leq \sum_{j=1}^{m} P_j^i \quad \text{oder anders:}$$

$$(2a)\ 0 \leq \widetilde{P}_r^i \leq \widetilde{P}^i_{max.}$$

Zudem können die Gebietskörperschaften nicht nur die Anzahl der realisierten Projekte, sondern auch das entsprechende Investitionsniveau $I^i$ jedes Investitionsprojektes festlegen. Zu denken ist dabei an unterschiedliche Qualitätsstandards, welche bei sonst identischen Projekten zu differenzierten Investitionsniveaus innerhalb der einzelnen Gebietskörperschaften führen können.[372]

---

372 Allerdings wird bei SCHWAGER *[1999]* aus Gründen der Vereinfachung unterstellt, dass bei den verschiedenen Investitionsprojekten die Investitionsniveaus identisch sind. Diese Annahme wird auch übernommen.

Ein Investitionsprojekt ist mit Finanzierungskosten $K^i(I^i)$ für die durchführende Gebietskörperschaft verbunden, stiftet dieser aber auch einen Nutzen $U^i(I^i)$. Zusätzlich soll jedes Investitionsobjekt mit positiven räumlichen Spillovers verbunden sein. Dies bedeutet, das letztlich nur ein Teil ($\alpha$) des Gesamtnutzens eines Investitionsprojektes bei den Bürgern der investitionsfreudigen Gebietskörperschaft ankommt, ein anderer Teil ($1-\alpha$) kommt den Bürgern der anderen Gebietskörperschaft zugute. Dabei ist unterstellt, dass $\alpha$ nur Werte zwischen Null und Eins annehmen kann. Da alle Gebietskörperschaften Investitionsprojekte durchführen, ergibt sich für die beiden Gebieteskörperschaften A und B immer ein Nutzenniveau aus Investitionen, welches aus den Nutzen der eigenen Investitionsprojekte und den Nutzenanteilen aus den Investitionsprojekten der anderen Gebietskörperschaft besteht. Für die Gebietskörperschaft A ergibt sich somit ein Nutzenniveau aus Investitionsprojekten wie folgt:

$$(3)\; U^A\left(I^{A,B}\right) = \tilde{P}_r^A \left[\left(\alpha * I^A\right) - K^A\left(I^A\right)\right] + \tilde{P}_r^B \left[\left(1-\alpha\right) * I^B\right].$$

Ein politischer Entscheidungsträger einer Gebietskörperschaft lässt die Nutzenanteile aus den Investitionsprojekten anderer Gebietskörperschaften in seine eigenen Investitionsentscheidungen einfließen, kann diese jedoch nicht beeinflussen. Andererseits werden die Spillovers der eigenen Investitionsprojekte nicht berücksichtigt, da für den politischen Entscheidungsträger nur das Nutzenniveau innerhalb der eigenen Gebietskörperschaft und damit die Zufriedenheit der eigenen Bürger von Bedeutung sind.[373]

Somit ergibt sich für die Gebietskörperschaft A wie folgt das Entscheidungsproblem, die Anzahl der zu realisierenden Investitionsprojekte zu maximieren:

$$(4)\; \max_{\left(I^A,\, \tilde{P}_r^A\right)} \; \tilde{P}_r^A \left[\left(\alpha * I^A\right) - K^A\left(I^A\right)\right] + \tilde{P}_r^B \left[\left(1-\alpha\right) * I^B\right]$$

Es wird weiterhin unterstellt, dass die Kostenfunktion $K^i(I^i)$ zweimal stetig differenzierbar ist, damit eine eindeutige Lösung des Maximierungsproblems erhalten werden kann. Dann müssen folgende Bedingungen erfüllt sein:[374]

$$K^i(I^i) = \frac{\partial K^i}{\partial I^i} = 0 \text{ für alle } I^i = 0$$

373 Vgl. SCHMIDT *[2001]*, S. 128.
374 Vgl. SCHWAGER *[1999]*, S. 171.

$$\frac{\partial K^i}{\partial I^i} > 0 \; ; \; \frac{\partial^2 K^i}{\partial I^{i\,2}} > 0 \text{ für alle } I^i > 0$$

$$\frac{\partial K^i}{\partial I^i} \rightarrow \infty \text{ wenn } I^i \rightarrow \infty$$

Das Maximierungsproblem kann nun mit Hilfe der Kuhn-Tucker-Ansatzes gelöst werden. Dieses Verfahren bietet den Vorteil, dass innerhalb des Lösungsverfahrens auch Ungleichungen als Nebenbedingungen beachtet werden können. Für das Maximierungsproblem der Gebietskörperschaft A ergibt sich nun folgende Lagrange-Funktion:

$$(5)\; L = \widetilde{P}_r^A \left[ \left( \alpha * I^A \right) - K^A\left(I^A\right) \right] + \widetilde{P}_r^B \left[ \left( 1-\alpha \right) * I^B \right] + \lambda \left[ \widetilde{P}_{max}^A - \widetilde{P}_r^A \right]$$

Nach Ableitung der Gleichung (5) ergibt sich eine erste Gruppe von Kuhn-Tucker-Bedingungen:[375]

$$(5.1)\; \frac{\partial L}{\partial I^A} = \widetilde{P}_r^A \left[ \alpha - \frac{\partial K^A}{\partial I^A} \right] \leq 0$$

$$(5.2)\; \frac{\partial L}{\partial \widetilde{P}_r^A} = \left( \alpha * I^A \right) - K^A\left(I^A\right) - \lambda \leq 0$$

$$(5.3)\; \frac{\partial L}{\partial \lambda} : \widetilde{P}_{max.}^A - \widetilde{P}_r^A \geq 0$$

Zusätzlich sollen für die Variablen $I^A$, $\widetilde{P}_r^A$ und $\lambda$ die Nichtnegativitätsbedingungen gelten. Somit folgt:

$$(5.4)\; I^A \geq 0$$

$$(5.5)\; \widetilde{P}_r^A \geq 0$$

$$(5.6)\; \lambda \geq 0$$

375 In Anlehnung an die Ausführungen von SCHMIDT *[2001]*, S. 198.

Unter der Annahme, dass $I^A$ und $\widetilde{P}_r^A$ positiv sind, ergeben sich folgende Ergebnisse:

$$(5.7)\ \lambda = \alpha * I^A - K^A\left(I^A\right) \text{für } I^A > 0$$

$$(5.8)\ \alpha = \frac{\partial K^A}{\partial I^A} \text{für } \widetilde{P}_r^A > 0$$

$$(5.9)\ \widetilde{P}_r^A = \widetilde{P}_{max}^A.$$

Aus Bedingung (5.9) lässt sich ableiten, dass sämtliche Investitionsprojekte auch durchgeführt werden. Die Bedingung (5.8) lässt zwei Schlussfolgerungen zu: Erstens werden von den Entscheidungsträgern die Investitionsniveaus so bestimmt, dass bei den durchgeführten Investitionsprojekten die Grenznutzen den Grenzkosten entsprechen. Zweitens wird deutlich, dass bei den Investitionsentscheidungen nur der eigene Nutzenanteil (α) berücksichtigt wird.[376]

Für die Entscheidungsträger der Gebietskörperschaften liegt es nun nahe, die räumlichen Spillovers zu internalisieren. Zum einen, da sie in der Regel selbst innerhalb der Gebietskörperschaft wohnen und daher vom Nutzen der Investitionsprojekte profitieren. Sie werden daher einen Anreiz haben, ihre staatliche Leistungen effizient bereitzustellen. Zum anderen, da sie aufgrund von Wahlen politisch legitimiert sind und daher versucht sind, zukünftige Wahlen zu gewinnen. Gehen von der Gebietskörperschaft A stärkere Spillovers aus als von der anderen Gebietskörperschaft B, so stellen die Bürger beim Vergleich beider Nutzenniveaus einen größeren Gesamtnutzen in Gebietskörperschaft B fest. Dieser Vergleich ist insbesondere vor Wahlen von Bedeutung, da dann verstärkt unterschiedliche Politikstile sowie die unterschiedlichen Lebensverhältnisse, welche mit unterschiedlichen Nutzenniveaus beschrieben werden, gegeneinander abgewogen werden. Dies kann zur Folge haben, dass die Politik in Gebietskörperschaft B von den Bürgern insgesamt besser aufgrund der durch Gebietskörperschaft A verursachten stärkeren Externalitäten bewertet wird, was wiederum zu einer schlechteren Bewertung der Politik insgesamt in Gebietskörperschaft A führt und letztlich die Chancen auf Wiederwahl der politischen Entscheidungsträger in Gebietskörperschaft A schwinden.

Zwei Alternativen zur Internalisierung sollen zur Auswahl stehen: Entweder durch eine horizontale Koordination der Gebietskörperschaften bezüglich der

376 Vgl. SCHMIDT *[2001]*, S. 128.

Investitionsprojekte oder aber eine Verlagerung von Kompetenzen auf höhere Staatsebenen. Wird die zweite Alternative präferiert, entsteht eine funktionale Aufteilung der Kompetenzen. Diese Konstruktion wird auch als „administrativer Föderalismus“ bezeichnet.[377]

Welche Vorteile kann es nun für untergeordnete Gebietskörperschaften im Bereich allokativer Aufgaben geben, dass Kompetenzen an übergeordnete Ebenen übertragen werden? Zur Beantwortung dieser Frage muss zunächst der institutionelle Rahmen der föderalen Verfassung näher betrachtet werden. Föderale Systeme zeichnen sich dadurch aus, dass sie einerseits eine vertikale Gewaltenteilung und damit eine grundsätzliche vertikale Kompetenzverteilung beinhalten, andererseits aber den nachgeordneten Gebietskörperschaften ein Mitwirkungsrecht an der Gesetzgebung auf der obersten Ebene einräumen. Dieses Mitwirkungsrecht ist in der Bundesrepublik Deutschland durch die Etablierung des Bundesrates neben dem Bundestag institutionalisiert. Dabei kann es vorkommen, dass von der obersten Ebene bestimmte Gebietskörperschaften aufgrund ihrer Wirtschafts- und Finanzschwäche stärker unterstützt werden als andere. Dies kann dann der Fall sein, wenn eine Gruppe von Gebietskörperschaften über eine Stimmenmehrheit in der zweiten Kammer verfügt und die Entscheidungsträger der übergeordneten Ebene einlenken.[378]

Wenn Gebietskörperschaften auf ihre Gesetzgebungskompetenz bei allokativen Aufgaben verzichten und auf die nächsthöhere Ebene verlagern, können sie sich weiterhin ihre Durchführungskompetenz sichern. Dies kann zur Folge haben, dass auf der übergeordneten einheitliche Standards und damit eine bestimmtes Investitionsniveau pro Projekt festgelegt werden und der nachgeordneten Ebene die Möglichkeit verbleibt, weiterhin die Anzahl der zu realisierenden Projekte verbleibt.

Das bundeseinheitlich festgelegte Investitionsniveau $\bar{I}$ geht somit in die Entscheidungen der untergeordneten Gebietskörperschaften ein, so dass sich bei einer Verlagerung von Gesetzgebungskompetenzen auf eine höhere Ebene folgen-

377 Siehe bei SCHWAGER *[1999]*, S. 167.

378 Als ein Beispiel kann hier der aktuelle Streit zwischen finanzstarken und finanzschwachen Bundesländern in der Bundesrepublik Deutschland angeführt werden, wobei bestimmte Arrangements zwischen der Gruppe finanzschwacher Bundesländer und der Bundesebene nicht zu leugnen sind. So beispielsweise bei den Verhandlungen zum Solidarpaktfortführungsgesetz, welche die Fortführung der nun zweckungebundenen Finanzhilfen für die finanzschwachen ostdeutschen Länder bis 2019 garantiert (Solidarpakt II) und darüber hinaus alle finanzschwachen Bundesländer ab 2005 finanziell gegenüber den bisherigen Regelungen besser stellt. Das System der Bund-Länder-Finanzbeziehungen ist dabei sogar komplizierter geworden. Siehe dazu auch PEFFEKOVEN *[2001]*, S. 429 ff.

des Entscheidungsproblem für eine beispielhafte Gebietskörperschaft, hier mit A bezeichnet, bezüglich der zu realisierenden Investitionsprojekte ergibt:

$$(6)\ \max_{(\widetilde{P}_r^A)}.\ \widetilde{P}_r^A\left[\left(\alpha*\bar{I}\right)-K^A\left(\bar{I}\right)\right]+\widetilde{P}_r^B\left[\left(1-\alpha\right)*\bar{I}\right]$$

Die Nebenbedingung lautet nach wie vor: $0 \leq \widetilde{P}_r^A \leq \widetilde{P}_{max.}^A$.

Aus der zur Lösung notwendige Langrange-Funktion

$$(7)\ L=\widetilde{P}_r^A\left[\left(\alpha*\bar{I}\right)-K^A\left(\bar{I}\right)\right]+\widetilde{P}_r^B\left[\left(1-\alpha\right)*\bar{I}\right]+\lambda\left[\widetilde{P}_{max.}^A-\widetilde{P}_r^A\right]$$

folgt die erste Gruppe von Bedingungen:

$$(7.1)\ \frac{\partial L}{\partial \widetilde{P}_r^A}=\left(\alpha*\bar{I}\right)-K^A\left(\bar{I}\right)-\lambda \leq 0$$

$$(7.2)\ \frac{\partial L}{\partial \lambda}=\widetilde{P}_{max.}^A-\widetilde{P}_r^A \geq 0$$

Die Nichtnegativbedingungen sowie die letzte Gruppe der sogenannten complementary slackness-Bedingungen lauten:[379]

$$(7.3)\ \widetilde{P}_r^A \geq 0$$

$$(7.4)\ \lambda \geq 0$$

$$(7.5)\ \widetilde{P}_r^A\ \frac{\partial L}{\partial \widetilde{P}_r^A}=0$$

$$(7.6)\ \lambda\ \frac{\partial L}{\partial \lambda}=0$$

379 Siehe bei SCHMIDT *[2001]*, S. 200.

Welche Anzahl von Projekten nun von der Gebietskörperschaft durchgeführt werden, hängt entscheidend vom Investitionsniveau $\bar{I}$ ab. Aus Gleichung (7.1) ergeben sich folgende 3 mögliche Fälle:

$$\alpha < \frac{K^A(\bar{I})}{\bar{I}} \text{ oder } \alpha = \frac{K^A(\bar{I})}{\bar{I}} \text{ oder } \alpha > \frac{K^A(\bar{I})}{\bar{I}}.$$

Für die tatsächlich zu realisierende Anzahl von Investitionsprojekte durch die Gebietskörperschaft A werden nun die folgenden Entscheidungsregeln angewendet:

$$\tilde{P}_r^A\left(\bar{I}, \tilde{P}_{max.}^A\right) = \begin{cases} 0 & \text{wenn} \quad \alpha < \frac{K^A(\bar{I})}{\bar{I}} \\ r = 1,\ldots,q & \text{wenn} \quad \alpha = \frac{K^A(\bar{I})}{\bar{I}} \\ \tilde{P}_{max.}^A & \text{wenn} \quad \alpha > \frac{K^A(\bar{I})}{\bar{I}} \end{cases}$$

Letztlich wird die Gebietskörperschaft A so viele Investitionsprojekte durchführen, bis der Grenznutzen den Durchschnittskosten entspricht.

Dieses Verhalten der untergeordneten Gebietskörperschaften wird nun aufgrund gegebener Gesetzgebungskompetenz bei der Bestimmung des Investitionsniveaus auf der höheren Ebene berücksichtigt. Vereinfachend soll angenommen werden, dass die übergeordnete Ebene dazu beitragen möchte, dass die Gebietskörperschaften Investitionsprojekte auswählen, deren Nutzen positiv sind. Dann führen konsequenterweise die Gebietskörperschaften sämtliche zur Verfügung stehende Projekte durch, und für den Entscheidungsträger bezüglich des Investitionsniveaus ergibt sich folgendes Maximierungsproblem:

$$(8) \max_{\bar{I}}. \ \tilde{P}_{max.}^A \left[\left(\alpha * \bar{I}\right) - K^A\left(\bar{I}\right)\right] + \tilde{P}_{max.}^B \left(1 - \alpha\right)\bar{I}$$

Wird Gleichung (8) nach dem Investitionsniveau $\bar{I}$ abgeleitet, so ergibt sich:

$$(8.1) \tilde{P}_{max.}^A \left[\alpha - \frac{\partial K^A}{\partial \bar{I}}\right] + \tilde{P}_{max.}^B \left(1 - \alpha\right) = 0$$

$$(8.2)\ \frac{\partial K^{A}}{\partial \bar{I}} = \alpha + (1-\alpha)\frac{\widetilde{P}^{B}_{max.}}{\widetilde{P}^{A}_{max.}}$$

Ein Vergleich der Ergebnisse bei dezentraler (5.8) und zentraler Zuordnung der Gesetzgebungskompetenzen (8.2) zeigt, dass gegenüber dezentraler Verantwortlichkeit eine zentrale Zuständigkeit im Bereich allokativer Aufgaben zu einem höheren Investitionsniveau führt.

Letztlich wird verständlich, warum auch im bundesdeutschen Föderalismus die Bundesländer sich den zentralistischen Tendenzen bezüglich der Zuordnung allokativer Aufgaben nicht versperrt haben. Einerseits enthält eine bundeseinheitliche Koordination die Möglichkeit, räumliche Externalitäten zu internalisieren. Andererseits liegt das Investitionsvolumen pro Investitionsprojekt höher als bei autonomer dezentraler Bereitstellung von staatlichen Leistungen im Bereich der allokativen Aufgaben. Dieses Ergebnis gilt es dann zu berücksichtigen, wenn eine Diskussion zur Rückverlagerung von Gesetzgebungskompetenzen im Bereich allokativer Aufgaben erfolgt.

### *8.1.2. Zur Zentralisierung distributionspolitischer Aufgaben*

Aus dem Katalog des Art. 74 GG können neben allokativen Aufgabenbereichen weitere distributive Aufgabenbereiche zusammengefasst werden. Darunter fallen die Bereiche öffentliche Fürsorge (Nr. 7), Versorgung von Kriegsbeschädigten und Kriegshinterbliebenen (Nr. 10), Sozialversicherung einschließlich Arbeitslosenversicherung (Nr. 12) und Ausbildungsbeihilfen (Nr. 13). Diese Aufgabenbereiche sind dadurch gekennzeichnet, dass Aktivitäten der öffentlichen Hand in diesen Bereichen direkt in Form von staatlichen Transfers bei den Empfangsberechtigten ankommen und somit eine sehr starke Spürbarkeit des staatlichen Handelns vorliegt. Diese stärkere Spürbarkeit ist auch deshalb gegeben, da diese staatlichen Transfers von existentieller Natur sind und gewissermaßen ein Mindestmaß an lebensnotwendigem Einkommen bei den Leistungsempfängern sichern.

In demokratisch organisierten föderalen Systemen sind sämtliche durch Wahlen legitimierte Entscheidungsträger daran interessiert, wiedergewählt zu werden. Erhält dabei eine übergeordnete staatliche Ebene die Möglichkeit, die Gesetzgebungskompetenz für distributive Aufgaben an sich zu ziehen, so wird sie es vermutlich deshalb auch tun, da sich für die nach Wiederwahl strebende Entscheidungsträger auf der übergeordneten Ebene durch die starke Spürbarkeit von distributiven Maßnahmen die Chancen erhöhen, wiedergewählt zu werden, wenn die distributionspolitisch gewollte Leistungstransfers an bestimmte Bevölkerungsgruppen positiv wahrgenommen werden, was wiederum allgemein vorausgesetzt werden kann. Da aber auch die Entscheidungsträger auf der untergeordneten Ebene dieses Kalkül verfolgen, dürfte auch hier ein Interesse an Gesetzgebungskompetenz existieren.

Bezogen auf die Regelungen des Grundgesetzes kann nun zunächst leicht eingesehen werden, warum gerade die Bundesebene über die Gesetzgebungskompetenz im Bereich der distributiven Aufgaben verfügt. Dies konnte auch deshalb geschehen, da der Bund anscheinend eine Erfordernis nach bundeseinheitlichen Gesetzgebung zur Herstellung einheitlicher Lebensverhältnisse im Bundesgebiet unterstellte, welche als Bedingung für eine Übertragung der Gesetzgebungskompetenz durch das Grundgesetz gestellt wird.[380] Hierdurch erhielt der Bund ein Instrument zur Verbesserung von Wiederwahlchancen, wobei die Übertragung umso leichter vollzogen werden konnte, da die im Grundgesetz festgelegten Kriterien eher vage formuliert sind.[381]

Es bleibt aber auch zu fragen, ob der Entzug von Gesetzgebungskompetenzen durch eine übergeordnete Ebenen nicht auch Vorteile für untergeordnete Gebietskörperschaften mit sich bringt.[382]

Bei autonomer Gestaltungsmöglichkeit von Transferleistungen durch untergeordnete Gebietskörperschaften müssen diese zunächst darüber entschieden, wer überhaupt empfangsberechtigt sein soll. In einem nächsten Schritt erfolgt die Bestimmung der Höhe von Transferleistungen.[383]

Wieder sollen zwei aneinander grenzende Gebietskörperschaften, A und B, betrachtet werden. Unterstellt wird dabei, dass ein fixer Betrag für Transferleistungen in den jeweiligen Haushalten eingestellt wird. Bei der Vergabe von Transferleistungen verfügen die Gebietskörperschaften dann über zwei Handlungsparameter: Die Pro-Kopf-Transferleistung sowie die Anzahl der Empfangsberechtigten. Die Höhe der Transferleistung pro Empfangsberechtigten

---

380 Siehe Art. 72 Abs. 2 GG.

381 Vgl. SCHMIDT *[2001]*, S. 132.

382 Vgl. PEFFEKOVEN *[1980]*, S. 615. Ein verwendetes Beispiel ist die Abwanderung von Beziehern hoher Einkommen aufgrund einer auf Umverteilung basierenden Steuerpolitik und damit verbundener Steuerbelastung von Gebietskörperschaft A nach Gebietskörperschaft B sowie eine Zuwanderung von B nach A aufgrund höherer Transferleistungen in A. Letztlich sind in B nur noch „Reiche" und in A nur noch „Arme" ansässig. Fazit: In beiden Gebietskörperschaften herrscht regionale fiskalische Gleichheit, gemessen am Pro-Kopf-Einkommen liegt interregionale fiskalische Ungleichheit vor.

383 Vgl. SCHWAGER *[1996]*, S. 437 f.

wird jedoch wiederum bei fixem Gesamtvolumen für Transferleistungen durch die Anzahl der Empfangsberechtigten indirekt beeinflusst.

Ist die Höhe der Transferleistungen pro Empfangsberechtigten in der Ausgangssituation aufgrund autonomer Entscheidungen in den Gebietskörperschaften A und B unterschiedlich, so kann dies zu Wanderungen, ein hoher Mobilitätsgrad vorausgesetzt, zwischen A und B führen. Angenommen, die Pro-Kopf-Transferleistung ist in A höher als in B, da entweder in A weniger Empfangsberechtigte ansässig sind als in B oder die finanzielle Ausstattung in A besser ist als in B. Dies kann zunächst bewirken, dass die Wiederwahlchancen für die Entscheidungsträger in A recht gut sind, da die Bürger die Leistungen ihrer Gebietskörperschaft mit denen der Gebietskörperschaft B vergleichen und positiv bewerten.

Es ist aber mit der Zeit zu erwarten, dass Bevölkerungsteile in B die Differenz bei den Pro-Kopf-Transferleistungen als Signal bzw. Anreiz verstehen, in die Gebietskörperschaft A zu wandern. Mithin geht also von Gebietskörperschaft A ein externer Effekt aus, welcher in die Nutzenfunktionen der Bürger in Gebietskörperschaft B eingehen. Bei unverändertem Haushaltsvolumen für Transferleistungen und Eintreten von Zuwanderungen bleiben dann den Entscheidungsträgern in A nur die Möglichkeiten, entweder den Kreis der Empfangsberechtigten durch höherer Anforderungen für Bedürftigkeit einzuschränken oder aber die Höhe der Pro-Kopf-Transferleistungen zu reduzieren. In beiden Fällen werden sich vermutlich die Chancen auf eine Wiederwahl für die Entscheidungsträger in A verschlechtern. Wird hingegen der Haushaltsanteil für Transferleistungen in A erhöht, so führt dies zu einer Verstärkung der Zuwanderung von Bedürftigen und dürfte Sozialpolitik in dieser Gebietskörperschaft relativ schnell unbezahlbar machen.

Aber auch Gebietskörperschaft B bleibt nicht von den Auswirkungen unterschiedlicher Pro-Kopf-Transferleistungen verschont. Die Bevölkerung in B wird nach Vergleich mit den Leistungen in A auf Erhöhungen der Pro-Kopf-Transferleistungen in B drängen, was auch bei gleichbleibendem Gesamtvolumen und eingetretener Abwanderung zunächst kein Problem darstellt. Eine Erhöhung kann jedoch wieder zu Rückwanderungen führen, wobei dann die Entscheidungsträger in B vor der Wahl stehen, die Transferleistungen wieder zu reduzieren.

In diesem konstruierten Beispiel entsteht letztlich für die Gebietskörperschaften A und B bei gleichbleibender Finanzmittelverteilung ein Anreiz, eine distributive Aufgabe zu koordinieren mit dem Ziel, eine einheitliche Transferleistung pro Kopf festzulegen. Findet eine Koordination nicht statt, so ist ein „ruinöser Transferwettbewerb" bei unterschiedlicher Finanzausstattung und identischem Wiederwahlkalkül in den Gebietskörperschaften nicht ausgeschlossen.

Eine Verhandlungslösung als mögliches Koordinierungsinstrument zwischen A und B kann jedoch nur dann dauerhaft sein, solange die Entscheidungsträger genaue Kenntnisse über die zukünftige Entwicklung der Finanzausstattung und damit über das zukünftige Haushaltsvolumen, welches für Transferleistungen verwendet werden kann, besitzen. Wenn wie im bundesdeutschen Finanzausgleich die einzelnen Haushalte der Gebietskörperschaften auf der Einnahmenseite aufgrund starker finanzieller Verflechtungen der einzelnen Ebenen und mangelnden Selbststeuerungsmöglichkeiten nicht autonom angepasst werden können, werden wahrscheinlich Verträge zur Koordinierung nur mit kurzen Laufzeiten und eventuell mit Bestimmungen zur Nachverhandlungen versehen. Dies eröffnet jedoch den Gebietskörperschaften wieder die Möglichkeit, die Höhe der Pro-Kopf-Transferleistungen autonom festzulegen mit der möglichen Konsequenz eines ruinösen Transferwettbewerbs.[384]

Eine Verlagerung der Gesetzgebungskompetenz bietet in diesem Zusammenhang den Vorteil einer dauerhaften und einheitlichen Festlegung von Pro-Kopf-Transferleistungen. Die Dauerhaftigkeit dieser Lösung kommt daher, weil nun im Rahmen der Bundesgesetzgebung durch die Beteiligung aller Länder wesentlich höhere Verhandlungskosten entstehen als bei Verhandlungen zwischen zwei Ländern bei dezentraler Gesetzgebungskompetenz. Zwar wird den untergeordneten Gebietskörperschaften dadurch eine Instrument zur Beeinflussung von Wahlentscheidungen genommen. Andererseits können die Gebietskörperschaften mit der verbliebenen Durchführungskompetenz und bei entsprechenden Regelungen weiterhin das Volumen für Transferleistungen mit gestalten, wobei nun durch die Komplexität von Vergaberichtlinien die Auswirkungen des staatlichen Handelns von Seiten der untergeordneten Gebietskörperschaften weit weniger bei der Bevölkerung spürbar sind als bei den einheitlich festgelegten Transfersätzen und daher die Chancen auf Wiederwahl für die Entscheidungsträger auf der untergeordneten Ebene nicht durch Maßnahmen im distributiven Bereich beeinträchtigt werden dürften.[385]

### *8.1.3. Stabilisierung zwischen Dezentralisierung und Zentralisierung*

Die makroökonomische Stabilisierungsfunktion des Staates unterscheidet sich wesentlich von den zuvor beschriebenen Allokations- und Distributionsfunktio-

384 In ähnlicher Weise argumentiert SCHMIDT, wobei hier mehr auf die unsichere Entwicklung von Einkommen unterer Einkommensbezieher abgestellt wird. Vgl. dazu SCHMIDT *[2001]*, S. 134.

385 Vgl. auch SCHMIDT *[2001]*, S. 134.

nen. Durch das „Gesetz zur Förderung der Stabilität und des Wachstums der Wirtschaft" von 1967 haben sich beispielsweise Bund und Länder verpflichtet, ihre wirtschafts- und finanzpolitischen Maßnahmen den Erfordernissen des gesamtwirtschaftlichen Gleichgewichts anzupassen. Hierzu sind bestimmte Indikatoren aufgenommen worden, welche die Existenz eines gesamtwirtschaftlichen Gleichgewichts bzw. bei Nichteinhaltung die Störung desselben anzeigen sollen. Diese sind:[386]

- Stabiles Preisniveau;
- Hoher Beschäftigungsstand;
- Außenwirtschaftliches Gleichgewicht;
- Stetiges und angemessenes Wirtschaftswachstum.

Insbesondere die Ziele stabiles Preisniveau und hoher Beschäftigungsstand werden in der Wirtschaftspolitik als vorrangig erachtet. Ein stetiges und angemessenes Wirtschaftswachstum kann hierzu als eine Bezugs- und Zwischenzielgröße interpretiert werden, da bei Schwankungen dieser Größe Auswirkungen auf die zuvor genannten Zielgrößen erwartet werden können.[387]

Konjunkturpolitische Stabilisierungspolitik ist mit der Besonderheit verbunden, dass zur Verwirklichung der genannten Zielgrößen den wirtschaftspolitischen Entscheidungsträgern innerhalb der einzelnen Gebietskörperschaften keine gesonderten Instrumente zur Verfügung stehen. Vielmehr stehen der Stabilisierungspolitik sämtliche Posten der öffentlichen Haushalte, welche zur Stabilisierung konjunktureller Entwicklungen aufgrund ihrer unmittelbaren oder mittelbaren Wirkungen auf makroökonomische Größen als geeignet erscheinen, zur Verfügung. Zu unterscheiden sind dabei zwischen einnahme- und ausgabepolitischen Maßnahmen. So können von Veränderungen in der Steuergesetzgebung in einer Phase des Abschwungs Nachfrageimpulse ausgehen oder aber auf der Ausgabenseite stärkere Investitionstätigkeiten der öffentlichen Hand nachfrageinduzierte Beschäftigungs- und Einkommenssteigerungen bewirken.

Die Wirkungen konjunkturpolitischer Stabilisierungspolitik sind bei Existenz freizügiger Güter- und Faktormärkte, wie sie in der Bundesrepublik Deutschland und auch auf der Ebene der Europäischen Union vorliegen, nicht auf kleinräumige Territorien zu beschränken. Stabilitätspolitische Maßnahmen, ob nun einnahmen- oder ausgabenorientierte Maßnahmen, erzeugen externe Effekte, welche in der Regel die stabilitätspolitischen Zielgrößen in anderen Regionen posi-

386 Siehe § 1 WStG.

387 Vgl. dazu BRÜMMERHOFF *[2001]*, S. 349 f. Betont wird hier auch, dass Abweichungen von der Zielnorm möglichst gering sein sollten.

tiv beeinflussen. Mithin entsprechen stabilitätspolitische Maßnahmen öffentlichen Gütern, bei denen keine Exklusionsmöglichkeiten gegeben sind. Stabile Preise können nicht nur von den Bürgern einer auf Preisniveaustabilität ausgerichteten Gebietskörperschaft genutzt werden. Bürger benachbarter Gebietskörperschaften profitieren ebenfalls durch Käufe in dieser Gebietskörperschaft von stabilen Preisen.[388]

Wirtschaftliches Wachstum lässt sich nicht auf eine Gebietskörperschaft beschränken, wenn diese ein offenes System darstellt. Die Stärke der positiven Spillovers hängt von der Intensität der wirtschaftlichen Verflechtungen der Regionen bzw. Gebietskörperschaften ab.

Führt eine Gebietskörperschaft beispielsweise eine stabilitätspolitisch motivierte antizyklische Infrastrukturinvestition zur Belebung der regionalwirtschaftlichen Nachfrage und des damit verbundenen regionalwirtschaftlichen Einkommen durch, so können sich folgende Wirkungsketten ergeben:

- Die staatliche Nachfrageerhöhung einer Gebietskörperschaft nach Investitionsgütern kann aufgrund von öffentlichen Ausschreibungs- und Vergabemodalitäten von anderen Gebietskörperschaften absorbiert werden. Dies kann zur Folge haben, dass sich u. U. nur in anderen Gebietskörperschaften nachfrageinduzierte Beschäftigungs- und Einkommenssteigerungen ergeben.
- Die stabilitätspolitisch motivierte staatliche Nachfrageerhöhung kann den eigenen Beschäftigungsstand erhöhen. Die dadurch entstehende Einkommenssteigerung kann allerdings u. U. durch erhöhte Importnachfrage nach Produkten aus anderen Gebietskörperschaften zu dortigen Beschäftigungs- und Einkommenssteigerungen führen.

In Verbindung mit einer stabilitätspolitischen Maßnahme einer Gebietskörperschaft verursacht eine hohe Importquote eine konjunkturelle Stärkung in anderen Gebietskörperschaften. Diese positiven Spillovers, welche von einer einzigen Gebietskörperschaft ausgehen können, verringern die Effekte auf Beschäftigung und Einkommen der aktiven Gebietskörperschaft. Darüber hinaus bleibt fraglich, ob sich stabilitätspolitische Maßnahmen und die damit verbundenen Belastungen des Haushalts in Form von Einnahmenreduzierungen bei Reduzierung der Steuerbelastung oder in Form von kreditfinanzierter Ausgabenexpansi-

---

388 Im weiteren Verlauf soll vom stabilitätspolitischen Instrument „Geldpolitik" abgesehen werden. Dieses fällt in den Bereich der Gesetzgebungskompetenz des Bundes in der Bundesrepublik Deutschland nach Art. 88 GG ist darüber hinaus durch den Integrationsprozess innerhalb der Europäischen Union der EU-Ebene übertragen worden.

on der aktiven Gebietskörperschaft durch Erhöhung von Einkommen und Steueraufkommen refinanzieren lassen.

Ein hoher Beschäftigungsstand gilt allgemein als ein Indikator für eine erfolgreiche Wirtschaftspolitik. Somit dürften politische Entscheidungsträger daran interessiert sein, aus ihrem Wiederwahlkalkül heraus einerseits eine konjunkturunabhängige Beschäftigungspolitik zu betreiben und darüber hinaus bei Vorliegen asymmetrischer Schocks positiv stabilisierend auf den Beschäftigungsstand einzuwirken. Dieses Verhalten kann allen politischen Akteuren innerhalb eines föderalen Staatswesens unterstellt werden, wobei der Parameter Beschäftigung für die zentrale Ebene noch eine wesentlich größere Bedeutung mit Blick auf Wahlen haben dürfte als für untergeordnete Ebenen. Aber auch dort sind makroökonomische Größen wie Beschäftigung und Wirtschaftswachstum von Bedeutung, da sie letztlich die Volumina der einzelnen Haushalte und damit auch allokative Aufgabenbereiche beeinflussen können.[389]

In dem Bewusstsein um die wirtschaftlichen Auswirkungen, welche durch eine stabilitätspolitische Maßnahme auf andere Gebietskörperschaften ausgehen, wird innerhalb einer staatlichen Ebene vermutlich Stabilitätspolitik ausbleiben, da jeder Entscheidungsträger wahrscheinlich ein „Free-Rider-Verhalten" an den Tag legt und auf exogene Konjunkturimpulse wartet. Wie bereits erwähnt wird dabei die Zurückhaltung umso größer sein, je stärker die wirtschaftlichen Verflechtungen mit den anderen Gebietskörperschaften sind.

Es entsteht somit auf einer staatlichen Ebene ein Koordinierungsdruck, welcher mit Informations- und Transaktionskosten verbunden ist. Freiwillige fiskalpolitische Koordinierung wird jedoch wenig erfolg haben, wenn sich einzelne Gebietskörperschaften ihrer Verantwortung entziehen können. Was bleibt, ist letztlich eine Verlagerung der Stabilisierungspolitik auf eine zentrale Ebene. Für den Bund in der Bundesrepublik Deutschland bedeutete die Verabschiedung des Stabilitäts- und Wachstumsgesetzes von 1967 die Möglichkeit, die staatliche Stabilitätsfunktion in Verbindung mit den Ländern wahrzunehmen, da die zur Verfügung stehenden und geeigneten Instrumente in den Bereich der konkurrierenden Gesetzgebung fallen und somit zunächst nicht dem Bund zur Verfügung standen. Aus dieser Erkenntnis ist die Einführung von Finanzhilfen nach Art. 104a Abs. 4 GG zu verstehen, welche im Rahmen der Großen Finanzreform 1969/1970 erfolgte.

389 Vgl. dazu SCHMIDT *[2001]*, S. 135. Durch Verringerung des Beschäftigungsstandes können Ausgaben in anderen Bereichen, beispielsweise Sozialhilfeausgaben der Gemeinden oder Sozialhilfezuschüsse der Länder, steigen. Dieses Argument kann verwendet werden zu erklären, warum in untergeordneten Gebietskörperschaften trotz Vorliegen von Spillovers dennoch u. U. stabilisierende Beschäftigungspolitik durchgeführt wird.

Wird berücksichtigt, dass zwischen Gemeinden eine noch sehr viel stärkere wirtschaftliche Verflechtung existiert als zwischen Bundesländern, so kann Stabilisierung auf Gemeindeebene aus genanntem Grund gänzlich ausgeschlossen werden.

## 8.2. Verantwortungsentflechtung im Bereich der staatlichen Aufgaben

### *8.2.1. Berücksichtigungswürdige Aspekte bei der Forderung nach Stärkung der Kompetenzen der Länder*

Im Rahmen der Diskussion um Reformmöglichkeiten im Bereich der staatlichen Aufgaben mit dem Ziel einer Herbeiführung institutioneller Kongruenz ließ sich in den vorangegangenen Abschnitten zeigen, dass durch eine Trennung von Gesetzgebungs- und Durchführungsverantwortung durchaus eine generelle Tendenz zur Zentralisierung existieren kann. Die Ausgestaltung des bundesdeutschen Föderalismus ermöglicht es den Ländern, auf Gesetzgebungskompetenzen zu verzichten, ohne dabei allerdings einen grundsätzlichen Einfluss auf die „originäre" Landesaufgabe zu verlieren („funktionaler Föderalismus"). Durch die Beibehaltung der Durchführungskompetenz sichern sich die Länder weiterhin einen Gestaltungsspielraum. Dabei wird das Bestreben von Ländern, wie gezeigt, umso größer sein, je stärker die Ergebnisse eigenen Handels auf angrenzende Länder wirken. Es sind also Spillover und deren Intensität, welche eine Zentralisierungstendenz hervorrufen. Und auch bei originären Landesaufgaben mit weniger stark wirkenden Spillovers ist eine Tendenz zur Übertragung aufgrund des Verbleibs von Durchführungsverantwortung gegeben.

Dies führt aber dennoch zu einem Verlust letztlich von Eigenstaatlichkeit und Eigenverantwortlichkeit, welche auch dadurch zum Ausdruck kommt, dass eine *einzelne* Landesregierung nahezu keine gesetzgeberischen Kompetenzen mehr besitzt, sondern nur noch auf Ländergesamtheit im Bundesrat auf die Gesetzgebung einen geringen Einfluss ausüben kann. Hierdurch kann dann wiederum konstatiert werden, dass die gegenwärtige Ausgestaltung der föderalen Struktur in der Bundesrepublik Deutschland den Ländern trotz Durchführungskompetenz den Handlungsspielraum insgesamt einschränkt.[390]

Die Schwierigkeit der Entflechtung und der Stärkung der Länder mit dem Ziel einer Herbeiführung institutioneller Kongruenz ist nicht nur durch die Möglichkeit einer Trennung von Gesetzgebungs- und Durchführungsverantwortung, welche für die Länder vorteilhaft sein kann, begründet. Hinzu kommt, dass bei

---

390 Siehe dazu auch SCHARPF *[1999]*, S. 23.

Rückverlagerungen vom Gesetzgebungskompetenzen und damit einer Revision der staatlichen Aufgabenverteilung stets auch die Einnahmenseite berücksichtigt werden muss. Es ist daher unabdingbar, dass bei einer Neuordnung der Aufgabenverteilung auch Veränderungen der Einnahmenseite vollzogen werden müssen. Somit stehen beide Reformvorhaben in engster Verbindung zueinander und bilden den Dreh- und Angelpunkt einer jeden Föderalismusdiskussion.[391] Es ist nämlich in gleicher Weise wie bei der Verabschiedung des Maßstäbegesetzes sowie des darauf aufbauenden Finanzausgleichsgesetzes ab 2005 im Jahr 2001 davon auszugehen, dass die Beteiligten, Landesregierungen und Bund, nicht unter einem „Schleier der Unwissenheit" bezüglich der zu erwartenden Einnahmen eine Reform der staatlichen Aufgabenverteilung angehen werden.

### *8.2.2. Zur Einführung einer „Opting-Out-Regelung"*

Ein erster Schritt zur teilweisen Rückverlagerung von Gesetzgebungskompetenzen im Bereich der Aufgabenverteilung könnte dabei eine Opting-Out-Regelung darstellen, welche den Art. 72 GG (konkurrierende Gesetzgebung) ergänzenden würde. Dabei würde den Ländern die Möglichkeit eröffnet, eigenverantwortlich Aufgaben wieder an sich zu ziehen, welche bislang durch die bloße Feststellung einer Erforderlichkeit durch den Bund auch vom Bund bundeseinheitlich geregelt werden. Diese Reformoption ist bereits in den 1970er Jahren von der Enquete-Kommission Verfassungsreform erarbeitet worden.[392]

Sind einzelne Länder gewillt, bestimmte Aufgaben trotz bundeseinheitlicher Regelung nach eigenem Ermessen wahrzunehmen, so könnten sie bundesgesetzliche Regelungen durch Landesgesetze ersetzen und somit, abweichend von anderen Ländern, eine länderspezifische Aufgabenwahrnehmung vollziehen. Es bliebe also letztlich jedem *einzelnen* Bundesland überlassen, ob es weiterhin an bundeseinheitlichen Aufgaben festhält oder aber, auch entsprechend den jeweiligen und darüber hinaus gegenüber anderen Bundesländern teilweise divergierenden Bürgerpräferenzen, Aufgaben bestimmt und durchführt.

---

391 Vgl. SCHULTZE *[2000]*, S. 695.

392 Vgl. SCHULTZE *[2000]*, S. 696. Dazu auch ENQUETE-KOMMISSION VERFASSUNGSREFORM *[1976]* sowie ENQUETE-KOMMISSION REFORM DES FÖDERALISMUS – STÄRKUNG DER LANDESPARLAMENTE *[2002]*.

### *8.2.3. Revision der konkurrierenden Gesetzgebung als Reformmöglichkeit*

Während die im vorherigen Kapitel vorgestellte Opting-Out-Regelung eine Reformoption zur indirekten Entflechtung darstellt, liegt die Möglichkeit einer direkten Entflechtung darin, dass der Aufgabenkatalog des Art. 72 GG sowie auch die Regelungen des Art. 75 GG (Rahmengesetzgebung) grundlegend neu bestimmt werden. Dabei kann mit dem Ziel einer Reföderalisierung und somit einer Rückverlagerung von Bundeskompetenzen auf die Länderebene entweder nur die gegenwärtige konkurrierende Gesetzgebung einschließlich der Rahmengesetzgebung neu verteilt werden.[393] Die Schwierigkeit hierbei liegt darin begründet, dass zum einen die Ländergesamtheit einen Kompromiss herbeiführen[394] und zum anderen das Problem der Spillover berücksichtig werden müsste. Wie aber gezeigt wurde, sind es stark wirkende Spillover, welche in der Vergangenheit dazu geführt haben, dass die Ländergesamtheit Gesetzgebungskompetenzen auf den Bund verlagert hat und mehr an der Durchführungskompetenz mit den benannten Vorteilen für die betreffenden Entscheidungsträger interessiert waren. Eine reine Neustrukturierung der konkurrierenden Gesetzgebung bei gleichzeitiger Beibehaltung der Bundeskompetenz zur Übernahme von Gesetzgebungskompetenzen bei originären Landesaufgaben erscheint daher nur kurzfristig eine Stärkung der Landeskompetenzen zu bewirken. Langfristig könnte wohl eher vermutet werden, dass ein erneuter Prozess einer „schleichenden Zentralisierung" eintritt, da sich die Verhaltensmuster der Entscheidungsträger auf Landesebene wohl mittel- und langfristig nicht ändern werden.

Um dieses nach wie vor bestehende Problem der Übernahmemöglichkeiten durch den Bund zu entschärfen, kann im Rahmen der Neuordnung des Aufgabenkataloges des Art. 72 GG ähnlich einer Opting-Out-Regelung den Ländern einen Vorrang bei der Gesetzgebung eingeräumt werden. Dies würde bedeuten, dass bei einer Feststellung einer Notwendigkeit zur Übertragung auf die Bundesebene durch den Bund und die damit verbundenen Entziehung von Landeskompetenzen *einzelne* Länder in der Lage wären, sich des Kompetenzverlustes zu entziehen und die betreffenden Landesaufgaben landesrechtlich wahrzunehmen und länderspezifisch durchzuführen.[395]

Im Vergleich mit der Opting-Out-Regelung erscheint dieser beschrieben Vorschlag den Makel zu besitzen, dass hierbei zunächst die konkurrierende Gesetzgebung neu zwischen der Ländergesamtheit und dem Bund verhandelt wer-

---

393 Siehe zu diesem Vorschlag auch ENQUETE-KOMMISSION REFORM DES FÖDERALISMUS – STÄRKUNG DER LANDESPARLAMENTE *[2002]*, S. 47 f.

394 Vgl. auch SCHULTZE *[2000]*, S. 696.

395 So auch die Empfehlung der ENQUETE-KOMMISSION REFORM DES FÖDERALISMUS – STÄRKUNG DER LANDESPARLAMENTE *[2002]*, S. 50.

den müsste. Der Konsensbildungsprozess dürfte dabei freilich schwieriger sein als bei der Möglichkeit, bei der gegenwärtig gültigen Verteilung einfach „auszusteigen“.

### *8.2.4. Abschaffung der konkurrierenden Gesetzgebung*

Einer wahren Zäsur gleich kommt der Vorschlag, die konkurrierende Gesetzgebung einschließlich der Rahmengesetzgebung vollständig abzuschaffen. Hierzu wäre es notwendig, reine Bundesaufgaben sowie reine Landesaufgaben festzustellen und sodann in der Verfassung zu verankern. Mithin wäre dann auch der Wegfall einer Residualkompetenz für den Bund durch eine Abschaffung der gegenwärtigen Erforderlichkeitsklausel nach Art. 72 Abs. 2 GG zwangsläufig. Auch hierbei gilt es zwei Aspekte zu beachten. Einerseits wären den in der Vergangenheit eingetretenen Zentralisierungstendenzen langfristig Einhalt geboten, da es nun weit schwieriger für die Ländergesamtheit und auch für den Bund wäre, Gesetzgebungskompetenzen zu verlagern. Anderseits bestehen weiterhin sämtliche Schwierigkeiten bezüglich der Kompromissfindung bei der Frage, welche Aufgaben dann bis auf weiteres unwiderruflich entweder der Bundesebene oder aber der Landesebene zuzuordnen sind. Es besteht darüber hinaus sogar Anlass zu der These, dass bereits im Vorfeld zur Abschaffung der konkurrierenden Gesetzgebung aufgrund der vorgestellten Verhaltensweisen von Entscheidungsträgern auf Landesebene die zukünftigen Aufgabenkataloge von Bundesebene und Länderebene in der Weise ausgerichtet werden, dass die Gesetzgebungskompetenzen des Bundes weiterhin die Gesetzgebungskompetenzen der Länder in großem Umfang überwiegen.

### *8.2.5. Entflechtung im Bereich der Gemeinschaftsaufgaben*

Neben der grundsätzlichen Neuausrichtung der Kompetenzverhältnisse zwischen Bund und Ländern im Bereich der Aufgabenverteilung bestehen neben den genannten weitreichenden Maßnahmen Möglichkeiten, in Teilbereichen Kompetenzverflechtungen zu verringern. Dabei kommt einer möglichen Revision der gegenwärtige Praxis im Bereich der Gemeinschaftsaufgaben eine besondere Rolle zu. Diese Aufgaben werden seit der Großen Finanzreform 1969/1970 in gemeinsamer Verantwortung von Bund und Ländern durchgeführt. Zwar fand auch schon vorher eine Aufgabenkoordination zwischen Bund und Ländern statt. Allerdings waren die Finanzierungen in einem Dotationssystem sowie einem Fondswesen eingebettet, so dass eine gewisse Unübersichtlichkeit der Förderhilfen des Bundes an die Länder entstand, welche durch die Verankerung von Gemeinschaftsaufgaben im Grundgesetz und der damit verbundenen klaren Zuweisung von Kompetenzen auf den Bund beseitigt werden sollte.[396]

Somit wurden die Art. 91a,b in das Grundgesetz aufgenommen. Dabei galt die Ausgangsthese, dass bestimmte Aufgaben aufgrund ihrer gesamtgesellschaftlichen Bedeutung sowie eines enormen Finanzbedarfs nur im Zusammenspiel von Bund und Ländern zu erfüllen sind.[397] Mag diese Begründung zur Zeit der Finanzreform und damit zwanzig Jahre nach Gründung der Bundesrepublik Deutschland noch zutreffend gewesen sein, so ist sie nach dreißig Jahren Gemeinschaftstaufgaben mittlerweile überprüfungswürdig. Ein Indiz sind hierfür die Anteile der Bundesausgaben für die Gemeinschafstaufgaben nach Art. 91a GG. Zur Verbesserung der regionalen Wirtschaftstruktur ist für den Zeitraum von 1996 bis 2006 eine Reduzierung der jährlich bereitgestellten Finanzmittel deutlich zu erkennen (Abbildung 29). So lag das Volumen hier im Jahr 1996 bei 2.174 Mio. Euro und ist seit dem Jahr 2002 auf einem Niveau von 1.100 Mio. Euro bis 2006 festgeschrieben. Der Anteil dieser Ausgaben am Bundeshaushalt wird somit bis auf weiteres von 0,93 v.H. in 1996 auf 0,33 v.H. sinken.

In gleicher Weise soll sich der Anteil der Ausgaben für die Verbesserung der Agrarstruktur und des Küstenschutzes von 0,54 v.H. im Jahr 1996 (Volumen 1996: 1.268 Mio. Euro) auf 0,29 v.H. (geplantes Volumen 2006: 729 Mio. Euro) nahezu halbieren. Einzig im Bereich des Hochschulaus- und Neubaus ist eine Erhöhung auf 1.100 Mio. Euro in den Jahren 2002 bis 2006 vorgesehen, wodurch der Anteil von 0,40 v.H. in 1996 auf 0,44 v.H. in 2006 leicht ansteigen wird.

Letztlich kann nicht vom Volumen allein auf die Notwendig einer Beteiligung des Bundes an originären Landesaufgaben geschlossen werden. Für die Gemeinschaftsaufgaben nach Art. 91a GG betrug das Volumen des Bundesanteils im Jahr 2001 insgesamt 3.236 Mio. Euro. Während das Volumen im Jahr 1996 noch 4.362 Mio. Euro umfasste, wird für das Jahr 2006 ein Volumen in Höhe von 2.664 Mio. Euro angestrebt. Mithin kann trotz dieser Summen nicht allein darauf geschlossen werden, dass die durch das Grundgesetz geforderte Notwendigkeit einer Mitwirkung des Bundes begründet werden kann.[398] Andernfalls müssten gleichsam Aufgaben, welche mit vergleichbarem Finanzmittelaufwand verbunden sind, in den Katalog des Art. 91a GG aufgenommen werden.

---

396 Vgl. auch PETERSEN / ANTON / BORK *[2001]*, S. 24.
397 Vgl. MÜNCH *[1999]*, S. 8.
398 Vgl. HÄDE *[1996]*, S. 84.

*Abb. 29: Bundesausgaben für Gemeinschaftsaufgaben nach Art. 91a GG*

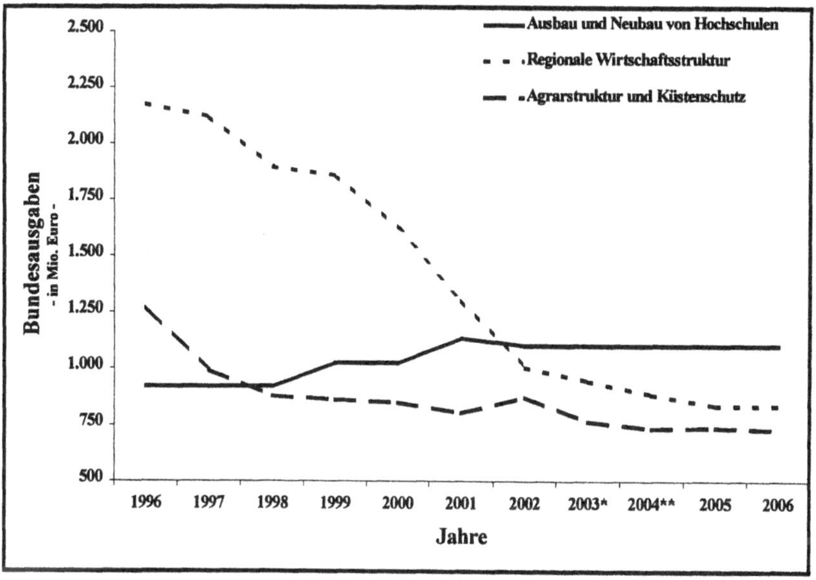


*) Für das Jahr 2003: Regierungsentwurf.
**) Für die Jahre 2004 bis 2006: Finanzplanung des Bundes.

*Quelle: Bundesministerium der Finanzen (Hrsg.) [2002], S. 222 ff.; Eigene Darstellung.*

Es verbleibt somit als letztes stichhaltiges Argument für eine koordinierte Bund-Länder-Aufgabenwahrnehmung, dass bei bestimmten Aufgaben die Mitwirkung des Bundes zur Verbesserung der Lebensverhältnisse erforderlich ist. Sind also im Umkehrschluss Aufgaben durch die Länder, auch finanziell, durchführbar, so mangelt es an der durch das Grundgesetz vorgegebenen Erforderlichkeit und eine Gemeinschaftsaufgabe kann dann nicht vorliegen.[399]

Eine entsprechende Anhebung der Finanzkraft der Ländergesamtheit würde im Ergebnis dazu beitragen, der Begründung für Gemeinschaftsaufgaben die Berechtigungsgrundlage zu entziehen. Dabei ist allerdings zu beachten, dass bei einem Wegfall der Gemeinschaftsaufgaben einschließlich der bundesanteiligen Finanzierung zumindest die gegenwärtige Verteilung der Bundesmittel auf die einzelnen Länder erhalten werden sollte. Zum einen, um überhaupt die Grundlage für einen notwendigen politischen Kompromiss zu schaffen, und zum anderen,

399 Vgl. PETERSEN / ANTON / BORK *[2001]*, S. 25.

um dem grundgesetzlichen Gebot der Einheitlichkeit der Lebensverhältnisse, welche auch durch eine annähernd einheitliche Finanzausstattung pro Einwohner zum Ausdruck kommt, nicht zu wider zu laufen.

Da jedoch das Grundgesetz weitere Möglichkeiten des Bundesgesetzgebers zur Erreichung dieses Leitziel vorsieht (Finanzhilfen nach Art. 104a Abs. 4 GG, Bundesergänzungszuweisungen nach Art. 107 Abs. 2 Satz 3 GG), erscheint eine Beibehaltung der gegenwärtigen Praxis, auch vor dem Hintergrund des zukünftig abnehmenden Bundesanteils, als wenig überzeugend. Weiterhin zu berücksichtigen ist der Länderfinanzausgleich i.e.S., welcher das eigentliche Hauptinstrument zur Erreichung der Einheitlichkeit der Lebensverhältnisse innerhalb der föderalen Finanzverfassung darstellt. Ein Wegfall der Gemeinschaftsaufgaben hingegen hätte zur Konsequenz, dass bei Kompensation der Mittel die Landesgesetzgeber ihre Ausgabenentscheidung in voller Höhe gegenüber ihren Bürgern zu verantworten hätten. Wodurch letztlich eine Effizienzsteigerung im Rahmen staatlicher Leistungserstellung bei Übereinstimmung von Präferenzen und Leistungserstellung zu erwarten ist.

Schließlich soll im Rahmen der Forderung nach einer Abschaffung der Gemeinschaftsaufgaben die hierbei all zu oft angeführten positiven Spillover-Effekte angesprochen werden. Diese insbesondere durch Ausgaben für Hochschulen sowie Forschungseinrichtungen im Rahmen des Art. 91b GG unterstellten weitreichenden Effekte werden in der Literatur zur Begründung für die gemeinsame Planung und Durchführung bestimmter Aufgaben genannt.[400] So ist es zunächst zutreffend, dass Hochschulen nicht nur „landeseigenen" Studierenden Studienplätze zur Verfügung stellen, sondern auch landesexternen Studierenden die Möglichkeit zur Erlangung eines Hochschulabschlusses zur Verfügung stellen.[401] Andererseits umfassen Ausgaben für Hochschulen auch positive Nutzeneffekte, welche dem Studienstandort selbst zu Gute kommen und somit bei der Finanzierung berücksichtigt werden müssen. So ist durch das DIW für das Jahr 2000 eine Analyse bezüglich der Bedeutung von Wissenschaft und Forschung für das Land Berlin durchgeführt worden mit dem im Rahmen einer einfachen Multiplikatoranalyse gewonnenen Ergebnis, dass im Untersuchungsjahr durch Ausgaben des Landes Berlins in Höhe von 2,2 Mrd. DM eine regionale Nachfrage in Höhe von 6,8 Mrd. DM induziert wurde, welche letztlich einen Anteil von 4,4 v.H. am Berliner Bruttoinlandsprodukt hatte.[402]

Nur für Berlin wurde somit insgesamt ein Multiplikatoreffekt bezüglich der regionalen Nachfrage vom Faktor 3 ermittelt (3,8 bei Einbeziehung Berliner

---

400 Siehe beispielsweise HUBER *[2001]*, S. 12.

401 Vgl. auch HUBER *[2001]*, S. 13.

402 Siehe BAUMGARTNER / SEIDEL *[2001]*, S. 599.

Zuwendungen an außeruniversitärer Forschungsinstitute). Dabei trugen allein die Studierenden einschließlich Multiplikatoreffekte zur einer regionalen Nachfrageerhöhung in Höhe von 2 Mrd. DM bei, wobei die Nachfrage der Studierenden zu 70 v.H. durch regional produzierte Güter gedeckt wurde.[403]

Grundsätzlich können wohl vergleichbare Multiplikatoreffekte für sämtliche Hochschulstandorte unterstellt werden, wenn auch nicht in gleichem Umfang. Dann aber erscheinen doch die impulsgebenden Wirkungen von öffentlichen Ausgaben für Hochschulen für die regionale Wertschöpfung als bedeutsam. Damit aber liegen allokative Argumente für Hochschulinvestitionen vor, welche die Forderung nach institutioneller Kongruenz nach sich ziehen. Insoweit überwiegen hier allokationspolitische Argumente im Rahmen von wirtschafts- und wertschöpfungsfördender Standortpolitik, welche eine Beteiligung von übergeordneten Ebenen (Bund) nicht erforderlich machen.

Sollten hingegen die Nutzenstreuungen über die jeweiligen Regionen hinaus nachgewiesen werden, so ist ein Hinweis angebracht, dass dann sogar der Bund an sämtlichen Hochschulausgaben (einschließlich Personalausgaben) zu beteiligen wäre.[404] Diese Argumentation trifft in stärkerem Ausmaß auf die Gemeinschaftsaufgaben nach Art. 91b GG zu, bei denen das Vorliegen positiver Spillover-Effekte wohl eher zu bejahen ist.

Da diese hier angeführten Argumentationen mit dem Ziel einer Rückverlagerung von Gesetzgebungskompetenzen auf die Länder auch auf die Gemeinschaftsaufgaben „Verbesserung der regionalen Wirtschaftsstruktur" sowie „Verbesserung der Agrarstruktur und des Küstenschutzes", wobei die abnehmende gesamtwirtschaftliche Bedeutung der Landwirtschaft an sich die Kofinanzierung durch den Bund in Frage stellt, anzuwenden sind, erscheint diese Erscheinungsform des kooperativen Föderalismus entgegen den 1970er Jahren als nicht mehr zeitgemäß. Lediglich die Kofinanzierung von Forschungseinrichtungen aufgrund des hohen Mobilitätsgrades von „Wissen" erscheint hier nach wie vor als ein Instrument zur Internalisierung geeignet, wobei allerdings eine Modifizierung der gegenwärtigen Praxis zur vollständigen Internalisierung der Kosten angeraten ist.[405]

---

403 Vgl. BAUMGARTNER / SEIDEL *[2001]*, S. 604.

404 Vgl. HUBER *[2001]*, S. 13.

405 Vgl. HUBER *[2001]*, S. 21. Allerdings ist zu berücksichtigen, dass ein Wegfall der Deckelung der Kostenübernahme, wie bei HUBER zur vollständigen Internalisierung vorgeschlagen, auch die Gefahr in sich birgt, weniger sorgsam die zu finanzierenden Projekte zu diskutieren und somit eine effiziente Ressourcennutzung zu konterkarieren.

### *8.2.6. Zusammenfassung*

Eine Reföderalisierung im Bereich der staatlichen Aufgabenverteilung unter der Annahme eines vergleichbaren Verhaltens der politischen Entscheidungsträger, wie dies für die bisherigen Zentralisierungstendenzen im bundesdeutschen Föderalismus unterstellt werden kann, sicherlich eine Herausforderung dar. Gleichwohl sind Defizite in der bundesstaatlichen Aufgabenverteilung nicht zu verdekken. Insgesamt können folgende Mängel der bundesstaatlichen Aufgabenverteilung konstatiert werden:

- Die Übernahme von gesetzgeberischen Kompetenzen durch die Bundesebene im Rahmen der konkurrierenden Gesetzgebung hat analog zu einer Schwächung der gesetzgeberischen Länderkompetenzen geführt mit der Konsequenz, dass eine separate Aufgabenwahrnehmung durch ein einzelnes Land ausgeschlossen ist und länderspezifische Eigenarten eingeschränkt nur noch innerhalb der, den Ländern zugewiesenen, Rolle als Ausführungsorgane zu erkennen sind.
- Mithin sind Verantwortlichkeiten für politisches Handeln auf die Bundesebene übertragen worden mit der Konsequenz einer unklaren Zuordnung von politischer Verantwortung und damit einer mangelnden Kontrollmöglichkeit des Wählers bzw. Bürgers.
- Durch die Mitfinanzierung des Bundes von Aufgaben, welche allokationstheoretisch sowie entsprechend dem Subsidiaritätsprinzip den Länder zuzuordnen sind, ist gewissermaßen ein „Subventionswettlauf" entstanden, wobei das Kostenbewusstsein der Entscheidungsträger auf Landesebene den Beteiligungsquoten an der Finanzierung der Aufgaben entsprechen dürfte. Dabei existiert permanent die Gefahr, dass mangelndes Kostenbewusstsein zu ineffizienten Aktivitäten und mithin zu ineffizienter Allokation führt.
- Alternative Vorschläge bezüglich der Internalisierung externer Effekte werden durch das gegenwärtige System der Mischfinanzierungen nicht wahrgenommen. Dabei ist gerade im Bereich der Hochschulen als staatlich bereitgestellte private Güter aus allokationstheoretischer Sicht daran zu denken, eine Internalisierung über alternative Finanzierungsbeiträge (Beispiel Studiengebühren) im Zusammenspiel von verteilungspolitisch zu rechtfertigenden Finanzierungsmöglichkeiten der Nachfrager (Studierende) herbeizuführen.[406]

---

406 Hierzu dient das Kap. 3.2. als Argumentationsgerüst speziell für die Forderung nach Internalisierung externer Effekte durch Kostenbeiträge der tatsächlichen Nachfrager. Gleichwohl so noch mal darauf hingewiesen werden, dass grundsätzlich die Schwierigkeit besteht, sämtliche externe Effekte, insbesondere von Hochschulen, zu erfassen, wobei allerdings auch darauf hingewiesen wurde, dass die durch die

Dass in diesem Abschnitt nur die Gemeinschaftsaufgaben als konkrete Beispiele für eine Reföderalisierung benannt wurden liegt darin, dass die Wahrnehmung dieser Aufgaben zum einen grundsätzlich originäre Aufgaben der Ländern darstellen und zum anderen der Aufgabenkatalog des Art. 91a,b GG weit übersichtlicher ist als der Aufgabenkatalog der konkurrierenden Gesetzgebung sowie der Rahmengesetzgebung. Dies soll nicht bedeuten und wurde auch schon angesprochen, dass weitere staatliche Aufgaben einer ähnlichen Reföderalisierungsdiskussion unterliegen. Allerdings sind dabei für jede *einzelne* Aufgabe Überlegungen in gleiche Weise anzustellen sowie die unterschiedlichen Verhalten der politischen Entscheidungsträger zu berücksichtigen.

Daher scheint es ratsam, zunächst die Aufgabenbereiche zu diskutieren, welche sowohl von Seiten der Wissenschaft aber auch von Seiten der Politik die größten Realisierungschancen eingeräumt werden. Grundsätzlich sind stehen aber alle Aufgaben, insbesondere der konkurrierenden Gesetzgebung, zur Diskussion, ohne dabei gegenwärtig und abschließend einen Reföderalisierungskatalog erstellen zu können. Dies auch aus dem Gebot heraus, innerhalb der Föderalismusdiskussion neben ökonomischen auch nicht-ökonomische Argumente zuzulassen, wobei ökonomischen Argumenten dennoch ein hohes Gewicht eingeräumt werden sollte. Wie bereits erwähnt, können Reföderalisierungsprozesse bei Vorliegen stichhaltiger Argumente für Reföderalisierung überhaupt nur dann eingeleitet werden, wenn die mit der Wahrnehmung von Aufgaben verbundene Einnahmensituation aller beteiligten föderalen Ebenen geklärt ist. Wie auch hier deutlich wurde, spielt die Finanzautonomie, aber auch der Umfang der finanziellen Mittel selbst, bei der Diskussion über Reföderalisierung eine bedeutende Rollen. Insofern schließt sich hier das folgende Kapitel an. Nicht zuletzt, um alternative Steuerverteilungsmöglichkeiten zu präsentieren, welche einer reföderalisierten Aufgabenverteilung entsprechen.

---

Bereitstellung von Hochschulen induzierten regionalen Wertschöpfungsimpulse ebenfalls zu berücksichtigen sind.

# 9. Reföderalisierung im Bereich der staatlichen Einnahmenverteilung

Die bestehenden einnahmenseitigen Finanzbeziehungen zwischen Bund, Ländern und Gemeinden sind kompliziert, unüberschaubar und letztlich das Ergebnis politischer Kompromisse. Hinzu kommt, dass das Autonomieprinzip auf der Einnahmenseite, bis auf die Ausnahme des Hebesatzrechtes auf der Gemeindeebene sowie die Möglichkeit einer autonomen Kreditaufnahme auf Länderebene, für Länder und Gemeinden nicht verwirklicht ist. Die ökonomischen Grundprinzipien sind nicht verwirklicht, die Kompetenzen für steuerpolitische Entscheidungen sind eher dem Bund zugewiesen. Wenn aber der föderale Gedanke immer auch den Wunsch nach etwas Wettbewerb der angeschlossenen Gebietskörperschaften untereinander beinhaltet, so ist diesem Wunsch, wenn auch in begrenztem Umfang, Rechnung zu tragen. Dies bedeutet, dass den einzelnen Gebietskörperschaften auch die Möglichkeiten eröffnet werden müssen, über entsprechende Kompetenzen auf der Aufgabenseite und entsprechende Instrumente auf der Einnahmenseite zu verfügen. Von dieser Vorstellung ist der bundesdeutsche Föderalismus weit entfernt.[407]

Vielmehr überwiegt das kooperative Leitbild eines föderalen Staatssystems, welches in seiner gegenwärtigen Form dazu führt, dass Politik aufgrund der vertikalen Kompetenzverbindungen immer konfliktreicher wird, steuerliche Einnahmen nur noch als exogene Größen betrachtet werden können und im Zusammenspiel von mangelndem Finanzierungsspielraum und mangelndem Kompetenzen eine effiziente Aufgabendurchführung nicht oder nur noch in sehr begrenztem Umfang möglich ist.[408]

In den nun folgenden Abschnitten werden einzelne Kritikpunkte aufgegriffen mit dem Ziel, bestehende Mängel der zu starken finanziellen Verflechtungen der

---

407 So fordert der Sachverständigenrat seit Jahren eine Reform des kooperativen Föderalismus mit dem Ziel, durch einen mehr wettbewerblich ausgerichteten Föderalismus die Aufgabenverteilung stärker den Bürgerpräferenzen anzupassen und somit effizienter zu gestalten. Dazu gehört jedoch unmittelbar auch die Entflechtung auf der Einnahmenseite. Vgl. dazu SACHVERSTÄNDIGENRAT ZUR BEGUTACHTUNG DER GESAMTWIRTSCHAFTLICHEN ENTWICKLUNG *[2000]*, Z. 392 ff.

408 Zur Kritik siehe SCHMIDT *[1996]*. Allerdings muss auch erwähnt werden, dass eben dieses kooperative Leitbild des bundesdeutschen Föderalismus sicherlich auch zu einem nicht geringen Teil dazu geführt hat, dass die politische Stabilität der Bundesrepublik Deutschland, auch mit Blick auf die deutsche Wiedervereinigung, erhalten blieb. Vgl. RENZSCH *[1999]*, S. 158.

föderalen Ebenen sowie deren, sowohl theoretische als auch reale, Wirkungen für die föderalen Ebenen als für das föderale Gebilde der Bundesrepublik Deutschland insgesamt aufzuzeigen.

## 9.1. Mangelnde Steuereinnahmenautonomie und ihre Folgen

Durch die starke Stellung des Mischsystem in der Bundesrepublik Deutschland kommt es durch die primäre Steuerverteilung zu erheblichen Veränderungen im Primäraufkommen. Von jedem erwirtschafteten Steuer-Euro aus der Einkommensteuer, der in einem Bundesland vereinnahmt wurde, fließen zunächst 42,5 v.H. an die Bundesebene. Einem einzelnen Bundesland verbleiben nach der primären vertikalen Verteilung der Einnahmen ebenfalls nur 42,5 v.H., einschließlich des Gemeindeanteils von 15 v.H. an die Gemeindeebene verbleiben immerhin 57,5 v.H. zunächst in einem Bundesland. Von dem Aufkommen aus der Körperschaftsteuer, welche wie die Einkommensteuer wirtschaftskraftbezogen ist und ebenfalls von den ländereigenen Finanzämtern eingezogen wird, verbleiben einem Bundesland primär nur 50 v.H. eines Steuer-Euros.[409]

Hierbei allerdings schon von Fehlanreizen bezüglich der Steuerquellenpflege zu sprechen, da rund 50 v.H. der Einnahmen aus den Gemeinschaftsteuern anderen Ebenen zufließen, entspricht sicherlich nicht der Wahrnehmung der Bundesländer und ist als Argument für die Betonung der Negativanreizthese auch nicht stichhaltig. Selbst in einem reinen Trennsystem könnte diese Argumentation greifen. Angenommen, der Gemeindeebene würde die alleinige Kompetenz über die Gewerbesteuer und der Länderebene die alleinige Kompetenz über die Körperschaftsteuer übertragen werden. Müsste dies dann bedeuten, dass Gemeinden ihre Steuerquellen nicht pflegen, weil dann ja die aufgrund örtlicher wirtschaftlicher Aktivität entstandene Körperschaftsteuer zu 100 v.H. an die Länderebene fließen würde? Jetzt kann entgegengehalten werden, dass dies nicht der Fall sein würde, da sowohl die Gewerbesteuer als auch die Körperschaftsteuer der nahezu gleichen Bemessungsgrundlage folgen und daher eine Trennung von gewerbesteuerorientierter und körperschaftssteuerorientierter Steuerquellenpflege nicht möglich erscheint. Aber wie hier ist eine Trennung der Steuerquellenpflege auch bei an sich artfremden Steuern nur sehr schwer möglich. Selbst gegenwärtige reine Bundes- oder Landessteuern spiegeln mehr oder weniger wirtschaftliche Aktivitäten wieder und sind somit mit wirtschaftkraftbezogenen

409 Allein aus der Tatsche, dass die Bundesländer Steuerquellen mit dem Bund teilen müssen, werden schon negative Anreize zur Steuerquellenpflege abgeleitet. So bei BERTHOLD / DREWS / THODE *[2002]*, S. 124.

Steuern gewissermaßen verbunden. Werden arbeitsplatzfördernde Investitionen vorgenommen, so werden sich „vor Ort" nicht nur die direkt von der Wirtschaftskraft abhängigen Steueraufkommen durch eine Zunahme an Arbeitsplätzen erhöhen. Zu rechnen ich auch mit einem bestimmten Anstieg an Kfz-Steuer-Aufkommen (gegenwärtige reine Landesteuer) oder aber beim Aufkommen aus der Grunderwerbsteuer. Selbst reine Bundessteuern wie die Versicherungssteuer können mit örtlicher oder regionaler Wirtschaftskraft in Verbindung gebracht werden, da sie einkommens- und damit wirtschaftskraftabhängig sind.[410] Somit trifft die Argumentation bezüglich der Negativanreizthese im Rahmen der primären Steuerverteilung in einem Mischsystem nicht zu, da sie sonst auch in einem reinen Steuertrennsystem zutreffen müsste.

Erheblich interessanter erscheint hingegen die Frage, ob eventuell sekundäre Steuerverteilungen und deren Wirkungen zu negativen Anreizen führen oder sogar zu negativen Entwicklungen führen. Zur Beantwortung dieser Frage sollen dazu zunächst die wirtschaftlichen Entwicklungen der Bundesländer in den 90er Jahren betrachtet werden (Abbildung 30). In der ersten Hälfte der 90er Jahre hoben sich vor allem die neuen ostdeutschen Bundesländer beim wirtschaftlichen Wachstum hervor. Mit durchschnittlichen realen Wachstumsraten zwischen 7 und 8,5 v.H. (mit Ausnahme Berlins) lagen sie weit vor den westdeutschen Ländern. Dies ist auch weiter nicht überraschend, lag hier doch nach der deutschen Wiedervereinigung eine Kombination von niedrigem wirtschaftlichem Ausgangsniveau einerseits sowie massiven staatlichen Transfers in die ostdeutschen Länder zur Förderung der Infrastruktur andererseits vor.

Für die zweite Hälfte der 90er Jahre hat sich jedoch das Bild gewandelt. Der erhoffte Aufholprozess hat sich abgeschwächt, die ostdeutschen Länder konnten gerade mit dem wiedererstarkten westdeutschen Länder mithalten.[411] Für das Jahr 2001 ist festzuhalten, dass bis auf Sachsen (+0,9) alle anderen ostdeutschen Bundesländer negative Wachstumsraten aufweisen (ST: -0,5; TH: -0,3; BB: -0,8; MV: -0,8; BE: -0,1). Aber auch in der Gruppe der westdeutschen Bundesländer gab es 2001 doch erhebliche Unterschiede. So lagen Hessen (+1,5) und Hamburg (+1,3) an der Spitze der westdeutschen Bundesländer, während Schleswig-Holstein und Nordrhein-Westfalen (beide +0,2) das Feld nach unten abrundeten. Baden-Württemberg und Bayern lagen als Geberländer im Länderfinanzausgleich i.e.S. mit +0,8 bzw. +0,9 über dem Bundesdurchschnitt von +0,6.

410 Bei den Bundessteuern kann es allerdings dazu kommen, dass Einkommenserzielung und Einkommensverausgabung auseinanderfallen. Grundsätzlich jedoch sind die meisten Steuerarten mehr oder weniger von wirtschaftlichen Aktivitäten abhängig. Siehe dazu auch POHL *[2000]*, S. 3 ff.

411 Vgl. BERTHOLD / DREWS / THODE *[2001]*, S. 118.

*Abb. 30: Durchschnittliche Wachstumsraten des BIP in Preisen von 1995*

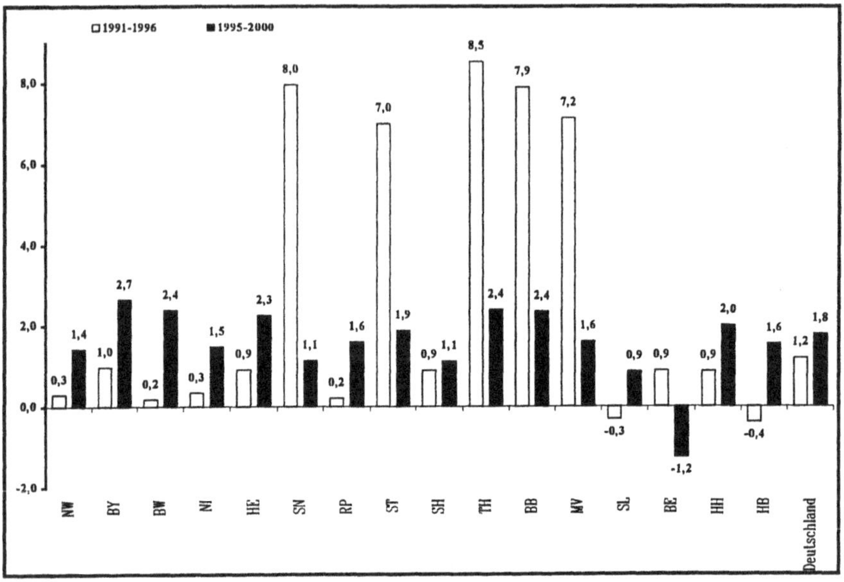


*Quelle: Arbeitskreis „Volkswirtschaftliche Gesamtrechnungen der Länder"; Statistisches Bundesamt, Fachserie 18, Reihe S.21 „Revidierte Ergebnisse 1970 bis 2001", August 2002.*

Wenn sich das wirtschaftliche Wachstum in den Bundesländern, sowohl zwischen ost- und westdeutschen Ländern als auch zwischen den westdeutschen Ländern, unterschiedlich entwickelt, so ist die Frage nach Bestimmungsgründen für das wirtschaftliche Wachstum bzw. die wirtschaftliche Entwicklung nicht ganz uninteressant.

Eventuell lassen sich Einflussfaktoren finden, welche zumindest ansatzweise die unterschiedlichen Entwicklungen erklären können.

Obwohl die gegenwärtige vertikale Aufgabenverteilung die Handlungsspielräume der Bundesländer stark einschränkt, so bestehen trotzdem noch Möglichkeiten für die Entscheidungsträger auf Länderebene, sich mit bestimmten landespolitischen Maßnahmen von anderen abzugrenzen und auf alternativen Wegen die wirtschaftliche Entwicklung eines Landes voranzutreiben.

In einer Panelanalyse haben Berthold / Drews / Thode versucht, einige relevante und durch die Länder beeinflussbare Größen zu bestimmen, welche maßgeblich auf die wirtschaftliche Entwicklung eines Landes wirken können. Hierzu wurde der Zeitraum von 1991 bis 1998 betrachtet und im Rahmen der Analyse einzelne Bestimmungsfaktoren herausgefiltert. Die Ergebnisse der Analyse sind in Tabelle 17 wiedergegeben.[412]

*Tab. 17: Einzelne Bestimmungsgründe des wirtschaftlichen Wachstums in den Bundesländern 1991 bis 1998*

| | LFA | SelbstQ | ÖffInvQ | PrivInvQ | VBZ | HSAbsol | PersAQ | HSA |
|---|---|---|---|---|---|---|---|---|
| Koeffizient | -0,0033 | 1,5241 | 37,0468 | 0,1978 | -0,0006 | 0,1029 | -30,3952 | 0,9744 |
| t-Statistik | -6,00 | 4,79 | 3,75 | 2,10 | -2,37 | 2,38 | -2,15 | 2,09 |
| Anteil am $R^2$ | 48,93% | 9,31% | 9,81% | 9,09% | 13,50% | 3,11% | 4,68% | 1,58% |

Freiheitsgrade: 56, Adj. $R^2$: 0,633798; DW: 1,91.

*Quelle: Berthold / Drews / Thode [2001], S. 121.*

Im Ergebnis der von Berthold / Drews / Thode vorgenommen Analyse ist festzuhalten, dass die Wachstumsraten der Bundesländer letztlich umso höher ausfallen, je

- höher der Anteil der öffentlichen Investitionsausgaben (ÖffInvQ) ist,
- höher der Anteil der Selbstständigen gemessen an den Erwerbstätigen (SelbstQ) ist,
- größer die Anzahl der Hochschul- und Fachhochschulabsolventen (HSAbsol) ist,
- höher die Ausgaben für Hochschulen (HSA) ausfallen und
- je stärker private Unternehmen Investitionen (PrivInQ) tätigen.

Andererseits werden die Wachstumsraten der Bundesländer negativ beeinflusst durch

- höhere Personalausgaben der Verwaltung (PersAQ),
- höhere vertikale Zuweisungen des Bundes (VZB),[413]

412 Die Ergebnisse entstammen aus BERTHOLD / DREWS / THODE *[2001]*, S. 121 ff.

413 Hierzu zählen die Zahlungen im Rahmen der Gemeinschaftsaufgaben und des Zusammenwirkens bei Bildungsplanung und Forschung (Art. 91a,b GG), der Geldleistungsgesetze und Finanzhilfen (Art. 104a Abs. 3 und 4 GG), des Bundeszuschusses für den öffentlichen Personennahverkehr (Art. 106a GG) sowie der Bundesergänzungszuweisungen (Art. 107 Abs. 2 Satz 3 GG).

- höhere Zuweisungen und Beiträge im Rahmen des Länderfinanzausgleichs (LFA).[414]

Zusammenfassend können hier im Rahmen der kurz vorgestellten Panelanalyse folgende Schlussfolgerungen getroffen werden. Wesentliche Determinanten des wirtschaftlichen Wachstums sind Faktoren, welche die Real- und Humankapitalbildung fördern. Hierbei stehen die einzelnen Bundesländer zwar in keinem intensiven Wettbewerb. Durch das Ausnutzen der verbliebenen Möglichkeiten können die Bundesländer jedoch die wirtschaftliche Entwicklung in gewissen Grenzen beeinflussen. Daher kann davon ausgegangen werden, dass unterschiedliche wirtschaftliche Entwicklungen nicht rein zufällig sind. Durch landespolitische Maßnahmen kann das wirtschaftliche Wachstum gefördert oder aber gebremst werden. Die vorgestellten Einflussfaktoren geben nur darüber Auskunft, wenn auch in einem begrenzten Betrachtungsfester, wodurch speziell die wirtschaftliche Entwicklung beeinflusst wird und letztlich das Wachstum eine Förderung oder Abbremsung erfährt.

Wenn Berthold / Drews / Thode immerhin 63 v.H. des wirtschaftlichen Wachstums erklären können, so stellt hierbei der horizontale Finanzausgleich mit fast 49 v.H. die einflussreichste Größe dar. Daran anschließend sind die vertikalen Leistungen des Bundes an die Länder zu nennen, welche nach dem horizontalen Finanzausgleich mit 13,5 v.H. einen erheblichen Einfluss ausüben. Daneben wird das wirtschaftlichen Wachstum durch den Einfluss der öffentlichen und privaten Investitionen sowie der Selbstständigenquote determiniert.[415]

Eine abschließende Aussage über das Gewicht des horizontalen und vertikalen Finnanzausausgleichs bei der Erklärung des wirtschaftlichen Wachstums wäre jetzt jedoch verfrüht. Einige elementare Einflussfaktoren werden hierbei nicht berücksichtig. So kann vermutet werden, dass das Wirtschaftswachstum selbst eine wesentliche Komponente der wirtschaftlichen Entwicklung ist. Andere wie Baretti / Huber / Lichtblau sehen insbesondere die hohen Grenzbelastungen im horizontalen Finanzausgleich als eine wesentliche Einflussgröße des wirtschaftlichen Wachstums an.[416]

Hohe Grenzbelastungen können in einem bestimmten Rahmen zu negativen Anreizen, sowohl bei Zahlerländern als auch bei Nehmerländern, führen und

414 Umsatzsteuervorwegausgleich und Länderfinanzausgleich i.e.S. Bis 1994 fand der horizontale Ausgleich innerhalb der Gruppen statt, ab 1995 volle Einbeziehung der neuen Länder.

415 Vgl. Berthold / Drews / Thode *[2001]*, S. 122.

416 Vgl. Baretti / Huber / Lichtblau *[2001]*, 39 ff.

sind daher durchaus nicht unrelevant.[417] Allerdings darf der Aussagegehalt solcher Untersuchungen auch nicht überbewertet werden, liegen doch in den meisten Fällen eher Vermutungen vor, welche dann anhand konkretem Zahlenmaterial untermauert werden sollen. So gibt Fox zu bedenken, dass beispielsweise der Vorwurf, dass Länder ihre Steuerverwaltung absichtlich abbauen, da die Grenzbelastungen zu hoch sind und daher die Personalausgaben in keinem Verhältnis zu den Rückflüssen aus dem Verbundsteuersystem stehen, nicht regressionsanalytisch schlüssig belegt werden kann.[418]

Bei kritischer Betrachtung müssen also Bedenken an den vorgetragenen Ergebnissen angemeldet werden. Dennoch können bestimmte abgeleitete Wirkungszusammenhänge zumindest als Indiz verwendet werden, dass bestimmte Einflussfaktoren positive oder negative Wirkungen erzeugen können. Im nächsten Abschnitt werden insbesondere die horizontalen und vertikalen Bundesleistungen aus politökonomischer Sicht heraus bezüglich möglicher negativer Anreize betrachtet. Dies dient dazu, Ergebnisse von Regressionsanalysen theoretisch zu begleiten und die Indizien für bestimme negative Einflussfaktoren zu ergänzen.

## 9.2. Ergänzung zur Negativanreizthese aus politökonomischer Sicht

Durch die Umsatzsteuervorwegauffüllung sowie den Zahlungen aus dem Länderfinanzausgleich i.e.S. werden finanzschwache Länder auf mindestens 95 v.H. der bundesdurchschnittlichen Finanzkraft angehoben. Hinzu kommt die vertikale Sekundärverteilung über Bundesergänzungszuweisungen, welche eine zusätzliche Korrektur der horizontalen Einnahmenkorrektur (Länderfinanzausgleich i.e.S.) bewirken. Hierdurch werden alle finanzschwachen Bundesländer gegenwärtig auf mindestens 99,5 v.H. des bedarfsmodifizierten Durchschnitts durch Fehlbetrags-Bundesergänzungszuweisungen angehoben. Dieser nahezu vollständige Ausgleich der Differenz von „eigener" Finanzkraft und durchschnittlicher Finanzkraft kann das Bestreben der politischen Akteure fördern, aus wahltaktischen Gründen Konsumausgaben zu erhöhen und gleichzeitig wirtschaftskraft- und damit steuerkraftfördernde Investitionen zu vernachlässigen.

---

417 Hierzu BARETTI U. A. *[2000]*, 34 ff. Hierzu auch die Kritik an den konfiskatorischen Effekten des horizontalen Finanzausgleichs bei HUBER / LICHTBLAU *[1997]*.

418 Wenn auch der Begriff „ökonometrisches Scheinargument" sehr drastisch klingt, so zeigt dieser eventuell doch die Schwierigkeit auf, innerhalb eines so komplexen Systems wie den vertikalen und horizontalen bundesstaatlichen Finanzbeziehungen Wirkungszusammenhänge eindeutig darzustellen. Zur Kritik an den ökonometrischen Verfahren siehe FOX *[2001]*, S. 342.

Dies wird umso mehr der Fall sein, je stärker das Ausmaß des Ausgleichs ist. Zusätzliche Steuereinnahmen bewirken durch das System der Zuweisungen nur einen Verlust an Zuweisungsanteilen und fördern somit ebenfalls Fehlanreize.[419]

Eine beliebige Gebietskörperschaft $i$ verfügt bei Existenz von vertikalen und horizontalen Kompensationszahlungen nicht nur über „eigene" Steuereinnahmen, welche aus Misch- und Trennsystem zufließen, sondern auch über Beträge, die entweder von über- oder untergeordneten Gebietskörperschaften oder aber von Gebietskörperschaften der selben Staatsebene entrichtet werden.[420]

Modelltheoretisch soll nun unterstellt werden, dass sich die Kompensationszahlungen an den durchschnittlichen Steuereinnahmen $T^D$ orientieren und die Differenz zwischen „eigenen" Steuereinnahmen $T_i$ und durchschnittlichen Steuereinnahmen ausgeglichen werden soll, so stellt sich die Einnahmensituation einer Gebietskörperschaft dar als:

$$(1)\, E_i = T^D + \beta\left(T_i - T^D\right) \text{mit } 0 \leq \beta \leq 1$$

Dabei wird mit $\beta$ der Teil der Differenz zwischen „eigene" Steuereinnahmen und durchschnittlichen Steuereinnahmen beschrieben, welchen nicht im Rahmen von Kompensationszahlungen ausgeglichen wird. Mögliche Differenzen sollen mit einem linearen Tarif ausgeglichen werden. Dabei soll nicht weiter von Interesse sein, ob die Kompensationszahlungen ausschließlich vertikal, horizontal oder kombiniert erfolgen, da für eine Gebietskörperschaft lediglich das Volumen der Kompensationszahlungen von Interesse ist und weniger die Zusammensetzung.[421]

Somit ergibt sich bei Berücksichtigung der Extremwerte von $\beta$ folgendes:

$$(1a)\, \beta = 0 \Rightarrow \text{vollständige Kompensation} \Rightarrow E_i = T^D$$

---

419 Vgl. BERTHOLD / DREWS / THODE *[2001]*, S. 125.

420 Ein Beispiel von Zahlungen an übergeordnete Ebenen ist die Gewerbesteuerumlage, welche von den Gemeinden teilweise an das zugehörige Bundesland und teilweise an den Bund im Rahmen der Mitfinanzierung der Belastungen, die den Bundesländern im Zusammenhang mit der Neuregelung der Finanzierung des Fonds „Deutsche Einheit" verbleiben, entrichtet wird. Siehe dazu auch § 6 Gemeindefinanzreformgesetz.

421 SÖLLNER hat hierzu eine politökonomische Analyse vorgenommen, welche mögliche negative Anreizwirkungen aufgrund des Finanzkraftausgleichs im Rahmen des Länderfinanzausgleichs als Ergebnis vermittelt. Siehe SÖLLNER *[2001b]*. Da beispielsweise die Fehlbetrags-Bundesergänzungszuweisungen in gleicher Weise Finanzkraftunterschiede einebnen, sind ähnliche Anreizeffekte zu erwarten, weshalb hier sowohl vertikale als auch horizontale Zuweisungen zum Ausgleich von Finanzkraftunterschieden in ihrer Gesamtheit betrachtet werden.

(1b) $\beta = 1 \Rightarrow$ keine Kompensation $\Rightarrow E_i = T_i$.

Die durchschnittlichen Steuereinnahmen ergeben sich als:

$$(2)\; T^D = \frac{n_i T_i + \sum_{j=2}^{k} n_j T_j}{n_i + \sum_{j=2}^{k} n_j}.$$

Dabei werden mit $n_i$ die Einwohner einer zu betrachtenden Gebietskörperschaft i und mit $n_j$ die Einwohner einer der anderen k – 1 Gebietskörperschaften innerhalb eines zu betrachtenden horizontalen Ausgleichsgebietes mit k Gebietskörperschaften beschrieben.[422]

Somit beschreibt $T^D$ einen durchschnittlichen Pro-Kopf-Steuereinnahmenbetrag. Der Nenner in Gleichung (2) bezeichnet letztlich die gesamten Einwohner eines Ausgleichsgebietes und kann daher mit N zusammengefasst werden. Wird Gleichung (2) in Gleichung (1) eingesetzt, so erhält man:

$$(3)\; E_i = \frac{n_i T_i + \sum_{j=2}^{k} n_j T_j}{N} + \beta \left( T_i - \frac{n_i T_i + \sum_{j=2}^{k} n_j T_j}{N} \right),$$

bzw.

$$(3a)\; E_i = (1-\beta) \frac{n_i T_i + \sum_{j=2}^{k} n_j T_j}{N} + \beta T_i.$$

422 Mit horizontalem Ausgleichsgebiet werden die Gebietskörperschaften beschrieben, welche horizontal anhand von durchschnittlichen Steuereinnahmen verglichen werden. So ist das ausgleichsrelevante Gebiet für Gemeinden die Summe der Gemeinden innerhalb eines Bundeslandes, in welchem die entsprechenden Gemeinden miteinander verglichen werden. Für die Bundesländer ist es entsprechend die Summe der Bundesländer.

Gleichung (3a) kann nun umgeformt werden, so dass sich folgende Gleichung ergibt:[423]

$$(4)\ E_i = T_i \frac{n - \beta n + \beta N}{N} + (1-\beta)\frac{\sum_{j=2}^{k} n_j T_j}{N}.$$

In einem letzten Schritt sollen nun die einzelnen Quotienten aus Gleichung (4) derart zusammengefasst werden, dass diese wie folgt bezeichnet werden können:

$$(4a)\ \frac{n - \beta n + \beta N}{N} = \alpha,$$

$$(4b)\ (1-\beta)\frac{\sum_{j=2}^{k} n_j T_j}{N} = \gamma.$$

Als eine vereinfachte Schreibweise von Gleichung (4) ergibt sich dann letztlich:

$$(5)\ E_i = \alpha T_i + \gamma$$

Welchen Aussagewert hat nun Gleichung (5)? Erfolgen keine vertikalen oder horizontalen Kompensationszahlungen, dann ist $\beta = 1$ und somit entsprechend Gleichung (4a) der Wert für $\alpha$ gleich 1 bzw. entsprechend Gleichung (4b) der Wert für $\gamma$ gleich Null, so dass für eine beliebige Gebietskörperschaft $i$ die Einnahmen $E_i$ ausschließlich den „eigenen" Steuereinnahmen $T_i$ entsprechen. Bei Kompensationszahlungen, welche einen vollständigen Ausgleich der Differenz zwischen „eigenen" Steuereinnahmen und durchschnittlichen Steuereinnahmen herbeiführen sollen, ist $\beta = 0$ und somit gemäß Gleichung (4a) der Wert für $\alpha$ gleich Null und gemäß Gleichung (4b) der Wert für $\gamma$ gleich 1,

423 Vgl. SÖLLNER *[2001b]*, S. 188.

wobei dann die Einnahmen der betrachteten Gebietskörperschaft den durchschnittlichen Steuereinnahmen $T^D$ entsprechen.[424]

Unter Berücksichtigung der Annahmen aus Kapitel 6.1.2. stehen die Entscheidungsträger einer Gebietskörperschaft nun vor einem Optimierungsproblem. Dabei gilt es, die Stimmenanteile $V_i = V_i\left(ET_i\,,A_i^C\right)$ unter der Nebenbedingung $E_i = A_i$ zu maximieren, wobei $E_i = \alpha T_i + \gamma$ und $A_i = A_i^C + A_i^I + A_i^T$ ist.[425]

Somit ergibt sich eine Lagrange-Funktion L wie folgt:

$$(6)\; L = V_i\left(ET_i\,,A_i^C\right) + \lambda\left(\alpha T_i + \gamma - A_i^C - A_i^I - A_i^T\right).$$

Die Optimalbedingungen 1. Ordnung sind dann:[426]

$$\frac{\partial L}{\partial A_i^I} = \frac{\partial V_i}{\partial ET_i}\frac{\partial ET_i}{\partial A_i^I} + \lambda\left(\alpha\frac{\partial T_i}{\partial A_i^I} - 1\right) = 0 = \frac{\partial V_i}{\partial ET_i}\frac{\partial ET_i}{\partial A_i^I} + \lambda\left(\alpha\phi\frac{\partial ET_i}{\partial A_i^I} - 1\right)$$

$$(6a) \qquad \Rightarrow \quad \frac{\partial V_i}{\partial ET_i}\frac{\partial ET_i}{\partial A_i^I} + \lambda\alpha\phi\frac{\partial ET_i}{\partial A_i^I} = \lambda$$

$$(6b) \quad \frac{\partial L}{\partial A_i^T} = \lambda\left(\alpha\frac{\partial T_i}{\partial A_i^T} - 1\right) = 0 \quad \Rightarrow \quad \alpha\frac{\partial T_i}{\partial A_i^T} = 1$$

$$(6c) \quad \frac{\partial L}{\partial A_i^C} = \frac{\partial V_i}{\partial A_i^C} - \lambda = 0 \quad \Rightarrow \quad \frac{\partial V_i}{\partial A_i^C} = \lambda$$

Hierdurch lassen sich folgende mögliche Wirkungen einer vertikalen und horizontalen Kompensation ( $\beta = 0$ ) bzw. einer fehlenden Kompensation ( $\beta = 1$ ) zeigen.

---

424 Zur Vollständigkeit muss hier erwähnt werden, dass es sich bei allen betrachteten Größen, außer den Einwohnerzahlen, um Pro-Kopf-Größen handelt. Dies bedeutet also, dass analog bei vollständigem Ausgleich durch Kompensationszahlungen die Pro-Kopf-Steuereinnahmen einer Gebietskörperschaft den durchschnittlichen Pro-Kopf-Steuereinnahmen entsprechen.

425 Vgl. SÖLLNER *[2001b]*, S. 189.

426 Vgl. SÖLLNER *[2001b]*, S. 190.

Bei fehlender Kompensation ( $\beta = 1$ ; $\alpha = 1$ ) wird die Intensität der Steuerverwaltung solange erhöht, bis die letzte Ausgabeneinheit genau einer zusätzlichen Steuereinheit entspricht, also $\frac{\partial T_i}{\partial A_i^T} = 1$ ist. Wird hingegen kompensiert und finden vertikale und/oder horizontale Zuweisungen statt ( $\beta < 1$ ; $\alpha < 1$ ), so müsste eine Gebietskörperschaft die Ausgaben für ihre Steuerverwaltung reduzieren, da dann $\frac{\partial T_i}{\partial A_i^T} > 1$ ist und somit bei Reduzierung der Ausgaben für Steuerverwaltung gleich hohe Steuereinnahmen möglich sind.

Für eine jeweilige Gebietskörperschaft ist dann eine Erhöhung der Ausgaben für Steuerverwaltung ineffektiv, da an einer möglichen Erhöhung der Steuereinnahmen innerhalb dieser Gebietskörperschaft aufgrund der Existenz von Verbundsteuern andere Gebietskörperschaften partizipieren. Dabei ist die Intensität der negativ wirkenden Anreize umso höher, je kleiner, gemessen an der Bevölkerung, eine Gebietskörperschaft ist.

Aus Gleichung (4a) geht hervor, dass bei einer vollständigen Kompensation ( $\beta = 0$ ) der Quotient nur noch aus $\frac{n}{N}$ besteht. Für $\beta$-Werte zwischen Null und Eins ergeben sich $\alpha$-Werte ebenfalls zwischen Null und Eins, wobei mit steigendem $\beta$ auch $\alpha$ steigt. Der Wert $\alpha$ soll hier als eine Art Anreizmaß verstanden werden. Je höher der Wert für $\alpha$, desto stärker soll ein Bundesland bemüht sein, durch eigene Anstrengungen die Steuereinnahmen zu erhöhen. So ergeben sich für die Bundesländer bei unterschiedlichen Kompensationsgraden für das Jahr 2001 bei einer Gesamtbevölkerung von 82.270.521 Einwohnern (Stand: 31.03.2001) folgende Werte für $\alpha$: (siehe Tab. 18, S.255 oben)

Es können nun durch die Verwendung der zuvor abgeleiteten Optimalbedingung (6b) Überlegungen angestellt werden, inwieweit ein Bundesland bereits ist, die Steuerverwaltung mit dem Ziel höherer Steuereinnahmen zu intensivieren. Erfolg eine vollständige Kompensation ( $\beta = 0$ ), so wird Bremen bei einem Anreizmaß von 0,008 bereit sein, genau so viel für die Steuerverwaltung auszugeben, dass eine Steuereinnahme von 125 Geldeinheiten bei der letzten Geldeinheit für Steuerverwaltungsausgaben erwirtschaftet wird.[427] Für Nordrhein-Westfalen, Bayern oder Baden-Württemberg mit $\alpha$-Werten von 0,219 bzw. 0,149 und 0,128 sind die Anreize zur Intensivierung der Steuerverwaltung

427 Vgl. auch SÖLLNER *[2001b]*, S. 191.

*Tab. 18: Anreizmaße bei unterschiedlichen Kompensationsgraden*

| Land | Einwohner | $\alpha$ $(\beta = 0)$ | $\alpha$ $(\beta = 0{,}2)$ | $\alpha$ $(\beta = 0{,}5)$ | $\alpha$ $(\beta = 1)$ |
|---|---|---|---|---|---|
| **NW** | 18.012.539 | 0,219 | 0,375 | 0,609 | 1,000 |
| **BY** | 12.249.297 | 0,149 | 0,319 | 0,574 | 1,000 |
| **BW** | 10.535.470 | 0,128 | 0,302 | 0,564 | 1,000 |
| **NI** | 7.928.760 | 0,096 | 0,277 | 0,548 | 1,000 |
| **HE** | 6.069.320 | 0,074 | 0,259 | 0,537 | 1,000 |
| **SN** | 4.415.059 | 0,054 | 0,243 | 0,527 | 1,000 |
| **RP** | 4.037.401 | 0,049 | 0,239 | 0,525 | 1,000 |
| **BE** | 3.382.568 | 0,041 | 0,233 | 0,521 | 1,000 |
| **SH** | 2.791.163 | 0,034 | 0,227 | 0,517 | 1,000 |
| **ST** | 2.607.108 | 0,032 | 0,225 | 0,516 | 1,000 |
| **BB** | 2.598.561 | 0,032 | 0,225 | 0,516 | 1,000 |
| **TH** | 2.425.765 | 0,029 | 0,224 | 0,515 | 1,000 |
| **MV** | 1.771.713 | 0,022 | 0,217 | 0,511 | 1,000 |
| **HH** | 1.717.657 | 0,021 | 0,217 | 0,510 | 1,000 |
| **SL** | 1.067.663 | 0,013 | 0,210 | 0,506 | 1,000 |
| **HB** | 660.447 | 0,008 | 0,206 | 0,504 | 1,000 |

*Quelle: Bundesministerium der Finanzen, Referat V A 4, Einwohner Stand: 31.03.2001; Eigene Berechnung der $\alpha$-Werte für 2001 in Anlehnung an die Vorgehensweise bei Söllner [2001b] für das Jahr 2000.*

wesentlich höher. Interessanterweise verringert sich die Anreizdifferenz der Länder zueinander mit abnehmender Kompensation. Bei einem $\beta$-Wert von 0,2 liegen die Anreizmaße für die Extrempole Nordrhein-Westfalen und Bremen schon weniger weit auseinander als bei vollständiger Kompensation (0,375 bzw. 0,206), bei nur noch hälftigem Ausgleich der Differenz von eigenen Steuereinnahmen und durchschnittlichen Einnahmen ( $\beta = 0{,}5$ ) würde die Differenz der Anreizwirkungen auf 0,105 schrumpfen (0,609 für Nordrhein-Westfalen bzw. 0,504 für Bremen).

In gleicher Weise lassen sich die Wirkungen der beiden anderen Handlungsparameter $A_i^C$ und $A_i^I$ bei Vorliegen von Kompensationszahlungen und bei fehlender Kompensation darstellen. Ausgehend von Optimalbedingung (6a) kann unterstellt werden, dass zusätzliche Investitionen der öffentlichen Hand ( $\partial A_i^I$ ) zu einem Anstieg der Anzahl an Erwerbstätigen führen ( $\partial ET_i$ ) und somit positiv auf die Wiederwahlchancen des Entscheidungsträger wirken ( $\partial V_i$ ). Gleichsam erhöhen sich die Steuereinnahmen durch zusätzliche Investitionen, ausgedrückt durch den zweiten Teil der Gleichung (6a).

Zusammenfassend wird deutlich, dass ein föderales System, welches über die Möglichkeiten einer vertikalen und/oder horizontalen Kompensation verfügt, letztlich aus politökonomischer Sicht zu negativen Anreizen führen kann. Dies umso mehr, je stärker existierende Einnahmendifferenzen ausgeglichen werden. Es kann vermutet werden, dass Fehlbeträge in den einzelnen Haushalten weniger vermieden werden, umso mehr diese Fehlbeträge durch horizontale und/oder vertikale Ausgleichsmittel durch eine „Solidargemeinschaft" beglichen werden.[428]

Bei der oben beschriebenen modelltheoretischen Betrachtung ist allerdings bislang nur auf die Einnahmenseite Rücksicht genommen worden. Dabei sind für politischen Akteure sicherlich auch aus haushaltstechnischer Sicht die Ausgaben von Bedeutung, welche durch wirkungsvolle Maßnahmen, insbesondere Investitionsausgaben, reduziert werden können. So können beispielsweise innerhalb einer Gebietskörperschaft soziale Ausgaben verringert werden, wenn durch Investitionen die Erwerbstätigkeit innerhalb der jeweiligen Gebietskörperschaft steigt und dabei bislang arbeitslose Sozialhilfe- oder Arbeitslosenhilfebezieher eingestellt werden. So gesehen könnte dann die Orientierung der politischen Entscheidungsträger an steigenden Steuereinnahmen nachrangig werden. Allerdings vorausgesetzt, es gibt auch hier einen unmittelbaren Zusammenhang zwischen Investitionstätigkeit und Ausgabenreduzierung innerhalb einer Gebietskörperschaft.[429]

## 9.3. Das föderale Problem der Verschuldungsautonomie bei fehlender Steuereinnahmenautonomie

Die Bundesergänzungszuweisungen zur Behebung einer nicht selbstverschuldeten sowie extremen Haushaltsnotlage sind mit ähnlichen Anreizproblemen versehen. Den Bundesländern und ebenfalls den Gemeinden sind aufgrund der zentralisierten Gesetzgebungskompetenz auf Bundesebene die Hände gebunden, autonom und eigenverantwortlich Steuereinnahmen den jeweiligen haushaltspolitischen Erfordernissen anzupassen. Wenn aber gleichzeitig den Bundesländern die Möglichkeit gegeben ist, die Höhe der Kreditaufnahme eigenständig zu bestimmen bei Einhaltung der verfassungsrechtlichen Begrenzung auf die Höhe

428 Vgl. SPAHN / FRANZ *[2000]*, S. 718.

429 Im Bereich der Arbeitslosenhilfe kann beispielsweise durchaus von einem Fehlanreiz die Rede sein, wenn gegenwärtig die Arbeitslosenhilfe als Transferleistung vom Bund übernommen wird und diese bei arbeitsplatzwirksamen Investitionen der Gemeinden (und auch der Länder) durch erhöhte Erwerbstätigkeit nur den Bundeshaushalt entlastet. Vgl. dazu HUBER / LICHTBLAU *[2002]*, S. 78 f.

der im jeweiligen Haushalt veranschlagten Investitionen, so wird dieser Aktionsparameter auch genutzt werden. Dabei sind zwei Aspekte zu berücksichtigen: Erstens ist das Instrument der Kreditaufnahme im Rahmen einer Stabilisierungspolitik uneingeschränkt zu vertreten, sofern die dadurch finanzierten Maßnahmen auch tatsächlich positive konjunkturelle Wirkungen erzeugen. Wie aber in Kapitel 8.1.3. gezeigt wurde, wird eine Stabilisierungspolitik auf Länderebene umso geringer ausfallen, je stärker die wirtschaftlichen Verflechtungen der Länder untereinander sind und dadurch stets ein Konjunkturprogramm für benachbarte Gebietskörperschaften droht. Werden jedoch die Kosten der Defizitfinanzierung für stabilitätspolitische Investitionen durch andere Gebietskörperschaften mitgetragen, so werden möglicherweise mehr Ausgaben für stabilitätspolitische Zwecke getätigt als notwendig sind. Aus diesen Gründen sind stabilitätspolitische Maßnahmen eher zentral koordiniert durchzuführen und gegebenenfalls auch zentral durch Kreditaufnahme zu finanzieren.

Obgleich stabilisierungspolitische Investitionen kaum von allokationspolitischen Investitionen zu unterscheiden sind, sollten letztere auf untergeordneten Ebenen dort durchgeführt werden, wo sie zu einer effizienten Allokation beitragen. Da die Bundesländer auch hierzu ausschließlich den Aktionsparameter Kreditaufnahme eigenständig in Anspruch nehmen können, sind Fehlanreize vorprogrammiert. Selbst wenn die Steuereinnahmen aus Verbund- und Trennsteuern zur Finanzierung konsumtiver und investiver Ausgaben ausreichen würden, entsteht aus Sicht eines auf Wiederwahl orientierten Entscheidungsträger der Anreiz, investive Ausgaben durch Kreditfinanzierung auszugleichen und den verbleibenden Betrag im Haushalt für eine Erhöhung der konsumtiven Ausgaben zu erhöhen.

Dieser Anreiz wird umso stärker ausgeprägt sein, wenn ein Haftungsausschluss anderer Gebietskörperschaften nicht gegeben ist und daher die Kosten der Kreditfinanzierung im Rahmen einer bündischen Verpflichtung auf andere Gebietskörperschaften abgewälzt werden können. Mithin ergibt sich durch die institutionalisierte „Bail-out-Regelung" im Rahmen der Bundesergänzungszuweisungen für Haushaltsnotlagen eine generelle Bonitätssteigerung sämtlicher Bundesländer, wodurch die Kreditaufnahme an Kapitalmärkten zusätzlich begünstigt wird.[430]

430 Vgl. BERTHOLD / DREWS / THODE *[2001]*, S. 126. Zur Steigerung des Anreizes zur Verschuldung aufgrund der Erhöhung der Kreditwürdigkeit durch „Bail-out-Regelungen" siehe bei PITLIK / SCHMID *[2000]*, S. 114 sowie HEINEMANN *[1995]*, S. 606 ff. Im Übrigen ist eine derartige „Bail-out-Zusage" innerhalb der Europäischen Union nach Art. 104b EGV ausgeschlossen. Vgl. dazu JOSTEN *[2002]*, S. 220.

## 9.4. Tertiärwirkungen der Finanzbeziehungen zwischen Bund, Länder und Gemeinden

Bei der Betrachtung der vertikalen Primärverteilung der Steuereinnahmen wurden bisher nur die primären Verteilungswirkungen für die Haushalte von Bund, Ländern und Gemeinden im Rahmen der Darstellung des primären Finanzausgleichs (PFA)[431] sowie die sekundären Verteilungswirkungen im Rahmen des Länderfinanzausgleichs beschrieben. Die starken finanziellen Verflechtungen zwischen Bund, Länder und Gemeinden führen jedoch auch zu tertiären Verteilungswirkungen. Damit angesprochen sind Ergebnisse des gesamtstaatlichen Finanzausgleichssystems, welche auch als „verdeckte Verteilungswirkungen" bezeichnet werden und in der politischen Diskussion bezüglich Veränderungen innerhalb der Bund-Länder-Finanzbeziehungen häufig außer Acht gelassen werden.[432]

Primäre Einnahmenverteilungswirkungen ergeben sich beim Bund sowie den Ländern und Gemeinden durch die Beteiligung der Ebenen an Einkommen- und Umsatzsteuer, wenn sich die Steuergesetzgeber (Bund und Ländergesamtheit) über Gesetzesänderungen verständigen, welche eine Veränderung der Aufkommen aus den genannten Steuern zur Folge haben. Durch den vertikalen bundesstaatlichen Gemeinschaftsteuerverbund sind Bund und Länder mit je 42,5 v.H. sowie die Gemeindeebene mit 15 v.H. am Aufkommen aus der Lohnsteuer und veranlagter Einkommensteuer beteiligt. Vom Aufkommen aus der Zinsabschlagsteuer fließen Bund und Ländereben jeweils 44 v.H. sowie der Gemeindeebene 12 v.H. zu. Vom Gesamtaufkommen aus der Umsatzsteuer fließen 2,2 v.H. nach Abzug eines Bundesanteils in Höhe von 5,63 v.H. an die Gemeindeebene. Das verbleibende Umsatzsteueraufkommen wird im Verhältnis 49,6:50,4 auf Bund und Länderebene verteilt. Dieser Gemeinschaftsteuerverbund hat zur Folge, dass Steuergesetzgebungsänderungen, welche Auswirkungen auf das Steueraufkommen haben, direkt entsprechend den jeweiligen Quoten auf die Haushaltsvolumen von Bund, Ländern und Gemeinden durchschlagen und somit primäre Verteilungswirkungen erzeugen.

Ebenso sind Aufkommensänderungen bei der Körperschaftsteuer sowie den nicht veranlagten Steuern mit Primärwirkungen für Bund und Länderebene durch die vertikale Aufteilung im Verhältnis 50:50 verbunden. Da die Gemeindeebene nicht primär am Körperschaftsteueraufkommen beteiligt ist, entstehen hier auch keine Primärwirkungen bei Aufkommensänderungen.

---

431 Damit gemeint ist die in Kap. 4.3. dargestellte primäre vertikale Steuerverteilung.

432 Vgl. FEHR / TRÖGER *[2002]*, S. 614.

Sekundärwirkungen ergeben sich durch den primären Gemeinschaftsteuerverbund in Verbindung mit der Systematik der horizontalen Finanzausgleichsbeziehungen auf Länderebene. Bei der horizontalen Verteilung des Länderanteils an der Umsatzsteuer werden im Umsatzsteuervorwegausgleich finanzschwache Bundesländer mit maximal 75 v.H. des USt-Länderanteils auf 92 v.H. der bundesdurchschnittlichen Steuerkraft angehoben.[433] Aufkommensänderungen bei der Einkommen- und Körperschaftsteuer verursachen daher, da die Länderanteile an Einkommen- und Körperschaftsteuer Bestandteile der Steuerkraft jedes Bundeslandes sind, auch Änderungen bei den Beträgen aus dem Umsatzsteuervorwegausgleich. In gleicher Weise wirken sich Aufkommensänderungen bei den Gemeinschafsteuern auf die Ausgleich- und Zuweisungsbeträge im Rahmen des LFA i.e.S., da sich die diesbezüglichen Ausgleichsregelungen an der bundesdurchschnittlichen Finanzkraft orientieren. Hinzu kommen sekundäre Verteilungswirkungen für die Länderhaushalte durch die Fehlbetrags-Bundesergänzungszuweisungen, da diese ebenfalls in Abhängigkeit von der jeweiligen Finanzkraft eines Bundeslandes entrichtet werden und bei Finanzkraftänderungen angepasst werden.

Die beschriebenen Primär- und Sekundärwirkungen von Steueraufkommensänderungen im Bereich der Gemeinschaftsteuern werden bei Steuerrechtsänderungen allgemein berücksichtigt. Keine Berücksichtigung hingegen erfahren die zuvor erwähnten tertiären Wirkungen.[434] Insbesondere die Gemeinden sind von tertiären Wirkungen des gesamtstaatlichen Finanzausgleichssystems betroffen.

Gemeinden werden grundsätzlich als Teile des jeweiligen Landes behandelt und besitzen trotz ihrer institutionellen Eigenständigkeit nach Art. 28 Abs. 2 GG kein finanzwirksames Sonderleben im bundesstaatlichen Finanzausgleich.[435] Vielmehr stehen die Länder in der Verantwortung, ihre Gemeinden mit ausreichenden Finanzmitteln auszustatten, so dass das verfassungsrechtliche garantierte kommunale Aufgabenwahrnehmungsrecht nach Art. 28 Abs. 2 GG nicht mangels Finanzmasse zur Makulatur wird. Hierzu ist im Grundgesetz verpflichtend vorgesehen, dass die Länder ihren Gemeinden vom Länderanteil am Ge-

433 Eine genauere Darstellung der horizontalen Umsatzsteuerverteilung auf Länderebene ist bereits in Kap. 5.2.2. erfolgt.

434 Das Bundesministerium der Finanzen stellt beispielsweise fest: „Von den finanzierenden Maßnahmen der Steuerreform, die auf den Ausgleich der Mindereinnahmen von Bund und Ländern bei der Körperschaftsteuer gerichtet ist, profitieren über die Gewerbesteuer auch die Gemeinden, die von den Mindereinnahmen bei der Körperschaftsteuer nicht betroffen sind." Vgl. BUNDESMINISTERIUM DER FINANZEN (HRSG.) *[2002b]*, S. 18. Die tertiären Wirkungen von Steueraufkommensänderungen bei den Gemeinschaftsteuern für die Gemeinden, hier am Beispiel der Körperschaftsteuer, werden offensichtlich nicht berücksichtigt.

435 Vgl. LENK *[2001]*, S. 56.

samtaufkommen aus den Gemeinschaftsteuern (ESt, KSt, USt) Anteile an ihre Gemeinden im Rahmen des obligatorischen Sterverbund abführen.[436] Während die Länder die Verbundgrundlagen selbst nicht verändern können, so sind sie doch in der Lage, die Höhe der Anteile an den Verbundgrundlagen durch Variation der Verbundquoten zu beeinflussen. Auf freiwilliger Basis können die Landesgesetzgeber bestimmen, dass ihre Gemeinden und Gemeindeverbände zusätzlich an den Aufkommen aus den Landessteuern beteiligt werden.[437] In der Praxis werden die Gemeinden im fakultativen Steuerverbund mit den Ländern an den Landessteuereinnahmen einschließlich der Ausgleichs- und Zuweisungsbeträge im Rahmen des LFA i.e.S. und den F-BEZ sowie S-BEZ beteiligt. Der fakultative Steuerverbund unterscheidet sich dabei von Land zu Land.[438]

Die enge Verzahnung zwischen vertikalen Bund-Länder-Finanzbeziehungen einerseits sowie vertikalen Länder-Gemeinden-Finanzbeziehungen andererseits muss konsequenterweise bei Steueraufkommensänderungen im Bereich der Gemeinschafsteuern zu haushaltswirksamen Änderungen für die Gemeindehaushalte führen. Selbst dann, wenn wie bei der Körperschaftsteuer die Gemeindeebene primär nicht am Steueraufkommen beteiligt ist. Ebenso führen Änderungen bei den Landessteueraufkommen zu haushaltwirksamen Änderungen bei den Gemeinden. Daher ist es unabdingbar, dass diese tertiären Wirkungen, auch im Rahmen einer Diskussion um eine mögliche Reföderalisierung der staatlichen Einnahmenverteilung, stets berücksichtigt werden. Hierzu sollen zunächst die primären und sekundären vertikalen Finanzbeziehungen betrachtet werden (Tabelle 19).

Während das Gesamtsteueraufkommen im Jahr 2001 gegenüber dem Vorjahr um 4,5 v.H. gesunken ist, verbuchte der Bund nur einen Rückgang der Steuereinnahmen um 2,5 v.H. Bei den Ländern und Gemeinden lagen die Steuerausfälle mit -5,7 v.H. bzw. -5,4 v.H. mehr als doppelt so hoch. Für die Gemeindeebene wirkte sich insbesondere die Reduktion der Gewerbesteuer (netto) um 11,5 v.H. negativ aus. Trotz Verringerung des Gewerbesteueraufkommens in Höhe von 2,5 Mrd. Euro in 2001 erhöhte sich die Gewerbesteuerumlage für den Bund um 186 Mio. Euro oder 14 v.H. gegenüber 2000 aufgrund der in 2001 erfolgten Erhöhung der normalen Gewerbesteuerumlage. Für die Länder bedeutete dies Erhöhung der Gewerbesteuerumlage eine Abmilderung der Einnahmeausfälle.

---

436 Siehe Art. 106 Abs. 7 Satz 1 GG.

437 Siehe Art. 106 Abs. 7 Satz 2 GG.

438 Siehe hierzu die Übersichten zum obligatorischen und fakultativen Steuerverbund in den alten und neuen Ländern in Kap. 5.4. auf S. 173 ff.

*Tab. 19: Primärer und sekundärer vertikaler Finanzausgleich in den Jahren 2000 und 2001*

| Steuerart | 2000<br>- in Mio. Euro - | 2001<br>- in Mio. Euro - | Veränderung 2001 gegenüber 2000<br>absolut<br>- in Mio. Euro - | <br>in v.H. |
|---|---|---|---|---|
| ***Gemeinschaftsteuern insgesamt*** | *333.253,0* | *309.752,4* | *-23.500,6* | *-7,1* |
| Lohnsteuer1) | 135.733,1 | 132.625,9 | -3.107,2 | -2,3 |
| veranlagte Einkommensteuer1) | 12.224,7 | 8.771,4 | -3.453,3 | -28,2 |
| Körperschaftsteuer1) | 23.574,8 | -425,6 | -24.000,4 | ---- |
| nicht veranlagte Steuern vom Ertrag1) | 13.514,9 | 20.884,6 | +7.369,7 | +54,5 |
| Zinsabschlag | 7.334,2 | 8.961,0 | +1.626,8 | +22,2 |
| Umsatzsteuer | 107.139,5 | 104.463,0 | -2.676,5 | -2,5 |
| Einfuhrumsatzsteuer | 33.731,7 | 34.472,1 | +740,4 | +2,2 |
| ***Steuereinnahmen des Bundes*2)** | *198.790,4* | *193.766,5* | *-5.023,9* | *-2,5* |
| Bundessteuern3) | 75.503,6 | 79.276,7 | +3.773,1 | +5,0 |
| Bundesanteil an | | | | |
| LSt / veranlagter Einkommensteuer | 62.882,1 | 60.093,8 | -2.778,3 | -4,4 |
| KSt / nicht veranlagte Steuern vom Ertrag | 18.544,9 | 10.229,5 | -8.315,4 | -44,8 |
| Zinsabschlag | 3.227,1 | 3.942,8 | +715,7 | +22,2 |
| USt / Einfuhrumsatzsteuer4)5) | 66.493,2 | 66.317,5 | -175,7 | -0,3 |
| Gewerbesteuerumlage6) | 1.326,7 | 1.512,9 | +186,2 | +14,0 |
| ***Steuereinnahmen der Länder*** | *189.493,2* | *178.690,5* | *-10.802,7* | *-5,7* |
| Ländersteuern | 18.443,5 | 19.628,2 | +1.184,7 | +6,4 |
| Länderanteil an | | | | |
| LSt / veranlagter Einkommensteuer | 62.882,1 | 60.093,8 | -2.788,3 | -4,4 |
| KSt / nicht veranlagte Steuern vom Ertrag | 18.544,9 | 10.229,5 | -8.315,4 | -44,8 |
| Zinsabschlag | 3.227,1 | 3.942,8 | +715,7 | +22,2 |
| USt / Einfuhrumsatzsteuer5) | 61.957,5 | 61.223,9 | -733,6 | -1,2 |
| Gewerbesteuerumlage6)7)8) | 4.194,1 | 3.996,6 | -197,5 | -4,7 |
| Bundesergänzungszuweisungen | 13.471,2 | 12.744,6 | -726,6 | -5,4 |
| Mineralölsteuer | 6.772,8 | 6.831,1 | +58,3 | +0,9 |
| ***Steuereinnahmen der Gemeinden*** | *57.136,1* | *54.059,1* | *-3.077,0* | *-5,4* |
| Gewerbesteuer (brutto) | 27.025,5 | 24.533,4 | -2.492,1 | -9,2 |
| Gewerbesteuerumlage6)7)8) | -5.520,8 | -5.509,5 | -11,3 | -0,3 |
| Gewerbesteuer (netto) | 21.504,8 | 19.023,7 | -2.481,1 | -11,5 |
| Gemeindesteuern | 9.632,9 | 9.866,0 | +233,1 | 2,4 |
| Gemeindeanteil an | | | | |
| LSt / veranlagter Einkommensteuer | 22.193,7 | 21.209,6 | -984,1 | -3,4 |
| Zinsabschlag | 880,1 | 1.075,3 | +195,2 | +22,2 |
| USt / Einfuhrumsatzsteuer | 2.924,7 | 2.884,5 | -40,2 | -1,4 |
| ***Gesamtsteueraufkommen*** | *467.252,1* | *446.247,3* | *-21.004,8* | *-4,5* |

1) Nach Abzug der Erstattungen des BfF.
2) EU-BSP-Eigenmittel (2000: 8.943,1 Mio. Euro; 2001: 8.031,0 Mio. Euro) abgesetzt.
3) Ohne EU-Zölle (2000: 3.394,0 Mio. Euro; 2001: 3.191,2 Mio. Euro).
4) Ohne EU-MWSt-Eigenmittel (2000: 9.495,8 Mio. Euro; 2001: 8.509,2 Mio. Euro).
5) Einschließlich USt-Verteilung zwischen Bund und Ländern im Rahmen des Fonds

„Deutsche Einheit". 2.750 Mio. Euro in 2000 und 2.570 Mio. Euro in 2001 bei den Ländern gekürzt und beim Bund entsprechend zugesetzt.
6) Die „normale Gewerbesteuerumlage" wird zwischen Bund und Ländern aufgeteilt. Gesamtbetrag 2000: 3.142 Mio. Euro; 2001: 3.407 Mio. Euro.
7) Beteiligung der Gemeinden Gebiet A am Fonds „Deutsche Einheit" über erhöhte Gewerbesteuerumlage an Länder in Gebiet A. 2000: 559 Mio. Euro, 2001: 467 Mio. Euro.
8) Erhöhung der Gewerbesteuerumlage infolge der Abschaffung der Gewerbekapitalsteuer (Gemeinden Gebiet A und B) und durch den Solidarpakt (Gemeinden Gebiet A). 2000: 1.820 Mio. Euro; 2001: 1.636 Mio. Euro.

*Quelle: Bundesministerium der Finanzen (Hrsg.) [2002], S. 278.*

Da in Tabelle 19 nur die primären und sekundären vertikalen Finanzbeziehungen angegeben sind, kann für die Gemeindeebene noch keine abschließende Aussage zur Entwicklung der Gemeindesteuereinnahmen in 2001 gegenüber 2000 getroffen werden. Dies ist nur möglich, wenn auch die kommunale Verbundwirtschaft und damit die tertiären Wirkungen von Steueraufkommensänderungen berücksichtigt werden. So erhielten die Gemeinden im Jahr 2000 im Rahmen des obligatorischen Steuerverbundes 28,63 Mrd. Euro und weitere 6,48 Mrd. Euro in Form von fakultativen Verbundanteilen von den Ländern. Aufgrund der Primär- und Sekundärwirkungen der Steueraufkommensveränderungen (Primärverteilung, horizontaler Finanzausgleich und BEZ) reduzierten sich die Einnamen aus dem obligatorischem Steuerverbund um 2,26 Mrd. Euro sowie dem fakultativen Steuerverbund um 271 Mio. Euro. Insgesamt verbuchten somit die Gemeinden durch Steuerausfälle auf Bundes- und Länderebene zusätzliche Verluste in Höhe von ca. 2,53 Mrd. Euro aufgrund der kommunalen Verbundwirtschaft.[439]

### *9.4.1. Tertiäre Wirkungen bei separater Betrachtung von Aufkommensänderungen bei der Einkommensteuer*

In diesem Abschnitt wird der Blick auf die Belastungswirkungen innerhalb der Gemeindehaushalte bei veränderten Aufkommen aus der Einkommensteuer gerichtet.

FEHR / TRÖGER haben anhand einer Simulationsrechnung, welche auf der Grundlage der Regelungen zum Länderfinanzausgleich i.w.S. um die Einbeziehung der obligatorischen und fakultativen Steuerverbundwirtschaft in den Bun-

439 Vgl. FEHR / TRÖGER *[2002]*, S. 613.

desländern erweitert wurde, eine quantitative Analyse mit dem Ziel vorgenommen, die Belastungswirkungen durch Steueraufkommensänderungen bei der Einkommensteuer und der Körperschaftsteuer insbesondere für die Gemeindeebene zu zeigen. Dabei wurden die Steueraufkommen der Jahre 2000 und 2001 (Tabelle 19) sowie die damaligen Steuerverbundquoten berücksichtigt. Des weiteren wurden zur Simulation die verringerten Einkommen- und Körperschaftsteueraufkommen in 2001 für das Jahr 2000 jeweils getrennt unterstellt, so dass somit differenziert die tertiären Wirkungen einer Einkommensteuerveränderung und einer Körperschaftsteueränderung für die Gemeindeebene in 2001 betrachtet werden kann. [440]

Ein erstes Ergebnis der Simulation ist, dass im Jahr 2001 die Gemeinden durch die Reduktion des Einkommensteueraufkommens in 2001 gegenüber 2000 mit 395,35 Mio. Euro im obligatorischen Steuerverbund belastet wurden. Hinzu kommt eine negative Belastungswirkung im Rahmen des fakultativen Steuerverbundes mit 43,63 Mio. Euro. Diese Beträge sind in Tabelle 20 als Summen der letzten beiden Spalten wiedergegeben. Insgesamt sind den Gemeinden obligatorische und fakultative Verbundsteuereinnahmen in Höhe von 403 Mio. Euro durch die Reduktion des gesamten Einkommensteueraufkommens in 2001 (-4,93 Mrd. Euro) gegenüber dem tatsächlichen Basisjahr 2000 verloren gegangen.

Mithin hatten die Gemeinden durch Reduktion von obligatorischen und fakultativen Steuerverbundanteilen ca. 8,2 v.H. der gesamten Einkommensteuerreduktion zu tragen. Werden dazu die Ausfälle aus dem primären Finanzausgleich hinzugerechnet, so betrug die Belastung der Gemeinden aufgrund der Einkommensteuerreduktion fast 25 v.H. Die letzten beiden Spalten zeigen deutlich, wie für die Gemeinden die primären Wirkungen des primären Finanzausgleichs durch die obligatorische und fakultative Steuerverbundwirtschaft verstärkt werden und letztlich zu den angesprochenen tertiären Wirkungen für die Gemeinden führen, wobei die Wirkungen des obligatorischen Steuerverbundes dominieren.

Auch können die unterschiedlichen Ausgestaltungen der kommunalen Verbundwirtschaft gezeigt werden. So sind die Gemeinden in Nordrhein-Westfalen überhaupt nicht in fakultativen Steuerverbund durch die Reduktion des Einkommensteueraufkommens betroffen, da sie nicht an den Ausgleichszahlungen des Landes Nordrhein-Westfalen beteiligt werden und darüber hinaus das Land Nordrhein-Westfalen keine Bundesergänzungszuweisungen erhält.

---

440 Siehe bei FEHR / TRÖGER *[2002]*, S. 612 ff. Allerdings wurden bei der Analyse weitergehende länderspezifische Regelungen der kommunalen Finanzausgleichssysteme wie Verbundzeiträume und zusätzliche Korrekturmaßnahmen nicht berücksichtigt.

*Tab. 20: Einkommensteuer-Mindereinnahmen und horizontale Belastungsverteilung im Jahr 2001*

| | Belastungsverteilung - in Mio. EURO - | | | | | | |
|---|---|---|---|---|---|---|---|
| | **Länderebene** | | | | **Gemeindeebene** | | |
| | **Primärwirkung** | **Sekundärwirkung** | | | **Primärwirkung** | **Tertiärwirkung** | |
| **Bundesland** | **PFA** | **USt** | **LFA i.e.S.** | **F-BEZ** | **PFA** | **OSV**[1)] | **FSV**[2)] |
| **NW** | -675,90 | 33,81 | 163,98 | 0,00 | -256,77 | -147,68 | 0,00 |
| **BY** | -120,47 | 22,83 | -192,45 | 0,00 | -53,31 | -11,27 | -22,21 |
| **BW** | -363,15 | 19,68 | 86,89 | 0,00 | -138,31 | -79,00 | 19,99 |
| **NI** | -241,10 | 72,65 | -11,67 | -6,45 | -89,18 | -29,63 | -3,19 |
| **HE** | -77,62 | 11,37 | -77,25 | 0,00 | -25,40 | -15,17 | -17,69 |
| **SN** | -80,10 | -15,01 | -13,96 | -5,88 | -30,25 | -25,08 | -3,68 |
| **RP** | -107,51 | 7,57 | 7,97 | -5,32 | -40,58 | -20,24 | 0,53 |
| **ST** | 23,72 | -80,21 | -20,68 | -3,48 | 7,23 | -13,56 | -5,56 |
| **SH** | -69,49 | 5,22 | -1,05 | -2,47 | -26,18 | -12,21 | -0,67 |
| **TH** | 4,98 | -57,21 | - 6,05 | -3,22 | 0,71 | -12,02 | -4,43 |
| **BB** | -3,33 | -52,15 | -15,46 | -3,42 | -2,35 | -14,48 | -4,92 |
| **MV** | -48,42 | 10,27 | -2,52 | -2,35 | -17,87 | -10,44 | -1,33 |
| **SL** | -33,21 | 10,36 | -0,88 | -1,42 | -12,28 | -4,57 | -0,46 |
| **BE** | -142,94 | 6,36 | 37,02 | -5,95 | -51,88 | 0,00 | 0,00 |
| **HH** | -125,31 | 3,20 | 66,17 | 0,00 | -47,59 | 0,00 | 0,00 |
| **HB** | -12,56 | 1,25 | -10,05 | -1,53 | -4,83 | 0,00 | 0,00 |
| ***Insgesamt*** | *-2.072,42* | *0* | *0* | *-41,48* | *-788,86* | *-395,35* | *-43,63* |

1) Obligatorischer Steuerverbund
2) Fakultativer Steuerverbund

*Quelle: Fehr / Tröger [2002], S. 614. Umrechnung von DM-Beträge in Euro-Beträge mit dem Faktor 1,95583. Differenzen gegenüber der ursprünglichen Tabelle von Fehr / Tröger sind daher möglich.*

### *9.4.2. Tertiäre Wirkungen bei separater Betrachtung von Aufkommensänderungen bei der Körperschaftsteuer*

Die Aussage, dass die Gemeindeebene nicht am Aufkommen aus der Körperschaftsteuer partizipiert, ist nur dann erlaubt, wenn sich die Betrachtung auf die Primärverteilung der Steuereinnahmen konzentriert. Wie aber schon erwähnt ist bei der Betrachtung der finanziellen Verflechtungen aller drei Aufgabenebenen das gesamte föderale Verflechtungssystem zu berücksichtigen. Die finanziellen Wirkungen einer Aufkommensreduktion bei der Körperschaftsteuer (einschließlich nicht veranlagter Steuern vom Ertrag) sind in Tabelle 21 enthalten.

Dabei zeigt sich, dass bei separater Betrachtung der Körperschaftsteuerreduktion (2001: -16,6 Mrd. Euro) auch die Gemeinden tertiäre Belastungswirkungen verzeichnen. Und zwar im obligatorischen Steuerverbund in Höhe von fast 1,6 Mrd. Euro sowie im fakultativen Steuerverbund mit noch mal über 236 Mio. Euro. Insgesamt verursacht also eine Aufkommensreduktion bei der Körperschaftsteuer eine tertiäre Belastungswirkung für die Gemeinden in Höhe von 1,83 Mrd. Euro. Gemessen an der Gesamtreduktion des Körperschaftsteueraufkommens sind dies 11 v.H., welche die Gemeinden in 2001 zu verkraften hatten, trotz der Neutralität der Körperschaftsteuer für die Gemeinden im primären Finanzausgleich aufgrund der fehlenden Beteiligung in der primären vertikalen Steuerverteilung. Auch hier zeigt sich, mit Ausnahme Nordrhein-Westfalens, dass die fakultative Verbundwirtschaft eine verstärkende Wirkung aufweist, wobei ebenfalls die Wirkungen der obligatorischen Verbundwirtschaft dominieren.

### *9.4.3. Bedeutung für die Reföderalisierungsdiskussion*

Die einzelnen staatlichen Ebenen sind nicht lösgelöst von Entscheidungen, welche die steuerliche Gesetzgebung und die daran anschließenden Veränderungen im Steueraufkommen betreffen. Da alle Ebenen am Großteil des Steueraufkommens gemeinsam partizipieren, sind sie in einer Art Schicksalsgemeinschaft miteinander verbunden. Es muss allerdings betont werden, dass der Bund und die Ländergesamtheit immerhin noch Handlungsmöglichkeiten zur Beeinflussung der Steueraufkommen aus den Gemeinschaftsteuern besitzen, während die Gemeinden ohne Möglichkeiten zur Einflussnahme den Entwicklungen tatenlos zusehen müssen. Für die Gemeinden kommt es aber noch schlimmer. Über den obligatorischen und fakultativen Steuerverbund wird die Gemeindeebene bei Rückgang der Steueraufkommen aus Einkommen- und Umsatzsteuer doppelt belastet. Rückläufige Steuereinnahmen wirken über die verfassungsrechtlich garantierten Steueranteile nach Art. 106 Abs. 7 Satz 1 GG sowie über die, durch

*Tab. 21: Körperschaftsteuer-Mindereinnahmen und horizontale Belastungsverteilung im Jahr 2001*

| | Belastungsverteilung - in Mio. EURO - | | | | | | |
|---|---|---|---|---|---|---|---|
| | Länderebene | | | | Gemeindeebene | | |
| | Primärwirkung | Sekundärwirkung | | | Primärwirkung | Tertiärwirkung | |
| **Bundesland** | **PFA** | **USt** | **LFA i.e.S.** | **F-BEZ** | **PFA**[1] | **OSV**[2] | **FSV**[3] |
| **NW** | -3.298,74 | 244,12 | 874,10 | 0,00 | ---- | -702,57 | 0,00 |
| **BY** | -1.106,77 | 164,85 | -216,43 | 0,00 | ---- | -108,70 | -24,98 |
| **BW** | -734,22 | 142,08 | -374,58 | 0,00 | ---- | -136,19 | -86,15 |
| **NI** | -382,07 | -246,25 | -63,82 | -79,31 | ---- | -110,52 | -25,18 |
| **HE** | -927,88 | 82,08 | 212,69 | 0,00 | ---- | -193,69 | 48,71 |
| **SN** | -104,54 | -250,21 | -63,76 | -19,82 | ---- | -93,53 | -16,81 |
| **RP** | -264,61 | 54,67 | -140,44 | -43,01 | ---- | -42,51 | -37,15 |
| **ST** | -131,02 | -79,67 | -37,87 | -11,78 | ---- | -50,57 | -11,42 |
| **SH** | -48,93 | 37,67 | -103,84 | -143,32 | ---- | -2,14 | -46,96 |
| **TH** | -125,51 | -69,31 | -35,02 | -10,89 | ---- | -44,81 | -10,56 |
| **BB** | -59,84 | -147,07 | -37,19 | -11,57 | ---- | -54,01 | -12,73 |
| **MV** | -149,23 | 6,90 | -25,59 | -7,96 | ---- | -38,95 | -9,18 |
| **SL** | -12,88 | -72,35 | -15,32 | -4,77 | ---- | -17,05 | -4,01 |
| **BE** | -454,03 | 100,41 | -75,44 | -20,32 | ---- | 0,00 | 0,00 |
| **HH** | -432,20 | 23,12 | 112,61 | 0,00 | ---- | 0,00 | 0,00 |
| **HB** | -82,90 | 8,99 | -10,10 | -3,98 | ---- | 0,00 | 0,00 |
| ***Insgesamt*** | *-8.315,37* | *0* | *0* | *-356,72* | ---- | *-1.595,22* | *-236,43* |

1) Die Gemeinden/Gemeindeverbände sind im primären Finanzausgleich nicht am Aufkommen aus der Körperschaftsteuer beteiligt.
2) Obligatorischer Steuerverbund
3) Fakultativer Steuerverbund

*Quelle: Fehr / Tröger [2002], S. 614. Umrechnung von DM-Beträge in Euro-Beträge mit dem Faktor 1,95583. Differenzen gegenüber der ursprünglichen Tabelle von Fehr / Tröger sind daher möglich.*

Steueraufkommensänderungen erzeugten Wirkungen im Rahmen des Länderfinanzausgleichs und der Bundesergänzungszuweisungen, freiwilligen Anteile der Länder an ihre Gemeinden.

Während also die Länder noch Manövriermasse besitzen, schlagen steuerliche Entscheidungen doppelt auf die Gemeindehaushalte durch. Wenn aber entsprechend dem Subsidiaritätsprinzip insbesondere die Gemeindeebene bestimmte staatliche Aufgaben durchführen soll, welche grundsätzlich auch von ihr zu leisten sind, dann besteht gerade hier die Forderung nach einer angemessenen und an den Aufgaben orientierten Finanzmittelzuteilung. Wenn darüber hinaus noch berücksichtigt wird, dass es sich bei den kommunalen Aufgaben in den allermeisten Fällen um Allokationsaufgaben zur Sicherstellung des Angebots an lokalen staatlichen Leistungen handelt,[441] so erscheint eine Reform der Finanzabhängigkeiten der Gemeinen als geboten, da durch die sehr intensive Partizipation an Steueraufkommen, welche im Rahmen des Mischsystems zu enormen steuerlichen Abhängigkeiten führt, insbesondere der Gemeindeebene eine dermaßen schwache finanzwirtschaftliche Stellung zukommt, welche u. U. die innere Stabilität des Bündnisgebietes beeinträchtigen kann.

### 9.5. Reformoptionen und Zielsetzung

Sind Bund, Länder (einschließlich ihrer Gemeinden) bereit, die bundesstaatliche Aufgabenverteilung neu zu ordnen, so muss nicht zwangsläufig die bundesstaatliche Finanzverfassung einer Prüfung unterzogen werden sowie reföderalisiert werden. Dies insbesondere dann nicht, wenn nach Neuordnung der staatlichen Aufgabenverteilung die Finanzvolumina aller staatlichen Ebenen, auch aus der Sicht der politischen Akteure, ausreicht, die Wahrnehmung die neugeordneten Aufgabenkompetenzen zu gewährleisten. Damit wäre zwar ein erster Schritt in Richtung mehr Subsidiarität vollzogen. Die in den vorangegangenen Abschnitten hervorgehobenen theoretischen und auf die gegenwärtige Praxis des bundesdeutschen Finanzausgleichs bezogenen Argumente lassen jedoch den Schluss zu, dass auch die Finanzverteilung, besonders im Zuge von Änderungen des passiven Finanzausgleichs, zu reföderalisieren ist.

Zu beachten sind dabei

- eine gebotene Garantie bezüglich einer aufgabengerechten Einnahmenerzielung aller staatlichen Ebenen,

441 Vgl. SANDER *[2001]*, S. 450.

- die Garantie eigenstaatlichen und eigenverantwortlichen Handelns aller staatlichen Ebenen,
- sowie das verfassungsrechtlich vorgegebene Verbot einer zu starken finanzwirtschaftlichen Schwächung einzelner Gebietskörperschaft im föderalen System.

Die zentrale Forderung ist nun, die Steuerautonomie aller staatlichen Ebenen zu stärken, was wiederum bedeutet, die finanziellen Abhängigkeiten aufgrund der föderalen Steuerverflechtung zu verringern. Entsprechend den in Kap. 4.2. vorgestellten theoretisch möglichen Steuerverteilungssystemen stellt dabei die Forderung nach einem ungebundenen Trennsystem, bei dem sämtliche staatliche Ebenen und darüber hinaus die zugehörigen Gebietskörperschaften über den gesamten steuerpolitischen Handlungsspielraum verfügen, die wohl radikalste Reföderalisierungsstrategie dar. Für die Länderebene innerhalb der Bundesrepublik Deutschland würde dies bedeuten, dass Kompetenzen, sowohl zur Gesetzgebung als auch bezüglich der Erträge, zur Verfügung stünden, welche dann möglicherweise mit identischen Kompetenzen auf Bundesebene kollidieren. Eine vertikale Mehrfachbelastung der Bürger wäre dann nicht ausgeschlossen und eine möglicherweise gesamtwirtschaftlich erforderliche Steuerpolitik nahezu unmöglich. Es ist deshalb einleuchtend, dass für ein föderales System eine derartiges Steuerverteilungssystem (Konkurrenzsystem), auch vor dem Hintergrund des bündischen Prinzips und dem daraus erwachsenden Koordinierungsbedarf, eine grundsätzliche Absage erfährt und auch politisch nicht zur Debatte steht.[442]

### *9.5.1. Reföderalisierung durch separierendes Trennsystem*

Gegenüber einem ungebundenen Trennsystem stellt die Steuerverteilung im Rahmen eines gebundenes (separierendes) Trennsystem eher eine politisch durchsetzbare und praktikable Maßnahme zur Reföderalisierung dar.

Hierbei ist zunächst ein Katalog zu erstellen, welche Steuerarten bzw. Steuerquellen zwischen Bund, Ländern und Gemeinden aufgeteilt werden sollen, um sodann zu klären, inwieweit die Gesetzgebungskompetenzen eingeschränkt oder aber uneingeschränkt den staatlichen Ebenen zur Verfügung gestellt werden sollen.

So bestehen grundsätzlich zwei Möglichkeit, dem Bund sowie den Ländern einschließlich ihrer Gemeinden die Kompetenzen zuzuteilen:

---

442 Vgl. BÜTTNER / SCHWAGER *[2000]*, S. 3.

a) Vollständige Zuordnung der Gesetzgebungskompetenz (separierendes Trennsystem mit uneingeschränkter Gesetzgebungshoheit). Dies würde bedeuten, dass auf bundeseinheitliche Regelungen bei zugeordneten Landessteuern verzichtet wird und die Länder souverän und eigenverantwortlich sowohl Bemessungsgrundlagen als auch Tarife festlegen. Der steuerpolitische Handlungsspielraum wäre umfassend.
b) Eingeschränkte Zuordnung der Gesetzgebungskompetenz (separierendes Trennsystem mit eingeschränkter Gesetzgebungshoheit). Dabei wäre es möglich, bestimmte und für die Steuereinnahmenerzielung der Länder notwendige Bemessungsgrundlagen durch die übergeordnete Staatsebene, dem Bund, zu bestimmen und den Ländern durch landesrechtliche Regelungen Steueraufkommenvariationen zu ermöglichen. Der Steuerpolitische Handlungsspielraum wäre dann zwar begrenzt, aber immer noch größer als in der gegenwärtigen Praxis.

Ein auf diesen Überlegungen aufbauender Vorschlag ist bereits durch Lenk / Schneider erarbeitet und analysiert worden.[443] Demzufolge sollte ein separierendes Trennsystem mit eingeschränkten Gesetzgebungskompetenzen eingeführt werden, wobei hier offensichtlich die ursprünglichen Regelungen der Finanzverfassung im Grundgesetz von 1949 berücksichtigt wurden und somit sich die Vorschläge an der ursprünglichen Finanzverfassung orientieren.[444]

Kernelement einer Reföderalisierung wäre hierbei die Rückübertagung der Gesetzgebungs- und Ertragskompetenzen bezüglich der Einkommen- und Körperschaftsteuer auf die Länderebene unter gleichzeitiger Übertragung der Gesetzgebungs- und Ertragskompetenzen bezüglich der Umsatzsteuer auf den Bund. Im Rahmen der Ertragsverteilung entspräche dies der Finanzverfassung von 1949.[445] Hierbei erfolgt somit eine Revision des Verbundsystems.

Vorgeschlagen wird bisweilen im Rahmen einer Neuordnung der Finanzverteilung, dass

- der Ertrag aus der Umsatzsteuer zu 100 v.H. dem Bund sowie
- 88 v.H. des Aufkommens aus Einkommen und Körperschaftssteuer der Ländergesamtheit und
- 12 v.H. des Aufkommens aus Einkommen und Körperschaftsteuer den Gemeinden zufließen sollte.[446]

---

443 Siehe LENK / SCHNEIDER *[1999]*.
444 Siehe dazu die Art. 105, 106 des Grundgesetzes in der Fassung der Bekanntmachung vom 23. Mai 1949 ($GG^{1949}$).
445 Siehe Art. 106 Abs. 1 und 2 $GG^{1949}$.
446 Vgl. LENK / SCHNEIDER *[1999]*, S. 425 sowie LENK / SCHNEIDER *[2000]*, S. 77.

Der durch Lenk / Schneider unterbreitete Vorschlag beinhaltet dabei für die Einkommen- und Körperschaftsteuer die Möglichkeit für den Bund, die Bemessungsgrundlage zu definieren. Der Vorteil dieser Systemausgestaltung liegt darin, dass mit Blick auf föderalen Wettbewerb ein Belastungsvergleich zwischen allen 16 Bundesländern möglich wäre sowie bei Wanderungsbewegungen von Bürgern und Unternehmen aufgrund höherer Transparenz gegenüber 16 unterschiedlichen Bemessungsgrundlagen die Informationskosten geringer ausfallen würden.[447] Gleichzeitig birgt dieser Vorschlag aber auch den Nachteil, den die gegenwärtige Kompetenzverflechtung aufweist. Durch bundeseinheitliche Gestaltung der Bemessungsgrundlage und damit durch die Möglichkeit des Bundes, die Bemessungsgrundlage zu beeinflussen, ergeben sich dann nach wie vor Rückwirkungen auf die Gemeindefinanzen, sofern sie entsprechend dem unterbreiteten Vorschlag weiterhin am Einkommensteueraufkommen und zusätzlich am Körperschaftsteueraufkommen beteiligt werden. Allerdings dürfte dieser Nachteil der Finanzverflechtung dann weniger ins Gewicht fallen, da die Länder wesentlich dominanter als bisher in den Verhandlungen über die Bemessungsgrundlagen auftreten dürften.

### *9.5.2. Zuschlagsrechte bei Beibehaltung des Verbundsteuersystems*

Negative Folgen eines Steuerwettbewerbes auf Länderebene sind nicht zu vernachlässigen. Daher kann der obige Vorschlag modifiziert werden, indem nicht nur eine Bemessungsrundlage bundeseinheitlich geregelt, sondern darüber hinaus über eine bundeseinheitliche Tarifgestaltung ein Mindestaufkommen bei den untergeordneten Gebietskörperschaften garantiert wird. Ähnlich wie beim gegenwärtigen Solidaritätszuschlag könnte dann den Ländern sowie den Gemeinden ein Zuschlagsrecht auf die bundeseinheitliche Steuerschuld eingeräumt werden. In diesem Fall bestünde dann, aufbauend auf den oben genannten Vorschlag, das Aufkommen aus Einkommen- und Körperschaftsteuer für ein einzelnes Bundesland aus einem bundesgesetzlich geregelten Steueraufkommen sowie einem landesgesetzlich geregelten Steueraufkommen.[448]

---

447 Vgl. Lenk / Schneider *[1999]*, S. 423. Das Argument, dass durch 16 unterschiedliche Bemessungsgrundlagen der Mobilität der Produktionsfaktoren entgegenwirkt, ist zwar nicht unbegründet. M.E. kann dieses Argument gegenüber anderen Mobilitätshemmnissen jedoch als nachgelagert betrachtet werden.

448 Vgl. Büttner / Schwager *[2000]*, S. 4 f., welche sich hier ausschließlich auf eine Modifizierung der Einkommensbesteuerung beziehen.

Somit könnte im Sinne institutioneller Kongruenz einerseits die Übereinstimmung von Aufgaben- und Einnahmenverantwortung stärker in den Vordergrund rücken, andererseits einem theoretisch möglichen „ruinösen" Steuerwettbewerb vorgebeugt werden.

### *9.5.3. Kompetenzverlagerung bei reinen Landessteuern*

Ca. 4,4 v.H. des Gesamtsteueraufkommen flossen im Jahr 2001 der Ländergesamtheit aufgrund von Erträgen aus reinen Landessteuern zu. Die Steuereinnahmen in Höhe von 19,6 Mrd. Euro können dabei von den Ländern weder durch Variation von Bemessungsgrundlagen noch durch Variation von Tarifen separat beeinflusst werden. Lediglich durch die Ländergesamtheit im Bundesrat im Zusammenspiel mit dem Bundesgesetzgeber sind Steuergesetzänderungen möglich. Dadurch sind zwar nicht unwesentliche Einflussmöglichkeiten vorhanden, die Gefahr einer Systemblockade durch eine zu hohe Kompromissfindungshürde trotz möglicherweise vorliegender Erfordernis einer Steuerrechtsänderung ist jedoch im gegenwärtigen System unübersehbar.

Die Ertragshoheit wurde deshalb über die nach Art. 106 Abs. 2 GG den Ländern zugewiesen Steuern zugewiesen, da hier die Aufkommen weniger stark streuen als bei den nach Art. 106 Abs. 1 GG dem Bund zugewiesenen Bundessteuern. Im Sinne der institutionellen Kongruenz sollten jedoch Gesetzgebungs- und Ertragskompetenz unmittelbar miteinander verbunden sein.[449]

Es spricht viel dafür, im Rahmen einer Reföderalisierung den Ländern die Gesetzgebungskompetenzen für reine Landessteuern zurück zu übertragen. Hierdurch eröffnet sich die Möglichkeit für *einzelne* Bundesländer

- Steueraufkommenvariationen entsprechend länderspezifischer Haushaltssituationen vorzunehmen,
- den vorhandenen Zahlungsbereitschaften für die Bereitstellung staatlicher Leistungen näher zu kommen sowie
- im Sinne eines föderalen Wettbewerbes gewissermaßen einer Vorreiterrolle einzunehmen, um so den mit dem Grundgedanken des Föderalismus verbundenen Ideenwettbewerb voranzutreiben.

Insbesondere der zuletzt genannte Punkt ist zu betonen, da im gegenwärtigen System der Steuerverflechtung ländereigene Ideen nur im Rahmen eines „16+1-Kompromisses" durchzusetzen sind. Beispiel Kraftfahrzeugsteuer: Hier sind

449 Vgl. LENK / SCHNEIDER *[1999]*, S. 422.

längst alternative Vorschläge einer reformierten Kraftfahrzeugsteuer unterbreitet worden (Emissionsbesteuerung, Umweltzertifikate). Durch die Notwendigkeit einer Übereinstimmung von Ländergesamtheit und Bund fällt es den steuerpolitischen Akteuren jedoch insgesamt schwer, Reformen durchzuführen. Eine einzige landesgesetzliche Regelung könnte dabei dazu beitragen, gewissermaßen in einem durch die Landesgrenze begrenzten Experimentierfeld neuartige Besteuerungsalternativen zu erproben, welche dann nach erfolgreicher Einführung von den verbliebenen Bundesländern imitiert werden könnten. In gleicher Weise trifft diese Argumentation beispielsweise auf die in der aktuellen Diskussion stehende Reform der Erbschaftsbesteuerung zu. Auch hier könnten Bundesländer im Rahmen ihrer neugewonnenen Gesetzgebungskompetenz eigenverantwortlich neue Wege beschreiten und dabei landesspezifische Eigenarten stärker berücksichtigen.

Es soll hier gleich erwähnt werden, dass natürlich, da Kapital und insbesondere Geldvermögen äußerst mobil ist, es zweifelsfrei zu Kapitalbewegungen innerhalb der Bundesrepublik Deutschland kommen kann. Dies hängt aber schließlich auch von der dann landesrechtlichen Gesetzgebung einzelner Länder bezüglich Bemessungsrundlage und Tarifgestaltung ab. Eine weniger radikaler Vorschlag wäre dann, ähnlich der vorgestellten Modifizierung eines separierenden Trennsystem bei der Besteuerung von Einkommen und Körperschaften, zumindest die Bemessungsgrundlage bundeseinheitlich zu regeln und anschließend die landesindividuelle Tarifgestaltung zumindest innerhalb eines durch Ober- und Untergrenze definierten „Steuersatzkorridors“ stattfinden zu lassen.

Bei weiterer Berücksichtigung des, einem steuerlichen Wettbewerb kritisch gegenüber stehenden, Arguments kann jedoch gleichsam vermutet werden, dass einzelne Bundesländer darüber hinaus in die Lage versetz werden, Kapital bei unterstellter Mobilität möglicherweise aus dem bundesdeutschen Ausland zu repatriieren, was wiederum die potentielle Vorreiterrolle einzelner Bundesländer unterstreicht und damit letztlich sogar bei ursprünglich negativ bewerteten Kapitalbewegungen zu positiven Effekten für die Ländergesamtheit führen kann. Dies umso mehr, da auch nach einer reföderalisierten Steuerkompetenzverteilung die wirtschaftlichen und ökonomischen Verflechtungen weiterhin existieren werden und somit positive Spillover-Effekte für die Ländergesamtheit zu erwarten sind.

### *9.5.4. Stärkung der Gemeindeautonomie durch Trennsystem*

Eine stärkere Trennung innerhalb der primären Steuerverteilung berührt nicht nur die Entflechtung zwischen Bundes- und Länderebene. Durch eine künftige klar abgegrenzte vertikale Verteilung der gegenwärtigen Gemeinschaftsteuern entsteht für die Gemeindeebene die Chance, die in Kap. 9.4. aufgezeigte Abhängigkeit der Gemeindefinanzen insbesondere bei der Körperschaftsteuer, an deren Aufkommen sie primär überhaupt nicht partizipiert, zu durchbrechen. Bei einer Verlagerung der Kompetenzen bezüglich Einkommen- und Körperschaftsteuer auf die Länderebene entsteht für die Gemeinden der Vorteil, nur noch einen „Verhandlungspartner“ zu haben, wenn Änderungen der betreffenden Steuergesetzgebung anstehen. Zwar muss eingeräumt werden, dass die gegenwärtige Finanzverfassung bei der primären Finanzverteilung den Gemeinden überhaupt keinen Verhandlungsstatus einräumt. Die damit verbundene aktuelle Forderung nach einem Konsultationsrecht bezüglich der Einnahmenverteilung für die Gemeindeebene würde sich aber bei Akzeptanz des vorgestellten Neuordnungsvorschlages nur noch auf das Verhältnis zwischen Land und den zugehörigen Gemeinden beziehen. Mithin würde dies letztlich zur Entflechtung von Kompetenzen und darüber hinaus zur Reduzierung von Informations- und Verhandlungskosten führen, da ein aktuell zu berücksichtigender Verhandlungspartner, der Bund, zu vernachlässigen wäre. Eine bloße Einführung eines Konsultationsmechanismus derart, dass staatliche Ebenen generell das Recht erhalten, bei Steuergesetzgebungsänderungen, welche den finanziellen Spielraum der jeweiligen staatlichen Ebene berühren, würde bei Beibehaltung des gegenwärtigen Verbundsystems hingegen eher kontraproduktiv sein, da hierdurch die kritisierte starke Verflechtung der Ebenen auf der Einnahmenseite nur noch intensiviert und zusätzliche Hemmnisse im Vorfeld von steuerpolitischen Reformen aufgebaut würden.

### *9.5.5. Verknüpfung von Steuerautonomie und Verschuldungsautonomie*

Mit Rückgriff auf die Überlegungen bezüglich der finanzpolitischen Handlungsmöglichkeiten vor dem Hintergrund der steuerpolitischen Abhängigkeit der dem Bund untergeordneten Ebenen bei gleichzeitiger grundgesetzlich garantierter Verschuldungsautonomie der Bundesländer in Kap. 4.4. erscheint es besonders notwendig, den steuerpolitischen Handlungsspielraum insbesondere der Länder zu erweitern. Hierbei kann eine klare Zuordnung von Steuerkompetenzen im Rahmen eines Trennsystems einschließlich eines ausreichenden Gestaltungsspielraum beitragen, den Präferenzen der Bürger eines jeweiligen Bundeslandes zu entsprechenden und damit eine Abwägung zwischen schuldenfinanzierten und steuerfinanzierten Aufgaben zu gewährleisten. Eine Forderung nach Reföderalisierung von Einnahmenkompetenzen wird dabei durch die aktuellen Entwicklungen im Rahmen des innerdeutschen Stabilitätspaktes begleitet. Bund

und die Ländergesamtheit haben sich gegenseitig verpflichtet, ihrer gemeinsamen Verantwortung zur Einhaltung der Bestimmungen in Art. 104 des Vertrages zur Gründung der Europäischen Gemeinschaft und es Europäischen Stabilitäts- und Wachstumspaktes nach zu kommen und mittelfristig auf eine Nettokreditaufnahme mit dem Ziel ausgeglichener Haushalte zu verzichten.[450]

Ohne Bewertung des mittelfristig angestrebten grundsätzlichen Verzichtes auf das Einnahmeinstrument „Verschuldung“ erscheint es jedoch offensichtlich, dass unter Berücksichtigung des Prinzips der fiskalischen Äquivalenz jeder einzelnen Gebietskörperschaft im föderalen System die Möglichkeit eröffnet werden sollte, eine Übereinstimmung von Nutzern einer staatlichen Leistung und Kostenträgern herbeizuführen. Soll also den politischen und insbesondere zukünftigen Entscheidungsträgern besonders auf Landesebene ein wesentliches und momentan autonomes Finanzierungsinstrument entzogen werden, so ist es als Gebot anzusehen, eine Kompensation der ausfallenden Finanzierungsmittel in Form von eigenständigen steuerpolitischen Handlungsspielräumen zu ermöglichen. Dabei wird entscheidend sein, inwieweit Zahlungsbereitschaften im Zusammenhang mit der Bereitstellung staatlicher Leistungen vorhanden sind. Die Enthüllung von Zahlungsbereitschaften und damit verbundene allokative Effizienz wird dabei umso eher gelingen, je stärker Leistungsbereitstellung und Kompetenz zur Heranziehung von Kostenträgern miteinander verknüpft sind.

### *9.5.6. Steuerautonomie zur Internalisierung externer Effekte*

Die Internalisierung von Spillover-Effekten stellt innerhalb der staatlichen Ebenen ein nicht unwesentliches Problem dar. Letztlich gilt es, jeden (potentiellen) Nutzer an der Finanzierung der Bereitstellung von staatlichen Leistungen zu beteiligen, um somit Allokationseffizienz zu erhalten. Wie bereits erwähnt können dabei in Abhängigkeit von der jeweiligen Gütereigenschaft der bereitzustellenden staatlichen Leistung unterschiedliche Internalisierungsstrategien verfolgt werden. Für die gegenwärtige Praxis der bundesstaatlichen Finanzbeziehungen kann jedoch konstatiert werden, dass eine Internalisierung von Spillover-Effekten nur annäherungsweise gelingt.

Dabei spielt die Begrenzung des steuerlichen Zugriffs aufgrund von Landesgrenzen eine bedeutenden Rolle und stellt im besonderen Maße die Stadtstaaten vor erhebliche Finanzierungsprobleme. Die gegenwärtig praktizierte horizontale Steuerzerlegung verschärft nur die Problematik. Zwar sind Internalisierungsversuche innerhalb der bundesdeutschen Finanzverfassung nicht zu übersehen, die-

450 Siehe Art. 7 Abs. 1 SFG sowie § 51a HGrG.

se sind jedoch mit Quantifizierungsproblemen verbunden und erfolgen zwischen regionalen Gebietskörperschaften. Die Problematik wird dabei anhand der Streitigkeiten um die Finanzierung der Seehafenlasten deutlich.

Steuerliche Abhängigkeiten durch das Übergewicht des Verbundssystems in Verbindung mit teilweise nicht nachvollziehbaren Ausgleichsmechanismen versperren jedoch die Sicht auf alternative Internalisierungsinstrumente. Unter Berücksichtung, dass eine Mehrzahl von staatlichen Leistungen allokationspolitisch als Mischgüter und einzelne sogar als reine private Güter (z. B. Hochschulen) zu charakterisieren sind, steht hier letztlich das gesamte Spektrum an Abgaben zur Verfügung, um eine bessere Internalisierung herbeizuführen.

Ein größerer steuerpolitischer Handlungsspielraum der dem Bund untergeordneten Gebietskörperschaften könnte mithin dazu beitragen, die den individuellen Nutzern nicht direkt zurechenbaren Kosten weiterhin durch allgemeine Steuern zu finanzieren und bei Möglichkeit der Zurechenbarkeit von Nutzen aus der staatlichen Bereitstellung diesen über ein äquivalentes Entgelt, entweder durch Äquivalenzsteuern, wie sie beispielsweise bei der Gewerbebesteuerung erhoben werden, oder aber durch nutzenäquivalente Gebühren zu finanzieren. Stets mit dem Ziel, Nutzer und Kostenträger entsprechend dem Prinzip der fiskalischen Äquivalenz stärker als bisher in Übereinstimmung zu bringen. Ist dies in der Bundesrepublik Deutschland für die Gemeindeebene selbstverständlich,[451] so ist eine Intensivierung der Gebührenfinanzierung zur Internalisierung von Spillover-Effekten bei staatlichen Leistungen, welche durch die Bundesländer bereitgestellt werden, anzudenken. Dies würde aber in Konsequenz bedeutet, das zur Vermeidung zu hoher Abgabenbelastungen, insbesondere der eigenen Landesbevölkerung, ein Bundesland die Möglichkeit erhalten müsste, durch ein landeseigenes steuerlichpolitisches Instrumentarium die Belastung zumindest für die eigene Bevölkerung in Grenzen zu halten.

### *9.5.7. Zusammenfassung*

Eine zukünftige stärkere Trennung der steuerlichen Kompetenzen könnte dazu beitragen, zumindest einen begrenzten föderalen Wettbewerb auf der Einnahmenseite in Verbindung mit einer grundsätzlichen Neuausrichtung der bundesstaatlichen Aufgabenverteilung zu ermöglichen. Dabei gilt es, mit den notwendi-

---

451 Wobei sich allerdings die Gebührendeckungsgrade in einer Bandbreite von 85 v.H. (Alte Länder) bzw. 97 v.H. (Neue Länder) bei der Abwasserbeseitigung und 1,4 v.H. (Alte Länder) bzw. 1,1 v.H. (Neue Länder) bei der Finanzierung von Museen bewegen. Vgl. für das Jahr 1999 KARRENBERG / MÜNSTERMANN *[2000]*, S. 49.

gen steuerpolitischen Instrumenten die Allokationseffizienz zu erhöhen bei gleichzeitiger Berücksichtigung der verfassungsrechtlich gebotenen Beibehaltung des Leitziels „Einheitlichkeit der Lebensverhältnisse". Dies impliziert letztlich auch nach erfolgter Reföderalisierung mit den einhergehenden stärkeren Kompetentabgrenzungen einen Ausgleichsmechanismus, welcher die Ergebnisse der primären Steuerverteilung korrigiert. Dabei ist dann zu beachten, dass einerseits ein dem zukünftigen primären Steuerverteilungssystem angepasstes Ausgleichssystem nicht strategische Verhalten der mit dann stärkeren steuerlichen Kompetenzen ausgestatteten Entscheidungsträger induziert und andererseits die Einheitlichkeit bzw. Gleichwertigkeit der Lebensverhältnisse, bei allen Problemen der ökonomischen Definition dieser Begriffe, weiterhin gesichert werden kann.

Pluralistische Meinungsbildung sowie die Durchsetzung von Präferenzen an der Stelle im föderalen System, an der sie ökonomisch sinnvoll erscheint, ist und bleibt ein wesentliches Merkmal föderaler Staatssysteme. Damit wird es unabdingbar, dass für den Meinungsbildungsbildungsprozess sowie für die Kontrolle der Umsetzung von Entscheidung Informationen bezüglich der Kompetenten der jeweiligen Durchführungsorgane vorliegen und darüber hinaus Politiken den politischen Entscheidungsträgern deutlicher als bisher zuzurechnen sind. Die in den vergangenen Abschnitten vorgestellten Optionen und Zielsetzungen einer Neuverteilung der Kompetenzen auf sämtliche staatliche Ebenen sind dabei als Ansätze zu verstehen, dem Ideal einer föderalen Ordnung unter Berücksichtigung ökonomischer Prinzipien näher als bisher zu kommen.

# 10. Schlussbetrachtung

In anschaulicher Weise konnte mit dieser vorliegenden Arbeit die zu Recht in der wissenschaftlichen Literatur und auch in der Öffentlichkeit kritisierte Verflechtung der staatlichen Ebenen im föderalen System der Bundesrepublik Deutschland dargestellt werden. Diese Verflechtung, sowohl bei den Aufgabenkompetenzen als auch bei den Einnahmekompetenzen, ist ursächlich dafür, dass die grundsätzlichen Vorteile einer föderalen Ordnung – Bürgerbeteiligung bei und Kontrolle von politischen und Entscheidungen, effiziente Bereitstellung staatlicher Leistungen sowie Ideenwettbewerb im Interesse einer gesamtgesellschaftlichen Entwicklung – in der Bundesrepublik Deutschland gegenwärtig nur unzureichend genutzt werden können.

Die Reföderalisierung der staatlichen Aufgabenverteilung ist dabei der erste Schritt zu mehr Föderalismus insgesamt in der Bundesrepublik Deutschland. Hierzu gehört eine Entzerrung der staatlichen Befugnisse zwischen Bund und Ländern. Aber auch die Gemeindeebene muss, obwohl verfassungsrechtlich nachgelagert, in diesen Prozess einbezogen werden. Deutlich voneinander abgegrenzte Kompetenzen erzeugen ein Mehr an Berücksichtigung der tatsächlichen Bürgerpräferenzen und führen schließlich somit zu Effizienzsteigerungen im staatlichen Sektor. Hierbei gilt es sowohl Aspekte der Allokation als auch der Distribution zu beachten. Die Fragen der Distribution stehen dabei allerdings nicht im Widerspruch zu mehr Dezentralisierung und damit zur Rückverlagerung von Kompetenzen. Der im Grundgesetz festgehaltene Grundsatz der Gleichwertigkeit der Lebensverhältnisse beinhaltet im Kern nicht zwangsläufig auch den Drang zu bundeseinheitlichen Detailregelungen und damit zur Unitarisierung der föderalen Ordnung.

Vielmehr kommt es künftig darauf an, bei der Aufgabenverteilung darauf zu achten, dass Aufgaben „vor Ort“ erfüllt werden können, so dass letztlich das Subsidiaritätsprinzip wieder mehr Beachtung findet. Beispielhaft sind in dieser Arbeit die Gemeinschaftsaufgaben nach Art. 91a GG genannt worden, welche gegenwärtig deutlich mehr unter Allokationsgesichtpunkten als unter Distributionsgesichtspunkten zu betrachten sind. Hinzu kommt, dass für die Umsetzung von Reföderalisierungsstrategien die Gemeinschaftsaufgaben aufgrund einer mittlerweile existierenden Mehrheit von Befürwortern der Rückverlagerung der Kompetenzen bezüglich dieser Aufgaben am ehesten geeignet sind, einen Reföderalisierungsprozeß einzuleiten. Wie aber auch gezeigt wurde, steht letztlich der gesamte Aufgabenkatalog der konkurrierenden Gesetzgebung zur Disposition, wobei unterschiedliche Strategien vorstellbar sind.

Es ist nahezu als Zwangsläufigkeit zu betrachten, dass bei einer Neuausrichtung der bundesstaatlichen Aufgabenverteilung auch die föderale Finanzverfassung zu reföderalisieren ist. Wird dem Grundsatz gefolgt, dass im föderalen Gefüge die Kompetenten bezüglich der Aufgaben klar zugeordnet werden, so ist dieser Grundsatz auch auf der Einnahmenseite anzuwenden. Dabei ist das Prinzip der institutionellen Kongruenz zu berücksichtigen, welches eine Übereinstimmung von Entscheidungsträgern, Nutzern und Kostenträgern fordert. Dies fördert einerseits die Verantwortlichkeit von Ausgabenträgern bei der Finanzierung von Aufgaben und andererseits die Internalisierung von Spillovers, welche in der Regel durch die Bereitstellung staatlicher Leistungen entstehen.

Es wird somit ebenfalls unabdingbar, den, dem Bund nachgelagerten, staatlichen Ebenen ihren steuerpolitischen Gestaltungsspielraum zu erweitern. Die Notwendigkeit einer Stärkung der Steuerkompetenzen bei Ländern und Gemeinden ergibt sich zusätzlich aufgrund zweier Überlegungen. Die Gemeinden sind fiskalisch an ihre jeweiligen Länder gebunden. Durch steuerpolitische Entscheidungen, insbesondere im Bereich der Gemeinschaftssteuern, zwischen Bund und Ländern ergeben sich erheblich fiskalische Auswirkungen für die kommunalen Haushalte. Selbst dann, wenn der Gemeindeebene der Ertrag eine Steuerart primär nicht zugewiesen wurde. Wird berücksichtigt, dass viele kommunale Leistungen in den Bereich der Daseinsvorsorge gehören und kurz- und mittelfristig nicht Einnahmeveränderungen angepasst werden können, so ist im Zuge einer Reföderalisierung von Steuerkompetenzen die übermäßige finanzielle Abhängigkeit der Gemeinden von Bundes- und/oder Landesentscheidungen abzubauen. Die zweite Überlegung betrifft die eigentlich als Kuriosum zu bezeichnende Situation, dass die Länderebene zwar eine Verschuldungsautonomie besitzt, ihr aber eine Steuerautonomie verweigert wird. Dadurch wird dem Bürger letztendlich die Entscheidungsmöglichkeit vorenthalten, beispielsweise investive Ausgaben entweder durch Kreditaufnahme oder durch Aufbringung von Steuermitteln zu finanzieren. Was wiederum möglicherweise dazu geführt hat, dass aufgrund der auf Länderebene vorherrschenden Unmöglichkeit der Steuergestaltung die Verschuldung in den letzten Jahrzehnten drastisch zugenommen hat. Wird dann noch berücksichtigt, dass sich sowohl der Bund als auch die Länder im Rahmen des innerdeutschen Stabilitätspaktes verpflichtet haben, die jährliche Nettokreditaufnahme langfristig auf Null zu reduzieren, so erscheint es auch deshalb geboten, im Gegenzug die steuerlichen Kompetenzen der Länder als auch der Gemeinden zu erhöhen.

Die Reform des Länderfinanzausgleichs steht zwar auch zukünftig an, obwohl erst im Jahr 2001 Neuregelungen für die Jahre ab 2005 beschlossen wurden. Diese Regelungen sind jedoch am „alten“ föderalen System ausgerichtet und weisen darüber hinaus Details auf, welche sicherlich noch zu kritischen Auseinandersetzungen von Seiten der Wissenschaft als auch von Seiten der Politik Anlass geben werden. Alle auf der gegenwärtigen föderalen Ordnung aufbauenden Reformvorschläge werden nur die bisherige Praxis der föderalen Aufgaben- und Einnahmenverteilung festigen, ohne dabei die Gründe für fiskalische Ungleichheiten zu beseitigen. Hier muss die Einsicht Einzug halten, dass die Umverteilung von Finanzmitteln nur ein abschließendes Korrektiv darstellen soll, welches umso geringer ausfallen dürfte, umso besser eine föderale Grundordnung eine aufgabengerechte Einnahmenverteilung garantiert. Vor dem Hintergrund, dass der gegenwärtige Finanzausgleich zwischen Bund und Ländern sowie innerhalb der Länderebene eine Transfervolumen von ca. 40 Mrd. Euro aufweist und damit dem regionalen Bruttoinlandsprodukt eines Bundeslandes wie Thüringen oder Sachsen-Anhalt entspricht, erscheint der Mangel der bundesstaatlichen Einnahmenverteilung mehr als deutlich.

Der kooperative Föderalismus in der Bundesrepublik Deutschland hat keineswegs ausgedient. Vielmehr wird dieses Leitbild auch in Zukunft und auch vor dem Hintergrund der Wahrung innerer Stabilität bestehen können. Jedoch sind Modifikationen hinsichtlich der Steigerung der Handlungsmöglichkeiten und Verantwortung der politischer Akteure auf allen Ebenen sowie der Transparenz von Entscheidungsprozessen überaus notwendig, um die grundsätzlich knappen Mittel bestmöglich einzusetzen und letztendlich die Demokratie insgesamt durch die Anpassung von Entscheidungen an den tatsächlich vorhandenen Bürgerwillen zu beleben.

# Literaturverzeichnis

ARNDT, WOLFGANG *[1998]*: Erneuerter Föderalismus – Thesen zu einer veränderten Balance zwischen Bund und Ländern, in MÄNNLE, URSULA (HRSG.): Föderalismus zwischen Konsens und Konkurrenz, Tagungs- und Materialienband zur Fortentwicklung des deutschen Föderalismus, Schriftenreihe des Europäischen Zentrums für Föderalismus-Forschung, Band 15, Baden-Baden: Nomos, S. 31-36.

BACH, STEFAN / VESPER, DIETER *[2002]*: Finanz- und Investitionskrise der Gemeinden erzwingt grundlegende Reform der Kommunalfinanzen, in: DIW Wochenbericht, 69. Jg., Nr. 31, S. 505-517.

BARETTI, CHRISTIAN *[2002]*: Wird gute Standortpolitik bestraft? Die Anreizeffekte des kommunalen Finanzsystems, in: ifo Schnelldienst, 55. Jg., Heft 7, S. 10-16.

BARETTI, CHRISTIAN / HUBER, BERND / LICHTBLAU, KARL *[2001]*: Weniger Wachstum und Steueraufkommen durch den Finanzausgleich, in: Wirtschaftsdienst, 81. Jg., Heft 1, S. 38-44.

BARETTI, CHRISTIAN U. A. *[2001]*: Die Einwohnergewichtung auf Länderebene im Länderfinanzausgleich, Gutachten des ifo-Institut im Auftrag der Länder Baden-Württemberg, Bayern, Hessen und Nordrhein-Westfalen, München.

BARETTI, CHRISTIAN U. A. *[2000]*: Der deutsche Föderalismus auf dem Prüfstand: Vorschläge zu einer effizienteren Gestaltung, in: ifo Schnelldienst, 53. Jg., Heft 28-29, S. 26-37.

BAUMGARTNER, HANS J. / SEIDEL, BERNHARD *[2001]*: Berliner Ausgaben für Wissenschaft und Forschung: Kräftige Impulse für die Stadt, in: DIW Wochenbericht, 68. Jg., Heft 39, S. 599-605.

BENZ, ARTHUR *[1998]*: Dezentralisierung und Demokratie – Anmerkungen zur Aufgabenverteilung im Bundesstaat, in MÄNNLE, URSULA (HRSG.): Föderalismus zwischen Konsens und Konkurrenz, Tagungs- und Materialienband zur Fortentwicklung des deutschen Föderalismus, Schriftenreihe des Europäischen Zentrums für Föderalismus-Forschung, Band 15, Baden-Baden: Nomos, S. 21-29.

BERTHOLD, NORBERT / DREWS, STEFAN / THODE, ERIC *[2001]*: Die föderale Ordnung in Deutschland – Motor oder Bremse des wirtschaftlichen Wachstums?, in: Zeitschrift für Wirtschaftspolitik (ZfW), 50. Jg., Heft 2, S. 113-140.

BLANKART, CHARLES B. *[2002]*: Daseinsvorsorge ökonomisch betrachtet, in: Zeitschrift für Wirtschaftspolitik (ZfW), 51. Jg., Heft 1, S. 28-41.

BLANKART, CHARLES B. *[1999]*: Die schleichende Zentralität der Staatstätigkeit: Eine Fallstudie, in: Zeitschrift für Wirtschafts- und Sozialwissenschaften (ZWS), 119. Jg., Heft 3, S. 331-350.

BLANKART, CHARLES B. *[1998]*: Öffentliche Finanzen in der Demokratie, 3., völlig erweiterte Aufl., München: Vahlen.

BLANKART, CHARLES B. *[1998a]*: Politische Ökonomie der Zentralisierung der Staatstätigkeit, Wirtschaftswissenschaftliche Fakultät der Humboldt-Universität zu Berlin, Discussion Paper Nr. 108, Berlin.

BRÜMMERHOFF, DIETER *[2001]*: Finanzwissenschaft, 8., völlig überarbeitete und stark erweiterte Aufl., München; Wien: Oldenbourg.

BUCHANAN, JAMES *[1965]*: A economic theory of clubs, in: Economica, Vol. 32, S. 1-14.

BUCHANAN, JAMES M. *[1950]*: Federalism and Fiscal Equity, in: American Economic Review, Vol. 40, S. 583-599.

BÜTTNER, THIESS / SCHWAGER, ROBERT *[2000]*: Länderautonomie in der Einkommensteuer: Konsequenzen eines Zuschlagsmodells, Zentrum für Europäische Wirtschaftsforschung (ZEW), Discussion Paper No. 00-50, Mannheim.

BUHL, HANS ULRICH / PFINGSTEN, ANDREAS *[1986]*: Eigenschaften und Verfahren für einen angemessenen Länderfinanzausgleich in der Bundesrepublik Deutschland, in: Finanzarchiv, N.F., Vol. 44, Nr. 1, S. 98-109.

BUNDESMINISTERIUM DER FINANZEN (HRSG.) *[2002]*: Finanzbericht 2003, Berlin.

BUNDESMINISTERIUM DER FINANZEN (HRSG.) *[2002a]*: Bund-Länder Finanzbeziehungen auf der Grundlage der geltenden Finanzverfassungsordnung, Dokumentation des BMF, 4. Aufl., Berlin.

BUNDESMINISTERIUM DER FINANZEN (HRSG.) *[2002b]*: Bundespolitik und Kommunalfinanzen, Berlin.

BUNDESMINISTERIUM DER FINANZEN (HRSG.) *[2001]*: Finanzbericht 2002, Berlin.

BUNDESMINISTERIUM DER FINANZEN (HRSG.) *[2000]*: Finanzbericht 2001, Berlin.

BUNDESMINISTERIUM DES INNEREN (HRSG.) *[1973]*: Bericht der Sachverständigenkommission für die Neugliederung des Bundesgebietes, Vorschläge zur Neugliederung des Bundesgebietes nach Art. 29 des Grundgesetzes, Bonn.

BUNDESVERFASSUNGSGERICHT *[1999]*: BVerfGE 101, 158, Entscheidung des 2. Senat vom 11. September 1999, Karlsruhe.

BUNDESVERFASSUNGSGERICHT *[1986]*: BVerfGE 72, 330, Entscheidung des 2. Senat vom 24. Juni 1986, Karlsruhe.

BURGESS, MICHAEL *[1986]*: Federalism and Federation in Western Europe, in BURGESS, MICHAEL D. (HRSG): Federalism and Federation in Western Europe, London: Croom Helm, S. 15-29.

CEZANNE, WOLFGANG / MAYER, ANNETTE *[1998]*: Neue Institutionenökonomik – Ein Überblick, in: Das Wirtschaftsstudium (WISU), 27. Jg., Heft 11, S. 1345-1353.

COASE, RONALD H. *[1960]*: The Problem of Social Cost, in: Journal of Law and Economics, Vol. 3, S. 1-44.

DICKERTMANN, DIETRICH / GELBHAAR, SIEGFRIED *[1996]*: Finanzverfassung und Finanzausgleich – Ökonomische Grundfragen und methodische Konzepte, in: Das Wirtschaftsstudium (WISU), 25. Jg., Heft 4, S. 385-402.

DÖRING, THOMAS *[2002]*: Lässt sich ein Abbau der öffentlichen Verschuldung politökonomisch erklären? in: Zeitschrift für Wirtschaftspolitik (ZfW), 51. Jg., Heft 2, S. 142-171.

ELTGES, MARKUS U. A. *[2001]*: Die Berücksichtigung abstrakter Mehrbedarfe im Länderfinanzausgleich, Gutachten des Bundesamtes für Bauwesen und Raumordnung im Auftrag des Bundesministeriums der Finanzen, Bonn, März 2001.

ELTGES, MARKUS / ZARTH, MICHAEL / JAKUBOWSKI, PETER *[2001]*: Abstrakte Mehrbedarfe sind keine Fiktion, in: Wirtschaftsdienst, 81. Jg., Heft 6, S. 323-330.

ENQUETE-KOMMISSION REFORM DES FÖDERALISMUS – STÄRKUNG DER LANDESPARLAMENTE *[2002]*, Bericht der Enquete-Kommission des Bayerischen Landtags „Reform des Föderalismus – Stärkung der Landesparlamente“ (Drs. 14/8660), BAYERISCHER LANDTAG (HRSG.), Beiträge zum Parlamentarismus, Bd. 14, München.

ENQUETE-KOMMISSION VERFASSUNGSREFORM *[1976]*, Schlussbericht der Enquete-Kommission „Verfassungsreform“ des Deutschen Bundestages vom 09. Dezember 1976 (BT-Drs. 7/5924).

ERLEI, MATHIAS / LESCHKE, MARTIN / SAUERLAND, DIRK *[1999]*: Neue Institutionenökonomik, Stuttgart: Schäffer-Poeschel.

FEHR, HANS *[2001]*: Fiskalische und allokative Konsequenzen des neuen Länderfinanzausgleichs, in: Wirtschaftsdienst, 81. Jg., Heft 10, S. 573-579.

FEHR, HANS / TRÖGER, MICHAEL *[2002]*: Die verdeckten Verteilungswirkungen des bundesdeutschen Finanzausgleichs, in: Wirtschaftsdienst, 82. Jg., Heft 10, S. 609-617.

FELD, LARS P. / KIRCHGÄSSNER, GEBHARD *[1998]*: Fiskalischer Föderalismus, in: Wirtschaftswissenschaftliches Studium (WiSt), 27. Jg., Heft 2, S. 65-70.

FISCHER-MENSHAUSEN, HERBERT *[1980]*: Finanzausgleich II: Grundzüge des Finanzausgleichsrechts, in ALBERS, WILLI U. A. (HRSG.): Handwörterbuch der Wirtschaftswissenschaft (HdWW), 2. Bd., Stuttgart u. a.: Fischer, S. 636-662.

FOX, KLAUS-PETER *[2001]*: Schieflagen in der Diskussion des grundgesetzlichen Finanzausgleichs, in: Wirtschaftsdienst, 81. Jg., Heft 6, S. 340-342.

GESKE, OTTO-ERICH *[2001]*: Wenn gesetzliche Konkretisierungen zu allgemeinen Maßstäbe führen sollen, in: Wirtschaftsdienst, 81. Jg., Heft 4, S. 214-221.

GISEVIUS, WOLFGANG *[1994]*: Leitfaden durch die Kommunalpolitik, 4., überarbeitete Aufl., Bonn: Dietz.

GROSSEKETTLER, HEINZ *[1999]*: Öffentliche Finanzen, in BENDER, DIETER U. A. (HRSG.): Vahlens Kompendium der Wirtschaftstheorie und Wirtschaftspolitik, Bd. 1, 7., überarbeitete Aufl., München: Vahlen, S. 519-672.

GROSSEKETTLER, HEINZ *[1985]*: Options- und Grenzkostenpreise für Kollektivgüter unterschiedlicher Art und Ordnung, in: Finanzarchiv, N.F. Bd. 43, S. 211-252.

HÄDE, ULRICH *[1996]*: Finanzausgleich: Die Verteilung der Aufgaben, Ausgaben und Einnahmen im Recht der Bundesrepublik Deutschland und der Europäischen Union, Tübingen: Mohr (zugl. Würzburg, Univ., Habil.-Schr., 1995/1996).

HAMER, E. *[1981]*: Privatisierung als Rationalisierungschance, Schriftenreihe des Mittelstandsinstituts Niedersachsen, Band 3, Minden.

HEINEMANN, FRIEDRICH *[1995]*: Bailout- und Bonitätseffekte in der Wirtschafts- und Währungsunion, in: Zeitschrift für Wirtschafts- und Sozialwissenschaften (ZWS), 115. Jg., Heft 4, S. 605-622.

HELMS, LUDGER *[2002]*: Strukturelemente und Entwicklungsdynamik des deutschen Bundesstaates im internationalen Vergleich, in: Zeitschrift für Politik (ZfP), N.F., 49. Jg., Heft 2, S. 125-148.

HENKE, KLAUS-DIRK *[1993]*: Maßnahmen zur Stärkung der Eigenstaatlichkeit der Länder und die Finanzierung der deutschen Einheit, in: Staatswissenschaften und Staatspraxis, Vol. 4, S. 10-25.

HICKEL, RUDOLF *[1998]*: Bundesland Bremen in existenzbedrohender Finanzkrise: Kann der Zweistädtestaat noch gerettet werden? in HESELER, HEINER / HICKEL, RUDOLF / PRIGGE, ROLF (HRSG.): Bremens Selbständigkeit: Bedrohung – Herausforderung – Chance, Bremen: Edition Temmen, S. 24-69.

HICKEL, RUDOLF / ROTH, BERNHARD / TROOST, AXEL *[1988]*: Stadtstaat Bremen im föderalen Finanzsystem: Ursachen der Finanzkrise – Neuordnungsvorschläge zum Länderfinanzausgleich, Kooperation Universität Arbeiterkammer Bremen (KUA).

HIDIEN, JÜRGEN W. *[1999]*: Der bundesstaatliche Finanzausgleich in Deutschland, 1. Aufl., Baden-Baden: Nomos (zugl. Kiel, Univ., Habil.-Schr., 1998).

HIDIEN, JÜRGEN W. *[1998]*: Länderfinanzausgleich und föderatives Ausgleichsgebot, in: Deutsche Steuer-Zeitung (DStZ), 86. Jg., Nr. 10, S. 373-377.

HIRSCH, WERNER Z. *[1970]*: The Economics of State and Local Government, New York: McGraw-Hill.

HOMBURG, STEFAN *[1994]*: Anreizwirkungen des deutschen Finanzausgleichs, in: Finanzarchiv, N.F., Bd. 51, S. 312-330.

HUBER, BERND *[2001]*: Die Mischfinanzierungen im deutschen Föderalismus, Arbeitspapier der Konrad-Adenauer-Stiftung e.V., Nr. 48, Sankt Augustin.

HUBER, BERND *[2000]*: Föderaler Wettbewerb: Möglichkeiten und Grenzen, in BÜTTNER, THIESS (HRSG.): Finanzverfassung und Föderalismus in Deutschland und Europa, ZEW Wirtschaftsanalysen, Schriftenreihe des ZEW Bd. 49, Baden-Baden: Nomos, S. 123-134.

HUBER, BERND *[1997]*: Der Finanzausgleich im deutschen Föderalismus, in BUNDESZENTRALE FÜR POLITISCHE BILDUNG (HRSG.): Aus Politik und Zeitgeschichte, B 24, S. 22-30.

HUBER, BERND / LICHTBLAU, KARL *[2002]*: Zusammenführung von Arbeitslosen- und Sozialhilfe, in: Wirtschaftsdienst, 82. Jg., Heft 2, S. 77-82.

HUBER, BERND / LICHTBLAU, KARL *[1997]*: Systemschwächen des Finanzausgleichs – Eine Reformskizze, in: IW-Trends, 24. Jg., Heft 4, S. 1-22.

HUBER, ERWIN *[1998]*: Länderfinanzausgleich: Grenzen der Solidarität!, in: Wirtschaftsdienst, 78. Jg., Heft 2, S. 71-73.

HUMMEL, MARLIES *[2001]*: Einwohnerwertung der Stadtstaaten gemäß § 9 Abs. 2 FAG – Aktualisierung der Ergebnisse des Gutachtens des ifo-Institut aus dem Jahre 1986/1987, Expertise im Auftrag der Senatverwaltung für Finanzen in Berlin, des Senators für Finanzen in Bremen und der Finanzbehörde Hamburg, München/Königswinter.

HUMMEL, MARLIES / LEIBFRITZ, WILLI *[1987]*: Die Stadtstaaten im Länderfinanzausgleich, in: ifo Studien zur Finanzpolitik, Bd. 45, München.

JÖRG, ALEXANDER *[1998]*: Finanzverfassung und Föderalismus in Deutschland und in der Schweiz, 1. Aufl., Baden-Baden: Nomos (zugl. Konstanz, Univ., Diss., 1998).

JOSTEN, STEFAN DIETRICH *[2002]*: Nationale Schuldenpolitik in der EWU, in: Wirtschaftsdienst, 82. Jg., Heft 4, S. 219-225.

JUNKERNHEINRICH, MARTIN *[1991]*: Gemeindefinanzen: theoretische und methodische Grundlagen ihrer Analyse, 1. Aufl., Berlin: Analytica.

KAMP, M. ERNST / LANGHEINRICH, CAMILLA / STAMM, FRIEDRICH H. *[1969]*: Das optimale Finanzsystem im Strukturgefüge von freiheitlicher Gesellschaft, föderativem sozialem Rechtsstaat und Marktwirtschaft mit Globalsteuerung, 2., völlig neubearbeitete und stark erweiterte Aufl., Bonn: Hanstein.

KARRENBERG, HANNS / MÜNSTERMANN, ENGELBERT *[2002]*: Gemeindefinanzbericht 2002, in: Der Städtetag – Zeitschrift für Kommunale Politik und Praxis, 55. Jg., Heft 4.

KARRENBERG, HANNS / MÜNSTERMANN, ENGELBERT *[2000]*: Gemeindefinanzbericht 2000, in: Der Städtetag – Zeitschrift für Kommunale Politik und Praxis, 53. Jg., Heft 4.

KERBER, WOLFGANG *[2003]*: Wettbewerbsföderalismus als Integrationskonzept für die Europäische Union, in: Perspektiven der Wirtschaftspolitik, Bd. 4, Heft 1, S. 43-64.

KILPER, HEIDEROSE / LHOTTA, ROLAND *[1996]*: Föderalismus in der Bundesrepublik Deutschland, Opladen: Leske und Budrich.

KIRCHGÄSSNER, GEBHARD *[2002]*: Reformstau durch ein Zuwenig an Föderalismus, in: Wirtschaftsdienst, 82. Jg., Heft 4, S. 191-193.

KITTERER, WOLFGANG *[2000]*: Zukunft der Steuerzerlegung bei Einkommensteuer bzw. Umsatzsteuer, in SCHMIDT-TRENZ, HANS-JÖRG / FONGER, MATTHIAS (HRSG.): Bürgerföderalismus, 1. Aufl., Baden-Baden: Nomos, S. 123-133.

KREUDER, THOMAS *[1997]*: Gestörtes Gleichgewicht: Die Gefährdung der politischen Autonomie von Ländern und Gemeinden durch Kostenverlagerung, in BUNDESZENTRALE FÜR POLITISCHE BILDUNG (HRSG.): Aus Politik und Zeitgeschichte, Bd. 24, S. 31-36.

KUHN, THOMAS *[1992]*: Zuweisungen und Allokation im kommunalen Finanzausgleich, in: Finanzarchiv, N.F., Bd. 49, Heft 2, S. 215-236.

LAASER, CLAUS-FRIEDRICH / STEHN, JÜRGEN *[1996]*: Marktwirtschaft und Subsidiarität: Die föderale Arbeitsteilung auf dem Prüfstand, in: Zeitschrift für Wirtschaftspolitik (ZfW), 45. Jg., Heft 1, S. 58-91.

LAMPRECHT, CHRISTA-MARIA *[1975]*: Die Funktionen des Föderalismus im Verfassungs- und Regierungssystem der Bundesrepublik Deutschland, Berlin, Univ., Diss., 1975.

LAUFER, HEINZ / MÜNCH, URSULA *[1997]*: Das föderative System der Bundesrepublik Deutschland, 7., neu bearbeitete Aufl., BAYERISCHE LANDESZENTRALE FÜR POLITISCHE BILDUNGSARBEIT (HRSG.), München.

LAUFER, HEINZ *[1991]*: Das föderative System der Bundesrepublik Deutschland, 6., neu bearbeitete Aufl., BAYERISCHE LANDESZENTRALE FÜR POLITISCHE BILDUNGSARBEIT (HRSG.), München.

LEIBENSTEIN, HARVEY *[1978]*: General X-Efficiency. Theory and Development, London, Toronto.

LEIBENSTEIN, HARVEY *[1966]*: Allocative Efficiency vs. X-Efficiency, in: American Economic Review, Vol. 56, Heft 3, S. 392-415.

LENK, THOMAS *[2001]*: Die Berücksichtigung der Gemeindefinanzkraft im Länderfinanzausgleich § 8 Finanzausgleichsgesetz, in LENK, THOMAS (HRSG.): Aspekte des Länderfinanzausgleich: Tarifgestaltung, Gemeindefinanzkraft, Fonds „Deutsche Einheit", Frankfurt am Main u. a.: Lang, S. 45-80.

LENK, THOMAS *[2001a]*: Im „Schleier des Nichtwissens" das Maßstäbegesetz verabschiedet? in: Wirtschaftsdienst, 81. Jg., Heft 8, S. 434-441.

LENK, THOMAS / SCHNEIDER, FRIEDRICH *[2000]*: Grundzüge der föderalen Finanzverfassung aus ökonomischer Perspektive – Trennsystem versus Mischsystem, in SCHMIDT-TRENZ, HANS-JÖRG / FONGER, MATTHIAS (HRSG.): Bürgerföderalismus, 1. Aufl., Baden-Baden: Nomos, S. 63-81.

LENK, THOMAS / SCHNEIDER, FRIEDRICH *[1999]*: Zurück zum Trennsystem als Königsweg zu mehr Föderalismus in Zeiten des „Aufbau Ost"?, in: Jahrbücher für Nationalökonomie und Statistik, Bd. 219, Vol. 3 + 4, S. 409-437.

LENK, THOMAS *[1998]*: Länderfinanzausgleich: Reform des Ausgleichsmechanismus, in: RWI-Mitteilungen, 49. Jg., Heft 1/2, S. 39-73.

LENK, THOMAS *[1993]*: Reformbedarf und Reformmöglichkeiten des deutschen Finanzausgleichs, 1. Aufl., Baden-Baden: Nomos (zugl. Darmstadt, Technische Hochsch., Habil.-Schr., 1992/1993).

LUCKENBACH, HELGA *[2000]*: Theoretische Grundlagen der Wirtschaftspolitik, 2., überarbeitete und erweiterte Aufl., München: Vahlen.

MILBRADT, GEORG / DIEDRICHS, DIRK *[2001]*: Berücksichtigung der kommunalen Einnahmenautonomie beim Finanzausgleich, in: Wirtschaftsdienst, 81. Jg., Heft 6, S. 331-339.

MÜNCH, URSULA *[1999]*: Entwicklung und Perspektiven des deutschen Föderalismus, in BUNDESZENTRALE FÜR POLITISCHE BILDUNG (HRSG.): Aus Politik und Zeitgeschichte, B 13, S. 3-11.

MÜNZENMAIER, WERNER *[1999]*: Zur ökonomischen Begründung der Einwohnerwertung von Stadtstaaten im Länderfinanzausgleich, Anmerkungen zu einem Gutachten des Rheinisch-Westfälischen Instituts für Wirtschaftsforschung, in STATISTISCHES LANDESAMT BADEN-WÜRTTEMBERG (HRSG.): Materialien und Berichte, Heft 24, Stuttgart.

MUSGRAVE, RICHARD A. / MUSGRAVE, PEGGY B. / KULLMER, LORE *[1994]*: Die öffentlichen Finanzen in Theorie und Praxis 1, 6., aktualisierte Aufl., Tübingen: Mohr.

MUSGRAVE, RICHARD A. *[1961]*: Approaches to a Fiscal Theory of Political Federalism," in NATIONAL BUREAU OF ECONOMIC RESEARCH (HRSG.): Public Finances: Needs, Sources and Utilization, Princeton: Princeton University Press, S. 97-122.

MUSGRAVE, RICHARD A. *[1959]*: The Theory of Public Finance, New York u. a.: McGraw-Hill.

NEUMANN, MANFRED *[1991]*: Theoretische Volkswirtschaftslehre II, 3., überarbeitete Auflage, München: Vahlen.

NÖVER, RAINER *[1992]*: Privatisierung kommunaler Leistungen, IHK Mittlerer Niederrhein, Schriftenreihe Nr. 9, Krefeld.

OATES, WALLACE E. *[1999]*: An Essay on Fiscal Federalism, in: Journal of Economic Literature, Vol. 37, S. 1120-1149.

OATES, WALLACE E. *[1991]*: Fiscal Federalism: An Overwiew, in PRUD'HOMME, RÉMI (HRSG.): Public finance with several levels of government, Den Haag, S. 1-18.

OATES, WALLACE E. *[1972]*: Fiscal Federalism, New York: Harcourt Brace Jovanovich.

OTTNAD, ADRIAN / LINNARTZ, EDITH *[1997]*: Föderaler Wettbewerb statt Verfassungsstreit – Vorschläge zur Neugliederung der Bundesländer und zur Reform des Finanzausgleichs, Studie des IWG Bonn, Frankfurt/Main; New York: Campus.

PAGENKOPF, HANS *[1981]*: Der Finanzausgleich im Bundesstaat, Stuttgart u. a.: Kohlhammer.

PEFFEKOVEN, ROLF *[2001]*: Statt grundlegender Reform fragwürdige Änderungen im Detail, in: Wirtschaftsdienst, 81. Jg., Heft 8, S. 427-434.

PEFFEKOVEN, ROLF *[1999]*, Stellungnahme zum Gutachten des Rheinisch-Westfälischen Instituts für Wirtschaftsforschung e.V. (RWI): „Zur finanzwissenschaftlichen Beurteilung der Einwohnerwertung der Stadtstaaten im Länderfinanzausgleich", Mainz.

PEFFEKOVEN, ROLF *[1992]*: Öffentliche Finanzen, in BENDER, DIETER U. A. (HRSG.): Vahlens Kompendium der Wirtschaftstheorie und Wirtschaftspolitik, Bd. 1, 5. Aufl., München: Vahlen, S. 479-560.

PEFFEKOVEN, ROLF *[1990]*: Finanzausgleich im vereinten Deutschland, in: Wirtschaftsdienst, 70. Jg., Heft 7, S. 346-352.

PEFFEKOVEN, ROLF *[1988]*: Berücksichtigung der Seehafenlasten im Länderfinanzausgleich? in: Finanzarchiv, N.F., Vol. 46, Heft 2, S. 397-415.

PEFFEKOVEN, ROLF *[1987]*: Zur Neuordnung des Länderfinanzausgleichs, in: Finanzarchiv, N.F., Bd. 45, S. 181-228.

PEFFEKOVEN, ROLF *[1980]*: Finanzausgleich I: Wirtschaftstheoretische Grundlagen, in ALBERS, WILLI U. A. (HRSG.): Handwörterbuch der Wirtschaftswissenschaft (HdWW), 2. Bd., Stuttgart u. a.: Fischer, S. 608-636.

PERSCHAU, HARTMUT *[1998]*: Es geht um Aufholchancen! Zehn Thesen zum bundesstaatlichen Finanzausgleich, in: Wirtschaftsdienst, 78. Jg., Heft 2, S. 73-76.

PETERSEN, HANS-GEORG / ANTON, STEFAN / BORK, CHRISTHART *[2001]*: Mischfinanzierungen im deutschen Länderfinanzausgleich: Zur Problematik von Gemeinschaftsaufgaben, Finanzhilfen und Geldleistungsgesetzen, Aachen: Shaker.

PITLIK, HANS / SCHMID, GÜNTHER *[2000]*: Zur politischen Ökonomie der föderalen Finanzbeziehungen, in: Zeitschrift für Wirtschaftspolitik (ZfW), 49. Jg., Heft 1, S. 100-124.

POHL, MARTHA *[2000]*: Fiskalische Effekte von Arbeitsplätzen, in: BAW-Monatsbericht, Heft 12, S. 1-8.

POPITZ, JOHANNES *[1927]*: Der Finanzausgleich, in: Handbuch der Finanzwissenschaft (HdF), Bd. 2, 1. Aufl., Tübingen: Mohr, S. 338-375.

PRIGGE, ROLF / PRANGE, MARTIN / ZAPATKA, MONIKA *[2001]*: Gemeinden in der Großstadt – Demokratie und Verwaltung in den Bezirken deutscher Großstädte unter besonderer Berücksichtigung der Stadtstaaten, Untersuchung des Projektbereichs „Strukturwandel des öffentlichen Sektors" der Universität Bremen – Kooperationsbereich Universität/Arbeiterkammer (KUA), Bremen: Keller.

RECKTENWALD, HORST CLAUS *[1977]*: Umfang und Struktur der öffentlichen Ausgaben in säkularer Entwicklung, in NEUMARK, FRITZ (HRSG.): Handbuch der Finanzwissenschaft (HdF), Bd. 1, 3., gänzlich. neubearbeitete Aufl., Tübingen: Mohr, S. 717–753.

RENZSCH, WOLFGANG *[2000]*: Kompetenzzuordnung und Finanzverantwortung, in SCHMIDT-TRENZ, HANS-JÖRG / FONGER, MATTHIAS (HRSG.): Bürgerföderalismus, 1. Aufl., Baden-Baden: Nomos, S. 42-46.

RENZSCH, WOLFGANG *[1999]*: "Finanzreform 2005" – Möglichkeiten und Grenzen, in: Wirtschaftsdienst, 79. Jg., Heft 3, S. 156-163.

RHEINISCH-WESTFÄLISCHES INSTITUT FÜR WIRTSCHAFTSFORSCHUNG E.V. (HRSG.) *[1999]*: Zur finanzwissenschaftlichen Beurteilung der Einwohnerwertung der Stadtstaaten im Länderfinanzausgleich, Gutachten im Auftrag der Finanzbehörde der Freien und Hansestadt Hamburg, Essen.

ROSSI, ENZO / WIEDMER, THOMAS *[2001]*: Ist ein vollständiger Abbau der Staatsverschuldung ökonomisch sinnvoll?, in: List Forum für Wirtschafts- und Finanzpolitik, Band 27, Heft 3, S. 272-285.

RUTZ, WERNER *[1995]*: Die Gliederung der Bundesrepublik Deutschland in Länder: Ein neues Gesamtkonzept für den Gebietsstand nach 1990, 1. Aufl., Deutsches Institut für Föderalismusforschung e.V. Hannover, Föderalismus-Studien Bd. 4, Baden-Baden: Nomos.

SACHVERSTÄNDIGENRAT ZUR BEGUTACHTUNG DER GESAMTWIRTSCHAFTLICHEN ENTWICKLUNG *[2002]*: Zwanzig Punkte für Beschäftigung und Wachstum, Jahresgutachten 2002/2003, Wiesbaden.

SACHVERSTÄNDIGENRAT ZUR BEGUTACHTUNG DER GESAMTWIRTSCHAFTLICHEN ENTWICKLUNG *[2001]*: Für Stetigkeit – Gegen Aktionismus, Jahresgutachten 2001/2002, Wiesbaden.

SACHVERSTÄNDIGENRAT ZUR BEGUTACHTUNG DER GESAMTWIRTSCHAFTLICHEN ENTWICKLUNG *[2000]*: Chancen auf einen höheren Wachstumspfad, Jahresgutachten 2000/2001, Wiesbaden.

SANDER, MATTHIAS *[2001]*: Ersatz der Gewerbesteuer durch eine Gemeindeeinkommensteuer, in: Wirtschaftsdienst, 81. Jg., Heft 8, S. 447-455.

SAUERLAND, DIRK *[1997]*: Föderalismus zwischen Freiheit und Effizienz, Berlin: Duncker u. Humblot (zugl. Münster, Univ., Diss., 1996).

SCHALTEGGER, CHRISTOPH A. / FREY, RENÉ L. *[2001]*: Föderalismus zwischen dezentraler Autonomie und zentralstaatlicher Koordination, in: Wirtschaftsdienst, 81. Jg., Heft 3, S. 176-180.

SCHARPF, FRITZ *[1999]*: Föderale Politikverflechtung: Was muss man ertragen? Was kann man ändern? In MORATH, KONRAD (HRSG.): Reform des Föderalismus, Beiträge zu einer gemeinsamen Tagung von Frankfurter Institut und Institut der deutschen Wirtschaft Köln, Bad Homburg: Frankfurter Institut, S. 23-36.

SCHMIDT, KURT *[1996]*: Mehr Klarheit im Finanzgefüge zwischen Bund und Ländern, in: Wirtschaftsdienst, 76. Jg., Heft 7, S. 327-331.

SCHMIDT, TORSTEN *[2001]*: Finanzreformen in der Bundesrepublik Deutschland, Berlin: Duncker und Humblot (Zugl. Zürich, Univ., Diss., 2000).

SCHUBERT, KLAUS *[1994]*: Föderalismus im Spannungsfeld von Politik und Wissenschaft, in: EVERS, TILMAN (HRSG.): Chancen des Föderalismus in Deutschland und Europa, 1. Auflage, Baden-Baden: Nomos, S. 33-44.

SCHULTZE, RAINER-OLAF *[2000]*: Indirekte Entflechtung: Eine Strategie für die Föderalismusreform?, in: Zeitschrift für Parlamentsfragen (ZParl), 31. Jg., Heft 3, S. 681-698.

SCHULTZE, RAINER-OLAF *[1999]*: Föderalismusreform in Deutschland: Widersprüche – Ansätze – Hoffnungen, in: Zeitschrift für Politik (ZfP), 46. Jg., Heft 2, S. 173-194.

SCHUMACHER, ANJA / CLAPHAM, RONALD *[1994]*: Möglichkeiten und Grenzen der Privatisierung kommunaler Aufgaben, in: CLAPHAM, RONALD (HRSG.): Schriften zur Wirtschaftsforschung, Nr. 8, Siegen: Universität-GH Siegen, Fachbereich Wirtschaftswissenschaften, S. 1-32.

SCHUPPERT, GUNNAR FOLKE *[1993]*: Maßstäbe für einen zukünftigen Länderfinanzausgleich, in: Staatswissenschaften und Staatspraxis, 4. Jg., S. 26-42.

SCHWAGER, ROBERT *[1999]*: Administrative Federalism and a Central Government with Regionally Based Preferences, in: International Tax and Public Finance, Vol. 6, Heft 2, S. 165-189.

SCHWAGER, ROBERT *[1996]*: Matching Grants for Welfare Expenditures with a Decentralized Administration, in: Finanzarchiv, N.F., Bd. 53, S. 434-460.

SEIDEL, BARBARA *[1992]*: Die Einbindung der Bundesrepublik Deutschland in die Europäischen Gemeinschaften als Problem des Finanzausgleichs, Frankfurt am Main u. a.: Lang (zugl. Tübingen, Univ., Diss., 1992).

SEITZ, HELMUT *[2000]*: Der Einfluss der Bevölkerungsdichte auf die Kosten der öffentlichen Leistungserstellung, Gutachten im Auftrag der Finanzministerien der Länder Mecklenburg-Vorpommern und Brandenburg, Frankfurt/Oder.

SELMER, PETER *[1994]*: Die gesetzliche Neuordnung der bundesstaatlichen Finanzbeziehungen, in: Finanzarchiv, N.F., Vol. 51, S. 331-357.

SICHELSCHMIDT, HENNING *[2000]*: Die „Seehafenlasten" des Länderfinanzausgleichs in der Kritik, in: Wirtschaftsdienst, 80. Jg., Heft 8, S. 488-493.

SÖLLNER, FRITZ *[2001]*: Die Rolle der Einwohnerveredelung im deutschen Länderfinanzausgleich, in: Wirtschaftswissenschaftliches Studium (WiSt), 30. Jg., Heft 10, S. 543-546.

SÖLLNER, FRITZ *[2001a]*: Die Einwohnerveredelung im Länderfinanzausgleich, in: ifo Schnelldienst, 54. Jg., Heft 3, S. 25-29.

SÖLLNER, FRITZ *[2001b]*: Die Anreizwirkungen des Länderfinanzausgleichs – eine politökonomische Analyse, in: Konjunkturpolitik, 47. Jg., Heft 3, S. 183-199.

SPAHN, PAUL BERND / FRANZ, OLIVER *[2000]*: Zwischenstaatliche Kooperation und die Reform des Finanzausgleichs in Deutschland, in: Wirtschaftsdienst, 80. Jg., Heft 12, S. 713-721.

STATISTISCHES BUNDESAMT (HRSG.) *[2002]*: Statistisches Jahrbuch, Wiesbaden.

STATISTISCHES BUNDESAMT (HRSG.) *[2001]*: Statistisches Jahrbuch, Wiesbaden.

STATISTISCHES BUNDESAMT (HRSG.) *[diverse Jahrgänge]*: Statistisches Jahrbuch, Wiesbaden.

STEINHEUER, WILFRIED *[1991]*: Privatisierung kommunaler Leistungen: Theoretische Grundlagen und praktische Erfahrungen nordrhein-westfälischer Städte und Gemeinden, BUND DER STEUERZAHLER (HRSG.), Schriftenreihe Nr. 17, Köln.

STURM, ROLAND *[2001]*: Föderalismus in Deutschland, Opladen: Leske und Budrich.

THÖNE, MICHAEL / JACOBS, CHRISTIAN *[2001]*: Länderfinanzausgleich in Deutschland: Analyse und umsetzungsorientierte Reformmodelle; Berlin: Duncker und Humblot.

TIEBOUT, CHARLES M. *[1956]*: A Pure Theory of Local Expenditure, in: The Journal of Political Economy, Vol. 64, S. 416-424.

VESPER, DIETER *[2001]*: Die Einwohnerwertung der Stadtstaaten im Länderfinanzausgleich – mehr als gerechtfertigt, in: DIW Wochenbericht, 68 Jg., Heft 11/12, S. 173-185.

VESPER, DIETER *[2000]*: Quo vadis, Länderfinanzausgleich?, in: DIW Wochenbericht, 67. Jg., Heft 26, S. 395-405.

VESPER, DIETER *[1998]*: Länderfinanzausgleich: Neuer Verteilungsstreit zwischen West und Ost; in: DIW Wochenbericht, 65. Jg., Heft 7, S. 133-141.

WEBER, KARL *[1980]*: Kriterien des Bundesstaates. Eine systematische, historische und rechtsvergleichende Untersuchung der Bundesstaatlichkeit der Schweiz, der Bundesrepublik Deutschland und Österreichs, Wien.

WISSENSCHAFTLICHER BEIRAT BEIM BUNDESMINISTERIUM FÜR WIRTSCHAFT UND ARBEIT *[1998]*, Gutachten zur Neuordnung des Finanzierungssystems der Europäischen Gemeinschaft, Studienreihe des Bundesministeriums für Wirtschaft und Arbeit 455, Berlin.

WISSENSCHAFTLICHER BEIRAT BEIM BUNDESMINISTERIUM DER FINANZEN *[1992]*, Gutachten zum Länderfinanzausgleich in der Bundesrepublik Deutschland, Schriftenreihe des Bundesministeriums der Finanzen, Heft 47, Bonn.

WISSENSCHAFTLICHER BEIRAT BEIM BUNDESMINISTERIUM DER FINANZEN *[1982]*, Gutachten zur Reform der Gemeindesteuern, Schriftenreihe des Bundesministeriums der Finanzen, Heft 31, Bonn.

WÜRTENBERGER, THOMAS *[1997]*: Zur Legitimation des Föderalismus, in DUSO, GIUSEPPE / KRAWIETZ, WERNER / WYDUCKEL, DIETER (HRSG.): Konsens und Konsoziation in der politischen Theorie des frühen Föderalismus, Berlin: Duncker und Humblot, S. 355-368.

WÜRTENBERGER, THOMAS *[1993]*: Das Subsidiaritätsprinzip als Verfassungsprinzip, in: Staatswissenschaften und Staatspraxis, Vol. 4, S. 621-645.

WUST, HERBERT FRITZ *[1981]*: Föderalismus: Grundlage für Effizienz in der Staatswirtschaft, Göttingen: Vandenhoeck und Ruprecht.

# Verzeichnis der Gesetzestexte

Abgabenordnung (AO 1977) in der Fassung der Bekanntmachung vom 01. Oktober 2002 (BGBl. I S. 3866).

Bundeshaushaltsordnung (BHO) vom 19. August 1969 (BGBl. I S. 1284), in der Fassung einschließlich der Änderung durch das Gesetz zur Fortentwicklung des Haushaltsrechts von Bund und Ländern (Haushaltsrechts-Fortentwicklungsgesetz) vom 22. Dezember 1997 (BGBl. I S. 3251) und Art. 3 des Gesetzes zur Änderung von Vorschriften über parlamentarische Gremien vom 17. Juni 1999 (BGBl. I S. 1334).

Gesetz über den Finanzausgleich zwischen Bund und Ländern (Finanzausgleichsgesetz - FAG) vom 23. Juni 1993 (BGBl. I S. 944, 977), zuletzt geändert durch Art. 1 des Gesetzes zur Fortführung des Solidarpaktes, zur Neuordnung des bundesstaatlichen Finanzausgleichs und zur Abwicklung des Fonds „Deutsche Einheit“ vom 20. Dezember 2001 (BGBl. I S. 3955).

Gesetz über die Gemeinschaftsaufgabe „Ausbau und Neubau von Hochschulen“ (Hochschulbauförderungsgesetz - HBFG) vom 1. September 1969 (BGBl. I S. 1556), zuletzt geändert durch das Gesetz zur Umstellung von Gesetzen und Verordnungen im Zuständigkeitsbereich des Bundesministeriums für Wirtschaft und Technologie sowie des Bundesministeriums für Bildung und Forschung auf Euro (Neuntes Euro-Einführungsgesetz) vom 10. November 2001 (BGBl. I S. 2992).

Gesetz über die Gemeinschaftsaufgabe „Verbesserung der regionalen Wirtschaftsstruktur“ (WiStruktG) vom 6. Oktober 1969 (BGBl I 1969, 1861), zuletzt geändert durch Gesetz vom 24. Juni 1991 (BGBl I S. 1322).

Gesetz über die Gemeinschaftsaufgabe „Verbesserung der Agrarstruktur und des Küstenschutzes“ (AgrStruktG) vom 3. September 1969 (BGBl. I 1969, 1573), zuletzt geändert durch das Gesetz vom 08. August 1997 (BGBl. I S. 2027).

Gesetz über die Grundsätze des Haushaltsrechts des Bundes und der Länder (Haushaltsgrundsätzegesetz - HGrG) vom 19. August 1969 (BGBl. I S. 1273), zuletzt geändert durch Art. 7 des Solidarpaktfortführungsgesetzes vom 20. Dezember 2001 (BGBl. 1 S. 3955) sowie Änderung des Solidarpaktfortführungsgesetzes vom 21. Juni 2002 (BGBl. I S. 2166).

Gesetz über Finanzhilfen des Bundes nach Art. 104a Abs. 4 des Grundgesetzes an die Länder Bremen, Hamburg, Mecklenburg-Vorpommern, Niedersachsen sowie Schleswig-Holstein für Seehäfen in der Fassung des Art. 9 SFG vom 20. Dezember 2001 (BGBl. I S. 3955).

Gesetz über Finanzhilfen des Bundes zur Verbesserung der Verkehrsverhältnisse der Gemeinde (Gemeindeverkehrsfinanzierungsgesetz - GVFG) vom 28. Januar 1988 (BGBl. I S. 100), zuletzt geändert durch Artikel 3 des Gesetzes zur Änderung des Eisenbahnkreuzungsgesetzes und anderer Gesetze vom 9. September 1998 (BGBl. I S. 2858).

Gesetz über verfassungskonkretisierende allgemeine Maßstäbe für die Verteilung des Umsatzsteueraufkommens, für den Finanzausgleich unter den Ländern sowie für die Gewährung von Bundesergänzungszuweisungen (Maßstäbegesetz - MaßstG) vom 09. September 2001 (BGBl. I S. 2302).

Gesetz zur Förderung der Stabilität und des Wachstums der Wirtschaft (WStG) vom 08. Juni 1967 (BGBl. I S. 582).

Gesetz zur Fortführung des Solidarpaktes, zur Neuordnung des bundesstaatlichen Finanzausgleichs und zur Abwicklung des Fonds „Deutsche Einheit“ (Solidarpaktfortführungsgesetz - SFG) vom 20. Dezember 2001 (BGBl. I S. 3955).

Gesetz zur Neuordnung der Gemeindefinanzen (Gemeindefinanzreformgesetz) in der Fassung der Bekanntmachung vom 04. April 2001 (BGBl. 1 S. 482), geändert durch Solidarpaktfortführungsgesetzt vom 20. Dezember 2001 (BGBl. I S. 3955) und Flutopfersolidaritätsgesetzt vom 19. September 2002 (BGBl. I S. 3651).

Gewerbesteuergesetz 1999 (GewStG 1999) in der Fassung der Bekanntmachung vom 19. Mai 1999 (BGBl. I S. 1010), zuletzt geändert durch Unternehmenssteuerfortentwicklungsgesetz vom 20. Dezember 2001 (BGBl. I S. 3858) und Solidarpaktfortführungsgesetz vom 20. Dezember 2001 (BGBl. I S. 3955).

Grundgesetz für die Bundesrepublik Deutschland vom 23. Mai 1949 ($GG^{1949}$) (BGBl. S. 1).

Grundsteuergesetz (GrStG) vom 07. August 1973 (BGBl. I S. 965, zuletzt geändert durch Steuerbereinigungsgesetz 1999 vom 22. Dezember 1999 (BGBl. I S. 2601) und Steuer-Euroglättungsgesetz vom 19. Dezember 2000 (BGBl. I S. 1790).

Hochschulrahmengesetz (HRG) in der Fassung der Bekanntmachung vom 19. Januar 1999 (BGBl. I S. 18), zuletzt geändert durch Art. 1 des 6. Gesetzes zur Änderung des Hochschulrahmengesetzes (6. HRGÄndG) vom 08. August 2002 (BGBl. I S. 3138).

Investitionsförderungsgesetz Aufbau Ost (IFG) vom 23. Juni 1993 (BGBl. I S. 944, 982), zuletzt geändert durch Art. 2 des Gesetzes zur Fortführung des Solidarpaktes, zur Neuordnung des bundesstaatlichen Finanzausgleichs und zur Abwicklung des Fonds „Deutsche Einheit" vom 20. Dezember 2001 (BGBl. I S. 3955).

Zerlegungsgesetz (ZerlG) in der Fassung des Artikels 1 des Gesetzes zur Neuordnung des Zerlegungsgesetztes und zur Änderung des Kraftfahrzeugsteuerrechts (Zerlegungs- und Kraftfahrzeugsteueränderungsgesetz - ZerlKraftStÄndG) vom 06. August 1998 (BGBl. I S. 1998), zuletzt geändert durch Steuer-Euroglättungsgesetz vom 19 Dezember 2000 (BGBl. I S. 1790).

FSC
www.fsc.org
MIX
Papier | Fördert
gute Waldnutzung
FSC® C083411

Kolibri 360 GmbH
Ferdinand-Jühlke-Straße 7
99095 Erfurt, Deutschland
produktsicherheit@kolibri360.de

Druck:
CPI Druckdienstleistungen GmbH
im Auftrag der
Kolibri 360 GmbH
Ferdinand-Jühlke-Str. 7
99095 Erfurt